설득의 심리학 2

설득의 심리학 2 절대 거절할 수 없는 설득 프레임

PRE-SUASION: A Revolutionary Way to Influence and Persuade by Robert Cialdini

Copyright © 2016 by Robert Cialdini

All rights reserved.

This Korean edition was published by Book21 Publishing Group in 2023 by arrangement with Cialdini and Associates, LLC. c/o Levine Greenberg Rostan Literary Agency through KCC(Korea Copyright Center Inc.), Seoul.

설득의 심리학

절대 거절할 수 없는 설득 프레임

PRE-SUASION 2

로버트 치알디니 지음 | 인지심리학자 김경일 옮김

21세기북스

사전 서평단 추천사:
이 책을 추천합니다! (ㄱㄴㄷ 순)

"과학과 합리성의 틀 안에서는 논리로 제압하는 것이 설득의 전부였다. 하지만 이런 방식은 머리로는 이해될지언정 가슴으로는 설득되지 않는 경우가 많다. 이제는 어떻게 '동질감'을 쌓고 자발적 동의를 이끌어낼 수 있을지가 더 중요하다. 모든 이에게 도움이 될 책이다."

— 김봉진 배달의민족 창업자, (주)우아한형제들 CEO

"올림픽에 출전하는 선수들은 단 몇 분의 승부를 위해 4년간 피나는 연습을 한다. 그리고 연습량은 배신하지 않는다. 로버트 치알디니의 《설득의 심리학 1》이 경기의 친절한 해설을 보는 듯했다면, 이번 책은 올림픽을 준비하는 진짜 선수들의 모습을 보는 것 같았다. 그야말로 치알디니표 설득 과학의 결실을 맺은 책이다."

— 설득박사 김효석 (주)김효석아카데미 대표

"매번 객관적인 디자인을 도출하고 감정과 생각을 설득하기에 지칠 때쯤 읽어보길 권한다. 이 책은 디자인으로 의사소통해야 하는 모든 사람에게 많은 생각과 아이디어를 제공하기에 충분하다."

— 곽은주 그래픽 디자이너

"아이들은 작은 철학자들이다. 자신만의 세계를 가진 어린 철학자들을 주목시키는 일은 결코 쉽지 않지만, 이 책을 읽으면 어린 철학자들과도 좀 더 수월하고 즐겁게 지낼 수 있을 것이다."

— 구선희 동성유치원 교사

"의뢰 기관의 화장품 효능을 부각시킬 수 있는 임상평가 방법에 대해 논의하는 순간에도 우리는 그들을 설득해야 한다. 설득은 고객사인 의뢰 기관을 직접 대면하기 전부터 실행할 수 있음을 알려주는 매우 과학적이고 구체적인 책이다. 사람을 만나고 내가 원하는 방향으로 'YES'를 이끌어내야 하는 모든 이들에게 강력 추천한다."
— 권유정 한국피부과학연구원 임상효능평가팀장

"절대 거절할 수 없는 설득 프레임이라는 멋진 카피로 나를 매료시킨 책! 설득의 타이밍과 사전에 상대를 설득할 수 있는 법칙을 매력적으로 표현한 것 같다. 이 책과 함께라면 설득이 더 이상 어렵지 않다."
— 김명수 성심어린이집 원장

"설득의 기술과 관련된 책들은 이미 많다. 설득을 위해 무엇을 말해야만 하는가에 대한 책들도 넘쳐난다. 그러나 그것을 '언제' 말해야 하는가, 즉 설득의 타이밍에 대해서 일깨워준 책은 없었다. 그 점이 흥미를 끌었고, 그래서 지인들에게도 추천하고 싶다."
— 김상현 샤프에비에이션케이 이사

"설득에서 일상에서 발생하는 상황을 어떻게 활용하느냐에 따라 우리는 누군가를 미리 설득할 수 있다. 매일 새로운 사람을 만나는 직업을 가진 사람이라면 시간을 내어 꼭 읽어보라고 권하고 싶다."
— 김선혜 한국다케다제약 CHC팀 약사

"이 책은 해외 발주처와의 협상을 준비하는 모든 해외 영업맨들에게 굉장히 중요한 통찰력을 제공해줄 것이다. 또한 자신이 바라는 대로 눈부신 결과를 견인해줄 책이라 확신한다."
— 김성열 전 롯데건설 해외영업 본부장, 현 원체 부회장

"언제 어떻게 말해야 상대방을 설득시킬 수 있을까? 항상 이런 고민을 가지고 있는

사람들에게 이 책은 분명한 해답을 제시하고 있다."

— 김영모 법무법인 태담 대표 변호사

"방송일은 사람 만나는 게 대부분이다. '무엇을, 언제, 어떻게' 얘기할지에 대한 고민이 많을 수밖에 없다. 이 책이 그런 고민에 대한 부담을 상당 부분 해결해준다. 후배 PD들에게 바로 선물해주고 싶다."

— 김영우 SBS 라디오국 CP

"설득에 대해 많은 책을 읽었지만 이 책은 달랐다. 설득하기 위해 해야 하는 행동에 대한 이야기가 아닌 만나기 전에 이미 상대방을 설득할 수 있는 프레임에 과학적으로 접근했다는 데 그 의미가 달랐다. 설득은 기술이 아니라 준비라는 것을 이 책을 통해 많은 사람들이 알게 되길 바란다."

— 김영주 교보생명 평촌미래 FP

"자동차는 더 이상 '탈 것'이 아닌 '문화'가 됐다. 복잡다단한 인간 심리를 명쾌하게 전해주는 이 책을 읽고 나면, 다양성과 문화 소비의 시대인 현 시점에 더 큰 고객 만족과 성과를 이끌어낼 수 있을 것이다."

— 김정수 현대자동차 오목교 대리점 차장

"인생이란 그 자체로 하나의 설득이 아닐까? 사소하게는 엄마가 아이에게 공부하라고 하는 것부터 크게는 취업을 하고 결혼을 하는 것 등 일상의 많은 부분이 다 설득이다. 이러한 면에서 이 책은 분명 최고의 인생서가 될 것이다."

— 김진혜 햅소드화장품 디자인 팀장

"저자는 우리가 얼마나 영향받기 쉬운 존재인지를 깨닫게 해준다. 책에서 소개하는 초전 설득 프레임은 미묘하면서 강력하다. 사전에 보고, 듣고, 느끼고, 행한 모든 것이 이 프레임에 포함된다. 당신이 이 책을 읽기 전에 상대방이 이 책을 읽었다면, 이미 당신은 설득되어 있을지도 모른다."

— 노태민 책그림 크리에이터

"설득은 우연이 아니라, 질문을 하는 순간 이미 결정된 것이다. 그래서 앞으로 대면하게 될 모든 학생들에게 이 질문을 던지려 한다. '너는 새로운 것을 공부하는 걸 좋아하니?'"

— 류호진 반석고등학교 국어교사

"타인과 대화를 통해 설득에 어려움이 많은 현대인이라면 누구나 읽어보았을 《설득의 심리학 1》. 이번 책이야말로 그의 완결편이라는 생각이 든다. 행동하기 전 동기를 이해함으로써 좀 더 효과적으로 설득의 규칙들을 쓸 수 있게 도와주며 이론적이면서도 어렵지 않게 현장에 활용할 수 있을 것 같다. 마음을 얻는 설득자가 되고 싶은 내게 꼭 필요한 책이다."

— 박경아 탑스터디 수학학원 대표

"설득이란 '상대편이 이쪽의 이야기를 따르도록 여러 가지로 깨우쳐 말함'이라는 뜻을 가지고 있다. 이 책은 상대가 나의 이야기에 스스로 'YES'를 말하도록 구체적인 방법을 설명해주는 매우 현명한 책임에 틀림없다. 누군가를 설득하고 싶다면, 당신은 반드시 이 책을 읽어야 한다."

— 박동해 한세실업 경영정보팀

"고객은 그 수만큼이나 다양한 성격과 스타일이 있다. 그럼에도 불구하고 인간 심리에는 공통점이 있다. 이 책을 통해 그러한 공통점을 알게 된다면 고객 설득에 소요되는 시간과 더불어 당신의 업무 시간도 대폭 줄어들 것이다."

— 박상민 농협중앙회 서울대지점 과장

"컨설팅이란 상대의 마음을 움직여 올바른 방향으로 가게끔 행동의 변화를 일으켜야만 그 의미를 가진다. 결국 일련의 설득 과정이라 할 수 있다. 훌륭한 컨설팅을 하기 위해서 반드시 읽어봐야 할 책이다."

— 박영화 한률 경영지도사

"국내 고객도 해외 고객도, 사람의 마음을 움직이는 영업이나 마케팅에는 공통적인 전략이 있다. 이 책은 인간 심리의 핵심을 꿰뚫어서 성공적인 계약을 이끌어낼 수 있게 도와주는 영업맨의 필독서가 될 것이다!"

— 선현웅 JC CORPS 해외영업팀 부장

"사람들은 쉽게 변하지 않는다고 한다. 그래서 설득한다는 것은 어려운 일처럼 느껴졌다. 하지만 이 책을 다 읽고 나니 그 생각이 틀렸다는 것을 알게 되었다."

— 안상정 서민금융진흥원 감사

"오랜만에 로버트 치알디니의 새 책을 만났다. 역시 그는 명쾌한 논리와 근거로 읽는 이들에게 새로운 통찰을 제공한다. 특히 새로운 설득 법칙 '연대감'을 통해 자발적 설득을 이끌어내도록 한다는 점에서 이 책은 두고두고 참고할 만하다."

— 오영일 서울과학기술대학교 영문학과 교수

"상대에게 동의를 이끌어내는 기술은 더 이상 어렵지 않다! 적절한 타이밍의 기술을 통해 그의 마음을 사로잡는 방법이 이 안에 다 있다. 이 책을 읽는 독자들은 필히 설득의 귀재가 될 것이다."

— 오동주 법무법인 우리 사무국장

"토목설계의 특성상 대규모 공사에 대한 복잡한 내용을 고객에게 정확하게 전달하고, 소통하는 것이 매우 중요하다. 고객을 만족시키는 명료한 소통이 가능하도록 도와준 고마운 책이다."

— 우대원 우경건설 토목설계팀 차장

"클라이언트를 설득해야 하는 나와 같은 직업을 가진 이들에게 꼭 필요한 책이다. 내일 당장 클라이언트와 마주해야 한다면 오늘이라도 바로 읽으라고 적극적으로 추천하고 싶다. 늘 고객의 의도대로 맞춰가던 당신에게 이 책은 한 줄기 빛이 될 것이다."

— 이성훈 위디아이 이사

"상대의 주의를 끄는 적절한 '오프너' 질문은 성공적인 설득과 소통을 가능하게 해준다. 독자들에게 끌려가는 대신 이끌어올 수 있는 대화법을 알게 해주는 책!"

— 이옥용 신한생명 청주지점 팀장

"10년만 더 빨리 이 책을 읽었더라면 내 인생이 달라지지 않았을까? 고객의 마음을 사로잡아야 하는 셰프들에게도 이 책은 필독서다. 매장의 분위기, 메뉴판의 위치 그리고 음악 선택까지 고객을 만날 준비는 사전에 완료되어야 한다는 걸 알게 됐다."

— 이용관 이슈버거앤커피 총괄셰프

"침대만 과학이 아니었다. 설득도 과학이었다. 작가는 노련한 복서처럼 독자들에게 그 논리를 설명한다. 효과는 확실하다. 마지막 장을 덮는 순간 나 역시 설득당해버렸다."

— 이은석 기성초등학교 교사

"우리는 때로 '설득'은 말 잘하는 사람의 능력이라 여기고, '나는 말을 못하니까 설득을 못하는 거야'라고 생각하곤 한다. 하지만 이 책은 '말=설득'이라는 기존의 개념에서 완벽하게 벗어나, 일상 속 분위기와 환경을 통해 상대를 미리 설득할 수 있는 방법을 과학적으로 설명하고 있다."

— 이장석 태양금속공업㈜ 기술연구소

"새로운 고객을 만나기 전 모든 준비를 다했다고 생각했는데 항상 실전에선 뭔가 부족했다. 이 책은 그런 점에서 정체기를 겪는 세일즈맨에게 꼭 필요한 책이다. 고객과의 미팅이 두려운 세일즈맨에게 적극 추천한다."

— 이정도 게이너테크 해외영업부

"내 의도와 상관없는 방향으로 흘러가는 대화 때문에 당황스러웠던 경험이 있는가? 이 책을 읽는다면, 일상의 많은 대화에서 자신이 흐름을 예측하고 주도할 수 있게 될 것이다."

— 이지은 JGC Korea HR팀

"당신은 자신이 상술에 쉽게 속고, 남들에게 잘 설득당한다고 생각하는가? 그렇다면 이제부터 당신은 행운아다. 이 책을 손에 쥐었으니. 향후 상대할 수많은 고객과 거래처들을 만날 때, 최고의 오프너를 선물해줄 책이다."

— 이창환 대전 유성구 약사회장

"행정기관에서 민원인과 마찰을 겪는 원인은 대부분 절차에 대한 이해가 부족해서다. 이 책을 통해 설득의 기술을 익힌다면 민원인과 소통하는 데 도움이 될 것이다."

— 이현욱 서울 마포경찰서 수사과

"내가 일하는 영업점 매장 입구에 행사 제품 포스터를 붙여 놓으면 실제로 해당 제품의 당일 판매량이 급증했다. 이러한 모든 일이 '초전 설득'의 행동임을 깨닫게 되어 크게 공감할 수 있었다. 고객을 가까이에서 만나야 하고, 누군가와 협상을 해야 하는 일을 하는 사람이라면 반드시 이 책을 읽어야 한다."

— 장누리 롯데리아 목포 용해점장

"'설득'과 '주입'은 확실히 다르다는 것을 알게 해준 고마운 책! 대학 교수들과 기업 관계자를 만나 항공사 및 공항 지상직 업무를 지원하고 있는 나에게 이 책은 최고의 필독서임에 틀림없다. 빠르게 변화하고 있는 시대에 설득의 프로가 되어 높이 올라가고자 하는 사람이라면 반드시 읽어야 한다."

— 정경훈 글로벌잡코리아 해외취업팀 부장

"사람을 만나기 전에, 협상을 하기 전에 꼭 읽어야 할 책이다. '초전 설득' 전략은 《설득의 심리학 1》을 읽었을 때만큼이나 놀랍고 재미있다."

— 정민진 부산대학교 신문방송학과

"좋은 결실을 거두기 위해서는 씨를 뿌리기 전에 좋은 토양부터 만들어야 한다. 이번에도 로버트 치알디니는 우리를 실망시키지 않았다. 이 책은 사람을 상대하며 일하는 모든 직업인들이 반드시 읽어봐야 한다."

— 정인식 관악문화예술인협회 회장, 사진작가

"자발적으로 'YES'라는 대답을 하도록 하는 데 초점을 맞춰 상대를 미리 설득하는 기술을 설명해주는 이 책은 제품을 광고하고 마케팅 전략을 짜는 수준을 넘어, 모든 기업의 의사결정 과정을 설득의 관점에서 다룬다. 처음부터 끝까지 기대 이상의 책이다."

— 정종복 LG디스플레이 TFT팀

"열심히 밑줄 그어가며 읽었다. 대민 업무를 해야 하는 공무원에게도 매우 도움되는 내용이 가득하다."

— 정현옥 고용노동부 인천북부지청

"당연하지 않는 것을 누구나 당연하게 받아들이게 만드는 인생 필독서! 설득에도 기술이 있고 그 기술을 발휘하는 타이밍의 중요성에 대해 안내한 최고의 책이다!"

— 최영찬 더샘인터내셔날 디자인팀 과장

"설득의 기술은 단지 판매자나 영업사원에게만 필요한 것은 아니었다. 훌륭한 비즈니스 리더가 되기 위해서도 설득의 기술이 반드시 필요하며, 그런 의미에서 이 책은 해답을 줄 수 있을 것이다."

— 한상훈 원스창업연구소장

"소설이 아닌데도 매우 감명 깊게 읽었던 책이《설득의 심리학 1》이다. 그 후속작이라는 것만으로도 설렜다. 광고업계에서 일하는 사람들은 꼭 읽어야 할 책이다. 문장하나하나 버릴 게 없다. 여러 번 다시 읽게 될 것 같다."

— 한주영 KBS미디어 마케터

"학자의 한 사람으로서 30년 이상 꾸준히 연구하고 집필해온 치알디니 박사의 열정에 경의를 표하지 않을 수 없다. 이미 기업경영자나 마케터들에게 바이블이 된《설득의 심리학 1》에 이어 그의 연구 성과가 오롯이 담겨 있는 이 책은 많은 분들에게 큰 도움이 되리라 믿는다."

— 황성하 KAIST 서울캠퍼스 경영대학원 교수

이 책에 바치는 찬사

"설득에 관해 문자 그대로 '책을 쓴' 로버트 치알디니의 연구는 그 어떤 사회학자의 것보다 더 자주 그리고 성공적으로 활용되었다. 그리고 지금 그는 다시 해냈다. 우리에게 설득하기 전 '순간의 힘'이 무언지 보여줬다. 이는 로버트 치알디니만이 이룰 수 있는, 권위 있고 독창적이며 즉시 실행 가능한 연구 결과다."
— 리처드 H. 탈러, 2017년 노벨경제학상 수상자, 시카고 부스 경영대학원 행동과학 및 경제학 교수, 《넛지》《똑똑한 사람들의 멍청한 선택》 저자

"위대한 사회심리학자 로버트 치알디니는 설득의 사회학에 관한 또 하나의 영원한 필독서를 저술했다. 나는 앞으로 몇 년 동안이나 이 책을 추천할 것이다."
— 에이미 커디, 하버드대학교 경영대학원 부교수, 《프레즌스》 저자

"《설득의 심리학 1》은 내가 가장 자주, 그리고 서슴지 않고 추천하는 책이다. 치알디니는 이번 책에서 더욱 놀라운 통찰력을 보여준다."
— 칩 히스, 스탠퍼드 경영대학원 조직행동론 교수, 《스위치》《스틱!》 저자

"이 책에서 가장 매력적인 부분은 설득의 가장 중요한 요인이 그 순간에 우리가 선택하는 말들이 아니라, 설득 이전의 상황을 어떻게 세팅하는가에 있다는 사실이다. 로버트 치알디니는 설득에 관한 세계적인 전문가다. 당신은 앞으로 설득에 관해 완전히 다른 시각을 갖게 될 것이다."
— 애덤 그랜트, 와튼 스쿨 조직심리학 교수, 《오리지널스》《기브앤테이크》 저자

"이 책은 설득의 과학을 확장시켰다. 주목할 만한 기대작이자 새로운 고전이 될 것이다. CEO부터 신문판매원에 이르기까지 비즈니스를 하는 모든 사람의 책장에 자리할 책!"

— 〈포브스〉

"그의 연구는 다른 사람을 설득하는 방법뿐만 아니라, 어떻게 설득되도록 준비할 것인가에 대해 속속들이 보여준다. 페이지를 넘길 때마다 현장과 연구실을 넘나들며 쌓은 실험적 증거들이 차곡차곡 쌓인다. 학자, 교사, 연구자 들에게는 '주석'이 매우 귀중한 자료가 될 것이다. 치알디니는 늘 그렇듯 차분하고 매력적인 태도로 학술적 문제를 다룬다. 또한 다양하고 방대한 예시와 연구논문을 이용하여 쉽고 자세하게 새로운 설득 개념인 '초전 설득'을 설명한다. 이 책 전체를 관통하는 메시지는 꽤 매력적이다."

— 〈월스트리트저널〉

"로버트 치알디니는 효과적인 설득 전략을 제시하는 가장 선도적인 전문가다. 이 책은 최고의 설득자는 단지 유창한 말솜씨만이 아니라, 정교하게 설계한 상황 세팅을 통해 설득을 완성한다는 것을 증명한다. 자신의 제안과 아이디어를 상대방에게 안착시키기 위해 가장 좋은 방법을 찾아내는 그들의 전략이 소개된다. 이 책은 마케팅과 관련된 방대한 양의 연구와 기술을 제공하고 있다."

— 〈하버드 비즈니스 리뷰〉

"이 책은 사회심리학과 행동경제학 분야에 중요한 공헌을 했다. 흥미진진하면서도 쉽게 읽히는 이 책은 독자들에게 과연 선입견 없는 결정이 가능할지 궁금하게 만들 것이다."

— 〈퍼블리셔스 위클리〉

역자의 말

실천적 삶과 소통의 지혜로 재탄생한 심리학

◆

◆

로버트 치알디니는 어느새 우리에게 가장 잘 알려진 심리학자 중 한 사람이 되었다. 두말할 필요 없이 그의 전작《설득의 심리학 1》때문이다. 세계적으로, 그리고 우리나라에서도 예외 없이 베스트셀러인 이 시리즈 덕분에 그의 이름을 사람들에게 말하면 웬만하면 누구인지 알아들을 정도다. 그런데 꽤 많은 분들이 그의 나이를 궁금해한다. 그런 질문을 하는 속내는 대부분 이렇다.

'이렇게 재미있는 책을 집필한 사람이니 분명 재치로 무장한 40대나 50대의 의욕 넘치는 심리학자일 거야.'

《설득의 심리학 1》이 처음 세상에 나온 시절에는 그 말이 맞았다. 하지만 치알디니 박사가 1945년생이니 벌써 70세가 넘었다. 우리나라 대학 교수들의 일반적인 정년 퇴임 기준이 65세인 것을 생각하면 퇴임을 하고도 꽤 시간이 흐른, 이른바 명예교수급이다. 그런데도 그는 전보다 더 놀라운 재치와 더 큰 열정으로 이 책을 펴냈다. 번역을 하면서 나라면 그 나이에 이런 열정을 가질 수 있을까 생각해봤다. '난 아직 한창때 젊은이구나' 하는 깨달음이 곧바로 돌아왔다. 그의 열정적인 행보를 생각하면 벌써부터 작아지고 부끄러워진다. 부러 엄살을 부리는 게 아니다. 진심이다.

이미 심리학의 대가 중 한 사람인 로버트 치알디니 박사는 이 책을 머리와 손으로만 쓴 것이 아니라 온몸으로 체험하면서 썼다. 몇 가지만 예를 들어볼까? 그는 다단계 프로그램에서 어떻게 사람들을 모으는지 알아보기 위해 실제 그들이 현장 교육을 진행하는 버스에 올랐다. 뿐만 아니라 자동차 영업사원을 교육시키는 프로그램에 등록해서 직접 수강하기까지 했다.

한번 솔직히 이야기해보자. 사람에 관한 연구를 한다는 심리학자 중 이렇게 사람들 속으로 '직접' 들어가 몸으로 부대끼며 연구 내용과 현실 세상의 연결성을 검증해보는, 이른바 '교수'나 '연구자'가 몇이나 되겠는가. 그것도 전 세계 수많은 사람의 존경을 한 몸에 받는 저명한 심리학자가 말이다. 그래서 이 책의 내용들은 마치 살아 숨 쉬는 것처럼 이세상의 모든 설득과 그 설득 '전'의 정지整地 작업들을 생생하게 느끼고 이해할 수 있게 해준다. 마치 치알디니가 곁에서 조언해주는 것처럼 말이다.

만약 그런 느낌을 독자들이 받지 못한다면 그것은 전적으로 옮긴이인 나의 불찰이지 그의 부족함이 아님을 다시 한 번 상기시켜드리고 싶다. 이 책에는 일흔을 넘긴 그가 인생을 살아오면서 세포 하나하나 강렬히 느꼈던 직관과 통찰, 그리고 그것이 틀리지 않았음을 증명한 객관적 연구들, 더 나아가 그 둘을 연결하기 위한 실제적 한 걸음 한 걸음들이 모두 담겨 있다. 부디 한 번씩들 만끽해보시라. 어느 한 줄 버릴 것 없는 실천적 삶과 소통의 지혜들로 재탄생한 심리학 연구들을 말이다.

아주대 원천골에서
인지심리학자 김경일

절대 거절할 수 없는 설득은 어떻게 시작되는가

◆

◆

1946년, 위스턴 오든은 우리에게 매우 따끔한 조언이 되는 시를 발표했다.

"그대는 통계학자 옆에는 앉지도 말며,

사회과학 곁에도 얼씬하지 말라."

오랜 세월 동안, 최고의사결정권자들은 직감, 개인적 경험, 일화 들을 근거로 결정을 내리는 것을 선호했다. 그런데 이제 각 학문을 가리키는 명칭도 바뀌었을 뿐만 아니라(통계학은 데이터분석학으로, 사회과학은 행동과학으로) 그런 방식으로 의사 결정을 하던 시절은 지나갔다.

그러한 시절은 비즈니스, 행정, 교육, 국방, 스포츠 등 사회의 주요 분야에서 '증거 기반의 의사 결정'을 하는 시대로 대체됐다. 빅데이터 분석가와 행동과학자가 제공하는 정보가 중요한 시대가 되었다는 말이다. 통계적 분석의 영역에서 어떤 변화가 일어났는지는 알 수 없지만 사회심리학자로서, 그리고《설득의 심리학 1》을 쓴 저자로서의 내 경험을 통해 행동과학의 위상이 급상승했음을 직접 관찰할 수 있었다. 1984년, 《설득의 심리학 1》이 첫선을 보였을 때는 세간에서 거의 관심을 보이지 않았다. 판매가 워낙 저조해 출판사 사장은 광고 판촉에 쓰려고 책정한 자금을 회수할 정도였다. 심지어 "이건 돈을 길바닥에 뿌리는 것과 같다"며 하소연했다. 당시에는 사회심리학자가 사회적 영향력에 대해 하는 말을 귀 기울여 듣는 독자가 거의 없었던 것이다. 그런데 4.5년 후 판매 속도가 빨라지더니 결국 베스트셀러가 되었다. 나는 판매가 급상승한 이유를 알 것도 같다. 1980년 후반에 들어서면서 증거 기반의 의사결정방식이 널리 받아들여졌고, 《설득의 심리학 1》은 과학적·사회심리학적 연구에서 찾아낸 값진 증거들을 효과적인 설득에 적용할 수 있도록 제시하고 있었다. 그 이전에는 이렇게 한 권에 체계적으로 정리한 책이 없었다.

더 나아가 사회심리학적 분석이 중요해지고《설득의 심리학 1》이 주목을 받게 된 데에는 두 가지 추가 요인이 작용했다. 첫째, 행동경제학이 부상했다. 행동경제학은 고전경제학의 관점에 도전해왔고 어떤 영역에서는 아예 그 위치를 대신했다. 행동경제학은 자리를 확고히 잡은 이후 그 영역을 지키면서도, 사회심리학적 사고(예를 들어 인간의 행동에 빈번하게 나타나는 비합리성) 및 방법론(무작위 대조 실험)의 측면을 잘 받아들여 학문의 발전을 지속적으로 추구했다.

물론 내 동료 중 일부는, 행동경제학자들이 내놓은 증거가 기존에 사회심리학이 발견한 다양한 증거와 매우 유사함에도 불구하고 사회심리학의 기여를 인정하지 않고 마치 행동경제학자들이 독자적으로 처음 발견한 것인 양 주장하는 것에 분개했다. 하지만 나는 그 분개에 별로 동의하지 않는다. 물론 상당한 공통점이 있기는 하지만 그러한 유사성이 광범위하지는 않기 때문이다. 게다가 행동경제학은 몇 가지 핵심적인 특징을 선정해 의사결정권자들의 마음속에 확실히 집어넣음으로써 오히려 사회심리학의 대중적 위상을 높이는 데 기여했다. 10년 전만해도 사회심리학자들은 정부나 경제 정책에 관해 논의하는 국제회의에 초대받지 못했다. 하지만 이제 그런 시절은 지나갔다.

최근 들어 사회심리학이 광범위하게 수용될 수 있었던 또 다른 요인은 대중에게 자신의 연구 내용을 알리려고 노력한 사회심리학자들 스스로의 새로운 의지다. 나는《설득의 심리학 1》이 그 기폭제가 되지 않았나 생각한다.

《설득의 심리학 1》이 출간되기 전, 내 주위에 있는 대다수 사회심리학자들은 대중서를 쓰는 것은 전문 연구자가 할 일이 아닐 뿐만 아니라 위험한 일이라고까지 여겼다. 사회심리학을 회사에 비유하자면, 훌륭한 연구 개발 결과물은 쌓여 있는데 물류 부서가 없는 조직이었다. 일반인들은 거의 읽을 일이 없는 학술지에 논문 형식으로 게재하는 경우를 제외하고는 사회심리학자들은 좀처럼 '배송'을 하지 않는다. 법학자 제임스 보일은 그런 현상에 대해 이렇게 말했다.

"학자들이 '대중화'라는 말을 입에 담기 전에는 결코 그들에게서 진정한 겸손의 목소리를 듣지 못할 것이다."

오늘날에는 상황이 완전히 바뀌었다. 다른 행동과학자들과 마찬가지로 현대 사회심리학자들도 블로그, 칼럼, 동영상, 서적 들을 통해 이전에는 접해본 적이 없는 커뮤니티와 의사소통을 하고 있으니 말이다. 이런 점에서 볼 때 행동과학은 일종의 황금기를 맞이한 셈이다.

이 책에는 재미있으면서도 일반 독자들이 직접 일상생활에 적용할 수 있는 다양한 행동과학 정보들이 새로 실려 있다. 이 책을 읽으면서 독자들이 반드시 해야 할 일은 정통한 의사전달자들이 자신의 메시지를 전달하고 그것을 납득시키기에 앞서 무엇을 하는가를 확인하는 것이다. 그것이 핵심이다. 그들이 말하는 날카로운 타이밍의 본질을 알아내는 것이 이 책에서 가장 중요하고도 새로운 점이다. 옛날 사람들은 성공을 확보하려면 사전에 일련의 행동을 취해야 한다는 지혜를 이미 알고 있었다. 고대 중국의 병법가 손자孫子가 "모든 전투는 치러지기 전에 이미 승패가 결정된다"라며 사전 계획의 가치를 역설한 것만 봐도 잘 알 수 있다. 컨설턴트들은 먼저 '신뢰할 수 있는 조언자'의 지위를 획득한 후 고객으로부터 일을 받으라고 배운다. 데일 카네기는 "2년 동안 다른 사람들이 당신에게 관심을 갖도록 노력하는 것보다 두 달 동안 당신이 다른 사람들에게 진정으로 관심을 갖는 것이 더 많은 친구를 만들 수 있는 방법이다"라고 확신했다. 모두 현명한 조언임에 틀림없다. 하지만 여기에도 무언가 빠진 것이 있다. 일日, 주週 또는 월月 단위의 사전 활동도 필요하기 때문이다. 이 책은 그 점을 메워준다.

긴 시간을 두고 계획하는 것은 물론이고, 지금 당장 대화를 시작하기 직전 그 짧은 순간에도 설득의 효과를 높이는 것이 가능할까? 당연히 가능하다. 이론으로도 이미 증명됐다. 말하는 사람이 어떤 메시지를 전달하기 직전에 자신이 무엇을 말할지, 혹은 어떤 행동을 해야 할지를 알면 성공 가능성을 높일 수 있다. 기원전 1세기 로마의 웅변가인 마르쿠스 툴리우스 키케로는 인간의 행위에 오랜 시간 영향을 미쳤던 힘을 깨닫고 이렇게 외쳤다.

"오, 시간이여! 오, 관습이여!"

이 책에 소개되는 다양한 자료는 훨씬 더 즉각적이고 다루기 쉬운 영향력의 근원을 이렇게 표현한다.

"오, 순간이여!"

마지막으로 덧붙이자면, 이 책의 주석은 이례적으로 분량이 상당하다. 주석은 단순히 인용된 연구의 출처만을 밝히는 것이 아니라 독자들에게 더 깊이 있는 정보를 제공하고 자신이 흥미를 느끼는 방향으로 좀 더 살펴볼 수 있도록 돕는 역할을 한다. 따라서 이 주석들은 부분적으로는 일종의 '해설서' 역할을 하고 있다. 좀 더 깊은 지식을 얻고자 하는 호기심 강한 독자라면 꼭 읽어보기를 바란다.[1]

차례

PART 1 설득의 순간을 설계하라

PART 1

설득의 순간을
설계하라

PRE-SUASION:
THE FRONTLOADING OF ATTENTION

1장

메시지보다 먼저 설득하라

PRE-SUASION: An Introduction

◆

◆

나는 사람들에게서 '예스'라는 답을 이끌어내야 하는 다양한 직업군의 훈련 프로그램에 마치 비밀 요원처럼 잠입한 적이 있다. 그리고 거의 3년 동안 자동차 영업사원, 다이렉트 마케터, TV 광고 제작자, 고객을 직접 상대하는 매니저, 자선기금 모금원, 홍보 전문가, 기업 채용 담당자가 되려는 사람들에게 어떤 내용을 가르치는지를 기록했다. 내 목적은 매번 효과를 발휘하는 설득 기법을 찾아내는 것이었다. 그래서 수강생을 모집하는 훈련 센터의 광고를 보고 찾아가기도 하고, 그런 수업을 들을 수 있는 다른 방법을 강구하기도 했다. 한 손에는 노트를 들고, 설득의 세계에서 오랜 경험을 통해 쌓인 지혜를 받아들일 만반의 준비를 한 채 말이다.

직업 훈련 프로그램에서는 상급 수강생이 되면 경험 많은 노련한 선

배가 실제 영업하는 현장에 종종 동행하도록 해주었다. 나는 이러한 기회가 있을 때마다 놓치지 않고 따라나섰다. 보통의 설득 전문가는 물론이고, 그들 중 가장 뛰어난 설득 전문가는 성공하기 위해 무엇을 하는지 알고 싶었기 때문이다. 그때 그들의 습관 하나가 눈에 띄었는데, 그것은 내 예상을 뒤흔들어놓았다. 그 전까지 나는 이 분야의 전문가라면 실력이 뒤처지는 사람에 비해 자신이 건네는 제안의 세세한 부분을 구상하는 데 더 많은 시간을 할애할 것으로 생각했다. 자신의 제안이 이해하기 쉬운지, 논리적인지, 그리고 어떤 점이 매력적인지 등등에 신경 쓰면서 말이다. 내가 발견한 것은 그런 것들이 아니었다.

― 순간의 주의 집중이 상대의 반응을 결정한다

최고성과자들은 제안하기 전에 자신이 할 말과 행동을 공들여 다듬는 데 더 긴 시간을 쏟았다. 그들은 아무리 좋은 씨앗이라도 돌밭에는 뿌리를 내릴 수 없고, 땅고르기를 하지 않은 밭에서는 탐스러운 열매를 맺지 못한다는 것을 잘 알고 있는 숙련된 정원사처럼 임무에 착수했다. 최고성과자들은 영향력이라는 밭을 어떻게 일궈야 좋은 결과를 수확할 수 있을지 계획을 짜고 실천하는 데 많은 시간과 노력을 들였다. 눈앞에 펼쳐질 설득의 순간이 그동안 수확을 위해 손을 쓰고 준비한 결과물이 되도록 말이다. 물론 최고성과자들은 그 순간에 고객에게 정확히 무엇을 제안할지 그 내용에 대해서도 신경 쓰고 고민했다. 하지만 설득력이 부족한 동료들과 달리, 그들은 자기 제안의 타당성과 장점을 앞세워 상대방을 수긍시키려고 하지 않았다. 대신 설득을 시작하는 그 순간의 심리적 프레임이 설득하려는 내용만큼 중요하거나, 혹은 더 중요할 수 있다는 점을 간파하고 있었다.

게다가 그들은 대개 고객에게 내놓는 제안의 장점을 마음대로 바꿀 수 있는 위치에 있지 않았다. 그들이 파는 제품이나 프로그램, 혹은 계획을 고안하는 직원이 회사 내에 따로 있었으며 주로 그 형태가 정해져 있었기 때문이다. 그것을 고객에게 가장 효과적으로 보여주는 일은 판매하는 사람들의 책임이었다. 그런데 실적왕들은 이때 설득의 효과를 극대화하기 위해 특이한 행동을 했다. 바로 메시지를 전하기에 앞서 고객이 메시지에 공감하도록 유도했던 것이다.

여기에 더욱 잘 설득하고자 하는 사람들을 위한 중요한 통찰력이 담겨 있다. 설득persuasion의 귀재는 상대방이 메시지를 접하기도 전에 미리 그것을 받아들이도록 만드는 과정을 통해 최고로 거듭난다. 나는 이 과정을 초전 설득pre-suasion(pre-suasion은 pre(전)와 suasion(설득)을 합성하여 로버트 치알디니가 만든 용어다-옮긴이)이라고 이름붙였다. 그리고 결국 설득의 성공 여부는 초전 설득에 의해 결정된다는 사실을 여러 사례를 통해 확인할 수 있었다. 그렇다면 그 방법은 무엇일까?

모든 의사소통의 근본이지만 중요하게 여겨지지 않았던 원칙이 있다. 바로 가장 먼저 무엇을 말하고 보여주느냐에 따라 상대방이 그다음 내용을 어떻게 받아들일지가 결정된다는 것이다. 캐나다 토론토에서 컨설팅 회사를 운영하는 내 동료의 이야기를 예로 들어보자. 그는 절차에 사소한 변화를 주는 것만으로 회사의 순이익을 늘리는 데 성공했다. 지난 몇 년 동안 대규모 컨설팅 프로젝트에 입찰하면서 입찰가를 10~15퍼센트 정도 깎으려는 고객사를 만나는 것은 드문 일이 아니었다. 고객사가 비용을 깎을 것을 예상해서 처음부터 예산을 부풀리는 일은 절대 하고 싶지 않았기 때문에 꽤 짜증스러워했다. 하지만 고객사의 요구에 따라 비용을 낮추면 오히려 프로젝트를 맡지 않는 편이 나을 만큼 이익이 줄어들었다. 그렇다고 고객사의 요구를 거절하면 일을 못 따내든지, 따내더라도 프로젝트를 진행하는 내내 비용에 대해 불만을 표시하는 고객사를 상대해야 했다.

그러던 와중에 그는 어느 입찰 미팅에서 의도치 않게 이 딜레마를 완전히 해결할 묘책을 발견했다. 청구 비용 하나하나를 단계별로 설명하거나 정당화하는 방법을 포기한 지는 이미 오래였다. 그렇게 하면 오히려 고객사가 사소한 비용 항목까지 따지고 들기 때문이다. 대신 그는 프레젠테이션을 마친 다음 7만 5,000달러에 달하는 컨설팅 비용을 말하기 직전에 이런 농담을 던졌다.

"여러분도 보셔서 아시겠지만, 이 프로젝트에 대해 100만 달러를 청구하는 것은 불가능하겠죠."

그러자 그때까지 제안서만 살펴보던 고객이 고개를 들고 이렇게 대답했다.

"아, 그건 동의합니다!"

이후 미팅이 이어지는 동안 비용에 대한 이야기는 단 한 번도 나오지 않았고 서로 계약서에 서명하며 미팅은 마무리됐다. 내 동료는 스스로 생각하기에도 비현실적인 비용을 던져보는 전략이 매번 성공하는 것은 아니라고 설명했다. 입찰을 결정짓는 데는 여러 다양한 요소가 영향을 주기 때문이다. 하지만 비용을 조정하려는 고객사의 요구는 거의 100퍼센트 차단했다.

내 동료의 경우는 우연히 이러한 묘책을 발견했지만, 이미 많은 이가 큰 숫자를 툭 내뱉듯이 말하는 것만으로도 다른 사람의 머릿속에 그 숫자를 심을 수 있다는 놀라운 사실을 경험했다. 연구원들은 레스토랑 이름이 '스튜디오 17'일 때보다 '스튜디오 97'일 때 사람들이 더 비싼 음식값을 기꺼이 치르려 한다는 사실을 발견했다. 또한 벨기에 초콜릿 한 상자의 희망 가격을 쓰라는 실험에서는, 그에 앞서 자신의 사회보장번호(한국의 주민등록번호에 해당한다-옮긴이) 중 가장 작은 숫자 2개를 적으라고 했을 때보다 가장 큰 숫자 2개를 적으라고 했을 때 희망 가격이 더 높아졌다. 또한 근무 실적과 관련된 연구에 참여한 사람들은 실험 번호가 9일 때보다 27일 때, 앞으로 더욱 노력하여 실적을 올릴 수 있으리라고 예상했다. 운동선수의 실력에 대한 실험 참가자들의 예상치 역시 운동선수의 유니폼에 적힌 등 번호가 낮을 때보다 높을 때 더욱 컸다.

더욱 놀라운 점은 '최초로 등장하는 것의 강력한 힘'이 큰 숫자가 먼저 나오는 경우에만 국한되지는 않는다는 것이다. 한 연구에서는 대학생들을 두 집단으로 나누고 각각 종이 위에 긴 선과 짧은 선을 그리게 했다. 그런 다음 미시시피 강의 길이를 물었더니 선을 길게 그린 학생들이 짧게 그린 학생들에 비해 강의 길이를 훨씬 더 길게 추정했다. 그뿐만 아니라 '최초로 등장하는 것의 강력한 힘'은 숫자와 전혀 상관없는 상황에도 적용된다. 손님들이 와인 상점에서 와인을 고르는 동안 매장 안에 독일 음악이 흘러나오면 독일산 빈티지 와인을 구매할 확률이 더 높았으며, 프랑스 음악이 흘러나오면 프랑스산 빈티지 와인을 구매할 가능성이 더 높았다.[1]

이렇듯 하나의 특정한 경험만이 나중에 일어나는 일에 영향을 미치는 것은 아니다. 그것은 숫자일 수도 있고, 선의 길이일 수도 있으며, 배경음악의 종류일 수도 있다. 나중에 더욱 자세히 나오겠지만, 어떤 심리학적 대상에서도 순간적인 주의 집중이 사람들의 반응을 바꾸는 현상은 나타날 수 있다. 하지만 이 책의 가장 중요한 목적은 설득력을 높이는 것이므로, 상대방의 동의를 끌어낼 가능성이 가장 높아지도록 도와주는 심리학적 개념들을 중점적으로 다룰 것이다. 여기서 '가능성'이라는 말에 주목할 필요가 있다. 인간의 행동을 예측한다는 것은 터무니없다. '확실한 설득 비법' 같은 것은 존재하지 않는다. 다만 설득하는 사람과 설득당하는 사람이 합의점에 도달할 확률을 꾸준하게 높이는 몇 가지 방법이 존재할 뿐이다. 이것만으로도 충분하다. 이러한 확률을 어느 정도만 높여도 결정적인 경쟁력을 얻을 수 있기 때문이다.

가족을 예로 들어보자. 설득 가능성을 높이는 요령을 알고 있으면 세상에서 가장 까다로운 청중인 아이들조차 한층 더 수월하게 설득할 수 있다. 비즈니스에서도 마찬가지다. 초전 설득이라는 접근법을 활용하는 것만으로도 경쟁 기업을 앞서갈 수 있는 수단을 충분히 마련할 수 있다. 똑같이 실력 있는 경쟁 상대도 앞지를 수 있다는 말이다. 또한 초전 설득을 통해 성공 가능성을 높이는 것만으로도 얼마든지 조직에서 더 뛰어난 성과를 올리고, 한발 더 나아가 최고성과자로 거듭날 수 있다.

이를 몸소 보여준 최고성과자의 예를 살펴보자. 나는 연구를 위해 참여했던 한 회사의 직업 훈련 프로그램에서 짐Jim이라는 친구를 만났다(흔한 이름이라서 가명이라고 오해할지 모르지만 실명이다). 그가 다니던 회사는 고가의 가정용 열감지 화재경보기를 만드는 곳이었다. 짐은 회사에서 가장 실적이 좋은 영업사원이었다. 물론 짐이 모든 거래를 성사하는 것은 아니었지만 방문판매로 계약을 따오는 횟수가 다른 직원보다 월등히 높았다. 첫 훈련 기간이 끝난 후 나는 영업사원 여러 명을 며칠 동안 따라다니면서 그들이 어떻게 영업 전략을 펼치는지를 가까이에서 보고 배우게 되었다. 대개는 미리 상담을 신청한 집에 찾아가서 일종의 프레젠테이션을 하는 식으로 영업이 시작됐다.

워낙 실력이 좋기로 소문이 난 터라, 나는 짐의 영업 테크닉을 유심히 살펴봤다. 그리고 그의 성공 비법이라고도 할 수 있는 한 가지 행동 패턴을 파악했다. 짐은 영업을 시작하기 전에 먼저 고객에게 자신이 신뢰할 수 있는 사람이라는 인상을 심어줬다. 신뢰는 상대방을 본격적으로 설득하기 전에 형성할 경우 설득의 확률을 더욱 높일 수 있는 요소들 중 하나이다. 그동안 이에 대해 설명하고 신뢰를 쌓는 방법들을 제안하는 과학 보고서와 관련 도서는 셀 수 없이 많았다. 하지만 짐은 책에서는 볼 수 없었던 전혀 색다른 방법으로 고객과의 신뢰를 쌓아나갔다. 바로 자잘한 실수를 통해 허술한 사람인 '척'했던 것이다.

짐의 회사에서 모든 영업사원에게 교육했던 판매 전략은 업계에서 흔히 볼 수 있는 것이었다. 먼저 간단한 대화를 통해 친밀감rapport(일반적으로 심리학에서 말하는 '라포'란 상호 간에 신뢰하며, 감정적으로 친근감을 느끼는 인간관계를 의미한다-옮긴이)을 형성한 후 고객(일반적으로 부부)의 화재 안전 지식을 10분 정도 테스트한다. 이 테스트가 끝나고 나면 고객은 집 안에서 실제로 화재가 발생할 위험성이 얼마나 높은지 잘 모르고 있었다는 사실을 깨닫게 된다. 이 단계가 마무리되면 영업사원은 화재경보기를 직접 시범해 보이고, 타사 제품보다 우수한 자사 제품의 강점이 친절하게 설명된 자료를 보여주며 고객에게 구입을 권유하기 시작한다. 실제로 대부분의 영업사원은 자료집을 잊지 않고 챙겼고 언제든지 바로 꺼낼 수 있도록 가까이에 두었다. 그러나 짐은 그렇게 하지 않았다. 그는 고객이 화재 안전 지식 테스트를 시작할 때까지 기다렸다가 이마를 탁 치며 이렇게 말했다.

"아차, 아주 중요한 문서를 차에 놓고 왔네요. 잠시 차에 다녀와야 할 것 같습니다. 고객님을 방해할 수는 없으니 조용히 나갔다 들어와도 될까요?"

그러면 거의 항상 "물론이죠. 그렇게 하세요"와 비슷한 대답이 돌아왔다. 그리고 고객은 대개 짐이 다시 집 안으로 들어올 수 있도록 그에게 집 열쇠를 건네줄 수밖에 없었다.

나는 짐이 모두 세 집을 방문해 영업하는 것을 지켜봤다. 그의 '건망증'은 매번 같은 방식으로, 같은 시점에 나타났다. 그날 저녁에 사무실로 돌아오는 차 안에서 나는 짐에게 그의 '건망증'에 대해서 물었다. 두 번이나 물어도 그는 분명한 대답을 하지 않았다. 내가 자신의 영업 비밀을 알아내기 위해 꼬치꼬치 캐묻는다고 생각해서 짜증이 났을 것이다. 하지만 내가 계속 질문하자 그는 대뜸 이렇게 대답했다.

"생각해봐요, 로버트. 당신은 어떤 사람을 당신 집에 마음대로 드나들게 하나요? 믿을 수 있는 사람에게만 그렇게 하도록 하죠, 안 그래요? 나는 신뢰의 이미지로 고객과 연결되기를 바랐습니다."

짐의 비법은 감탄할 만한 속임수였다. 물론 윤리적이라고는 할 수 없지만 감탄할 만한 수단임은 확실하다. 여기에는 이 책의 핵심 중 한 가지가 담겨 있다. 바로 우리가 최초로 보여주는 정말로 설득력 있는 말과 행동이 앞으로 이어질 우리의 말과 행동에 대해서도 상대방의 연상을 바꿈으로써 초전 설득으로 작용한다는 것이다. 앞으로 나올 7장에서 나는 모든 정신적 활동이 방대하고 복잡한 신경회로망 안에서 일어나는 연상 패턴에 의해 발생한다는 점을 더욱 자세하게 설명할 것이다. 또한 연상 작용이 상대방의 행동과 생각을 변화시키면서 성공적인 설득으로 이어진다는 점도 강조할 것이다.

짐의 전략은 매우 좋은 사례다. 그는 최고 실적왕이 되려고 화재경보기의 기능을 부풀리거나 제품을 설명하는 방식, 말투, 논리 등을 바꾸지도 않았다. 사실 그가 제품을 설명하는 방식은 일반적인 틀에서 크게 벗어나지 않았다. 고객을 설득하기 전에 고객의 머릿속에 자신과 신뢰라는 이미지가 연상되도록 만들었을 뿐이다. 이후에 형성되는 매우 긍정적인 다른 연상 관계들은 '그'와 '그가 전달하는 조언'으로 다시 연결됐다. 스스로를 신뢰라는 개념과 연결시키는 짐의 비정통적인 방법은 오로지 연상 관계를 바탕으로 했다. 그는 고객이 쉽게 문을 열어주는 친구나 가족 흉내를 내는 대신, 그저 고객이 신뢰하는 사람에게 보여주는 **특징적인 행동**을 자신에게도 보여주도록 유도했을 뿐이었다. 이러한 전략이 내가 파악한, 짐보다 실적이 저조한 동료와 짐의 유일한 차이점이었다는 사실에 주목해야 한다. 바로 이것이 단순한 연상이 가지는 힘이다.

전체적으로 보자면 신뢰를 형성하는 것 외에도 수많은 사전 행동을 통해 상대방이 내 말을 더욱 쉽게 수용하도록 만들 수 있다. 이런 사전 행동의 형태가 다양한 만큼 이를 표현하는 전문 용어 또한 여러가지인데, 행동과학자에 따라 프레임frame, 앵커anchor, 점화primes, 마인드셋mindset, 첫인상first impression 등을 사용한다. 이 책에서는 각기 다른 형태의 사전 행동들을 살펴볼 예정인데, 이를 통틀어 '**오프너**opener'라고 부를 것이다. 크게 두 가지 방식을 통해 설득 과정을 '오픈'하기 때문이다. 첫 번째 방식은 설득 과정을 시작하는 역할이다. 상대방에게 메시지를 전달하기 전에 먼저 운을 떼는 출발선이라고 생각하면 이해하기 쉽다. 두 번째 방식은 기존 장벽을 없애는 역할인데, 이것이야말로 오프너의 가장 중요한 기능이다. 짐이 고객의 대문을 열었던 것처럼, 굳게 닫힌 상대방의 마음을 활짝 열어서 설득하려는 사람의 메시지가 더욱 효과적으로 전달되게 하는 것이다.[2]

— **효과적 설득의 여섯 가지 원칙**

상대방을 자신이 원하는 방향으로 움직이기가 얼마나 어려운지에 대해 설득 전문가들이 하는 농담을 들은 적이 있다. 마케팅 회사의 영업 담당자와 새로운 브랜드의 냉동 시금치를 출시하려는 의뢰인이 주고받은 대화다.

의뢰인 : 새로운 식품을 마케팅해본 경험이 있습니까?
영업 담당자 : 그럼요, 상당히 많은 경험이 있습니다.
의뢰인 : 냉동식품을 판매한 경험도 있나요?
영업 담당자 : 네, 물론이죠.
의뢰인 : 냉동 채소도요?
영업 담당자 : 수년 동안 여러 유형의 상품을 시장에 출시했습니다.
의뢰인 : 시금치는요?
영업 담당자 : 네, 시금치도요.

의뢰인 : (몸을 앞으로 기울이며 잔뜩 기대한 듯 힘이 들어간 목소리로) 손질 안한 시금치였나요, 아니면 다진 시금치였나요?

이 농담을 들은 사람들은 대부분 키득대며 이게 무슨 뜻인지 안다는 듯 조롱 섞인 웃음을 짓는다. 물론 현실에서 이런 상황을 겪은 사람들에게는 이 농담이 결코 재미있지 않았을 것이다. 그렇다면 이 대화에서 영업 담당자가 저지른 잘못은 무엇일까? 구구절절한 차이점들에 온통 신경을 쓰고 있는 잠재 고객에게 휘둘린 채 큰 그림을 그려서 전달하지 못한 점이다. 계약에 실패한 것은 당연하다. 이 농담을 비웃는 설득 전문가들의 반응은 항상 나를 혼란에 빠뜨렸다. 소비자나 고객과의 미팅에서는 그러지 않았지만, 이러한 미팅에 대비하기 위해 마련된 훈련 프로그램에서는 그들 역시 비슷한 편협함을 보이기 일쑤였기 때문이다.

설득 전문가로 거듭나는 훈련 프로그램을 비밀리에 수강하기 시작한 지 얼마 지나지 않아 나는 흥미로운 점 하나를 발견했다. 대다수 강사는 수강생들에게 특정 분야에 따라 다른 설득 방법을 사용해야 한다고 강조했다. 광고 분야인지, 마케팅 분야인지에 따라 인간의 흥미를 끄는 부분이 다르다는 것이었다. 마케팅과 기금 모금이 다르며, 기금 모금과 홍보도 다르고, 홍보와 로비뿐만 아니라 로비와 채용 등등이 서로 다르다는 것이다. 게다가 같은 직업 내에서조차 또 구분을 지었다. 종신보험을 권하느냐, 정기보험을 권하느냐에 따라 판매 전략이 달라지고, 트럭을 파는 것은 자동차를 파는 것과 다르다. 우편 또는 온라인 판매와 오프라인 판매가 다르고 제품 판매와 서비스 판매가 다르다. 개인과의 거래와 회사와의 거래가 달랐고, 도매와 소매 역시 다르다.

강사들이 비슷한 직업군으로부터 각자의 전문 분야를 구분하는 것은 잘못된 것이 아니다. 하지만 이렇듯 직업의 특수성을 지나치게 강조하다 보니 두 가지 오류가 발생했다. 첫째, 본질에서 벗어나 사소한 차이까지 구분하는 결과로 이어졌다. 하지만 더 심각한 사실은 각 분야의 다른 점에 집중한 나머지 매우 중요한 질문을 놓치고 말았다는 것이다. 바로 '공통점은 무엇인가?'라는 질문이다.

이러한 간과는 큰 잘못이다. 수강생은 다양한 상황에서 활용할 수 있는 설득 전략을 익혀야 익숙한 상황뿐만 아니라 처음 접하는 상황에서도 상대방을 효과적으로 설득할 수 있기 때문이다. 효과적인 설득을 뒷받침하는 **보편적인** 원칙을 완벽하게 이해하고 적용하는 방법을 습득하고 나면 세세한 디테일은 중요하지 않다. 도매든 소매든, 종신보험이든 정기보험이든, 잎의 형태가 보존된 시금치든 다진 시금치든 관계없이 순조롭게 상대방을 설득할 수 있을 것이다.[3]

나는 설득의 요령을 전수하는 직업 훈련 프로그램을 듣는 동안 효과적인 설득 기술의 공통 요인을 찾는 데 주력했다. 3년에 걸쳐 내가 주력한 것은 '성공률 높은 설득 방법들이 가지고 있는 공통점은 무엇일까?'였다. 그 해답을 찾았을 때 나는 놀랐다. 나는 오랜 기간에 걸쳐 탄탄하게 자리 잡은 설득 비즈니스에서 주로 활용되는 심리학적 개념이 여섯 가지에 불과하다는 점을 확인했다. 바로 상호성reciprocation, 호감liking, 사회적 증거social proof, 권위authority, 희소성scarcity, 일관성consistency이다. 나는 《설득의 심리학 1》에서 설득의 밑바탕이 되는 보편적 심리 요소인 이 여섯 가지 원칙에 대해 설명한 바 있다(이후 개정판에서 일곱 번째 원칙을 추가했고, 이에 대해서는 이 책의 11, 12장에서도 설명할 것이다).

━ 설득을 위한 과학적 접근법

이 책에서도 이 여섯 가지 원칙에 대해 살펴보겠지만, 그 방향
성에서는 중요한 변화를 주었다.《설득의 심리학 1》은 과도하거나 달갑
지 않은 유형의 영향력에 저항하는 방법을 소비자에게 알리기 위해 쓴
책이다. 하지만 책이 여러 차례 개정되고 내가 감히 상상했던 것보다 훨
씬 더 많은 부수가 팔렸는데도 후속편에 대해 물어보는 독자들은 거의
없었다. 대신 다른 두 부류의 사람들에게서 끊임없이 전화가 걸려 왔다.
한 부류는 **자신들이** 속한 조직에서 강연을 해달라는 기업의 판매대리
인들이었고, 다른 한 부류는 직장 동료, 친구, 이웃, 가족과 일상적으로
교류하면서 설득을 잘할 수 있는 방법을 알고 싶어 하는 개인 독자들이
었다. 나는 사람들이 원하지 않는 영향력을 차단하거나 그 영향력에서
벗어나는 방법보다 설득 기술을 마스터하는 방법을 더 갈망한다는 사
실을 확실히 알게 되었다. 이러한 깨달음은 내가 이 책을 쓰게 된 계기
중 하나다.

《설득의 심리학 1》과는 달리 이 책을 집필한 목적 중 하나는 설득에
목말라하는 사람들을 만족시키는 것이다. 하지만 여기에서 소개하는
설득 전술에는 두 가지 지켜야 할 제한 규칙이 있다. 첫 번째는 성공적
인 설득의 윤리 의식과 관련이 있다. 상대방의 동의를 끌어내는 심리적
전술을 사용할 수 있다고 해서 아무렇게나 써도 되는 자격이 주어지는
것은 아니다. 이러한 설득 전술은 마음먹기에 따라 좋은 쪽으로도, 나쁜
쪽으로도 사용될 수 있다. 다른 사람을 속여서 이익을 취하려는 목적으
로 쓰일 수도 있는 반면, 다른 사람에게 정보를 제공해 성장을 돕는 도
구로도 활용할 수 있다. 13장에서 조직이 설득 전술을 비도덕적으로 사

용하지 않도록 세심한 주의를 기울여야 하는 이유를 자세히 살펴볼 것이다. 사실 이것은 기업에 대한 악평으로 인한 경제적 손실보다 더 중요하다. 그 외에도 이러한 수법을 남용하는 기업의 경우, 부정행위를 아무렇지 않게 생각하는 직원들이 쉽게 들어오거나 남아 있게 되며, 이런 직원들은 결국 회사를 속일 가능성이 크다.

두 번째 규칙은 개인적인 경험이나 설명을 더해 이야기에 살을 붙이는 것도 좋지만, 근거는 과학적으로 뒷받침돼야 한다는 것이다. 설득의 과정을 효과적으로 관리하는 데 과학적인 접근법은 실질적인 도움을 준다. 전통적으로 설득은 규정하기 힘든 일종의 '예술'로 여겨졌다. 어떻게 하면 말을 잘하는지 선천적으로 알고 있는 극소수 사람들만의 영역이라고 말이다. 하지만 지난 반세기 동안, 설득에 관한 연구에서 급진적인 변화가 일어났고, 평범한 우리도 타고난 설득의 달인만큼 커다란 혜택을 얻을 수 있게 되었다.

실제로 연구자들은 어떤 메시지가 사람들이 수긍하고, 따르고, 변화하도록 할 수 있는지를 알아보려고 매우 엄격한 과학적 접근법을 적용해왔다. 그 결과, 그들은 일종의 유행과도 같이 잘 알려진 화려한 방식으로 메시지를 전달하는 것보다 오히려 다소 고리타분한 방식이 설득의 효과가 더 크다는 충격적인 사실을 밝혀냈다. 그 결과 자체가 준 충격 외에도 한 가지 주목할 만한 부분이 있다. 설득 과정은 심리 원칙에 의해 좌우되므로 다양한 상황에서 비슷한 절차를 거쳐 비슷한 결과를 얻을 수 있다는 점이다.

더욱이 예술적인 영감과는 달리 일정한 원칙을 따른다면 설득은 얼마든지 학습할 수 있는 기술이라는 이야기다. 타고난 설득력이 있든 없든, 설득 방법에 대한 통찰력이 있든 없든, 또는 화려한 언어적 재능이 있든 없든 과학적으로 잘 정립된 설득의 기술을 배우면 누구나 더 설득력을 발휘할 수 있다.[4]

이 책이 《설득의 심리학 1》과 다른 또 한가지 중요한 점은 상대방을 설득하기 위해 '무엇'을 말해야 하는가뿐만 아니라 '언제' 말해야 하는가와 관련된 과학적 증거를 들 수 있다. 이를 바탕으로 설득력을 발휘할 자연스러운 기회를 살피고 포착하는 요령을 배울 수 있다. 윤리적인 관점에서 보자면 다소 위험할 수 있지만, 한 발짝 더 나아가 설득의 순간을 설계하고 직접 만드는 방법을 익힐 수도 있다. 순간 관찰자moment monitor 또는 순간 창조자moment maker로서 상대방에게 요청하거나 추천하거나 제안하는 메시지의 타이밍을 적절하게 조절한다면 설득을 더욱더 잘하게 될 것이다.

― 설득은 타이밍이다

이 책은 어떻게 보면 타이밍에 관한 내용이라고 할 수 있다. 사실 이 책은 내 예상보다 몇 년이나 늦게 완성됐다. 원래는 재직 중이던 대학에서 휴직하고 유명한 경영대학원에서 지내는 동안 이 책을 집필할 계획이었다. 그곳에서 만나게 될 박식한 동료들로부터 이 책의 주제와 관련된 조언도 얻을 수 있고 글쓰기에 집중할 시간적 여유가 있을 것으로 생각했기 때문이다.

이사하기 한 달 전쯤, 나는 연구실 위치나 비서 지원 여부, 전화, 주차,

도서관 이용 특권 등 더욱 보람찬 생활에 필요한 여러 세세한 일과 관련해 경영대학원의 부학장과 한창 협의 중이었다. 그러던 와중에 그에게서 운명적인 전화를 한 통 받았다. 대화의 시작은 매우 좋았다. 부학장은 내게 이렇게 말했다.

"좋은 소식이 있습니다. 당신이 원하는 연구실을 배정받을 수 있게 되었어요. 컴퓨터 성능도 당신이 요구한 것보다 훨씬 더 좋아요. 비서, 도서관, 주차장, 장거리전화도 전혀 걱정하지 말아요. 저희 쪽에서 모두 준비하겠습니다."

나는 그에게 배려해줘서 너무 고맙다고 대답했다. 그는 잠시 머뭇거리더니 곧 말을 이었다.

"그런데 당신이 나를 위해서 해줬으면 하는 일이 하나 있습니다. 사실 MBA 학생들을 위한 전문 마케팅 수업을 강의해줄 사람이 필요하거든요. 상황이 조금 곤란한데, 당신같이 훌륭한 사람이 그 강의를 맡아준다면 정말 큰 도움이 될 겁니다."

그의 요구를 받아들이면 그곳에 머무는 동안 책을 완성하겠다는 내 계획은 엉망이 될 것이 분명했다. 첫째로, 경영대학원에서는 강의해본 적이 없으므로 새로운 강의 기법을 익혀야 했다. 둘째로, 마케팅 강의를 해본 적도 없으므로 강의 계획부터 수업 내용, 교재, 자료, 시험 등을 처음부터 개발해야 했다. 셋째로, MBA 과정에 있는 사람들을 가르쳐본 적도 없으므로 나는 일을 시작한 후 처음으로 내 개인 시간을, 교수들에게 제일 끈질기다는 평가를 받는 1년차 MBA 학생들의 질문과 의견과 요구를 감당하는 데 대부분 할애해야 했다.

그런데도 나는 그 요청을 수락했다. 적절한 대안이 없었기 때문이다.

무언가를 부탁하기 딱 좋은 타이밍
다행스럽게도, 적절한 타이밍에 부탁하면 대마초를 사용해서 긍정적인 답변을 얻어내는 것보다 훨씬 더 효과
적이다.

Doonesbury © 2013. G. B. Trudeau. Reprinted with permission of Universal Uclick. All rights reserved.

이 '순간 창조자'에게 살뜰히 챙겨주고 특권을 부여해줘서 고맙다는 깊은 감사의 말을 전한 직후 그의 부탁을 거절할 수는 없었다. 만약 부학장이 전날이나 다음 날에 강의를 맡아달라고 부탁했다면 나는 아마도 거기에 머무는 동안 쓸 책이 있다고 설명하며 거절할 수 있었을 것이다. 하지만 그가 손에 쥔 '특권의 순간' 속에서 상황은 전혀 다르게 전개됐다.

그가 나를 위해 많은 부분 애써줬기 때문에 그의 부탁을 승낙하는 것 외에 사회적으로 용납될 만한 대안이 없었다. (내 신장을 달라고 하지 않은 것에 감사해야 할 판이었다.) 그래서 나는 그 순간의 상황이 요구하는 바인 "그렇게 하겠다"는 대답을 내놓을 수밖에 없었다. 결국 이 책을 쓰기 위해 휴직했던 기간이 끝났지만 원고는 완성되지 못했다. 새로운 책을 기다리던 가족과 출판사 편집장의 실망은 이만저만이 아니었고, 나 역시 자신에게 적잖이 실망했다.

하지만 이 경험은 두 가지 긍정적인 결과를 가져오기도 했다. 첫째로, 그동안 설득 과학의 분야에서 축적된 새로운 유의미한 연구 자료를 이 책에 담을 수 있었다. 둘째로, 초전 설득을 위한 절호의 기회는 말 그대로 찰나의 순간이라는 점을 보여주는 훌륭한 예로 부학장의 효과적인 설득 전략을 들 수 있게 되었다. 만약 그가 따로 전화를 걸어 수업을 맡아달라고 부탁했다면 나는 그의 요구를 거절하기 위해 이런저런 이유를 긁어모았을 것이라고 확신한다.

이런 방법을 통해 다른 사람의 반응을 바꿀 수 있는 기회는 아주 일시적이다. 그렇기 때문에 나는 이를 가리켜 '특권의 순간privileged moment'이라고 설명한다. 여기서 말하는 '특권'이란 말 그대로 지위가 특별한 위치로 올라갔다는 것을 의미한다. 하지만 '순간'이라는 말의 의미는 좀 복잡하다. 크게 두 가지 의미를 내포하는데, 첫째는 시간의 제한을 받는 다는 의미다. 초전 설득의 역할을 하는 오프너 이후 설득의 힘이 최고조 에 달하는 시간이 한정되어 있다는 말이다. 둘째는 물리적인 개념으로, 전례 없는 결과를 유도하는 특별한 영향력을 의미한다. 시간적인 차원 과 물리적인 차원이 만나 서로 얽히면 제3차원인 심리학적인 차원에서 놀라운 변화가 만들어진다.[5]

2장

나에게 유리한 순간을 포착하라

Privileged Moments

◆

◆

아는 사람이 별로 없지만, 나는 손금을 좀 본다. 적어도 예전에는 그랬다. 젊은 시절 파티에서 딱딱한 분위기를 부드럽게 하기 위해 손금 보는 법을 배웠다. 하지만 이내 그만뒀다. 손금을 보기 시작하면 사람들이 너도나도 봐달라며 긴 줄을 서는 바람에 정작 의미 있는 대화를 나누지 못했고, 무엇보다 뷔페 테이블 근처에 갈 기회가 없었기 때문이다.

그런데 사람들의 손금을 봐줬던 몇 년 동안 나는 놀라운 점을 발견했다. 내가 사람들의 손바닥을 들여다보고 알려준 정보들이 거의 사실이었던 것이다. 대부분은 처음 보는 사람들이었지만, 그들은 나에게 선뜻 손을 내밀었고, 내가 그들의 성격을 묘사하면 십중팔구 깜짝 놀라며 "정확해요! 어떻게 그걸 알 수 있죠?"라고 말했다. 그럴 때마다 나는 마치 다 안다는 듯 은근하고 모호하게 웃었다. 솔직히 말해서 나도 놀랐는

데 그 이유를 전혀 알 수 없었기 때문이다.

하지만 지금은 그 이유를 알고 있다. 내가 거의 매번 정확하게 손금을 읽어낸 이유는 두 가지로 설명할 수 있다. 첫째, 극소수 사람들만이 습득하는 불가사의한 능력으로 설명하는 것이다. 둘째, 누구나 활용할 수 있는 보편적 프로세스를 적용하는 것이다. 말장난하려는 게 아니고, 사실 손바닥 안에 그 사람의 성격이나 살아온 역사, 그리고 미래가 담겼다고 생각할 수 있다. 주로 여러 형태의 초자연적인 힘을 믿는 사람들이 이런 주장을 한다. 손바닥이라는 신체의 일부 외에도 별자리, 신체가 발하는 오라aura, 두상頭相 등 다양한 요소가 이러한 주장의 근거가 된다.

물론 사람이 가지고 있는 아우라보다 두상이 진실을 발견하는 데 더 많은 역할을 한다고 믿는 사람들에게는 각 수단의 차이점이 매우 중요할 것이다. 하지만 주술 전문가들이 사용하는 수단이 다르다고 해서 달라지는 것은 없다. 그들은 방법과 관계없이 매번 자신이 가진 초자연적 능력을 바탕으로 우리의 성격이나 과거나 미래를 읽을 수 있다고 주장하기 때문이다. 그러나 나는 손금을 보는 내 능력이 초자연적인 힘에서 비롯됐다고 생각하지 않는다. 그러한 믿음은 꼼꼼하게 살펴보면 금방 허점이 드러난다.[6]

손금을 봐주던 시절, 나는 초자연적인 힘으로 사람의 성격을 알아맞히는 방법에는 무언가 이상한 점이 있다고 분명하게 느꼈다. 나의 손금 보는 실력이 궁금해져서 나는 가끔 손금이라는 체계를 시험해봤다. 때로는 감정선을 마치 두뇌선인 것처럼 읽었고, 여러 가지를 거꾸로 말하고는 했는데도 사람들의 반응은 거의 비슷했다. 특정 손금을 틀리게 해석해도 내 성공에는 별 차이가 없었다. 예컨대 자기 회의라는, 누구나

불편한 진실
내가 손금을 보던 시절에 배웠던 것처럼 초자연적인 방법도 때로는 상당히 정확할 수 있다.
© 2013 Bizarro Comics. Distributed by King Features Syndicate, Inc.

가지고 있는 비밀을 드러내기 위해 내가 올바른 방법을 쓰든 그렇지 않든 사람들은 마치 정곡을 찔린 듯한 표정으로 고개를 끄덕였다.

어느 날 저녁, 나는 어떤 하우스 파티에 참석했다. 그런데 아는 사람이 거의 없어서 소외감을 느끼던 중이었다. 말하기 부끄럽지만, 사회심리학자인데도 사람들과 잘 어울리지 못해서 나는 무리에 자연스럽게 섞이기 위해 손금을 보기 시작했다. 집주인의 손금은 두 번이나 봤다. 파티를 시작할 즈음인 초저녁에 한 번, 그리고 두어 시간 후 술을 몇 잔 걸친 그가 더 알고 싶어 돌아왔을 때 한 번 더 손금을 봐줬다. 처음 그의 손금을 봤을 때 나는 손바닥을 펼치게 한 후 이렇게 이야기했다.

"음, 당신은 상당히 완고한 사람이네요."

두 번째로 손금을 보기 위해 그의 손바닥을 펼쳤을 때에는 이렇게 말했다.

"음, 당신은 꽤 유연한 사람이네요."

상반되는 설명을 들은 뒤에도 그는 두 번 모두 잠시 생각하다가 내가 그의 성격을 정확하게 맞혔다며 고개를 끄덕였다.

이런 말도 안 되는 일이 가능했던 이유는 대체 무엇일까? 사람들은 왜 내가 무슨 말을 하든(물론 내가 그런 말을 한 데에는 합당한 이유가 있었다) 곧이곧대로 받아들였을까? 초자연적인 설명을 비판하는 사람들은 보통 이렇게 말한다. 손금을 보는 사람이나 점성술사 또는 골상학자(머리 모양을 관찰하는 사람)는 누구에게나 적용될 수 있는 일반적인 성격으로 점술을 풀기 때문이라는 것이다. 예를 들어 완고함이나 유연성과 같이 누구나 자신도 그렇다며 고개를 끄덕이는 특징처럼 말이다. 물론 맞는 말이지만, 그렇다고 불가사의한 점들이 해결되지는 않는다. 사람들이 스스로 완고한지, 유연한지 자신의 경향을 파악하는 일이 그토록 쉽다면 그 반대도 가능하지 않을까(어느 한 측면을 쉽고 강하게 인식했다면 다른 측면을 쉽게 누르지 않았겠느냐는 뜻-옮긴이)? 집주인이 자신을 유연한 사람이라고 생각했다면 왜 내가 그를 완고한 사람이라고 설명했을 때 그 자리에서 반박하지 않았을까? 왜 매번 그의 성격에 대해 내가 내놓은 해석이 진실이라고 받아들였을까?

— **사기도 속임수도 아니고, 초점이다**

그 해답은 사람들이 자신의 결정을 극적으로 바꾸는 평범한 조작 성향에서 찾을 수 있다. 어떤 파티에서 내가 당신의 손금을 보기 위해 손바닥이 위로 향하도록 엄지손가락을 뒤로 젖히면서 여러 종류의 손금을 보고 있다. 그 선들의 길이와 패턴에 근거해 "당신은 당신이 원하지 않는 방향으로 당신을 움직이려고 하는 어떤 의도나 제안에도 강하게 저항하는 완고한 사람"이라고 단정적으로 이야기했다고 가정해보자. 내 말로 인해 당신은 자신의 완고함에 초점을 맞추게 된다. 그리고 당신은, 내 판단을 확고히 하기 위해 내가 부당하게 설계한 하나의 심리적 미끄럼틀single psychological chute을 타고 내려가게 된다.

자세히 보자면 이렇다. 내 말이 맞는지 시험하기 위해 당신은 자연스럽게 고집을 부렸던 기억들을 떠올리게 된다. **오로지** 고집스러운 성향에만 초점을 맞춘 채 말이다. 당연히 몇몇 사례가 쉽게 떠오를 것이다. 왜냐하면 완고하다는 것은 외고집을 의미하고 외고집은 자주 실패를 만들어내기 때문이다. 그런 실패에 관한 많은 에피소드는 유사한 일을 더 많이 기억나게 할 것이며, 아주 잠깐의 자아 인식self-recognition을 통해 내가 자신의 성향을 맞혔다는 것을 인정할 수밖에 없게 된다.

자, 이제는 반대로 내가 당신의 손금을 보고 난 뒤 "당신은 새로운 환경에 접했을 때 당신의 생각이나 위치를 잘 고려해 변화를 시도할 줄 아는 융통성 있는 사람입니다"라고 말한다고 가정해보자. 이번에는 내 말이 당신을 반대 성격에 집중하도록 만들 것이다. 따라서 당신은 조금 전과는 다른 미끄럼틀을 타고 내려가게 된다. 변화를 기꺼이 받아들였던 기억들이 생각나도록 부당하게 설계된 미끄럼틀을 말이다. 그 결과 역시 편향된 기억 탐색의 시간이 끝나면 당신은 뼛속까지 유연한 자신의 성격을 내가 정확하게 맞혔다고 선언할 것이다.

사람들이 이러한 속임수에 쉽게 넘어가는 데는 매우 인간적인 이유가 있다. 이를 설명하는 다소 투박한 과학적 명칭은 바로 '긍정적 테스트 전략positive test strategy'이다. 쉽게 말해 사람들은 어떤 가능성이 맞는지 틀린지를 결정할 때 일반적으로 틀린 경우보다는 맞는 경우를 찾는다. 즉 그 생각이 부당한지보다는 정당한지를 우선 고려한다는 것이다. 무언가가 부재不在한다는 것보다는 존재存在한다는 것을 드러내기가 더 쉬운 법이다. 이러한 인간의 본성을 잘 알았던 위대한 추리소설가 아서 코넌 도일Arthur Conan Doyle은 이를 바탕으로 셜록 홈스Sherlock Holmes의 결코 평범하지 않은 사고방식을 설계했다. 소설 속에서 탐정 홈스는 일어난 일보다 일어나지 않은 일에 끈질기게 집중한다. 도일의 가장 유명한 추리소설 중 하나인 〈실버 블레이즈Silver Blaze〉에 이러한 홈스의 성격이 잘 드러난다. 홈스는 도둑이 들었을 때 경비견이 짖지 않은 것을 보고 (경찰이 용의자로 지목한 낯선 이는 범인이 아닐 것이므로) 내부 사람이 저지른 범죄라는 점을 밝혀냈다. 이에 반해 눈에 보이는 것에만 초점을 맞추고 보이지 않는 확고한 증거는 등한시했던 소설 속 다른 인물들은 홈스의 추론 능력을 따라잡을 수 없었다.[7]

유감스럽게도 나와 당신, 그리고 대부분의 사람들은 '홈스 외의 다른 인물들'에 해당한다. 가수 지미 버핏Jimmy Buffett이 쓴 가사에서 주인공은 옛 연인에게 무언가의 부재는 곧 다른 의미를 나타낸다는 점을 다섯 번이나 반복해서 말한다. "전화가 울리지 않으면, 그건 나야."

부당하게 설계된 특권의 순간

만약 내가 당신에게 사회생활이 **불만족스럽냐고** 물어본다면 **만족스럽냐고** 물어볼 때보다 불만족스러운 점을 훨씬 더 많이 떠올릴 것이다. 앞에서 언급한 것처럼 사람은 반증보다는 확증을 찾고자 하는 성향을 타고난다. 실제로 캐나다인들을 대상으로 그들의 사회생활이 만족스러운지, 불만족스러운지 물었더니 같은 결과가 나타났다. 질문에 대해 생각하는 과정에서 불만족스럽냐는 질문을 받은 사람들이 만족스럽지 못했던 기억을 떠올리는 경우가 더 많았고, 그 결과 불만족스럽다고 대답할 확률이 375퍼센트나 더 높았다.

이러한 발견을 통해 우리는 몇 가지를 깨달을 수 있다. 먼저 설문조사원이 어떤 것에 대한 당신의 불만족도에만 관심을 보인다면 조심해야 한다. 불만족의 대상은 일반적인 소비자 제품일 수도 있고 특정 정치인이나 정부 정책일 수도 있다. 또한 만족도에 대해서만 묻는 설문 조사도 역시 의심해봐야 한다. 이런 종류의 질문을 '싱글 – 슈트single-chute 질문'이라고 부른다(통과할 수 있는 미끄럼틀이 하나밖에 없다는 뜻이다-옮긴이). 싱글 – 슈트 질문을 받으면 자신의 입장을 착각하거나 잘못 표현하기 쉽다. 이렇게 한쪽으로만 치우친 질문들로 채워진 설문 조사는 거절하는 편이 좋다.

설문 조사에서는 두 가지 견해를 모두 물어보는 것이 바람직하다. 예를 들어 "이 브랜드가 얼마나 만족스럽니까, **아니면** 불만족스럽습니까?", "시장의 직무 수행에 대해 만족합니까, **아니면** 만족하지 않습니까?", "중동 국가에 대한 현 정부의 입장에 동의합니까, **아니면** 동의하지 않습니까?"와 같은 질문은 듣는 사람으로 하여금 공정하게 생각하

도록 한다.[8]

하지만 유도 질문으로 답변자의 개인적인 입장을 한층 더 부정확하게 만드는 설문조사원보다 더 위험한 인물은 앞서 언급한 이른바 '특권의 순간'에 당신을 이용하기 위해 이러한 장치들을 활용하여 질문하는 사람들이다. 사이비 종교 전도자들은 종종 사람들에게 인생이 (행복하냐고 묻는 대신에) 불행하냐고 물으며 예비 신자들에게 접근한다. 예전에 나는 이러한 질문을, 삶에 대한 깊은 불만으로 사이비 종교를 더 쉽게 받아들이는 사람들만 골라내려고 만든 말이라고 생각했다. 하지만 나는 이제 "당신은 불행합니까?"라는 질문이 단순히 신도를 선별하기 위한 장치가 아니라는 점을 잘 알고 있다. 그 질문은 불행이라는 요소에 지나치게 집중하도록 사람들을 속이는 전도 수단이다(사실 사이비 종교는 불평하는 사람들에게 높은 직급을 주지 않는다. 그들은 정신적으로 안정된 사람이다. 긍정적으로 할 수 있다고 생각하는 태도가 곧 사이비 종교에 대한 관심으로 이어지도록 하는 데 초점을 맞춘다). 캐나다인을 대상으로 한 실험 결과에서 알 수 있듯이, 불만스러운 점을 되새기도록 유도하는 방식의 질문을 받을수록 사람들은 자신의 삶이 불행하다고 말하기 쉽다. 부당하게 설계된 질문에 대답하게 만든 후 노련한 사이비 종교의 '순간 창조자'는 훈련받은 대로 다음과 같은 질문을 던진다.

"그렇게 불행하다면 당신의 삶을 바꾸고 싶으시겠네요?"[9]

물론 이러한 사이비 종교의 전도 수법은 꽤 자극적인 일화다. 하지만 사이비 종교인과 전도자는 자발적으로 자기 망상의 세계에 빠지는 것으로 잘 알려져 있다. 어쩌면 그들은 자신들의 전도 효과를 착각하고 있을지도 모른다. 이처럼 조작된 순간이 일시적으로 엉뚱하게 변경된 자기 이미지보다 더 중요한 결과로 이어진다는 것을 보여주는 명백한 증거는 무엇일까? 초전 설득을 이용하는 이들은 이러한 순간을 이용해서 듣는 사람의 의지와 생각을 근본적으로 변화시키거나 실질적인 가치를 만들어낼 수 있을까?

판매자는 소비자 정보를 무척 소중하게 여긴다. 마케팅 리서치가 중요하다고 주장하는 사람들은 판매자에게 소비자를 만족시키는 데 필요한 데이터를 제공하는 것이 매우 효과적이라고 말한다. 그런 데이터가 주는 혜택을 가치 있게 여기는 또 다른 조직이 있다. 수익성 좋은 기업들은 현재 고객이나 잠재 고객이 원하는 것과 필요로 하는 것에 대해 믿을 수 있는 정보를 확보함으로써 얻게 되는 이익을 정확하게 알고 있다. 그렇기 때문에 잘나가는 기업의 경우 이러한 정보를 얻기 위해 기꺼이 거액을 내기도 한다.

그러나 이러한 기업들이 겪는 큰 문제는, 사람들 대부분은 기업이나 단체가 진행하는 설문 조사, 포커스 그룹focus group, 시음회 등에 참여할 의사가 없다는 점이다. 현금이나 무료 사은품, 상품권 등 상당한 액수의 유도장치를 활용해봐도 협조하겠다는 소비자의 비율이 낮은 것이 현실이다. 그 때문에 시장조사 담당자는 자신이 취합한 데이터가 타깃 고객층의 다수 의견을 반영한다고 확신할 수 없다며 고충을 토로한다. 그렇다면 설문조사원들이 초전 설득을 위한 싱글 - 슈트 질문a pre-suasive single-chute question을 던진 직후에 고객의 정보를 요청하는 것으로 이와 같은 문제를 해결할 수 있을까?

커뮤니케이션 과학자인 샌 볼컨San Bolkan과 페테르 안데르센Peter Andersen이 진행한 설문 조사 참여와 관련된 실험 결과를 살펴보자. 이들은 사람들에게 다가가 설문 조사에 응해달라는 요구를 했다. 손에는 클립보드를 든 채 쇼핑센터나 슈퍼마켓 앞에서 행인에게 잠시 시간을 내어 설문 조사에 응해달라고 부탁하는 조사자를 한 번쯤 본 적이 있을 것이다. 쇼핑센터의 설문 조사자와 마찬가지로 두 과학자의 성공률은 비참하기 그지없었다. 설문 참여 요청을 받은 사람들 중에서 29퍼센트만이 실제로 조사에 참여했던 것이다. 하지만 볼컨과 안데르센은 면접원이 억지로 면접을 강요한다는 느낌을 거의 주지 않는 동시에 추가적인 비용 지불도 없이 사람들을 조사에 훨씬 더 협조적으로 만들 수 있는 방법을 찾아냈다. 그들은 사람들을 멈춰 세운 다음 초전 설득 오프너로 말문을 열었다.

"자신이 남을 잘 돕는 사람이라고 생각하시나요?"

거의 대부분은 잠시 고민한 다음 "네"라고 대답했다. 바로 이 특권을 받은 순간, 즉 질문을 받은 사람이 남을 잘 돕는 자신의 성격에 대해 개인적인 확신과 공개적인 단언을 한 직후 설문 조사에 참여해달라고 부탁했다. 그랬더니 놀랍게도 77.3퍼센트가 자발적으로 설문 조사에 응했다.

이 책의 10장에서는 앞서 살펴본 상황에서 상대방의 요청을 수락할 확률이 두 배 이상 커지도록 유도하는 특정한 심리 메커니즘(일관성 원칙)에 대해 살펴볼 것이다. 그 전에 보다 폭넓은 통찰력, 즉 이 책을 관통하는 주요 가설을 먼저 살펴보자. 어떤 상황에서 사람들의 선택을 결정하는 가장 중요한 요인은 현명한 조언자의 충고가 아니라 그 결정의 순간 어떤 것에 주의가 집중됐느냐다. 그리고 그렇게 집중된 주의를, 다시

한 번 말하지만 나는 특권이라고 부른다.

　나는 30년 넘게 사람들을 설득하는 방법을 연구했다. 이러한 연구를 학계 용어로 표현하자면 사회적 영향력의 지배적인 과학적 모델이다. 그리고 이 분야의 연구 결과들은 대부분 다음과 같이 말한다. 다른 사람의 행동을 변화시키려면 그 사람의 기존 성향들을 먼저 바꾸고, 그에 걸 맞은 행동을 유발해야 한다.

　예를 들어 새로 출시된 청량음료처럼 익숙하지 않은 것을 구매하도록 설득하려는 경우, 사람들이 그 제품을 사고 싶어 하도록 그 제품에 대한 그들의 믿음이나 태도 혹은 경험을 바꿔야 한다. 이를 위해 해당 음료가 시장에서 가장 빠르게 성장하는 새로운 유형의 음료라는 점을 강조해서 제품에 대한 사람들의 인식을 바꾸거나, 유명 연예인을 광고 모델로 등장시켜 사람들의 태도를 더 긍정적으로 전환할 수 있다. 또는 슈퍼마켓에서 무료 시음회를 개최해 소비자의 경험을 확대하는 것도 한 방법이다. 분명 이러한 전통적 방법들이 어느 정도 효과가 있다는 것이 증명됐다. 하지만 설득에 성공하기 위해서 다른 새로운 대안적 방법이 있다는 것 역시 엄연한 사실이다.

━　유도된 주의력

　이렇게 '유도된 주의channeled attention(내가 원하는 것에 집중하도록 상대방의 주의를 유도하는 전략을 말한다-옮긴이)'를 바탕으로 한 새로운 접근법에 따르면, 타인에게서 내가 원하는 행동을 이끌어내기 위해 굳이 타인의 신념이나 태도나 경험을 변화시킬 필요가 없다. 의사 결정을 하는 순간에 그 사람이 마음속으로 중요하다고 생각한 것을 제외하고는 아무것도 바꾸지 않아도 된다. 앞서 살펴본 청량음료의 경우 그것은 바로 그 사람이 과거에도 새로운 가능성을 시도할 의향이 있었다는 사실이다. 볼컨과 안데르센이 한 단계 확장한 연구에서 이러한 과정을 뒷받침하는 증거들을 찾을 수 있다. 사람들에게 설문 조사 참여 여부를 묻기 전에 "당신은 남을 잘 돕는 사람입니까?"라는 질문을 함으로써 설문 참여율을 높였는데, 이 질문이 이른바 '초전 설득 오프너pre-suasive opener'다.

다른 비교 연구에서 두 과학자는 비슷하지만 살짝 다르게 특화한 초전 설득 오프너, 즉 "당신은 모험적인 사람입니까?"라는 질문을 활용해 처음 보는 제품에 대한 소비자의 구매 의지를 높이는 것이 가능하다는 결과를 얻었다. 그 대상 제품은 새로 나온 청량음료였고, 두 과학자는 사람들에게 무료 샘플을 받으려면 이메일 주소를 알려달라고 요청했다. 실험 대상자들 중 절반에게는 무료 샘플을 보내주겠다는 목적으로 이메일을 알려달라고 했다. 대부분은 거절했고, 이메일을 알려준 사람은 33퍼센트뿐이었다. 나머지 절반에게는 "당신은 자신이 모험심이 강하고 새로운 시도를 하는 것을 좋아한다고 생각합니까?"라는 질문을 먼저 했다. 대부분이 "네"라고 대답했고, 그 후 75.7퍼센트가 선뜻 이메일 주소를 알려줬다.[10]

이 실험 결과에서 두 가지 특징을 주목할 만하다. 첫째, 스스로 모험심이 강한 사람이라고 생각하느냐는 질문을 받은 사람들 중에서 97퍼센트(72명 중 70명)가 그렇다고 대답했다. 거의 모든 사람이 모험심이 강하다는 것은 터무니없다. 하지만 싱글-슈트 질문을 통해 '모험심 강한 유형'에 속하는지 물었더니 사람들은 너도나도 손을 들었다. 바로 이

것이 앞서 언급한 '긍정적 테스트 전략'과 그로 인해 형성되는 '좁혀진 blinkered' 시각의 영향력이다. 연구 결과에 따르면 이러한 과정은 사람들이 스스로에 대해 모험심이 강하거나 남을 잘 돕는 성향이라거나, 심지어 인생이 불만족스럽다고 대답하는 비율을 얼마든지 늘릴 수 있다. 더 나아가 싱글-슈트 질문을 통해 형성된 편협한 시각은 일시적이기는 하나 굉장히 강력하다. 이처럼 설득력이 통하는 특권의 순간이 계속되는 동안, 시각이 좁혀진 사람들은 이어지는 요청에 매우 무방비 상태가 된다.

청량음료 실험에서 주목할 만한 또 다른 특징은 단순한 질문 하나가 수많은 사람을 특정한 선택으로 유도할 수 있다는 점이 아니라, 바로 그 하나의 질문이 수많은 사람을 잠재적으로 **위험한** 선택으로 유도할 수 있다는 점이다.

최근 몇 년 동안, 여러 분야의 전문가들이 반복해서 경고하고 대책을 세우도록 호소하는 사항이 있다. 바로 우리가 각종 스팸과 바이러스, 해킹 등의 수법으로 컴퓨터에 침입하여 개인 정보를 유출하는 부도덕한 사람들에게 노출되어 있다는 것이다(물론 경험 많고 분별력 있는 사용자는 인터넷상의 바보 같은 제안에 속는 일이 거의 없다. 나 역시 '우크라이나의 젊은 매춘부들이 당신을 만나고 싶어 합니다'라는 메시지를 여러 차례 받는다. 만약 만남이 성사되지 않으면 재생 프린터 카트리지를 파격적인 가격에 주겠다면서 말이다. 물론 어마어마한 제안이기는 하지만, 우리는 이렇게 진위를 알 수 없는 메시지들에 대해 의심의 끈을 놓지 않아야 한다).[11]

온라인 사기와 관련한 부정적인 뉴스가 끊임없이 보도된다는 점을 고려한다면 볼컨과 안데르센의 실험에서 첫 번째 응답자 그룹 중 3분의

2가 이메일 주소를 알려주기를 거절했다는 것이 충분히 이해된다. 어쨌든 생전 처음 보는 사람이 부르지도 않았는데 자기소개도 없이 불쑥 다가왔으니 그러한 상황에서 신중하게 대처하는 것은 당연한 일이다.

중요한 점은 모든 참가자의 조건이 같았음에도 불구하고 싱글-슈트 질문을 통해 자신의 모험적인 성향으로 유도된 75.6퍼센트의 사람들은 경고를 무시하고 어쩌면 바보 같을 수 있는 선택을 선뜻 감행했다는 것이다. 언뜻 봐서는 잘 이해되지 않는 행동이다. 하지만 이는 이 책이 주장하는 바를 명확하게 보여주는 근거다.

어떤 결정을 이끄는 요인은 가장 현명한 조언이 아니라 최근에 마음속에 떠오른 것이다. 하지만 왜일까? 바로 유도된 주의의 무자비함 때문이다. 어떤 것에 주의가 쏠리게 되면, 이제 그 주의가 이어지면서 이후의 관련된 사항들에 주목하게 만들 뿐만 아니라 다른 경쟁 정보나 속성들을 억누른다. 그래서 더욱 무서운 것이다.[12]

― **초점화된 주의의 대가**

영어에서는 '주의를 기울인다'라고 할 때 'pay attention'이라는 표현을 쓴다. 즉 주의에는 대가가 따른다는 뜻이다. 인지 기능에 관한 연구들을 보면 주의의 대가가 무엇인지 알 수 있다. 어떤 것에 주의를 기울일 때 지불하는 대가는 다른 것에 대한 관심(주의)이다. 인간의 의식은 한 번에 하나의 대상만을 의식적으로 생각할 수 있다. 따라서 그 외의 다른 **모든 것에**는 순간적으로 주의를 놓치게 된다. 동시에 두 가지를 제대로 경험하는 것이 결코 쉽지 않다는 점을 생각해본 적이 있는가?

예컨대 나는 음악을 들으며 고속도로를 운전하다가도 의식적으로 출구를 찾기 시작하면 음악이 귀에 들어오지 않는다. 반대로 흘러나오는 음악을 열심히 듣다 보면 종종 출구를 놓치고 만다.[13]

이렇게 보면 한 번에 한 곡만 틀 수 있는 자동차의 CD 플레이어는 뇌와 비슷하게 작동한다. CD 플레이어에서 두 곡이 동시에 재생된다면 스피커를 통해 흘러나오는 것은 소음에 불과할 테니 충분히 그럴 만한 일이다. 요컨대 CD 플레이어는 인간의 인지에 맞추어 설계되어 있다. 뇌 안에는 항상 여러 '트랙'의 정보들이 존재하지만, 우리는 그 순간에 처리하고 싶은 하나만을 의도적으로 선택한다. 지나친 양의 정보를 한꺼번에 소화하려다 보면 과부하에 이르거나 뒤죽박죽으로 섞인 개별 정보들에 제대로 반응할 수 없다.

여러 채널의 정보를 처리하기 위해 우리가 할 수 있는 최선의 방법은 여러 정보 채널을 앞뒤로 전환하고, 주의의 문을 차례대로 열고 닫는 것이다. 이러한 기술은 이메일을 읽으면서 전화 통화를 하는 등 여러 일을 할 수 있는 능력인 멀티태스킹을 가능하게 한다. 하지만 겉으로는 우리가 동시에 여러 가지에 집중하는 것처럼 보여도 그것은 환영일 뿐이다. 단지 우리는 주의의 초점을 빠르게 바꾸고 있는 것에 불과하다.

주의에 대가가 따르는 것처럼 주의의 초점을 전환하는 데도 그에 합당한 값을 치러야 한다. 정보 사이를 왔다 갔다 할 때마다 우리는 0.5초 동안 정신적인 사각지대에 빠지게 된다. 이를 가리켜 '**주의 과실**attentional blink(특정 자극이 뇌의 주의를 끌면 순간적으로 인지 오류가 생기는 현상-옮긴이)'이라고 하는데, 정신적인 사각지대가 생겨나는 동안 순간적으로 새롭게 주목받는 정보를 인지하지 못하는 오류가 발생한다. 이러한 이유로 나는 두 가지 이상의 일을 동시에 하는 사람과 대화하는 것을 지극히 싫어한다. 통화 도중에 수화기 너머로 신문을 넘기는 소리나 키보드를 두드리는 소리가 들리는 등 상대방이 다른 일을 하고 있는 모습이 눈에 선했던 적이 있는가? 참 짜증나는 일이 아닐 수 없다. 그만큼 나를 중요하게 여기지 않는다는 뜻이 되니 말이다. 매번 강등당하는 기분이 든다. 이러한 상황은 내가 하는 말이 상대방에게는 중요하지 않다는 것을 알려준다.[14]

하지만 이렇게 느끼는 사람은 나뿐만이 아니다. 상대방 역시 똑같은 생각을 하게 된다. 사람들은 당연히 자신이 집중하기로 (또는 집중하지 않기로) 선택한 것은 그 순간에 그것을 중요하게 여긴다는 것을 의미한다고 믿는다. 여기에 이 설득력 프로세스의 요점이 있다. 어떠한 개념, 사람, 물건 등에 상대방의 주의를 집중시키면 상대방은 곧 그것이 예전에 비해 자신에게 굉장히 중요해졌다고 인식하게 된다.

예를 들어 유명한 심리치료사 밀턴 에릭슨Milton Erikson이 치료 과정에서 쓴 방법을 한번 살펴보자. 그는 치료에 중요한 메시지인데도 환자가 귀를 잘 기울이지 않으면 목소리를 높여 오히려 환자로 하여금 귀를 막게 하는 대신에 이런 방법을 썼다. 지혜롭게도 그 반대의 방법을 사용한 것이다. '순간 창조자'의 달인이라는 명성에 걸맞게 에릭슨 박사는 우선 진찰실 창문 밖에서 무거운 짐을 실은 트럭이 언덕을 오르기를 기다렸다. 그러다가 그 트럭이 언덕 꼭대기에 올라서기 위해 최고의 소음을 내기 시작할 때 자신의 목소리를 **낮추고** 주의할 점을 다시 설명했다. 환자는 에릭슨 박사가 무슨 말을 하는지 듣기 위해 자연스럽게 몸을 앞으로 기울였고, 정보에 더욱 가까워졌다. 그것은 곧 집중과 강렬한 흥미를 나

상대방으로부터 잊히다
'무시'라는 실수가 최악의 실수다.
© William Haefeli. The New Yorker Collection/The Cartoon Bank

타내는 신체적 신호였다. 효과적인 치료를 위해 비언어적인 요소를 활용하는 것으로 유명한 에릭슨 박사에게 이에 대해 묻자 그는 중요한 정보를 환자에게 설명하기 위해서는 환자가 그 정보에 대해 들으려고 몸을 앞으로 기울이게 만드는 것이 효과적이라고 설명했다.

매우 유익한 사례이기는 하지만, 에릭슨 박사의 이 특별한 실험을, 어떠한 사물에 가까이 다가가는 것만으로도 사람들이 그 사물을 더욱 중요하게 인식한다는 사실에 대한 특수한 증거라고 믿을 필요는 없다. 실제로 수많은 연구 결과가 사물과의 거리를 좁히면 그 사물에 대해 사람들이 느끼는 중요도가 더욱 커진다는 것을 보여준다. 이런 반사적인 경향이 설득 과정에 영향을 준다는 것을 보여주는 사례도 많다. 어떤 연구에서 스낵 그릇을 향해 움직이는 자신을 **상상하는** 경우, 스낵 그릇에서 멀어지는 자신을 상상할 때보다 그 스낵을 더 좋아한다고 느끼는 것은 물론이고, 그 스낵을 구입하기 위해 지불할 용의가 있는 금액이 네 배나 더 커진다는 것이 관찰됐다.[15]

다른 사람들로 하여금 자신이 제안하는 메시지 혹은 제품을 향해 고개를 돌리고 귀를 기울이게 하는 방법에는 여러 가지가 있다. 다양한 의사소통 방식을 활용해 상대방이 어떤 아이디어나 물건에 주의를 집중하게 만들고 거기에서 특별한 가치를 느끼게 할 수 있다. 다음 장에서 더욱 자세히 살펴보겠지만, 초전 설득의 영향력은 상당히 강력하다.

3장

주목하는 순간 중요한 것이 된다

The Importance of Attention . . . Is Importance

◆

◆

엘리자베스 2세의 즉위 50주년 기념 축제가 열릴 당시, 나는 다른 이유로 런던에 있었고 운 좋게도 엄청난 장관을 직접 목격했다. 사실 몇 달 전부터 여왕은 전 세계 영연방 국가들의 50주년 행사를 주최해왔고, 클라이맥스는 2002년 6월 4일 런던의 더 몰The Mall(버킹엄 궁전에서 시작되어 애드미럴티 아치Admiralty Arch를 거쳐 트라팔가 광장까지 이어지는 영국 런던의 도로-옮긴이)에서 열린 행사였다. 그 행사를 보기 위해 영국 전역과 전 세계에서 100만 명이 넘는 사람이 모여들었다. 사람들의 열렬한 지지에 수많은 언론이 매우 놀랐다. 특히 현대인들은 영국 군주제나 영국 여왕에게 관심을 두지 않으므로 50주년 행사도 대실패할 것이라고 예상했기 때문이다.

기념행사는 언론의 예상과 정반대였다. 6월 4일이 되기 몇 주 전부터 영국 곳곳에서는 여왕을 기리는 헌사, 퍼레이드, 콘서트 및 특별 행사가 개최됐고, 수많은 사람이 몰리면서 영국 왕실과 여왕이 건재하다는 사실이 증명됐다. 그리고 여왕은 이러한 행사들에 차례로 참석했다. 그중에서도 길게 줄지어 서서 여왕과 잠깐 인사를 나눌 수 있는 소규모 파티 초대장이 가장 큰 주목을 받았다.

사실 어떠한 자리든 엘리자베스 2세 여왕을 직접 만날 수 있다면 가문의 영광이 될 것임에 틀림없다. 화려하고 성대한 재위 50주년 행사에서 여왕을 대면할 수 있는 기회는 그 의미가 더욱 남달랐고, 그만큼 언론은 기념식을 열성적으로 보도했다. 셀 수 없이 쏟아져 나왔던 기사들 중에서 특히 하나가 내 눈길을 사로잡았다. 어느 젊은 여성이 줄을 서서 기다리다 자기 차례가 되어 여왕과 영광스러운 인사를 막 나누려는 찰나, 그녀의 휴대전화가 가방 안에서 시끄럽게 울리는 악몽 같은 일이 일어났다. 그녀는 당황하여 몸이 얼어붙었는데 전화는 눈치 없이 계속 울려댔다. 그녀는 그저 여왕의 얼굴을 바라봤고, 여왕의 시선은 그녀의 가방에 고정됐다. 마침내 여왕은 그녀를 향해 몸을 숙이고는 속삭이듯 이야기했다.

"받아요. 중요한 사람의 전화일 수도 있잖아요."

— 초점 착시, 제한된 주의력의 한계

엘리자베스 2세의 행동에서 우리는 그녀가 왜 그토록 국민들에게 뜨거운 사랑을 받는지 알 수 있다. 이 조언은 하나의 통찰을 제시한다. 사람들은 주의를 끄는 무엇인가가 실제보다 훨씬 중요하다고 과대평가할 수 있다는 것이다. 상상컨대 영국 여왕의 재위 50주년을 기념하는 행사에서 여왕을 만나는 그 순간에 여왕보다 중요한 사람의 전화가 올 확률은 과연 얼마나 될까? 아마도 그 상황에서 여왕보다 중요한 사람은 없을 것이다. 그런데도 전화기 너머의 누군가는 굉장히 중요한 사람으로 여겨졌다. 그 누구도 아닌 여왕으로부터.

일부 비평가들은 중요한 사람의 전화일지도 모른다고 말한 엘리자베스 여왕의 행동이 타고난 친절함 때문이지, 무엇인가에 시선을 빼앗겨 빗나간 판단을 하는 인간의 특성 때문은 아니라고 주장한다. 따라서 여왕이 전화의 중요성을 과대평가한 것은 아니라고 말이다. 하지만 내 생각은 다르다. 비록 왕족은 혈통이 다를지 몰라도 결국 다 똑같은 인간이다. 그 순간 눈에 띄는 것이 무엇이든 그것에 과도하게 무게를 두려고 하는 것은 인간의 기본 성향이다. 수많은 연구 결과가 이를 뒷받침한다.

그런 연구자 중 한 명이 바로 대니얼 카너먼Daniel Kahneman이다. 그는 한 개인의 성장사로 보았을 때나, 학자로서의 면모로 보았을 때나 인간 행동의 특징과 원인에 관해 유익한 정보를 제공한 인물이다. 먼저 그의 개인사를 좀 살펴보자. 그는 어린 시절 프랑스에서 자랐으며, 이스라엘의 예루살렘과 캘리포니아의 버클리에서 공부하면서 학위를 취득했고, 이스라엘에서 군 복무를 하고 인사평가관으로 활동했으며, 캐나다와 미국에서 학생들을 가르쳤기 때문에 다양한 문화와 역할을 경험했다. 그러나 이러한 카너먼의 다양한 배경보다 더 중요한 것은 인간의 심리에 대한 위대한 이론이다. 그는 세계적인 명성을 자랑하는 교육기관에서 학생들을 가르쳤는데, 미국 프린스턴 대학의 심리학과와 공공정책학과Public Affairs(대정부 활동, 이미지광고, 사회 기여 등을 포괄하여 기업이나 단체가 펼치는 전략적 활동을 가르치는 학과-옮긴이) 교수로 동시에 임명되면서 그의 역량은 절정에 이르렀다. 그는 세계적으로 권위 있는 학술상을 많이 받았지만, 그중에서도 2002년에 받은 노벨경제학상은 역사상 최초로 심리학자에게 주어진 노벨상이라는 점에서 특히 주목할 만하다.

그렇기 때문에 카너먼이 인간의 심리에 대해 이야기하기 시작하면 모두들 숨죽이고 주의를 기울인다. 이런 장면을 보면 나는 꼭 여러 해 전에 유명했던 허턴 증권사E. F. Hutton & Co.의 TV 광고가 떠오른다. 광고 내용은 이렇다. 북적거리는 식당에서 슈트를 입은 비즈니스맨 두 명이 식사를 하고 있다. 그릇이 부딪치는 소리, 웨이터의 시끄러운 목소리, 옆자리에서 들려오는 말소리 등 각종 소음을 뚫고 한 남자가 이렇게 이야기한다.

"내가 E. F. 허턴에 가서 물어봤는데 허턴에서 뭐라고 했느냐면⋯⋯."

그러자 식당 안 모든 사람이 일제히 동작을 멈춘다. 웨이터는 주문을 받기를 멈추고, 빈 그릇을 치우던 사람은 바삐 움직이던 손을 멈춘다. 손님들 역시 대화를 멈춘다. 그러고는 모두 남자가 허턴에서 얻은 투자 정보를 듣기 위해 몸을 돌리고 귀를 쫑긋 세운다. 이때 다음과 같은 카피가 흘러나온다.

"허턴이 말하면 사람들은 듣습니다When E. F. Hutton talks, people listen."16

나는 카너먼 교수가 강연자로 참석한 학술회의에 몇 차례 가본 적이 있다. 허턴의 광고 문구처럼 카너먼 교수가 말하기 시작하면 사람들은 그의 말에 귀 기울였다. 물론 나도 그들 중 한 명이었다. 그리고 나는 얼마 전에 온라인 토론 사이트를 통해 들어온 다소 도전적인 질문에 대한 카너먼 교수의 대답에 특히 주목했다. 제대로 인식만 한다면 세상에 대한 모든 사람의 이해를 향상시킬 수 있는 하나의 과학적 개념을 구체화해달라는 질문이었다. 카너먼은 500단어에 달하는 장문의 에세이를 통해 그가 '초점 착시focusing illusion (또는 초점 효과)'라고 부르는 현상에 대해 설명했다. 하지만 굳이 그 글을 다 들여다보지 않고 에세이 제목만 봐도 그가 하고자 하는 말을 단번에 알 수 있다. "당신이 그것을 생각하고 있는 **동안에는** 그것 외에 어느 것도 당신이 생각하는 것만큼 삶에서 중요하지 않다."17

카너먼의 이야기를 들어보면 엘리자베스 여왕의 에피소드에 나온, 전화 건 사람의 순간적인 영향력보다 더 큰 파급효과들이 다양하게 존재함을 알 수 있다. 메시지의 기본적인 구성 요소에 집중시켜 청중을 모으려는 커뮤니케이터는 중요점을 **사전에 설치한다는** 점에서 초전 설득 원리를 효과적으로 잘 적용한다는 것을 알 수 있다. 이와 같은 원리는 뉴스 매체가 여론을 좌우하는 주요 전략이기도 한데, 다른 말로 '**어젠다 설정**labeled agenda setting'이라고도 한다. **어젠다 설정 이론**agenda-setting theory의 핵심은 다음과 같다. 언론은 설득력 있는 증거를 앞세워 대중이 새로운 입장을 취하도록 하는 직접적인 설득 방식을 거의 사용하지 않는다. 대신 더 간접적인 방법으로 설득하는데, 바로 특정 주제와 그와 관련된 사실 정보를 다른 주제와 정보보다 훨씬 더 많이 보도하는 것이다. 사람들은 자연스럽게 보도되는 내용에 주의를 쏟게 되므로 그 내용을 더 중요하다고 생각하고, 나아가 이를 바탕으로 자신의 위치를 결정한다. 정치학자 버나드 코언Bernard Cohen은 이렇게 말했다.

"언론은 대개 사람들에게 무엇을 생각해야 하는지What to think를 전달하는 데는 실패하지만, 무엇에 대해 생각해야 하는지What to think about를 알려주는 데는 놀라울 정도로 성공적이다."

이러한 관점에서 생각해보면 선거 과정에서 언론 매체가 가장 주요하게 다루는 이슈, 즉 **언론**의 어젠다에서 우위를 선점한 정당이 승리를 거둘 가능성이 높다.

그렇기 때문에 언론이 선거 때 실제로도 사회에서 가장 중요한 이슈를 강조한다면야 당연히 문제가 되지 않겠지만, 유감스럽게도 어떤 문제가 단순한지 복잡한지, 흥미로운지 지루한지, 보도국 제작진에게 친숙한지 낯선지, 조사 비용이 저렴한지 비싼지, 심지어 보도국장의 정치적 성향에 호의적인지 그렇지 않은지와 같이 무관한 요소들이 종종 뉴스 선정의 원인이 되곤 한다.

2000년 여름, 독일 뒤셀도르프의 한 기차역에서 파이프 폭탄이 터져 동유럽 이민자들 여러 명이 부상을 입는 테러가 발생했다. 증거는 발견되지 않았지만, 당국은 처음부터 이민정책에 반대하던 비주류 극우 단체를 의심했다. 희생자 중 한 명의 사연이 특히 이슈가 되었는데, 그녀는 폭발로 다리를 잃었을 뿐만 아니라 배 속에 있던 아기까지 잃고 말았다. 이 사연이 기사화되면서 몇 달 동안 독일 내 극단적인 우익주의에 대한 기사들이 연이어 쏟아졌다. 같은 시기에 시행된 설문 조사의 결과를 살펴보면 독일이 직면한 **가장** 중요한 문제로 극우주의 단체를 꼽은 응답자의 비율이 약 0퍼센트에서 35퍼센트로 급등했다. 하지만 몇 달 후 폭발 사고와 관련된 뉴스 기사가 줄어들자 응답자의 비율도 다시 0퍼센트에 가까운 수준으로 떨어졌다.

비슷한 예로 미국의 사례를 들 수 있다. 2001년 발생한 9·11 테러 희생자를 추모하는 10주기 행사일이 다가오자 추모일 전후로 관련 기사가 봇물 터지듯 쏟아져 나왔지만, 몇 주가 지나자 더는 신문이나 뉴스에서 9·11 참사 기사를 접할 수 없었다. 그 기간 동안 시민들에게 지난 70년간 '특히 중요한' 사건 두 가지를 묻는 설문 조사가 시행됐다. 미디어 공세가 본격적으로 시작되기 전인 9·11 테러 추모일 2주 전에는 응답자의 약 30퍼센트가 9·11 테러를 특별히 중요한 두 가지 사건 중 하나로 꼽았다. 하지만 추모일이 다가오면서 언론에서 앞다투어 관련 뉴스를 보도하자 더 많은 응답자가 9·11 테러를 꼽기 시작했는데 그 비율이 65퍼센트에 달했다. 그리고 또 2주가 흐르고, 관련 보도가 이전 수준까지 잦아든 이후에 다시 한 번 설문 조사를 하자, 맨 처음의 설문 결과와 비슷한 약 30퍼센트의 응답자만이 지난 70년 동안 일어난 두 가지 특히 중요한 사건 중 하나로 9·11 테러를 꼽았다. 특정 뉴스가 언론을 통해 얼마나 많이 보도됐는지가 이를 접하는 사람들이 무엇을 중요하다고 **인식하는지에** 큰 영향을 끼친다는 점을 명확하게 알 수 있다.[18]

그렇다면 왜 우리는 순간적으로 집중하는 일들을 특별히 중요하게 생각할까? 한 가지 이유로는 우리가 주로 초점을 맞추고 있는 것이 무엇이든 간에 그 순간에는 특별하게 중요해진다는 점을 들 수 있다. 어둠 속에서 들리는 이상한 소리나 극장에서 나는 연기 냄새, 또는 연설하기 위해 서 있는 CEO 등 특정한 상황에서 제일 중요하고 유용한 요소에 가장 주목하는 것은 자연스러운 일이다. 인류가 아닌 다른 종種도 이 점을 파악하고 비슷한 우선순위의 개념을 진화시켜왔다. 예를 들어 붉은 털원숭이는 자신에게 여러모로 중요한 다른 멤버들을 만나기 위해 일종의 선물 형태로 먹을거리를 양보한다. 하지만 별로 중요하지 않은 원숭이가 관심을 애원하면 보상 없이는 쳐다보지도 않는다. 모든 종을 막론하고, 이유를 막론하고, 서열이 가장 높은 대상에 선택을 집중하는 것은 너무나도 당연한 일이다.

하지만 이처럼 특별히 의미 있는 것에 제한적인 주의력을 집중시키는 우리의 시스템은 얼핏 들으면 현명한 것 같지만 사실 상당히 불완전하다. 왜냐하면 그 제한된 관심의 에너지를 종종 무관한 측면에 쏟으면서도 그것에 주의를 두었다는 사실만으로 (역으로) 그것이 중요하다는 잘못된 믿음을 만들어내는 경우가 흔하기 때문이다. 실제로 이런 일이 얼마나 많은가. 사람들이 어떤 아이디어나 이벤트 혹은 집단에 관심을 기울이게 되면 그것은 이후의 생각을 정당화할 수 있을 정도로 중요해진다. 하지만 어젠다 설정과 관련한 독일과 미국의 사례에서 볼 수 있듯이 이는 틀린 생각이다. 두 사례 모두 내용이 선정적이거나 타이밍이 적절했던 언론 보도가 사람들의 관심을 끌었고, 나아가 '주의'의 대상이 바뀌었다. 그리고 이 바뀐 초점은 사람들이 국가적인 사안의 중요도를 판단하는 데 큰 영향을 미쳤다.

나는 우리가 초점 착시에 얼마나 취약한지 알고 난 후에야 할리우드 홍보 담당자들이 흔히 하는 "악평이라도 사람들의 입에 오르내리는 편이 낫다"라는 말을 이해할 수 있었다. 그동안 나는 이 주장이 터무니없다고 생각했다. 부정적인 뉴스 때문에 유명 인사들이 부와 명성을 잃는 일을 종종 봐왔기 때문이다. 실제로 골프 황제 타이거 우즈Tiger Woods는 2009년 성 추문 사건이 언론에 보도된 직후 연간 2,200만 달러의 광고 모델료를 손해 봤다. 하지만 지금은 그 생각이 어떤 면에서는 거짓이지만 또 다른 면에서는 진실이라는 것을 안다. 유명인들은 사람들의 무관심이나 망각, 또는 대중의 관심에서 완전히 사라지는 것을 가장 두려워한다고 이야기한다. 그래서 주목을 받을 수 있다면 어떤 종류의 유명세라도 두 팔 벌려 환영한다. 그래야 가장 최악의 운명을 피할 수 있기 때문이다. 그리고 이렇게 얻은 원초적인 관심을 바탕으로 자신이 중요한 사람이라고 착각한다. 특히 주관적인 잣대로 누군가의 가치가 결정되는 예술 분야에서는 유명세가 높을수록 그 사람의 가치 또한 올라간다. 유명인들에게 (공연, 작품, 출연 등) 돈을 내는 이유는 한 개체로서 그들이 중요해 보이기 때문이다. 중요한 것 같은 개체를 보기 위해 선뜻 대가를 지불하는 환경은 비단 원숭이 무리의 이야기만은 아닌 듯하다.[19]

자신이 내놓는 제안의 가장 매력적인 특징에 사람들이 집중하도록 교묘하게 유도하는 설득가는 초전 설득을 성공적으로 이용했다고 볼 수 있다. 이들은 고객에게 제품의 훌륭한 기능을 충분히 선보이기 위해 직접적으로 관심을 끄는 방법뿐만 아니라 고객이 그 기능을 고려하기도 전에 그 기능에 더 큰 중요성을 부여하도록 효과적으로 유도한다. 이 방법은 그 기능이 왜 중요한지를 고객이 다시 생각하게 함으로써 이중으로 효과를 낸다. 유도된 증거의 일면성에 관심이 집중되면서 자신이 주목한 그 기능이 정말로 중요한 속성이며 특히 가치 있는 속성이라고 확신하게 되는 것이다.

—   **주의를 전환시키는 방법들**

상대방의 주의를 미세한 방법으로 전환하여 상대방이 그 변화

우리가 보는 스타와 스타가 보는 자신
유명인에게 집중된 주의는 그 유명인과 시청자 모두에게 그 유명인의 중요성을 과대평가하게 만든다.

의 원인을 눈치채지 못하도록 설득하는 전략은 당신이 설득하는 입장인지, 설득당하는 입장인지에 따라 감동 자체일 수도 있고, 상당히 걱정스러울 수도 있다. 이러한 미묘한 전략들을 사용하여 위대한 변화를 이끌어내는 세 가지 방식을 지금부터 알아보도록 하자.

배경 환경을 이용하라

다양한 종류의 소파를 판매하는 온라인 가구 쇼핑몰을 열었다고 가정하자. 어떤 제품은 안락함이, 어떤 제품은 합리적인 가격이 고객의 마음을 사로잡을 강점이다. 웹사이트를 방문한 사람들이 안락함이라는 제품의 특징에 집중하도록 유도해 상대적으로 저렴한 소파보다 편안한 소파를 구매하게 하는 방법이 있을까?

다행스럽게도 해답을 찾기 위해 고생하지 않아도 된다. 나오미 맨델Naomi Mandel과 에릭 존슨Eric Johnson이라는 두 마케팅학 교수가 이러한 온라인 가구 쇼핑몰을 활용해 일련의 연구를 진행했기 때문이다. 내가 맨델 교수에게 왜 이러한 주제로 연구를 하게 되었는지 묻자 그녀는 아직 해결되지 않은 마케팅 분야의 두 가지 문제에 대해 알아보기 위해서라고 대답했다. 그중 하나는 비교적 최근에 이슈가 된 문제였고, 나머지 하나는 오래전부터 관찰되어온 문제였다. 당시에 전자 상거래는 그야말로 화젯거리였다. 그녀가 연구를 시작했던 1990년 말에는 아마존이나 이베이 같은 온라인 상점들의 영향력이 막 눈에 띄기 시작하던 때였다. 이러한 판매 형식을 가장 효과적으로 성공시킬 체계적인 방법은 아직 나오지 않았다. 그래서 맨델 교수와 존슨 교수는 실험 배경이 되어줄 가상의 인터넷 상점 사이트를 만들었다.

그 외에도 맨델 교수의 관심을 자극한 또 하나의 문제가 있었다. 바로 어떻게 하면 경쟁력이라고는 저렴한 가격밖에 없는 낮은 품질의 경쟁 회사에 손님을 빼앗기지 않는가였다. 이는 판매자의 끝없는 고민거리이기도 했다. 그래서 그녀는 자신의 연구에서 저렴한 저품질 가구와 고품질 가구 라인을 대결시키기로 했다. 그녀는 이에 대해 이렇게 말했다.

"이것은 비즈니스 원리에 대해 잘 아는 학생들이 마케팅 강의에 들어와서 제기하는 전통적인 문제 중 하나죠. 우리는 늘 학생들에게 열등한 제품과의 가격경쟁에 말려들지 말라고 가르칩니다. 그래 봤자 질 것이라고요. 대신 품질에 승부를 걸라고 말합니다. 그래야 경쟁에서 살아남을 가능성이 커지니까요. 하지만 그 수업에서 똑똑하고 뛰어난 학생들은 이러한 일반적인 조언에 만족하지 못하더군요. 그들이 '그래서 어떻게 하라는 건가요?'라고 질문할 때마다 올바른 답을 주지 못했어요. 그 점이 바로 이 연구를 시작한 이유예요."

우리에게는 다행스럽게도, 맨델 교수와 존슨 교수는 연구 결과를 분석한 후에 '그래서 어떻게 해야 하나요?'라는 질문에 놀랍도록 간결한 답을 내놓았다. 그 답이 들어 있는 논문은 2002년에 출판됐는데 사실 크게 주목받지 못했다. 그들은 논문에서 웹사이트의 랜딩 페이지landing page 배경을 **푹신해 보이는 구름 사진**으로 설정한 것만으로 방문자의 주의를 '편안함'으로 유도하는 데 성공했다고 설명했다. 이러한 전략 덕분에 푹신푹신한 구름을 본 웹사이트 방문자들은 소파를 고를 때 무엇을 고려하느냐는 질문에서 '편안함'에 더 큰 중요성을 부여했다. 같은 방문자들은 판매되는 소파의 편안함에 대해 주로 검색했을 뿐만 아니라 구매하고 싶은 소파로 가격이 비싸도 더욱 편안한 제품을 최종 선택했다.

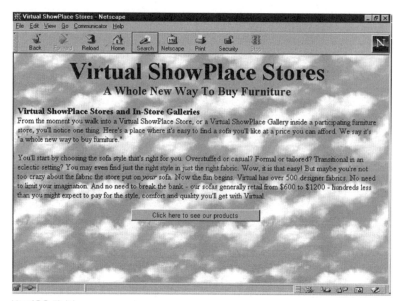

부드러움을 팝니다

온라인 가구 웹사이트 방문객 중 푹신한 구름 배경을 본 사람들은 부드럽고 편안한 가구에 더 많은 관심을 나타냈다. 반면 동전이 있는 배경을 접한 방문자들은 보다 저렴한 가구에 더 흥미를 보였다.
사진 제공: *Naomi Mandel and Oxford University Press*

이 효과가 안락함을 추구하는 인간의 본성 때문이 아니라 정말 랜딩 페이지의 배경 화면 때문인지를 확인하기 위해서 맨델 교수와 존슨 교수는 다른 방문자들을 대상으로 한 실험에서 그 순서를 바꾸기로 결정했다. 바로 구름 대신 동전 사진을 사용해 '절약'이라는 개념에 집중하도록 유도한 것이다. 그러자 웹사이트를 방문한 사람들은 가격에 더 높은 중요성을 부여했고, 가격 위주로 제품을 검색했으며, 결과적으로 '저렴한' 소파를 골랐다. 놀라운 점은 나중에 방문자들에게 물어봤더니 구름이나 동전 사진이 자신의 결정에 큰 영향을 끼쳤다는 점을 거의 대부분 인정하지 않았다. 랜딩 페이지의 배경 화면으로 인해 중요도의 순위와 검색 활동, 그리고 구매 선호도가 모두 사전에 바뀌었는데도 말이다.

추가 연구에 따르면 우리가 대충 읽고 무시하는 온라인 배너 광고에도 비슷한 형태의 교묘한 전략이 숨어 있다. 잘 설계된 연구 결과를 보면 온라인 배너 광고가 쓸모없다는 우리의 생각이 틀렸음을 알 수 있다. 예를 들어 교육에 대한 온라인 기사를 읽는 사람에게 새로운 카메라 브랜드를 광고하는 배너를 반복적으로 노출하면 나중에 그 브랜드의 광고를 다시 보았을 때 광고에 대한 호감도가 훨씬 더 높아진다는 연구 결과가 있다. 기사 주변에서 5초 동안 깜박인 배너 광고를 봤다고 기억하는 사람은 많지 않았는데도 말이다. 그뿐만 아니라 기사를 읽는 동안 광고가 자주 등장할수록 광고에 대한 반응이 더욱 긍정적으로 바뀌었다. 이 마지막 연구 결과는 특히 좀 더 면밀히 살펴볼 필요가 있는데, 반복적인 광고는 오히려 사람들의 흥미를 떨어뜨리거나 여러 번 광고를 내보내야 할 만큼 제품의 효과가 별 볼일 없다는 생각을 심어준다는 여러 연구 결과에 정반대된다. 고작 다섯 장에 달하는 기사를 읽는 동안 많게는 스무 번 넘게 등장한 이 배너 광고가 시간이 지나도 효과적이었던 이유는 무엇일까? 바로 기사를 읽은 사람이 배너 광고를 단 한 번도 의식적으로 생각하지 않았기 때문이다. 그래서 지루하다거나 신뢰할 수 없다고 느낄 만한 정보로 인식하지 않았다.

이러한 결과는 온라인 광고주에게 매력적인 가능성을 시사한다. 모든 다른 형태의 광고에 대해 성공 지표로 널리 사용되던 재인再認, recognition/회상recall 지수로만 보면 배너 광고의 효율성은 그동안 크게 과소평가되어왔기 때문이다. 새로운 관련 연구를 보면 광고가 빈번하게 등장할수록 반응도 좋을뿐더러 대부분의 경우 반복으로 인해 흥미가 감소되는 약점도 없다는 점을 알 수 있다. 동시에 광고를 정확하게 인식하거나 자신이 본 것을 기억하는 사람도 없었다. 바로 이 세 번째 결론, 즉 직접적인 주의의 결여가 배너 광고의 힘이자 첫 번째, 두 번째 결과를 더욱 강력하게 해주는 셈이다. 수십 년 동안 재인/회상 지수를 광고 가치의 척도로 이용해온 광고업계가 사람들이 광고 메시지를 기억 **못 하는** 것이 오히려 이득이 된다는 점을 상상이나 했겠는가.

배경 화면과 배너 광고를 연구한 결과를 보면서 의사소통 과정에 대해 더 광범위한 교훈을 얻을 수 있다. 바로 그냥 무시하고 넘어갈 만한 정보를 배경으로 제시함으로써 구매자의 관심을 이끌고, 나아가 셀 수 없이 다양한 방법으로 강력한 영향력을 행사할 수 있다는 점이다.

물론 이런 식의 영향력 행사가 늘 바람직하지는 않다. 배경이 결과에 미치는 영향력에 관한 자료 중 특히 아이를 키우는 부모가 관심을 가질 만한 내용이 있다. 우리는 시간이 지나면 시끄러운 자동차 소리나 비행기 이륙 소리 같은 환경 소음에 자연스럽게 적응하거나 때때로 아예 무시할 수 있다고 생각한다. 하지만 이러한 소음은 완벽히 차단할 수 없으며, 나아가 인지능력 발달에 방해가 된다는 증거는 분명하다.

뉴욕시 초등학교 학생들의 읽기 점수에 대한 연구에서 기차가 4~5분마다 덜컹거리면서 지나가는 철로에 교실이 인접해 있는 학생들의 읽기 점수가 현저하게 낮았다. 이러한 결과를 바탕으로 연구자들이 뉴욕시의 대중교통을 담당하는 정부 기관과 교육위원회에 요청하여 교실에 소음 차단 시설을 설치했더니, 학생들의 읽기 점수가 몰라보게 개선됐다. 비행기가 이착륙하는 활주로 주변의 학교에서도 비슷한 결과가 나타났다. 독일 뮌헨시의 공항을 새로운 곳으로 옮기자 새 공항이 들어

선 지역의 아이들은 기억력과 읽기 시험 점수가 크게 떨어진 반면, 예전에 공항이 있던 지역의 아이들의 점수는 상당히 올랐다.

따라서 집이나 자녀의 학교가 자동차, 기차, 항공기 등으로 지속적인 소음이 일어나는 지역에 있다면 소음을 줄이는 해결 방안을 반드시 요구해야 한다. 기업도 직원의 효율성과 회사의 이익을 위해 소음 감소 방법을 모색할 필요가 있다. 반면 교사는 저학년 학생의 학습을 방해할 수 있는 또 다른 환경 요인을 고려해야 하는데, 특히 교사 자신이 직접 방해 요소를 만드는 경우가 있다. 예컨대 포스터, 지도, 미술 작품 등이 과하게 붙어 있는 교실은 그곳에서 과학을 배우는 아이들의 학습 효과를 떨어뜨린다. 이를 통해 배경 정보가 상대방의 주의를 집중시킬 수도 있고 분산시킬 수도 있다는 점을 명확하게 알 수 있다. 따라서 최적화된 설득 전략을 펼치고자 한다면 배경 정보를 효과적으로 다룰 줄 알아야 한다.[20]

한 가지에만 집중시켜 긍정적 평가를 유도하라

메시지를 전달할 때 주의 끌기 기술을 사용하면 어떤 특징이나 문제의 중요성을 상대방에게 부각할 수 있지만 그것이 항상 현명한 방법은 아니다. 이와 관련해 "언론은 대개 사람들에게 '무엇'을 생각해야 하는지를 전달하는 데는 실패하지만, '무엇에 **대해**' 생각해야 하는지를 알려주는 데는 놀라울 정도로 성공적이다"라는 버나드 코언의 말을 다시 생각해볼 필요가 있다. 사람들로 하여금 어떤 아이디어에 주의를 기울이게 하려면 그 아이디어에 그만한 가치가 있을 때만 성공적일 수 있다는 것이다. 아이디어를 뒷받침하는 주장과 근거에 장점이 없다고 상대방이 느낀다면, 상대방의 주의를 나쁜 아이디어로 유도한다고 해도 설득의 효과를 기대하기는 어렵다. 심지어 역효과를 낼 수도 있다. 요컨대 듣는 사람이 예전에 비해 어떤 아이디어가 더욱 중요하다고 느끼게 되면 단점도 더욱 잘 들어오기 마련이므로 그 아이디어가 부족해 보인다면 그것을 반대할 가능성이 더욱 커진다. 실제로 수많은 연구 결과를 살펴보면 사람들이 무언가를 더 많이 생각할수록 그에 대한 의견의 양극화가 더욱 심해진다는 사실을 알 수 있다. 따라서 주의력 집중 기법은 설득 전문가들에게 만병통치약이 아니다.[21]

그래도 적용할 만한 분야가 있다면 이러한 기법을 십분 활용해 설득력을 월등하게 높일 수 있는 경우다. 그러한 곳 중 하나가 강력한 경쟁자들이 많은 영역이다. 요즘 기업 환경에서는 경쟁사를 앞서가기가 점점 더 어려워지고 있다. 다른 회사의 개발 기술과 생산공정과 영업 방식을 쉽게 모방할 수 있게 되면서 생수, 가솔린, 보험, 항공업, 은행 업무, 산업 장비 등 자사가 제공하는 제품과, 같은 시장에서 활동하는 경쟁사의 제품 사이에 차별성이 점차 사라지고 있기 때문이다. 이 문제를 해결하려면 다른 방법으로 차별화를 추구해야 한다. 소매업체는 소비자가 이용하기 편리한 위치에 추가 매장을 여러 개 낼 수 있고, 도매업자는 뛰어난 영업사원을 현장에 투입할 수 있다. 제조업체는 다양한 보증을 제공할 수 있으며 서비스업체는 고객 관리 부서를 확대할 수 있다. 사업 분야에 상관없이 대규모 광고 및 판촉 활동을 통해 브랜드 인지도를 높이고 유지하기 위해 노력하는 것도 방법이다. 그러나 이러한 방법들에는 단점이 있다. 차별화를 추구하는 데는 많은 비용이 발생하기 때문에 대부분의 기업에 큰 부담이 된다.

그렇다면 저렴한 방법으로 특정 제품이나 서비스 또는 아이디어에 주의를 집중시킴으로써 문제를 해결할 수 있을까? 글쎄, 그런 것 같다. 주목을 받은 무언가가 실제로도 좋은 것이고, 그래서 고객 평가에서도 높은 점수를 받았다면 말이다. 여기서 핵심은 예비 고객들이 경쟁사의 비슷한 장점이 아니라 자사의 뛰어난 장점에 집중하도록 하는 것이다. 이렇게 하면 자사의 특징과 장점은 고객의 깐깐한 검증에서 살아남아 제품의 중요성을 부각하고 고객의 마음속에 확신을 심어줄 수 있다.

이미 일부 데이터는 이를 보여주고 있다. 경쟁업체와 같은 종류의 상품을 출시하고도 사전에 경쟁업체를 배제한 채 자사 상품의 장점에만 초점을 맞추게 하여 자사 브랜드에 대해 두 배의 긍정적인 효과를 보게 하는 방법이다. 각기 다른 환경(예를 들어 쇼핑몰, 대학, 웹사이트)과 다른 제품(예를 들어 카메라, 대형 TV, VCR, 세탁 세제)을 토대로 수집한 자료이지만, 결과가 시사하는 결론은 모두 같다. 바로 여러 비슷한 제품 중에서 특정 회사의 제품만을 언급함으로써 훨씬 더 좋은 반응을 이끌어낼 수 있다는 것이다. 만약 당신이 35밀리미터 카메라를 판매하는 다양한 브랜드의 선호도를 파악하는 설문 조사에 참여한다고 해보자. 이때 설문 조사 담당자가 캐논처럼 잘 알려진 특정 브랜드의 카메라에 대한 기능만 설명하고 주요 경쟁사인 니콘, 올림푸스, 펜탁스, 미놀타 등의 제품에 대해서는 아무 말도 하지 않는 것만으로 캐논에 대한 당신의 브랜드 선호도는 높아진다.

여기서 끝이 아니다. 당신은 이유도 알지 못한 채 캐논 카메라를 사야겠다는 생각이 더욱 강하게 들게 되고, 다른 브랜드 제품에 대한 정보를 찾아볼 필요 없이 당장 사고 싶다는 마음이 들 수 있다. 그러나 **캐논 제**

품이 가진 특성들에 점수를 매기기 전에 캐논을 비롯해 니콘, 올림푸스, 펜탁스, 미놀타 등 여러 브랜드의 제품도 고려해보겠냐는 제안을 받았다면 캐논을 향한 강력한 브랜드 선호도는 줄어들었을 것이다.

따라서 주의를 집중시킴으로써 얻을 수 있는 효과를 누리려면 하나에만 주의를 집중시켜야 한다. 이와 관련한 몇 가지 인상적인 연구 결과에 따르면, 유명한 호텔과 레스토랑 체인이나 소비자 제품, 나아가 자선단체에 이르기까지 여러 평가 과정에서 싱글-슈트 질문들을 던지는 것만으로도 관심을 집중시켜 특정 브랜드나 조직에 대한 선호도를 자동적으로 향상시킬 수 있을 뿐만 아니라 금전적으로 지원하겠다고 결정할 가능성도 커진다고 한다.

다양한 기업과 조직이 더욱더 자주 활용하는 전략 중 하나는 바로 제품 및 서비스에 대한 평가를 고객에게 요청할 때 **자신들의** 제품 및 서비스에 대해서만 평가해달라고 하는 것이다. 나도 한 명의 소비자로서 이런저런 서비스의 품질과 만족도를 평가해달라는 요청을 주기적으로 받는다. 종종 전화가 오거나 우편물이 날아들기도 하지만 이메일을 받는 경우가 제일 많다. 때로는 최근에 숙박한 호텔, 온라인 구매 또는 고객서비스처럼 단 한 번의 경험에 대해 평가하기도 한다. 그런가 하면 단골여행사, 금융 서비스 회사, 통신사처럼 지속적으로 서비스를 이용하는 곳으로부터 '서비스가 만족스럽나요?'라는 질문을 주기적으로 받을 때도 있다. 주로 물어보는 사항은 서비스나 제품의 질을 향상하는 데 도움이 되는 것들로 그 의도가 순수하고 납득할 만해 보인다. 그런데 재미있는 점은 이렇게 개선 사항에 대한 의견을 달라고 요구받지만, 우리는 무심코 조사원이나 관련 직원에 대한 만족도나 친절도 평가에서 이른바

'별 다섯 개'로 불리는 매우 높은 점수를 대부분의 상황에 보너스로 부여한다. 이런 과정을 거치면서 우리는 아무런 의심 없이 한 기업의 가장 유리한 측면에 초점을 맞추게 된다. 그 기업의 경쟁사가 보유한 중요한 장점에는 그만큼의 주의도 주지 않으면서 말이다.

이와 관련해 리더와 관리자가 조직 내에서 전략적 선택을 하는 방식을 살펴본 연구도 있다. 참여 대상은 부진한 영업 실적을 만회해야 하는 페인트 제조 회사 직원들이었다. 각 직원에게 다음과 같이 모두 네 가지 해결책 중 **한 가지를** 선택하고 그 타당성을 평가하도록 했다.

1. DIY 페인트 작업을 하는 소비자에게 브랜드 인지도를 높일 광고 예산 늘리기
2. 가격에 민감한 소비자에게 어필하기 위해 가격 내리기
3. 오프라인 매장에서 더 많은 매대를 확보하기 위해 영업 담당자를 추가로 채용하기
4. 페인트 전문가에게 최고의 제품이라는 인식을 심어줄 수 있도록 품질을 개선하기 위해 제품 개발에 투자하기

직원이 이 네 가지 중 어느 것을 평가했는지는 중요하지 않다. 그것이 무엇이든, 한 가지 방법을 선택하고 그것을 평가하는 과정을 통해 직원은 자신이 고른 해결책을 회사가 채택해야 할 가장 중요한 전략으로 제시했다.

우리는 높은 자리에 있는 의사결정권자라면 중요한 선택을 할 때 모든 가능한 방안을 신중하게 고려할 것이라고 생각한다. 그저 설득력 있

어 보이는 하나의 대안만 평가한 후 결정을 내리지는 않으리라고 말이다. 하지만 이는 틀려도 한참 틀린 생각이다. 그 이유는 두 가지다. 첫째, 문제를 해결할 수 있는 타당한 대안들을 모두 들여다보려면 너무 많은 시간이 걸린다. 해결책을 한 번에 하나씩 파악하고 조사한 후에 가장 좋은 접근법을 계획하다 보면 다른 일을 하지 못한다. 높은 직책에서 중대한 결정을 내리는 의사결정권자의 임무는 조직 운영을 원활하게 하는 것이지, 시간을 낭비하는 장애물을 만드는 것이 아니다.

둘째, 다양한 대안을 모두 철저하게 비교하고 평가하는 것은 모든 의사결정권자에게 엄청나게 어려운 일인 데다가 극도의 스트레스를 유발한다. 마치 여러 개의 물체를 번갈아 공중으로 던지는 저글링처럼 말이다. 결과적으로 그들은 가장 먼저 눈에 들어오는 실용적인 후보를 선택함으로써 힘든 선택의 과정을 회피하거나 생략한다. 충분히 이해할 만한 행동이다. 이러한 성향을 가리켜 경제학자이자 노벨상 수상자인 허버트 사이먼Herbert Simon은 '만족시키다satisfy'와 '충분하다suffice'를 혼합한 다소 별난 이름의 '만족화satisficing'라는 말로 정의한다. 그 두 단어는 의사결정권자가 선택의 순간에 동시에 추구해야 하는 목표로, 좋은 결정을 내리고 싶은 마음과 빨리 결정을 마무리하고 싶은 마음을 반영한다. 그 결과, 대개 **적절히 만족스러운** 선택을 하게 된다고 사이먼은 설명한다. 이상적인 세계에서는 최선의 해결책이 나올 때까지 무작정 기다리면서 계속 고민할 수 있지만 정신적인 과부하와 제한된 자원, 그리고 마감 시각이 명백히 존재하는 현실 세계에서는 충분히 만족스러운 선택을 하는 것이 일반적이다.

하지만 이러한 전략에 따라 행동할 때 또 다른 형태의 단일 평가에서 비롯되는 불공평한 이점이 생기지 않도록 조심해야 한다. 바로 긍정적인 면에만 초점을 맞추는 것이다. 대부분의 의사결정권자는 어렴풋이 보이는 기회에 들뜬 나머지 자신의 전략이 성공했을 때 **얻는** 이익에만 집중하고, 그 전략이 실패했을 때 **입을** 손실에 대해서는 충분히 또는 전혀 생각하지 못하는 것으로 악명 높다. 이와 같이 파멸을 초래할 수 있는 지나친 낙관주의를 피하기 위해서는 가만히 있으면 떠오르지 않는 다음의 두 가지 질문을 체계적으로 던지고 고민해야 한다. "이 계획이 어긋날 수 있는 미래 요인에는 무엇이 있는가?"와 "계획이 잘못되면 우리에게는 어떤 영향이 있는가?"다. '반대로 생각하기' 전략을 연구한 행동과학자들은 판단이 한쪽으로 치우치는 것을 수정하는 데 이를 쉽게 적용할 수 있으며 매우 효과적이라고 결론지었다. 이를 비롯하여 다른 편향적인 의사 결정 요소들을 바로잡음으로써 조직은 상당한 이익을 얻을 수 있다. 실제로 편견을 없애는 균형적인 판단 체계를 도입한 1,000여 개의 회사를 살펴봤더니 그러지 않은 회사보다 투자 수익률이 5~7퍼센트 높았다.[22]

임무의 방향을 바꿔라

2003년 3월 20일, 미국의 조지 W. 부시 대통령은 미국 주도의 연합군에게 이라크 침공을 명령했다. 사담 후세인Saddam Hussein 정권을 무너뜨린 일련의 신속한 군사 공격 이후, 미국은 길고 고통스러우며 잔인한 대가를 피와 돈, 명예와 세계적 영향력으로 치러야 했다. 부시 행정부가 전쟁을 시작하면서 내세운, 사담 후세인의 '대량 살상 무기WMD'를 제재하겠다는 초기 명분은 이러한 무기가 발견되지 않으면서 잘못된 판단이라는 것이 드러났다. 이후 미국은 사담 후세인의 인권 탄압 방지, 이라크의 알카에다 지원 중단, 세계 석유 공급의 보호, 중동 민주주의를 위한 방파제 설립 등 전쟁을 합리화할 수 있는 새로운 핑곗거리를 주기적으로 들고 나왔다. 부시 행정부는 매우 절묘한 언론 프로그램을 통해 충분히 의심스럽게 계속 바뀌는 전쟁의 명분에 대한 이목을 분산시켰다. 대중의 관심을, 전쟁을 일으킨 이유에서 매일 발생하는 사소한 일로 돌렸던 것이다. 그들은 세계에서 가장 영향력 있는 언론사들을 대표하는 기자들이 전쟁과 관련한 보도 내용을 스스로 바꾸도록 함으로써 이러한 목적을 달성했다.

이라크 전쟁의 '밀착형 종군기자 프로그램'은 미국 당국과 주요 언론사 국장들이 합의한 결과물로, 전투부대에 직접 기자들을 배치해 군사작전이 진행되는 동안 군인들과 함께 먹고, 자고, 이동하도록 했다. 비록 정확한 인원수는 출처에 따라 다르지만, 많을 때는 대략 600~700명의 취재기자단이 전보다 훨씬 더 가까이에서 병사들의 실생활을 취재하는 이 프로그램에 참여했다. 1991년의 걸프 전쟁이나 아프가니스탄 전쟁에서는 결코 허락되지 않았던 교전 상황 취재가 가능해진 것이다. 모든 관계자의 안전을 보장하는 일환인 동시에 홍보 전략의 일환으로 군 당국은 당시 부시 행정부의 국방부 홍보 담당자의 지시 아래 이러한 프로그램에 대한 구체적인 아이디어를 구상했다.

언론사 대표들에게 이 프로그램의 장점은 명확했고 흥분되는 것이었다. 거의 모든 현장에서 취재기자를 병사들 옆에 붙여놓음으로써 전투의 생생함과 현장감을 털끝 하나 놓치지 않고 시청자들에게 그대로 전할 수 있었기 때문이다. 흔치 않은 기회였다. 군사작전에 대한 정보 제한으로 제대로 된 뉴스를 전달할 수 없었던 이전과 비교한다면 실제 교전 상황을 찍은 비디오와 그래픽 사진 및 1인칭 시점의 기사는 소원이 이루어진 것이나 마찬가지였다.

파견된 취재기자는 군사작전의 실생활을 경험할 수 있었을 뿐만 아니라 군인들과 함께 생활하면서 군인 한 사람 한 사람의 개인적인 이야기도 인터뷰할 수 있었다. 이러한 휴먼 스토리는 독자의 관심을 끄는 강력한 도구여서 언론사가 가장 좋아하는 기사다. 한 연구에 따르면 전장에 파견된 밀착형 기자들은 총 기사의 3분의 1을 휴먼 스토리에 할애했지만, 일반 기자들은 비슷한 기사를 겨우 1퍼센트 정도밖에 작성하지 못했다.

미국 당국이 이 프로그램을 통해 얻는 이득은 그 성격이 조금 달랐지만 여전히 충분히 매력적이었다. 첫째, 이라크에서 활동하는 수많은 기자를 직접 보호할 수 있게 되어 취재 도중에 희생되는 언론인을 크게 줄일 수 있었다. 전쟁 지역에서 헤드라인을 장식할 기삿거리를 찾기 위해 의욕 넘치게 뛰어다니다가 사망하거나 인질로 잡히는 취재기자가 한둘이 아니었다. 이들의 구출 작전까지 펼쳐야 했던 군 입장에서는 골치 아픈 문제가 해결된 것이나 다름없었다. 둘째, 세계 각국의 기자들(파견 기자의 약 40퍼센트는 미국 이외 국가의 방송사 소속이었다)이 전쟁을 취재하면서 군 당국에게 사담 후세인 정부가 세계에 퍼뜨리는 가짜 뉴스를 효과적으로 반박할 수 있는 매우 귀중한 보호막을 제공했다. 당시에 브라이언 휘트먼Bryan Whitman 공보 담당 보좌관이 말했던 것처럼 파견 기자들은 '이라크 국방부가 내놓는 것'의 신뢰성을 떨어뜨리는 직접적인 역할을 했다.

세 번째가 미군으로서는 가장 큰 이익이었다. 언론사 대표들이 종군 기자 프로그램에 관심이 굉장히 많았기 때문에, 군에 더욱 호의적인 기사를 쓰겠다고 양보했다. 당국은 기자들의 훈련, 선발, 해임에 관여할 뿐만 아니라 기사도 사전에 검토할 수 있는 특혜까지 누렸다. 이라크 침공 후 1년 뒤에 열린 학술 대회에서 미국 해병대의 언론 담당자였던 릭 롱Rick Long 대령은 왜 미군이 이 프로그램을 지지했는지에 대한 질문에 지극히 명확한 대답을 내놓았다.

"솔직히 말해 우리 임무는 전쟁에서 이기는 것입니다. 그중 하나가 정보 전쟁입니다. 그래서 우리는 정보 환경을 지배하려고 시도했습니다. …… 전반적으로 우리는 결과에 매우 만족합니다."

실제로 이 프로그램의 성과는 롱 대령과 그의 동료들이 기뻐하고도 남을 만큼 훌륭했다. 당시 이라크에서 작성된 기사들을 분석한 연구에 의하면 밀착형 종군기자가 미군에 훨씬 긍정적인 내용으로 기사를 썼다.

그러나 종군기자와 일반 기자 사이에는 전체적인 기사 내용보다 훨씬 더 큰 차이를 보이는 지점이 있었다. 그리고 이 차이점은 전장에서 작전을 수행하는 군대보다 부시 행정부의 목적에 더욱 부합하는 것이었다. 종군기자들의 기사는 절대다수가 군대 자체에 집중됐다. 군인들의 일상, 먹는 음식, 입는 옷, 사용하는 보급품, 전투 준비 방법, 전투에서 사용하는 전술, 전투에서 보여준 용맹함 등이 기사화됐다. 실제로 종군기자의 기사 중 약 93퍼센트가 군인의 시각에서 쓰인 반면, 그와 비슷한 관점으로 기사를 쓴 일반 기자는 그 절반에도 못 미쳤다. 당시에 미군이 식량, 군복, 보급품, 훈련 등 전반적으로 군인에게 좋은 대우를 제공했기 때문에 군인 역시 전반적으로 효율적이고 용감하게 전투에 나섰다. 덕분에 현장에서 체험한 것을 전달하는 종군기자들에게 좋은 기삿거리를 줄 수 있었다.

하지만 이렇게 깊이 있지만 한정적인 언론 보도는 매우 중요한 점을 놓치고 말았다. 전쟁 기간 중 종군기자들이 쓴 기사가 전면을 차지한 비율은 놀랍게도 71퍼센트에 달했지만, 그중 전쟁의 합당함에 의문을 던지거나 전쟁이 미국의 입지와 세계 권력에 미치는 영향력을 언급하는 등 정치적 이슈를 의미 있게 다루는 기사는 찾아볼 수 없었다. 예컨대 이라크에서 대량 살상 무기가 발견되지 않았다는 사실을 언급한 기사는 전체 기사에서 단 2퍼센트에 불과했다. 어쩌면 당연한 일인지도 모른다. 전에 없던 기회로 신난 언론사는 한 분석 자료에서 언급한 것처럼 '전쟁의 세부 사항'을 속속들이 캐내기 위해 종군기자를 배치했고, 기자는 모든 시간과 에너지와 관심을 자신에게 주어진 임무를 다하는 데 썼으니 말이다.

전장을 떠나 다시 집으로 돌아온 많은 종군기자는 자신의 임무가 언론의 시각을 협소하게 제한했음을 이내 알아차렸다. 하지만 이미 일은 벌어진 후였다. 그들이 기사를 통해 병사들과 전투에 관한 내용을 끊임없이 전달한 덕분에 언론의 어젠다는 전쟁을 옹호하고 있었다. 뉴스 분석가이자 사회학자인 앤드루 린드너Andrew Lindner는 당시에 발행된 기사들을 광범위하게 검토한 후 단호한 결론을 내렸다.

"종군기자들의 기사가 전체 보도 자료 중 대다수를 차지할 뿐만 아니라 대중의 관심을 압도적으로 지배했다."

왜 전쟁을 해야 하는지는 절대 언급하지 않는 대신 누가 어떻게 전쟁을 치르는지를 다루는 거의 대부분의 전면 기사를 통해 언론은 대중에게 명확하게 메시지를 전달했다. 바로 사람들이 **집중해야 하는 것은** 전쟁의 '의미'가 아닌 전쟁의 '행위'라고 말이다.

이번 장에서 살펴본 많은 연구 결과를 통해 유추할 수 있는 한 가지 결론은 상대방의 주의를 집중시키면 중요성도 함께 따라온다는 점이다. 또한 연구 결과 중 일부는 사람들의 관심을 특정 주제로 유도하지 못한다면 결국 사람들은 그 주제가 중요하거나 자신과 관련 있다고 생각하지 않는다고 설명한다. 이러한 인간의 본성을 잘 이해한 상태에서 이라크 침공 시 종군기자 프로그램이 미국 대중의 생각에 어떤 영향을 미쳤는지 다시 한 번 살펴보자. 직접 겪은 전장의 생생한 묘사나 병사들의 인간사처럼 감정적이고 흥미로운 이야기 등 그 프로그램에 기자들을 파견함으로써 작성될 수 있었던 기사들은 언론사들뿐만 아니라 대중도 좋아하는 내용이었다. 이러한 기사는 대중의 관심을 지배했고 결과적으로 전쟁과 관련해 어떤 점이 중요하고 중요하지 않은지, 즉 애초에 전쟁이 시작된 타당한 이유와 지정학적 의미, 그리고 개인적인 이야기와 전투의 성패 중 어느 것이 더 중요한지에 대한 대중의 생각을 바꿨다. 전쟁의 최전선에서 벌어지는 일들은 전쟁의 가장 중요한 강점을 부각했던 반면 더 큰 의미의 전략적인 요소들은 전쟁의 약점을 드러냈다. 그 때문에 종군기자 프로그램은 부시 행정부가 일으킨 이라크 전쟁의 주요 실패가 아닌 중요 성과를 가장 효과적으로 조명하기 위함이었다고 할 수 있다. 초점 착시의 도움이 있었기에 가능한 일이다.

물론 기사 주제의 측면에서 이러한 불균형한 보도가 행정부와 군 관계자가 설계한 거대한 프로그램의 일부라고 말할 수 있는 객관적 증거

는 없다. 실제로 당시 이들은 기자를 선별하고 훈련하며 심사하는 과정
에 더 깊이 관여하여 적을 물리치는 현장을 목격할 수 있도록 기자를 전
장에 파견하는 등 주로 전통적인 정보전에 관심이 있었던 것으로 보인
다. 마찬가지로 이 프로그램을 구상하는 데 도움을 줬던 언론사 대표들
이 그로 인한 홍보의 결과가 부시 행정부에 이익이 된다는 점을 알았다
는 증거도 없다. 이후 언론 보도 행태를 연구한 결과들이 학술지에 실리
고 나서야 사람들은 예전 일들을 돌이켜보면서 뭔가 이상하다는 것을
알아차렸다. 모순적이게도 종군기자 프로그램의 주요 홍보 활동이 보
이지 않는 부작용을 낳았다는 점이 그제야 드러났다. 가장 눈에 띄는 종
군기자의 **업무 범위**를 더욱 세세하게 망라하도록 만들기 위한 의사 결
정에서 예상치 못한 결과물이 비롯된 것이었다.[23]

긍정적인 정보로의 선택적 주의가 가져오는 교묘한 영향력은 주어진
임무를 유익한 방향으로 바꾸는 방법 외에도 다양하게 활용될 수 있다.
앞서 살펴본 것처럼 배경 정보를 잘 관리하여 한쪽으로 치우친 판단을
하도록 유도하는 설득 전략도 상대방이 모르게 내가 원하는 결과를 얻
을 수 있는 방법이다. 상대방의 주의를 일시적으로 집중시키기 위해 만
들어진 이러한 기술은 베일에 싸인 영향력을 통해 초전 설득 효과를 특
히 높일 수 있다. 하지만 이외에도 다른 이유가 많은데 다음 장에서 찬
찬히 살펴보자.

4장

중요성이 바뀌면 인과관계도 바뀐다

What's Focal Is Causal

◆

◆

우리가 그 순간 집중하는 대상에 더 높은 중요성을 부여한다는 점은 사실 전혀 놀랍지 않다. 그런데 이게 전부가 아니다. 우리는 주의를 기울이고 있는 대상에 인과관계를 부여한다. 즉 어느 상황에서든 특정 대상으로 유도된 주의는 처음부터 그 대상을 특별히 중요하게 만든다. 그 대상은 본질적인 원인이 되고, 나아가 인간사에서 가장 본질적인 질문의 답이 된다. 바로 '왜?'라는 질문이다.

일반적으로 사람들은 자신의 주변에 있는 진짜 원인들에 특별한 주의를 기울인다. 따라서 어떠한 요소가 우리의 주의를 끌면 그것을 곧 원인이라고 생각하기 쉽다. 누군가에게 돈을 지급하는 상황을 예로 들어보자. 거래에서 주고받는 돈의 액수는 매우 중요하다. 가령 "네가 y를 하면 내가 x를 지급할게"와 같은 대화가 오가는 상황에서

x라는 돈이 y라는 행동을 하게 만드는 원인이라고 부지불식간에 생각하기 쉽다. 하지만 돈 x는 행동 y를 함으로써 딸려 오는 것들 중 하나에 불과하고 실제로 행동 y를 하게 만드는, 눈에 잘 띄지 않는 요인들은 다양하다. 특히 특정 상황에서 돈과 관련된 부분에 집중하여 분석해야 하는 경제학자가 이런 함정에 취약하다.

그렇기 때문에 하버드 경영대학원의 경제학자인 펠릭스 오베르홀저기Felix Oberholzer-Gee는 다양한 장소에서 줄을 서서 기다리는 사람들에게 새치기를 허락하는 대가로 돈을 제안하는 실험을 진행하면서, 순수하게 경제학 모형을 기반으로 더 큰 액수를 제공할수록 더 많은 사람이 그 거래에 동의할 것이라고 예측했다. 그의 예상은 적중했다. 1달러를 제안받은 사람 중 절반이 그가 끼어드는 것을 허락한 반면, 3달러를 제안받은 사람 중 65퍼센트가 기꺼이 자기 자리를 내줬다. 이러한 수치는 더 큰 금액인 5달러를 제안했을 때는 75퍼센트로, 10달러를 제안했을 때는 76퍼센트로 올라갔다.

인간은 자신의 금전적인 이익을 위해 행동한다고 주장하는 고전경제학 이론의 관점에서 해석한다면, 커다란 인센티브는 사람들이 자신의 재정 개선을 위해 거래할 가능성을 극대화한다. 거래를 관찰한 사람이라면 누구나 수긍할 만한 결론이다. 눈에 띄는 큰 인센티브는 개인적인 금전적 이득과 직접적으로 연결되어 있기 때문에 **얻어진** 결과다. 그렇지 않은가? 이는 연구를 시작할 때 세운 가설과도 딱 맞아떨어진다. 그렇지 않은가? 물론 맞는 말이기도 한데, 이 연구에는 아무도 예상하지 못한 반전이 있었다. 돈을 받고 자신의 자리를 내주기로 한 사람들 중에서 실제로 돈을 받은 사람이 거의 없었던 것이다.

"거참 이상하네." 오베르홀저기 교수는 스스로에게 이렇게 말했을 것이다. 그의 데이터에는 이상한 점이 많이 나타났기 때문이다. 최소한 인간 행동의 궁극적인 원인은 자기 자신의 재정적 이익이 아니겠는가. 이 생각이 맞다면 이 결과는 설명되지 않는다. 더 큰 액수의 현금 인센티브가 사람들로 하여금 새치기를 허락하도록 했지만, 그렇다고 더 많은 돈을 제안받은 사람들 중에 실제로 그 돈을 받은 사람의 비율이 더 높지는 않았다. 다시 말해, 보다 큰 거래가 자기 자리를 희생하는 비율을 증가시켰지만 그 거래를 완성시켜 돈을 취하지는 않은 것이다. 이 결과를 발견한 것을 설명하기 위해 오베르홀저기 교수는 눈에 띄는 경제적 요인들로부터 벗어나서 숨겨진 요인, 즉 사람들이 어려움에 처한 누군가를 도와야겠다는 생각을 가질 때 느끼는 일종의 의무감에 초점을 맞춰봤다.

이러한 의무감은 행동과학자가 '**사회적 책임의 규범**'이라고 부르는, 이른바 남을 도와야 한다는 규범에서 비롯된다. 여기서 말하는 규범이란 매우 간단하다. 도움을 필요로 하는 사람들이 얼마나 그 도움을 원하는가 정도에 비례해서 돕는 것이다. 수십 년간의 연구 결과에 따르면, 일반적으로 상대방이 더욱 절실하게 도움을 필요로 할수록 도와줘야 한다는 의무감의 무게가 무거워지고, 도움을 주지 않았을 때 느끼는 죄책감도 커지며, 따라서 도움의 손길을 내밀 가능성이 짙어진다. 이와 같은 관점에서 생각해본다면 오베르홀저기 교수의 수수께끼 같은 연구 결과를 쉽게 이해할 수 있다. 약속한 돈의 액수를 통해 상대방이 얼마나 도움이 필요한지를 가늠했기 때문에 더 많은 사람이 그 요청에 응했고, 액수가 클수록 더 많은 사람이 자리를 양보했다. 돈을 받을 생각이 없더라도 말이다. 더 큰 액수의 돈은 도움이 얼마나 절실한지를 보여주는 척도였다. 사람들은 '이 남자가 이렇게 큰돈을 주겠다는 것을 보니 앞줄에 서야 하는 중요한 이유가 있나 보군'이라고 생각하며 선뜻 자리를 내줬다.[24]

물론 금전적인 요소가 인간의 행동을 결정짓는 강력한 요인이 아니라는 주장은 순진한 생각일 것이다. 하지만 돈은 쉽게 눈에 띄는 동기이기 때문에 주로 거론될 뿐이며, 실제로 행동에 미치는 영향력은 생각만큼 크지 않다. 반면 쉽게 관찰할 수 없기 때문에 그 영향력이 보이는 것보다 더 **큰** 요인도 많다. 사회적 의무나 개인적 가치, 도덕적 기준이 그 예다. 사람 간의 거래에서 눈에 잘 띄는 돈과 같은 요소는 실제보다 더 중요하게 보일 뿐만 아니라 어떠한 행동의 주요 원인처럼 여겨지는 경우가 많다. 이렇게 진짜가 아닌데도 진짜처럼 보이는 인과관계는 특히 유도된 주의를 통해 만들어질수록 엄청난 영향력을 행사한다. 당혹스럽거나 우려할 만한 인간 행동을 다양하게 유발할 수 있을 정도로 말이다.

타이레놀 사건의 이상한 영향력

여러 인과관계 중에서 첫 번째 유형의 예로 역사상 가장 유명한 제품 조작 사례를 한번 살펴보자. 1982년 가을, 누군가가 시카고 지역의 슈퍼마켓과 약국에서 판매하는 타이레놀 캡슐에 청산가리를 주입한 후 다시 약통을 매장 선반에 올려놓았고, 그 제품이 판매되어 희생자가 발생하는 사건이 일어났다. 이 사건의 악명이 오래도록 유지되는 데는 몇 가지 이유가 있다. 먼저 약에 주입된 독성 물질로 인해 무고한 시카고 시민 7명이 사망했다. 그중에는 같은 통에 들어 있던 타이레놀을 삼킨 일가족 4명도 포함되어 있었다. 둘째로, 범인이 끝내 잡히지 않아 미제 사건으로 남으면서 지금까지도 사람들의 입에서 불편하게 회자된다.

하지만 오늘날 많은 사람들은, 그같이 유감스러운 이유보다는 긍정적인 변화 때문에 이 사건을 기억한다. 제품의 안전을 보장하는 주요 관련법이 통과됐고, 제약 회사가 제품의 밀봉 및 포장 방식을 바꾸면서 소비자의 위험 요소가 줄어들었다(1982년에는 타이레놀이 개별 포장되어 있지 않고 통에 담겨 있었다-옮긴이). 또한 타이레놀 제조사인 존슨앤드존슨이 전체 매장에서 타이레놀 3,100만 병을 회수하는 등 소비자 중심의 조치를 빠르게 취하면서 오늘날에도 기업 위기관리의 바람직한 사례로 일컬어지는, 대표적인 대응 전략으로 남게 되었다. 이처럼 기업은 문제가 발생하면 조금도 주저 없이 모든 정보를 투명하게 공개해 소비자를 보호하는 것이 바람직하다. 이로 인해 당장은 큰 경제적 손실을 본다고 해도 말이다.

그런데 이처럼 세간의 이목을 끌었던 점 외에 비교적 눈에 띄지는 않았지만 정말로 놀랍다고 생각되는 또 하나의 중요한 일이 일어났다. 사건 초반, 그러니까 타이레놀이 담긴 통으로 인해 피해자들이 사망했지만 정확히 어디까지 제품이 손상됐는지 밝혀지지 않았을 무렵, 존슨앤드존슨은 추가 피해를 막기 위해 전국적으로 경고 발표를 하고, 소비자들에게 주의를 당부했다. 특히 소비자가 조심해야 할 정보 중에는 문제가 된 통에 찍힌 제조 번호가 포함되어 있었는데, 이를 통해 해당 캡슐이 제조된 시기와 장소를 알 수 있었다. 그중 최초로 발견됐기 때문에 가장 많은 관심을 받은 번호는 2880과 1910이었다.

그런데 그 제조 번호가 발표되자마자 매우 당황스러운 일이 벌어졌다. 이 두 숫자로 복권을 사는 미국인이 전례 없이 급격하게 늘어났던 것이다. 특히 로드아일랜드, 뉴햄프셔, 펜실베이니아, 이 3개 주에서는 복권 구입 시 이 두 숫자를 사용하는 것을 금지해야 할 정도였다. 이 두 숫자가 포함된 복권의 당첨금이 '최대 법적 책임 수준'을 훨씬 웃돌았기 때문이다.

이 웃지 못할 사건을 가장 잘 이해하기 위해 두 숫자의 특성부터 살펴보자. 먼저 2880과 1910은 모두 평범한 숫자다. 즉 기억에 남을 만한 특징이 없다는 뜻이다. 둘째로, 이 숫자들은 매우 불행한 사건과 연관되어 있었다. 그뿐만 아니라 이 두 숫자는 미국인들의 마음속에 독극물로 인한 사망 사고를 연상시켰다. 그런데도 두 숫자의 무엇인가가 미국인 수천 명에게 복권 당첨 가능성을 높이는 숫자로 인식되도록 만들었다. 도대체 숫자의 어떤 점이 이러한 행동을 유발했을까? 우리가 앞서 살펴본 분석에서 한 가지 해답을 찾을 수 있다. 언론의 집중 조명을 받으면서 이 두 숫자에 대중이 집중하기 시작했다. 이렇게 무언가에 초점이 맞춰지면 그 무언가는 사건을 발생시키는 능력인 원인 변인으로서의 지위를 부여받는다.

복권의 추첨 결과가 연달아 발표되자 당연히 그 두 숫자로 당첨을 기대했던 사람들은 하나같이 실망할 수밖에 없었다. 그럼에도 불구하고 이와 유사한 현상은 언제든 미래에 다시 발생할 것이다. 초점의 대상이 곧 행동의 원인이 되는 현상은 우리의 판단력에 너무나도 깊이, 자동으로, 광범위하게 영향을 미치기 때문이다. 그만큼 그 현상을 파악하기도,

또 대응하기도 어렵다.

허위 자백의 함정에서 벗어나는 법

당신이 지금 카페에 앉아 커피 한 잔을 즐기고 있다고 상상해보자. 바로 앞에 있는 테이블에는 한 남자와 여자가 마주 앉아서 그날 저녁에 어떤 영화를 볼지 고민하고 있다. 몇 분 후, 그들은 영화 한 편을 고르고 나서 극장으로 출발한다. 그들이 자리를 떠나자 그들의 뒤 테이블에 앉아 있던 당신의 친구가 보인다. 친구 역시 당신을 발견하고 자연스레 자리를 같이한다. 친구는 남녀가 영화를 고르느라 나눈 대화에 대해 이렇게 말한다.

"저렇게 무언가를 골라야 하는 상황에서는 결국 결정권이 둘 중 **한 명**에게 있어. 그렇지 않아?"

당신은 그 말에 웃으며 고개를 끄덕인다. 당신도 남자가 여자를 배려하는 외교적인 태도를 보이기는 했지만, 최종적인 영화 선택권은 남자에게 있었다고 생각하기 때문이다. 하지만 곧이어 친구가 덧붙인 말에 당신은 웃음을 멈출 수밖에 없다.

"여자의 말투가 다정하기는 했지만, 그래도 자기주장을 끝까지 밀어붙이더라."

미국 캘리포니아 대학교 로스앤젤레스 캠퍼스UCLA의 사회심리학자 셸리 테일러Shelley Taylor 박사는 왜 당신과 친구가 같은 대화를 들었는데도 최종 결정권을 쥔 사람에 대해 정반대로 해석했는지 알고 있다. 바로 앉은 위치가 달랐다는 사소한 이유 때문이다. 당신은 여자의 뒤쪽에 앉아 있었기 때문에 남자가 더 잘, 그리고 더 중요하게 보였다. 반면 당신의 친구는 남자 뒤에서 여자를 더욱 세밀하게 관찰했다. 테일러 박사와 그녀의 동료들은 여러 실험을 통해 관찰자에게 두 사람이 대화하는 모습을 보여주거나 들려줬다. 대화 내용은 두 사람의 입장이 동등하도록 사전에 신경 써서 작성한 것이었다. 관찰자 중 일부는 한 사람의 어깨너머로 반대편 사람의 얼굴이 잘 보이는 곳에 앉아 대화를 들었고, 나머지는 두 사람의 얼굴이 모두 잘 보이는 곳에 앉아 실험에 참여했다.

일부 관찰자는 한 사람의 얼굴을 다른 사람의 어깨너머로 볼 수 있는 관점에서 바라본 반면, 다른 관찰자들은 두 사람의 얼굴을 옆에서 바라봤다. 모든 관찰자에게는 어조, 내용, 방향에 기초해 누가 토론에 더 많은 영향을 주는지 판단하도록 했다. 그 결과는 일맥상통하게 나왔다. 얼굴이 더 잘 보이면 그가 누구든 그 사람이 토론에 더 많은 영향력을, 즉 인과력을 미쳤다고 판단했다.

테일러 박사는 처음에는 그저 재미있는 현상이라고 말을 시작했지만, 이내 이 결과가 어떻게 '초점의 대상이 곧 원인이 되는 현상what's-focal-is-presumed-causal phenomenon'을 잘 입증하는지를 설명했다. 맨 처음 실험을 준비하면서 그녀는 연구 조교 2명에게 실험에 사용할 대화를 연습시켰다. 대화를 나누는 두 사람 사이의 관계가 정확하게 균형을 이루는지를 확인하기 위해서였다. 그녀는 돌아가면서 한 명씩 각 조교의 등 뒤에 서서 대화를 지켜봤는데, 자신과 얼굴을 마주한 조교에게 유독 대화의 주도권을 쥐려 한다고 나무라고 있다는 점을 발견했다. 여러 번 조교들을 꾸짖자 다른 각도에서 그들을 지켜보던 동료 2명은 "이 조교들은 균형 있게 토론을 진행하고 있어, 테일러 박사"라고 오히려 그녀를 진정시켰다. 그때 그녀는 실험의 성공을 확신했다고 한다. 아직 자료를 하나도 수집하기 전이었지만, 연습 단계에서 이미 그녀 자신이 연구 결과로 예측했던 행동을 보였기 때문이다.

어떤 시도를 했느냐와 상관없이 실험 참가자는 자신에게 가장 잘 보이는 사람이 가장 큰 인과력, 즉 원인으로 작용하며 영향력도 그에 걸맞게 크게 행사했다고 판단하는 경향이 있었다. 연구자들이 막을 방법이 없을 정도로 강하고 고집스럽게 이 현상은 관찰됐다. 관찰자들이 연구자들에게 방해를 받을 때든, 토론자들을 판단하기까지 얼마나 오랜 시간이 걸리든, 심지어 다른 사람들에게 자신의 판단을 전해야 한다고 예상했을 때조차도 이 현상이 거의 자동적으로 강하게 나타나는 것을 보고 연구진은 깜짝 놀랐다. 한술 더 떠서 성별을 바꾸거나, 직접 보는 것이 아니라 비디오테이프로 시청하게 했을 때도 이 현상은 고집스럽게 나타났다.[25]

특히 마지막 변동 요소에 대해 묻자, 테일러 박사는 실험을 더욱 효과적으로 통제하기 위해 대화 내용을 녹화한 영상을 사용했다고 대답했다. 각기 다른 각도에서 대화를 촬영함으로써 실험 때마다 관찰자에게 매번 같은 내용을 보여줄 수 있었다. 그녀가 이 연구를 처음 발표했을 때는 녹화한 장면만으로도 '초점의 대상이 곧 원인이 되는' 효과를 불러일으킬 수 있다는 사실이 그녀의 연구 결과에서 중요하게 여겨지지 않았다. 하지만 지금은 상황이 많이 바뀌었다. 강력 범죄 수사에서 녹화된 특정 대화 내용을 활용해 용의자의 유무죄를 판단하는 경우가 자주 생기고 있기 때문이다. 왜, 그리고 어떻게 수사 과정을 녹화하는지를 이해하려면 먼저 고도로 발달된 모든 형사 사법 체계의 무시무시한 요소들을 살펴봐야 한다. 바로 죄가 없는 사람에게 자백을 받아내는 경찰 심문관의 능력이다.

강요된 허위 자백이 특히 무서운 이유는 크게 두 가지다. 첫 번째는 사회적 요인으로, 강요에 의해 만들어진 진술은 곧 우리 사회의 공정과 정의 실천에 걸림돌이기 때문이다. 두 번째 이유는 좀 더 개인적이다. 누구나 억울하게 누명을 쓴 채 자백을 강요당하는 입장에 처할 수 있기 때문이다. 사람들은 대부분 자신에게만은 그런 일이 일어나지 않으리라고 생각하지만, 허위 자백은 우리가 알고 있는 것보다 훨씬 빈번하게 일어난다. 죄를 짓지 않았다면, 특히 심각한 범죄일수록, 자백하도록 설득당할 일도 없다는 생각은 안타깝게도 틀렸다. 허위 자백을 하게 한 사례는 걱정스러울 만큼 많다. 물론 경찰 조사 과정에서 확보되는 자백은 대부분 진실이며 다른 증거들로도 입증할 수 있다. 하지만 법학자들이 강요된 허위 자백이라고 찾아낸 건수는 골치 아플 정도로 많다. 실제로 물리적인 흔적(DNA 또는 지문 샘플), 새로 얻은 정보(범죄 현장에서 수백 마일 떨어진 곳에서 확인된 용의자의 신원), 심지어 애초에 범죄가 발생하지 않았다는 증거(살인 희생자로 추정된 사람이 살아서 안전하게 발견됐을 때) 등으로 인해 나중에 자백이 허위였음이 밝혀지는 경우가 허다하다.[26]

법학자들이 열거한, 거짓 진술이나 허위 자백을 받아내는 방법들을 살펴보면 다양하기 그지없다. 그중 두 가지가 특히 흥미롭다. 첫 번째는 한 사람의 평범한 시민으로서 나도 충분히 공감하는 것이다. 만일 과거에 나와 언쟁을 벌인 적 있는 이웃이 어느 날 의문사를 당했다고 가정해보자. 그와 관련하여 증언해달라는 경찰의 요청을 받은 나는 서슴없이 경찰서로 향할 것이다. 사회의 일원으로 당연히 해야 할 의무이기 때문이다. 그리고 이어지는 심문 과정에서 경찰이 나를 용의자로 지목하고 있음을 알아차린다고 해도, 나는 아마도 변호사를 요청하지 않고 계속해서 조사에 응할 것이다. 왜냐하면 나는 결백하므로, 경찰 심문관이 내가 말하는 진실에 귀 기울일 것이라고 확신하기 때문이다. 게다가 섣불리 변호사를 선임했다가는 오히려 무언가를 숨기는 것처럼 보일 수 있으므로 내 결백에 대한 경찰의 의심을 부풀리는 행동은 하지 않을 것이다. 대신 나를 향한 의심을 모두 해소하고 그 상황에서 벗어나기 위해 최대한 노력할 것이다.[27]

용의자로 의심받는 상황에서도 경찰에 협조하고 내가 범죄와는 관련 없음을 증명하려는 행동은 지극히 정상적이다. 하지만 그로 인해 도리어 곤란한 상황에 처할 수도 있다. 허위 자백을 유발하는 또 다른 강력한 원인이 존재하기 때문이다. 나는 사회적 영향력을 연구하는 사람으로서 충분히 그것에 공감할 수 있다. 조사 과정 내내 혼자 힘으로 해보려다가는, 용의자에게서 자백을 받아내기 위해 수세기 동안 심문관들이 완성한 일련의 기술들에 덥석 당하게 되기 십상이다. 그 기술 중 일부는 매우 기만적이어서 관련 연구에 의하면 허위 자백 가능성을 급상승시키는 것으로 확인되었다. 그러한 기술의 예로는 유죄를 입증하는 듯한 지문과 목격자 증언에 대해 거짓으로 이야기하기, 용의자가 자신이 범죄를 저지르는 상황을 상상하도록 반복적으로 압박하기, 잠을 재우지 않은 상태에서 끈질기고 철저한 조사를 계속 진행함으로써 용의자의 판단 능력을 흐리기 등 다양한 방법이 있다. 이러한 수사 기법을 옹호하는 이들은 진실을 이끌어내는 데 효과적이라고 주장한다. 그러나 이것이 수반하는 또 다른 복잡한 진실은 무리한 수사 방법이 나중에 거짓으로 밝혀질 허위 자백을 부추긴다는 것이다.[28]

1973년 어느 날 저녁, 열여덟 살 피터 라일리Peter Reilly의 삶은 영원히 바뀌었다. 동네 교회에서 청소년 모임을 마친 후 집으로 돌아왔을 때 피터는 피가 흥건한 바닥에 쓰러져 죽어가는 어머니를 발견했다. 이 광경을 목격한 피터는 온몸이 떨리고 다리가 휘청거렸지만 가까스로 의식을 부여잡고 곧바로 전화를 걸어 도움을 요청했다. 그러나 구급대원이 도착했을 때 피터의 어머니 바버라 깁슨은 이미 숨을 거둔 뒤였다. 주검의 상태는 그녀가 잔혹하게 살해당했다는 것을 말해줬다. 검시 결과, 목에 베인 상처가 있었고 갈비뼈 세 대, 그리고 양쪽 대퇴골이 부러져 있었다.

피터 라일리가 키 174센티미터에 몸무게 55킬로그램으로 왜소한 체구라는 점, 옷이나 신발이나 몸에 피가 한 방울도 묻어 있지 않다는 점으로 볼 때 그가 범인일 가능성은 적었다. 그러나 경찰은 어머니가 쓰러져 죽어 있는 방에서 밖을 멍하게 내다보는 피터를 보고, 처음부터 그가 어머니를 살해했다고 의심했다. 코네티컷주의 작은 마을인 이곳 주민 중 몇몇은 바버라 깁슨의 특이한 성격을 그러려니하고 웃어넘겼다. 하지만 그녀가 제멋대로인 데다가 변덕스럽고 적대적이며 불안정했다고 진술한 거의 대부분의 사람들은 그런 그녀를 달가워하지 않았다. 그녀는 만나는 사람마다 트집을 잡고 비하했으며 시비나 싸움을 거는 데서 즐거움을 찾는 인물처럼 보였다. 특히 남성에게 더욱 심했던 것으로 조사됐다. 종합하자면 그녀는 꽤 견디기 힘든 인물이었다. 그래서 경찰은 피터가 어머니와의 지속적인 마찰과 심한 다툼 끝에 이성을 잃고 잔뜩 화난 상태에서 범죄를 저질렀다는 추측이 전혀 가능성 없는 이야기는 아니라고 생각했다.

하지만 피터는 범죄 현장에서뿐만 아니라 이후 심문 과정에서도 변호사를 선임할 수 있는 권리를 포기했다. 사실대로 말한다면 곧 무죄가 입증되어 풀려나리라고 믿었기 때문이다. 안타깝게도 이는 한참 잘못된 계산이었다. 피터는 이후 이어진 설득력 있는 압박에 법적으로도 정신적으로도 대응할 준비가 되어 있지 않았다. 경찰 4명이 번갈아가며 총 16시간 동안 피터를 조사했다. 이들 중에는 거짓말탐지기 전문가도 포함되어 있었는데, 그는 피터에게 판독 결과가 피터를 범인으로 가리킨다고 말했다. 당시 심문 기록에 남아 있는 대화 내용을 살펴보면 거짓말탐지기 전문가가 이에 대해 조금의 의심도 하지 않았음을 알 수 있다.

피터 : 거짓말탐지기가 뇌를 정말로 읽을 수 있나요?

거짓말탐지기 전문가 : 당연하죠. 확실합니다.

피터 : 정말로 내가 범인이라고요? 다른 사람일 수는 없나요?

거짓말탐지기 전문가 : 그럴 리 없어요. 이 반응을 보면 절대 아니에요.

하지만 실제로 거짓말탐지기의 검사 결과에는 허점이 많다. 전문가의 손에 의해 작동될 때도 마찬가지다. 이러한 불확실성 때문에 사실 미국의 많은 주州와 나라에서 거짓말탐지기 결과를 법정 증거로 인정하지 않는다.

연이어 수사 책임자는 피터의 죄를 입증할 수 있는 물리적인 증거가 확보됐다고 거짓말했다. 게다가 피터가 기억을 더듬어보게 하지도 않고서 어떻게 그 범죄를 저질렀는지에 대해서 끈질기게 암시했다. 피터가 자신의 어머니에게 폭력을 행사했고, 살인을 통해 분노를 분출했고,

그래서 지금 끔찍한 기억을 억압하고 있다는 것이다. 기억이 떠오를 때까지 소년의 잠재의식을 "파고, 파고, 파는" 것은 그들의 일이었다.

정말로 범죄 기억을 되살리기 위해 피터와 경찰들은 할 수 있는 모든 방법으로 그의 기억을 파고, 파고, 또 파냈다. 그리고 마침내 피터는 자신이 어머니의 목을 긋고 무참히 짓밟은 기억이 난다고 말했다. 처음에는 희미했던 그의 기억은 시간이 지나면서 점차 뚜렷해졌다. 심문이 끝날 무렵에는 상상에 가까웠던 그 기억이 피터와 경찰 모두에게 실제로 일어난 일이 되어 있었다.

수사관: 그러니까 네가 날이 선 면도칼로 네 어머니의 목을 벴다는 걸 기억하고 있는 거네.

피터: 정확하게 말하기는 어렵지만 기억이 나는 것도 같아요. 제 말은 그렇게 하는 장면이 상상돼요. 머릿속에 그려지는 것 같아요.

수사관: 어머니의 다리는? 어떤 기억이 떠오르지? 어머니의 다리를 짓밟았던 기억이 떠오르지 않아?

피터: 그렇게 말씀하시니까, 제가 그렇게 하는 모습이 상상돼요.

수사관: 너는 지금 상상을 하는 게 아니야. 이제야 진실이 드러나고 있는 거야. 너도 실은 사실대로 말하고 싶은 거지.

피터: 그렇군요…….

이렇듯 머릿속에 그려지는 상황을 분석하고 또 분석하면서 피터는 진짜로 자신이 범행을 저질렀다는 생각을 하기 시작했다. 피터의 '정신적 의지'를 무너뜨리려고 압력을 가한 수사관들의 노력 덕분에 십 대 소

자백하면 무죄는 없다
유죄 판결 후 보안관들에게 둘러싸여 감옥으로 이송되고 있는 피터 라일리.
사진 제공: *Roger Cohn*

년이었던 피터는 수사 과정에서 들었던 범죄 내용과 일치하는 현장을 머릿속에 그렸다. 끔찍한 범죄가 발생한 지 하루가 조금 지났을 때 피터 라일리는 진술서를 작성하고 서명했다. 범죄의 구체적인 부분이 채 밝혀지기 전이었다. 진술서는 조사 내내 수사관들이 피터에게 일러준 내용과 거의 일치했다. 또한 피터는 진술서 내용을 끝내 사실이라고 받아들였다. 수사 초반에만 해도 진술서 내용을 조금도 믿지 않았고, 나중에는 거짓이라고 밝혀졌지만 말이다.

다음 날 아침, 피터는 감옥에서 깨어났다. 조사실에서 설득력 있는 맹공격을 당하며 느꼈던 심리적 압박과 지독한 피로가 가시자 그는 자신이 범행을 저지르지 않았다는 사실을 다시 확신했다. 하지만 진술 철회에 대한 이유를 설명하기에는 너무 늦은 후였다. 경찰은 물론 판사와 검사, 그리고 배심원단 모두 진술서가 피터의 유죄를 입증하는 중요한 증거라고 생각했다. 판사는 자백이 자발적으로 이루어졌다는 이유로 재판에서 피터의 자백 철회 신청을 기각했다. 경찰은 피터의 유죄를 밝혔다는 사실에 만족한 나머지 다른 용의자에 대한 수사를 중단했다. 검사는 피터의 진술서를 가장 중요하고 명백한 증거로 내세웠다. 그리고 피터에게 최종적으로 살인죄를 선고한 배심원단 역시 진술서 내용에 크게 의존해 결정을 내렸다.

이들은 모두 위협이나 폭력 또는 고문 없이도 정상적인 사람이 범죄 사실을 허위로 자백할 수 있다는 사실을 믿지 않았다. 하지만 이는 그들의 실수였다. 2년 후, 사건을 담당했던 부장 검사가 죽고 나서 그가 피터의 무죄를 입증하는 증거들을 은폐했다는 사실이 드러났다. 그가 가지고 있던 서류에서 사건 당시에 피터가 언제 어디에 있었는지를 밝힐 수 있는 증거가 나왔던 것이다. 피터의 유죄 선고를 뒤집을 수 있을 뿐만 아니라 혐의를 모두 벗고 감옥에서 나오기에 충분한 증거들이었다.

'고백은 영혼을 위한 좋은 일'이라는 옛말이 있다. 그러나 범죄 용의자에게 자백은 다른 모든 것을 망치는 결과를 가져온다. 자백하면 기소되어 재판을 거친 뒤 유죄판결을 받을 가능성이 높아진다. 더 나아가 같은 유죄라도 자백했을 때 더욱 가혹한 처벌을 받는다. 1830년, 미국의 훌륭한 법관 대니얼 웹스터Daniel Webster는 "자백은 피난처가 아니라 자살이다. 그리고 자살은 곧 자백이다"라고 말했다. 한 세기 반 이후, 미국 대법원의 저명한 판사인 윌리엄 브레넌William Brennan은 형사 사법 제도에 대한 날카로운 통찰력을 바탕으로 웹스터의 주장에 이렇게 덧붙였다.

"자백이 등장하면 재판의 다른 요소들은 모두 불필요해진다. 그리고 사건을 막론하고 진짜 재판은 자백을 받는 순간 시작된다."

브레넌의 말이 맞았다는 소름 돋는 증거가 있다. 허위 자백을 한 125건의 사건을 분석하니, 처음에는 자백했지만 나중에 철회하고 무죄를 주장했던 용의자들의 81퍼센트가 재판에서 유죄판결을 받았다. 이미 말했듯이 이것들은 모두 허위 자백이었는데도 말이다! 피터 라일리도 자신이 저지르지 않은 범죄를 시인하도록 설득당했던 대다수의 사람들과 같은 운명을 맞이할 수밖에 없었다. 이쯤에서 우리는 다음의 타당한 질문을 고민해봐야 한다. 왜 우리는 언론에서 주목한 다른 끔찍한 사건들을 제쳐놓고 피터 라일리의 자백에 주목해야 할까? 예컨대 아무도 죄를 짓지 않았지만 다수의 용의자가 집단범죄를 일으켰다고 확신했던 사건들 역시 같은 결과로 이어졌는데 말이다.

피터가 심문, 재판, 유죄판결을 받는 과정, 또는 법정 다툼을 이어가는 과정에서는 아무것도 드러나지 않았다. 그 질문에 대한 답은 20년이 지나 이런저런 하급 판매직을 전전하던 피터가 허위 자백의 원인과 결과에 관한 패널로 참여한 행사에서 나타났다. 그리고 피터가 20년 전에 겪은 사건에 대해서는 피터가 아니라 그의 옆에 앉았던 평범한 이름의 아서 밀러Arthur Miller가 설명했다. 하지만 사실 그는 평범한 아서 밀러가 아니었다. 바로 미국의 가장 위대한 희곡이라고 평가받는 《세일즈맨의 죽음Death of a Salesman》을 쓴 유명한 극작가 아서 밀러였다. 또한 그는 미국에서 가장 섹시한 여성으로 회자되는 메릴린 먼로와 5년간 결혼 생활을 유지하기도 했다.

자신의 핵심 지지자 중 한 명이라는 피터의 소개로 청중 앞에 선 밀러는 "작품에서뿐만 아니라 인생을 살면서 자백이라는 주제"에 오랫동안

어느 세일즈맨의 삶
극작가 아서 밀러와 살인 사건 후에 여러 영업직을 전전했던 피터 라일리.
사진 제공: *Gary Tucker/Donald S. Connery*

관심을 가져왔다며 연사로 참석한 이유를 설명했다. 1950년대 반공주
의 열풍이 미국을 휩쓸었을 때 밀러의 몇몇 친구들과 지인들은 의회 위
원회에서 열리는 청문회에 소환됐다. 공산당 조직에 대해 자백하도록
치밀하게 계산된 질문들이 쏟아졌고, 연예계에서 활동하는 공산당원을
알고 있다는 의혹과 그 이름을 밝히라는 압박이 이어졌다. 밀러도 하원
의 반미활동조사위원회US House Un-American Activities Committee: HUAC에 소환
된 적이 있었다. 그리고 의장의 질문에 모두 대답하지 못했다는 이유로
'블랙리스트'에 이름이 올랐고 벌금형을 받았으며 여권도 뺏겼다.
　밀러의 작품 중 가장 많이 무대에 오르는 〈크루서블The Crucible〉('도가니'
혹은 '가혹한 시련'이라는 부제를 흔히 붙이는 이 영화는 17세기 미국 뉴잉글랜드 지역의

마녀재판을 주제로 당시 미국 전역을 휩쓸었던 극단적 반공주의 '매카시즘'을 풍자한 희곡이다-옮긴이)에서 자백은 중요한 역할을 한다. 1692년에 미국 매사추세츠주의 세일럼Salem이라는 마을에서 벌어진 마녀재판이 소재이지만, 사실 이 작품에는 밀러가 의회 청문회에서 목격했으며 피터 라일리 사건을 통해 다시 알게 된 유도 심문의 형태가 비유적으로 드러나 있다.

토론에 참여한 피터와 밀러의 발언은 비교적 짧게 끝났다. 하지만 밀러는 발언 중에 뉴욕에서 니엔 쳉Nien Cheng이라는 중국 여성을 만났던 일을 언급했다. 1960년대와 1970년대 중국은 공산주의 체제 아래 자본주의 요소를 뿌리 뽑기 위한 문화혁명을 시행했다. 니엔 쳉은 그 시절에 반공산주의자이자 스파이라는 자백을 받아내기 위한 잔혹한 수사 과정의 대상이었다. 그녀는 뉴욕에서 밀러를 만났을 때 눈물을 글썽이면서, 감옥에서 최종 석방된 후 중국에서 〈크루서블〉 연극을 봤던 소감을 전했다. 작품에서 용의자가 받는 질문이 문화혁명 동안 자신이 받았던 질문과 정확히 일치했으므로 당시 중국인 감독이 중국인 관객을 고려해 일부 대사를 각색한 것이라고 확신했다고 덧붙였다. 정확한 단어와 문장, 그리고 그 순서를 완벽하게 아는 미국인이 있을 리 없다고 생각했기 때문이다.

작품 속 대사는 1692년 세일럼 마녀재판 기록에 나오는 질문들이며 자신이 반미활동조사위원회에서 직접 받은 질문들이기도 했다는 밀러의 대답에 니엔은 충격을 받았다. 나중에 피터가 수사관들로부터 놀랍도록 똑같은 질문들을 받았다는 사실을 알게 된 아서는 그의 무죄를 입증하기 위해 힘쓰기 시작했다.[29]

밀러의 이야기를 들어보면 무시무시한 의미가 함축되어 있다. 수사관들은 수년에 걸쳐 이와 비슷한 효과적인 수사 기법들을 장소와 목적에 상관없이 활용해왔다. 그리고 이러한 기법들은 종종 죄가 없는 용의자에게서도 자백을 받아내는 수단이 되었다. 그렇기 때문에 밀러와 법률 자문가들은 중죄를 포함하여 모든 심문 과정을 항상 녹화해야 한다고 주장했다. 그래야 나중에 녹화된 영상을 보게 될 검사나 배심원 또는 판사가 과연 진술이 정당한 방법으로 입수된 것인지를 판단할 수 있다고 덧붙였다. 그리고 실제로 세계 곳곳에서 주요 강력 범죄의 경우 이러한 목적으로 수사 과정을 녹화하는 것이 일반적인 관행으로 자리 잡고 있다. 이론적으로는 아주 바람직하다. 하지만 실제로 이를 활용할 때는 한 가지 해결해야 할 문제점이 있다. 거의 대부분의 경우 수사관 뒤에 카메라를 놓고 촬영하기 때문에 용의자의 얼굴에 초점이 맞춰진다는 것이다.

용의자가 자유롭게 자백했는지, 또는 심문자가 부적절하게 조사했는지 여부에 관한 법적 문제는 유죄판결을 내리는 사람이 그 인과관계를 어떻게 판단했는가에 전적으로 달려 있다는 것은 당연하지 않은가? 테일러 교수의 실험에서 알 수 있듯이, 대화를 나누는 두 사람 중 한 사람의 얼굴만 비추는 카메라 각도는 어느 쪽이 시각적으로 더 중요한지를 결정하는 데 영향을 미친다. 또한 사회심리학자 대니얼 래시터Daniel Lassiter가 최근에 진행한 실험을 보면, 카메라가 용의자를 향하고 있을 때 그 녹화 영상을 보는 사람은 자백(더 큰 혐의)에 대해 더 큰 책임이 용의자에게 있다고 추정하는 것을 알 수 있다. 더욱이 테일러 교수와 그녀의 동료들이 실시한 실험과 마찬가지로, 래시터와 그의 동료들은 실험 환경에 변수가 있어도 같은 결과가 나타난다는 점을 관찰했다. 관찰자가 남성인지 여성인지, 학생인지 배심원 자격이 있는 40~50대 성인인지, 녹화 영상을 한 번 봤는지 두 번 봤는지, 지적인 수준이 높은지 낮은지, 카메라 각도의 잠재적인 편향 효과(카메라 각도가 중요성을 좌우하는 효과-옮긴이)에 대해 아는지 모르는지 등은 중요하지 않았다. 아마도 가장 충격적인 것은 일반 시민, 법 집행 종사자, 형사재판 판사가 모두 똑같은 반응을 보였다는 점이다.

카메라 각도가 야기하는 부정적인 효과는 너무나도 강력해서 카메라 각도를 아예 변경하는 것 외에는 제거할 방법이 없었다. 실험 참가자에게 용의자와 수사관이 잘 보이도록 옆에서 촬영한 영상을 보여줬더니 비로소 그러한 편향성이 없어졌다. 반면 카메라를 용의자 뒤로 옮겨서 수사관의 얼굴을 중심으로 같은 내용의 대화를 촬영하자 그 결과를 완전히 뒤집을 수 있었다. 관찰자들은 대부분 옆에서 촬영한 영상에 비해 수사관이 강압적으로 자백을 강요한다고 답변했다. 여기서 알 수 있는 점은 '집중되는 것what's focal'을 어떠한 사건이나 상황의 원인이라고 인식했다는 것이다.

그렇다면 경찰서로 출석해 주요 범죄 수사를 도와달라고 요청받은 무고한 용의자는 이제 딜레마에 빠지게 된다. 어쩌면 당신도 이런 상황에 처할지도 모른다. 경찰의 요청을 받아들이고 조사에 성실히 임하는 것은 시민으로서의 기본 의무이므로 전혀 잘못된 일이 아니다. 하지만 조사 요청이 정보를 얻기 위함이 아니라 자백을 받아내기 위함임을 깨닫는 순간, 상황은 훨씬 복잡해진다. 피고 측 변호사는 대부분 이럴 때는 당장 입을 닫고 변호사를 선임하라고 조언한다. 하지만 이것도 위험이 따르는 선택이다. 조사를 거부하면 사건 해결에 꼭 필요한 중요한 단서를 수사관에게 전달하고 당신이 아무런 관계가 없음을 증명할 기회가 사라지는 셈이다. 따라서 당신을 향한 의심을 완전히 없애는 것도 불가능해진다.

심각한 범죄 혐의를 받는 것은 분명 무섭고, 불쾌하며, 기분 나쁜 일이다. 무언가를 숨긴다는 인상을 주면 이런 경험이 더욱 길어지게 된다. 그렇지만 심문과 비슷한 조사를 계속 받는 것 역시 그 자체로 위험하다. 수십 년 동안 다양한 범죄를 다루며 죄를 짓지 않은 사람에게서도 자백을 받아내는 기술로 무장한 수사관 앞에서 발가벗겨진 채로 서 있는 것이나 다름없다. 따라서 굉장히 조심해야 한다. 수사관이 동원하는 **이러한** 기술들은 그가 원하는 자백을 이끌어내는 검증된 방법들이기 때문이다.

만약 여러 선택지를 고민한 후에 당신이 결백함을 밝히기 위해 홀로 조사에 응하기로 결정했다고 해보자. 당신이 속거나 허위로 유죄를 입증하는 말을 하도록 압박받을 경우, 외부 관찰자가 이러한 속임수나 압박이 자백의 원인으로 작용했다는 것을 알 수 있도록 하는 방법이 과연 있을까?

있다. 바로 테일러 교수와 래시터 교수의 연구들을 살펴보면 두 단계의 방법이 있다. 첫째, 방에서 카메라를 찾아라. 카메라는 보통 수사관의 머리 위쪽이나 뒤쪽에 있다. 둘째, **의자를 움직여라.** 당신의 얼굴과 질문자의 얼굴이 함께 카메라에 잡히도록 위치를 잡는다. 재판에서 당신에게 불리한 '초점의 대상이 곧 원인이 되는 현상'을 허용하지 말라는 것이다. 만약 이에 실패한다면 브레넌 판사의 주장처럼 당신의 재판은 이미 끝난 것이나 다름없다.[30]

그런데 당신이 앞서 설명한 경찰의 조사를 받는 도중에 조사를 거부하고 변호사 선임 의사를 밝혔다고 가정해보자. 이때 당신이 무엇인가를 숨긴다는 수사관의 의심을 없앨 수 있는 방법이 있을까? 그런 방법을 한 가지 제안하겠다. 나와 이 책에 책임을 돌리면 된다. "최대한 협조하고 싶지만, 언젠가 읽었던 책에서 경찰의 질문에 무조건 대답하는 건 대단히 위험하다고 했습니다. **죄가 없어도** 말입니다"라고 말이다. 내 평계를 대거나 아예 내 이름을 거론해도 상관없다. 경찰이 무엇을 할 수 있겠는가. 사소한 죄를 들먹이며 나까지 체포해 잡아 가둔 다음 마키아벨리 전술을 사용해 거짓 자백을 유도해도 그들은 결코 성공할 수 없을 것이다. 왜냐하면 나는 조사실의 카메라를 찾아내어 의자의 위치를 바꿀 것이기 때문이다.

초점의 대상이 곧 원인이 되는 점은 달리 설명하기 어려운 다른 현상을 이해하는 데도 도움이 된다. 예컨대 리더들은 그들이 이끄는 팀이나 그룹이나 조직의 성공 혹은 실패에 실제보다 훨씬 더 큰 원인으로 작용한다고 평가받는다. 기업 실적 분석가들은 이러한 경향을 '리더십의 낭만the romance of leadership'이라 부른다. 사실 CEO의 행동보다 다른 요인(인력의 자질, 기존의 내부 비즈니스 시스템 및 시장 동향)이 기업의 이익에 더 큰 영향을 미친다. 그런데도 리더는 기업의 성과에 대해서 가장 큰 책임을 져야 한다. 그 때문에 근로자 임금이 상대적으로 높은 미국에서도 대기업의 평균 직원 급여는 CEO 연봉의 0.5퍼센트에 그친다. 만약 그 차이를 경제적 또는 사회적 공정성을 근거로 설명하기 어렵다면 우리는 다른 근거를 들어 설명할 수 있을 것이다. 즉 조직의 최상층부에 위치한 사람은 시각적으로 훨씬 더 눈에 잘 띄며, 심리적으로도 가장 중요하기에 어떤

결과가 일어나는 과정에서 지나치게 과도한 인과적 역할의 지위를 부여받는다는 것이다.[31]

요컨대 눈에 띄는 것이 중요하다고 여겨지고 '초점의 대상이 곧 원인'으로 간주되기 쉽기 때문에, 메시지의 특정 측면으로 사람들의 주의를 유도하면 그들로 하여금 이미 상당한 **수용성**receptivity을 내재하게 만들 수 있는 이점이 커뮤니케이션에 존재한다. 실제로 이렇게 유도된 주의는 초전 설득 단계에서 듣는 사람의 경계를 허문다. 그 메시지를 처리하기도 전에 이미 마음의 빗장을 열어놓는 셈이다. 이는 모든 설득가의 꿈이기도 하다. 왜냐하면 설득 과정에서 가장 어려운 것은 내 메시지가 가지는 장점을 전달하는 것이 아니라 사람들로 하여금 시간과 에너지를 쪼개서 그 메시지에 이목을 집중하도록 하는 것이기 때문이다. 이슈의 중요성과 인과성을 인식하는 지각들은 이 어려움을 절묘하게 해결한다.

상대방의 주의를 유도하는 것이 정말로 초전 설득에 효과가 있다고 해도 관련된 이슈들은 여전히 남는다. 그 자체가 상대방의 주의를 끌기 때문에 커뮤니케이터가 특별한 노력을 기울일 필요가 없는 정보의 특징에는 어떤 것들이 있을까?

5장

어떻게 주의를 이끌어낼 것인가

Commanders of Attention 1: The Attractors

◆

◆

내가 처음《설득의 심리학》원고를 출판 가능한 출판사 몇 군데에 보냈을 때만 해도 가제는 '설득의 무기Weapons of Influence'였다. 원고 검토를 담당하는 어느 편집자는 나에게 전화를 걸어 출판을 하고 싶기는 한데 중요한 수정을 하나 했으면 좋겠다고 말했다. 수많은 책으로 가득한 서점에서 사람들이 이 책을 발견하고 집어 들게 하기 위해서 제목을 '사회적 유혹의 무기Weapons of Social Seduction'로 변경하도록 권했다. 편집자는 "그렇게 하면 제목만 보고도 '섹스'와 '폭력'을 동시에 떠올릴 수 있을 겁니다"라고 설명했다.

나는 그 제안을 받아들이지 않았다. 하지만 편집자의 논리를 어느 정도 이해할 수는 있다. 우리의 관심을 강력하게 붙잡는 몇몇 신호가 있다. 그리고 그러한 신호들은 대개 우리의 생존과 관련이 있다. 성적인 자극과 폭력적인 자극이 좋은 예다. 후손을 낳는 한편 안전을 추구하는 인간의 근본적인 욕구와 깊은 연관이 있기 때문이다. 이 두 가지 신호는 그야말로 우리가 사느냐 죽느냐를 결정한다.

─   성적인 것

    눈에 띄는 성적 자극이 다른(때로는 다른 모든) 것으로부터 인간의 주의를 빼앗는다는 점은 의심할 필요가 없는 사실이다. 소설가와 극작가, 시나리오작가들은 이 점을 잘 알고 있으며, 이를 자신들의 작품에 적극적으로 사용해왔다는 것도 주지의 사실이다. 블라디미르 나보코프 Vladimir Nabokov의《롤리타》, 테네시 윌리엄스Tennessee Williams의《욕망이라는 이름의 전차》, 그리고 스티븐 소더버그Steven Soderbergh의《매직 마이크 Magic Mike》를 떠올리면 그 이유가 분명해진다. 광고주와 마케팅 담당자도 성적 자극에 대해 잘 알고 있으며 이를 상업광고에 사용한다. 행동과학자 역시 이 사실을 안다. 게다가 행동과학자들은 여러 상황에 성적인 연상을 슬쩍 끼워 넣어 상대방에게 원하는 행동을 이끌어내는 것은 어떤 방법보다 간단하다는 사실을 밝혀냈다.

    프랑스에서 진행한 소규모 연구를 하나 살펴보자. 연구자들은 매력적인 19세 여성이 혼자 걷고 있는 중년 남성에게 접근해서 자칫 위험해질 수도 있는 도움을 요청하는 실험을 실시했다. 실험 대상자는 무작위로 정한 두 부류로 나누었다. 여성은 거칠어 보이는 젊은 남자 4명을 가리키며 저들이 자신의 휴대전화를 훔쳐 갔다고 말했다. 그러고는 "제 휴대전화를 대신 찾아주시겠어요?"라고 물었다. 이런 상황에서 혼자 있는 남자로서는 선뜻 나서기를 주저하리라는 것은 이해할 수 있다. 그는 아가씨를 모른다. 그리고 어떤 상황에서든 4는 1보다 많은 숫자다. 실제로 첫 번째 부류의 남성 중 20퍼센트 정도만이 여성의 부탁을 들어줬다. 그런데 두 번째 부류의 경우, 거의 두 배인 약 40퍼센트가 여성이 부탁한 대로 그 분란에 선뜻 뛰어들어 그녀의 휴대전화를 돌려달라고 말해서 찾아줬다.

무슨 차이였을까? 사실 실험 대상이 된 남성들은 모두 몇 분 전에 다른 여성에게서 길을 묻는 질문을 받았다. 첫 번째 부류는 마틴Martin가街가 어디냐는 질문을 받았고, 두 번째 부류는 밸런타인Valentine가가 어디냐는 질문을 받았다. 밸런타인가에 대한 질문을 받은 남성들은 더욱 용감한 행동을 보였다. 앞선 연구에서 증거를 수집한 연구자들은 '밸런타인'이라는 단어가 성적 의미가 담긴 연인들의 날인 '밸런타인데이'를 연상시켰다고 분석했다. '**밸런타인**'이라는 단어와 연결된 성적인 연상이 남성들의 허세를 촉발했고, 남성들은 예쁘고 순진한 여성의 호의를 얻기 위해 위험한 불구덩이 속으로 몸을 던졌다.

성적인 자극이 너무나도 쉽게 중년 남성의 어리석음을 유발했다는 결과 자체도 놀랍지만, 사실 이 같은 결과는 더욱 복잡한 문제를 함축한다. 젊은 여성의 매력만으로는 휴대전화를 찾아달라는 요청에 도움을 주는 행동을 이끌어내기 부족하다. 그 과정에서 중요한 무언가가 사전에 더 필요하다. 남성들의 행동을 유도하기 전에 먼저 밸런타인데이와 같이 성적인 연상을 불러일으키는 개념에 그들을 노출시켜야 했다. 즉 그들이 도움을 주기 전에 이미 부탁을 기꺼이 받아들일 수 있는 상태로 만들어주는 일종의 **오프너**가 필요하다. 간단히 말해서 초전 설득이라

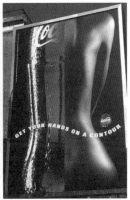

섹시함이 팔릴 때는 따로 있다
두 광고 모두 섹시함을 소재로 하고 있지만, 왼쪽 광고만이 소비를 촉진할 가능성이 있다.
사진 제공 : *Advertising Archives*

는 행위가 필수적이라는 것이다.

사타구니 문제와 관련된 복잡성은 여기서 끝나지 않는다. 광고에 성적인 요소를 삽입하는 것이 판매를 증가시킨다는 통념은 거짓임을 관련 통계로 알 수 있다. 광고 전문 잡지 〈애드버타이징 에이지Advertising Age〉의 20세기 광고 100위 목록을 보면 단 8개만이 광고의 카피나 이미지에 성적인 내용을 담았다. 왜 이렇게 적을까? 성적인 콘텐츠는 강력한 반응을 유발할 수 있지만 이런 반응이 무조건적으로 일어나는 것은 아니기 때문이다. 성적인 요소를 활용해 판매를 늘리는 전략은 사람들이 성적인 목적으로 자주 구입하는 제품에만 유효하다. 화장품(립스틱이나 머리 염색약), 향수(퍼퓸이나 코롱), 그리고 청바지나 수영복과 같이 몸매를 그대로 드러내는 의류가 이 범주에 해당한다. 음료수, 세탁 세제, 주방 용품은 범주가 다른데 이 점을 분별하지 못한 광고주들이 잘못된 방향으로 대처하는 일이 종종 있다.

광고 영역을 넘어서 더 넓게 적용할 수 있는 교훈도 있다. 어떠한 상황에서든 그 상황에서 추구되는 목표가 적절한 자극과 일치하게 되면 사람들은 그것에 주목하고 영향을 받을 가능성이 매우 높아진다는 점이다. 성적 자극의 영역에서만 보자면 성적으로 흥분한 남성과 여성은 매력적인 이성의 사진을 쳐다보는 데 더 많은 시간을 소비한다는 연구 결과가 있다. 이는 지극히 자연스러운 인간의 본능으로, 뉴스거리와는 거리가 멀다. 하지만 놀라운 점은 그러한 현상이 이성 관계에 관심이 있는 사람에게만 나타났다는 사실이다. 데이트 상대를 찾는 데 관심이 없는 사람들은 평범한 외모의 이성 사진과 훨씬 더 매력적인 외모의 이성 사진을 보는 데 할애한 시간이 비슷했다. 앞서 살펴본 연구에서와 마찬가지로, 뛰어난 외모만으로는 사람들의 관심을 끌거나 행동에 영향을 미치기 부족했다. 사람들의 관심을 끌려면 먼저 사전 조건이 충족돼야 하는데 여기서는 그 사전 조건이 데이트 상대를 찾겠다는 목표다. 그러므로 이성 관계에 대한 현재 목적과 뛰어난 외모의 매력적인 이성에게 집중적으로 주의를 쏟는 성향 사이에는 강력한 연상이 존재한다.

이와는 별개로 이러한 연상은 우리가 지금 유지하고 있는 타인과의 관계가 얼마나 지속될지를 가늠할 수 있는, 지금껏 생각하지 못한 방법을 새로 제시하기도 한다. 한 설문을 통해 연애 중인 대학생에게 자신의 연인을 얼마나 사랑하는지, 두 사람의 관계에 얼마나 만족하는지, 얼마나 연애를 계속하고 싶은지 등 관계의 안정성을 파악할 수 있는 일반적인 질문을 던졌다. 더불어 설문 조사에는 매력적인 이성에게 시선을 뺏기거나 그로 인해 일을 방해받았던 경험 등 참여자들의 **집중**과 관련된 새로운 질문들도 포함되어 있었다. 2개월 후 참여자들에게 다시 연락해서 연인과 계속 연애 중인지, 혹은 헤어졌는지를 물었다. 놀랍게도 두 달 전에 상대방을 얼마나 사랑했는지, 상대방에게 얼마나 만족했는지, 또는 얼마나 그들의 관계를 지속하고 싶었는지 등은 연인의 이별을 예상할 수 있는 최적의 지표가 아니었다. 그들이 헤어질 확률은 당시에 그들이 얼마나 주기적으로 그들 주변에 있는 매력적인 이성들에게 관심을 가지고 주의를 기울였는지와 연관이 있었다.

이 같은 결과는 한눈을 판다고 비난받는 배우자나 연인이 곧잘 하는 식상한 변명에 의심의 그림자를 드리운다. 앞으로 불상사가 일어날 수도 있기 때문이다. 상대방이 "아니, 내가 다이어트 중이라고 해서 메뉴판도 쳐다보면 안 되는 건 아니잖아?"라고 말할지도 모른다. 하지만 메뉴판을 보는 것만으로도 다이어트를 망칠 수 있다. 그러므로 자신이든 상대방이든 다른 매력적인 이성을 향한 관심이 지속적으로 높아진다면 조심하는 편이 좋다. 그 자체로 현재 관계가 위험한 상태임을 알리는 신호일 수 있기 때문이다.[32]

━ 폭력적인 것

안전에 대한 위협과 직접적으로 연결된 폭력도 인간의 주의를 집중시키는 대표적인 요소다. 이에 대한 증거는 우리 생활 곳곳에서 찾을 수 있다. 자동차 사고 현장을 지나칠 때 우리는 무슨 일이 일어났는지 살펴보고 싶은 충동을 강하게 느낀다. 소름 끼치게 잔인한 비디오게임이 판매 순위 1위를 차지하기도 하고, 예전에는 '전부 다 쏴 버려shoot-

'em-ups'로 알려졌지만 요즘에는 한층 더 잔인한 '전부 다 날려버려blow-'em-ups'와 '전부 다 베어버려slash-'em-ups'로 불리는 총격전과 유혈이 난무하는 영화가 극장가를 휩쓸기도 한다. 이렇듯 위협을 잠재적으로 느끼는 자극에 특히 집중하는 경향은 우리가 어렸을 때부터 시작되는데, 이는 종종 어리석은 (실제로 몹시 어리석은) 행동을 하도록 우리를 밀어 넣는다.

그 예로 **드레드 리스크**dread risk를 들 수 있다. 끔찍한 위험을 느끼거나 경험하게 되면 큰 위험을 피해 그보다 좀 더 작은 위험으로 옮겨 가려는 경향이 인간에게는 자연스럽게 존재한다. 그런데 작아 보이는 위험으로 도피하는 것이 결과적으로는 더 큰 위험에 노출되도록 하는 경우가 적지 않다. 알카에다 납치범에 의해서 상업용 항공기 네 대가 동시에 파괴된 2001년 9월 11일 테러 사건 이후, 언론에서는 관련 내용을 가장 크게 보도했다. 그로 인해 장거리 여행을 계획했던 수천 명의 미국인은 위험천만한 항공편 대신 육로를 선택했다. 하지만 고속도로 사망률이 비행기 사망률보다 훨씬 높다는 점을 생각한다면 오히려 더 위험한 선택을 한 셈이다. 실제로 이로 인한 직접적인 영향으로 미국인 1,600명이 자동차 사고로 목숨을 잃었다. 이는 다음 해 미국의 민간 비행기 사고로 사망한 승객 수보다 여섯 배나 많은 수치다.

물론 드레드 리스크 때문이 아니라 9·11 테러 사건 이후에 한층 강화된 미국 내 공항 보안 절차가 훨씬 불편해져서 비행기보다 자동차를 선택한 사람이 증가한 것일 수도 있다. 하지만 2005년 7월, 영국 런던의 지하철 폭파 사건 이후에는 불편함을 일으키는 추가 보안 절차가 더 강화되지 않았는데도 지하철 이용률이 급감한 것을 보면 이와 같은 설명은 설득력이 떨어진다. 런던 사람들은 지하철을 이용하는 대신 자전거를 구입해 타기 시작했다. 하지만 런던의 경우 자전거가 일반적으로 지하철보다 훨씬 더 위험하기 때문에 수백 건의 자전거 사고가 추가로 발생하면서 몇 달간 자전거 사고와 관련한 피해가 급격하게 치솟았다. 드레드 리스크가 실제로 더욱 위험할 뿐만 아니라 무시무시하다는 점을 알 수 있다.[33]

가정용 화재경보기부터 컴퓨터 백업 프로그램, 나아가 데오드란트에 이르기까지 특정 상품의 마케팅 담당자가 우리의 주의를 끌기 위해서 위협적인 정보로 광고를 채운다는 점은 이미 뻔한 이야기다. 그러나 이러한 광고의 **효과**와 관련된 자료를 살펴보면 건강에 해로운 생활 습관을 버려야 한다는 메시지를 전달할수록 광고의 효과가 뛰어난 것을 알 수 있다. 일반적으로 부드러운 메시지나 좋은 습관의 긍정적인 결과를 강조하는 메시지보다 나쁜 습관과 그로 인한 가장 무시무시한 악영향을 제시하는 광고가 훨씬 더 효과적이다. 또한 두려움을 자극하는 요소가 더 노골적이고 눈에 잘 들어올수록 그 효과가 뛰어나다. 10여 개가 넘는 나라에서 담배 포장지에 무서운 이미지와 경고 문구를 커다랗게 넣었더니 더 많은 비흡연자가 담배에 대한 저항감을 느끼고, 더 많은 흡연자가 금연하는 이중 효과가 나타났다.

그러나 두려움을 부추기는 메시지 중에서도 가장 효과적으로 행동의 변화를 불러일으키는 종류는 따로 있다. 이러한 메시지는 모순적이게도 오히려 두려움을 줄임으로써 효과를 발휘한다. 이는 결코 사소한 장점이 아니다. 폐암(또는 당뇨병이나 고혈압)이라는 불길한 결과에 대한 강

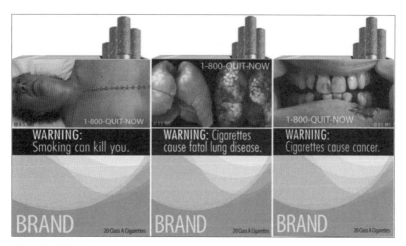

불을 붙이면 당신은 죽는다
위와 같이 담뱃갑에 인쇄된 무서운 사진들은 세계 많은 나라에서 흡연율을 감소시켰다.
© HHS.gov. US Department of Health & Human Services

력한 두려움 때문에 오히려 위험에 가장 많이 노출된 예비 피해자 중 일부가 나에게는 일어나지 않을 일이라고 생각한다. 많은 흡연자가 "뭐 어때. 외할아버지는 평생 담배를 피우시고도 80세까지 사셨으니까, 아마 나도 암 예방 유전자를 타고났을 거야"라고 말하는 것도 이러한 이유 때문이다. 또는 걷잡을 수 없는 불안을 잠재우기 위해서 약간 다르지만 결국 비슷하게 터무니없는 핑계를 대기도 한다. 이제 막 담배를 피우기 시작한 젊은이는 흔히 자신의 행동으로 인해 나중에 병이 생길지라도 그 즈음에는 의술이 발달해서 쉽게 치료받을 수 있을 것이라고 생각한다.

그렇다면 더욱 커진 두려움을 통제하기 위해서 문제를 아예 회피하도록 하지 않는 선에서 상대방이 나쁜 습관의 부정적인 결과에 대해 심각하게 고민하도록 만드는 설득의 연금술은 무엇일까? 의사전달자는 오싹한 메시지에다가, 건강을 위협하는 습관을 바꾸기 위해 상대방이 적당한 수준으로 취할 수 있는 명확한 정보만 추가하면 된다. 그래야 긍정적인 행동을 방해하는 합리화에 빠지는 대신 생활 습관의 변화를 추구하여 이러한 행동으로 두려움을 극복할 수 있다.

일례로 네덜란드 연구팀이 건강검진 후 저혈당(만성 저혈당으로 알려진 혈당장애) 위험이 특히 높다는 진단과 함께 저혈당이 장기 기능 부전, 경련, 우울증같이 심각한 결과를 초래할 수 있다는 말을 들은 사람들의 생활 습관을 바꾼 사례를 살펴보자. 이런 걱정스러운 소식으로 건강의 적신호를 알게 된 사람들은 식단을 개선하기 위해 자신이 참석할 수 있는 워크숍에 대한 정보를 얻었으며, 그 덕분에 질병을 피할 수 있는 기회도 얻었다. 비슷한 건강 상태인 그들은 대부분 식이요법 워크숍에 관한 정보를 찾았지만, 두려움을 유발하는 정도가 보다 약한 메시지를 받은 사람들에 비해서 더욱 강한 메시지를 받은 사람들이 그 워크숍에 즉각 등록할 확률이 4배나 높았다. 식이요법 워크숍이 건강에 좋은 영향을 줄 것이라고 믿었고, 자기부정에 빠지는 대신 **이와 같은** 새로운 믿음을 통해 두려움을 극복했기 때문이다. 따라서 이러한 소통 방식은 공중 보건 종사자를 위한 좋은 길잡이가 된다. 이런 정보와 같이 불편한 진실을 가장 효과적으로 환자에게 전달하려면 활용 가능한 프로그램과 워크숍, 웹사이트 혹은 헬프 라인help line 등이 갖춰질 때까지 기다리는 편이 좋다.[34]

성적인 자극이나 위협적인 자극은 강력하지만 그 효과는 단순하거나 일관되지 않다. 이 두 자극의 매우 복잡한 성격을 이해한다면 이러한 자극이 어떤 상황에서는 엄청난 효과로 이어지지만 또 다른 상황에서는 오히려 역효과를 일으킬 수도 있다는 점을 알 수 있다. 나와 몇몇 연구진은 이와 관련해 고심한 결과, 광고주들이 종종 이러한 복잡한 특징을 무시한 채 결과적으로는 오히려 판매율을 떨어뜨리는 광고 캠페인을 많은 비용을 들여 만든다는 사실을 발견했다. 연구팀의 일원인 블라드 그리스케비시우스Vlad Griskevicius가 이를 진화론적인 관점에서 바라봐야 한다고 주장한 이후에야 우리는 인류가 초기에 위협적인 상황에 직면하면 (안전과 수적 우세가 보장되는) 집단의 일원이 되고자 하는 욕구와 집단으로부터 고립되는(포식자나 적의 위험에 취약한) 상황을 피하려는 욕구를 강하게 느껴왔음을 깨달았다. 하지만 성적인 자극의 경우는 정반대다. 낭만적인 관심을 혼자서 만끽하기 위해 인간은 집단으로부터 어느 정도 떨어지기를 원하니까 말이다.

우리는 이와 같이 상반되는 두 가지 동기, 즉 어울리고 싶은 욕구와 멀어지고 싶은 욕구가 상업광고에서 흔히 볼 수 있는 두 가지 테마와 완벽하게 겹친다는 점을 발견했다. 한편으로는 "뒤처지지 말라"는 메시지로 대세를 따르라고 조언하기도 하고, 때로는 "소수 중 한 사람이 돼라"는 메시지로 다수로부터 멀어지라고 말하기도 한다. 그렇다면 사람들의 마음을 사로잡기 위해 광고 담당자는 어떤 것을 선택해야 할까? 우리의 분석에 따르면 예컨대 폭력적인 영화나 TV 프로그램을 시청하는 도중처럼 청중이 두려움과 관련된 자극에 노출됐을 때는 대세를 따르라는 메시지가 가장 효과적이다. 공포감에 집중한 사람들은 무리 속에 들어가려 하기 때문이다. 반대로 TV에서 로맨틱한 영화를 보는 시청자에게 다른 사람들을 따라 하라는 광고 메시지를 내보내는 것은 잘못이다. 성적인 자극을 받은 사람은 무리에서 멀리 떨어지고 싶어 하기 때문이다.

우리는 이와 같은 결론을 입증하기 위해 실험을 진행했는데 그 결과가 놀라웠다. 샌프란시스코 현대미술관에 "매년 수백만 명이 방문합니다"라며 그 인기를 강조하는 광고를 만든 뒤, 폭력적인 영화를 보는 사람들에게 보여줬더니 미술관에 대한 호감도가 엄청나게 올라갔다. 반면 로맨틱한 영화를 보고 있는 사람들에게 같은 광고를 보여주자 오히려 미술관에 대한 관심이 줄어들었다. 그러나 다른 형태로 만들어진 광고의 효과는 정반대로 나타났다. 일반적인 박물관과의 차별성을 강조한 광고("누구나 가는 박물관에서 이제는 벗어나세요")는 로맨틱한 영화를 보는 사람들 사이에서는 대단히 성공적이었고, 폭력적인 영화를 보는 사람들 사이에서는 실패했다.

자료에서 나타나는 패턴이 다소 복잡해 보이지만, 이 책에서 주장하는 핵심을 토대로 살펴본다면 사실 간단명료하다. 메시지의 설득 효과는 직전에 경험하는 오프너의 종류에 의해 결정된다는 것이다. 이 경우에는 수백 년 동안 사용되어온 성적인 자극과 위협적인 자극이 최종 행동에 영향을 미쳤다. 위협적인 자극 또는 오프너를 활용해 상대방의 마음속에 위험을 경계해야 한다는 인식을 심어주면 안전을 향한 욕구가 높아지므로 대세를 따르라는 메시지를 훨씬 더 효과적으로 전달할 수 있지만, 그 반면에 차별화를 강조하는 메시지는 외면받는다. 그러나 상대방이 성적으로 호기심을 느끼게 하면 튀고 싶은 욕구가 강해지므로 반대 결과가 나타난다.

거의 모든 텔레비전과 라디오 방송국에는 '교통정보' 방송을 담당하는 직원이 따로 있다. 이들의 주요 업무는 우리가 생각하는 것처럼 도로 상황이나 교통사고 현황, 도로 폐쇄 상황을 정리해 생방송을 준비하는 것이 아니라, 로그 에디터log editor라는 직책 아래 일일 편성표에 광고를 적절히 배치하여 같은 광고가 너무 자주 방송되거나 경쟁사의 광고가 이어서 방송되는 상황이 벌어지지 않도록 하는 역할을 한다. 광고업계에 종사하는 사람이라면 잘 알겠지만, 예컨대 포드 픽업트럭 광고 바로 다음으로 도요타 픽업트럭 광고가 나온다면 이는 '교통정리'에 실패한 중죄에 해당한다. 그러면 로그 에디터는 이러한 실수로 광고 메시지를 흐려서 돈을 낭비하게 했다고 생각하는 광고주에게서 쓴소리를 듣는다. 하지만 프로그램의 내용(예를 들어 인기 있는 TV 쇼)이 시청자에게 광고 메시지를 노출하는 것보다 훨씬 더 큰 역할을 할 뿐만 아니라 특정 **형태**의 메시지에 대한 초전 설득의 도구로 쓰일 수 있다는 점을 고려하여, 광고 자리를 다르게 선정하면 훨씬 더 큰 금전적 이익을 볼 수 있다는 점을 이해하는 광고주는 아무도 없다고 확신한다.

예를 들어 포드는 "지난 39년 동안 미국에서 가장 많이 팔린 트럭(실제로 이런 광고가 있다)"이라는 문구를 내세운 포드 F-150 픽업트럭 광고를 하면서, 로맨틱 코미디나 멜로 드라마를 피해 범죄 드라마나 무서운 영화, 뉴스가 방영되는 시간대에 노출시키겠다는 전략을 고려한 적이 없을 것이다. 반대로 "이제 눈에 띌 준비를 하세요!(실제로 이런 광고가 있다)"라는 문구와 함께 F-150 픽업트럭의 독특한 디자인인 'FX 어피런스 패키지'를 강조하는 광고의 방송 시간대를 구입하면서 로맨틱한 사랑 이야기를 주제로 한 방송 프로그램을 우선 공략할 생각을 아예 못했음이

분명하다. 포드에게는 정말 안타까운 일이 아닐 수 없다.[35]

━   주의를 끄는 것 vs. 설득력이 높은 것

우리는 주변에서 일어나는 변화를 처음으로 감지할 때마다 그 변화에 온 신경을 집중시킨다. 이러한 점은 인간만의 특성이 아니다. 동물의 세계에서도 이러한 성향을 쉽게 찾아볼 수 있다. 사실 이러한 성향은 매우 본능적이다. 그래서 심리학 역사에서 가장 잘 알려진 실험인 '파블로프의 개'를 통해 관찰된 가장 유명한 행동 패턴보다 더 뚜렷하게 나타나기도 한다.

심리학 수업을 들어본 사람이라면 이미 잘 알 것이다. 연달아 진행된 이 놀라운 실험을 통해 러시아의 위대한 과학자 이반 파블로프Ivan Pavlov는 예컨대 종소리처럼 결과와 아무런 관계가 없는 신호를 보내는 것만으로도 개가 침을 흘리도록 만들었다. 이를 위해 그가 한 일은 개에게 음식을 주기 직전에 반복적으로 종을 울린 것이 전부였다. 얼마 지나지 않아서 개는 종소리만 듣고도 침을 흘리게 되었다. 음식을 주지 않아도 마찬가지였다. 심리학 수업을 들은 사람이라면 누구나 아는 유명한 이야기다. 하지만 심리학 수업을 들었던 사람도 그 실험의 뒷이야기를 자세하게 알고 있지는 않을 것이다. 심리학 교수조차 잘 모르는 사실이니 말이다.

여러 번의 실험을 통해 '고전적 조건 형성'이라는 강력하고 신뢰할 만한 이론을 확인한 파블로프는 자신의 성과를 남들에게도 보여주고자 했다. 하지만 외부인을 연구실로 초대해 실험을 재연하려 할 때마다 번

조건적 방해
침을 수집하는 튜브를 달고 있는 파블로프의 개. 음식을 보고 침을 흘리는 반응이 반복된 종소리에도 조건화
(전환)될 수 있음을 보여준다. 하지만 개의 집중이 새로운 자극에 의해 분산되면 이 조건은 사라진다.
사진 제공: Rk-lawton

번이 실패하고 말았다. 조교 중 한 명이 다른 실험실에서 개를 훈련한
후 파블로프가 있는 방으로 데려와 시범을 보일 때도 마찬가지였다. 개
가 침을 흘리지 않는 결과가 너무나도 자주 반복되자 조교는 풀이 죽었
고 파블로프는 고민에 빠졌다.

파블로프는 마침내 두 가지 상황에서 개가 반응하지 않은 공통적인
이유를 찾아냈다. 첫 번째 상황에서는 외부인이, 두 번째 상황에서는 자
신이 개의 주의를 빼앗은 새로운 자극이었던 것이다. 개는 새롭게 등장
한 외부 요인과 실험실 내부 환경의 변화에 집중하느라 음식과 종소리
에 대해 제대로 반응하지 못했다. 파블로프가 처음으로 이런 행동을 발
견한 과학자는 아니었지만, **탐색 반사**investigatory reflex라는 이름을 붙여 그
행동의 목적을 나타냈다. 파블로프는 살아남기 위해 주변 환경의 변화
를 즉각적으로 감지해 탐색하고, 그로 인한 위험이나 기회를 판단하는

것이 모든 동물의 본능이라는 점을 잘 이해했다. 이러한 반사적 행동은 매우 강력해서 다른 행동보다 먼저 일어난다.

주변 환경의 변화에 따라 주의의 대상을 빠르게 바꾸는 인간의 성향은 아마도 우리가 모두 겪었을 아주 평범한 예에서 찾아볼 수 있다. 우리는 때때로 무언가를 하기 위해 다른 방으로 이동한다. 하지만 방 안에 들어가자마자 무엇을 하려고 했는지를 잊어버린다. 자신의 나쁜 기억력을 탓하기 전에 먼저 과학적으로 입증된 다른 가능성을 고려해보자. 문안으로 들어서는 행동 때문에 까먹는 것이다. 주변 환경이 갑자기 변하면 우리는 본능적으로 새로운 것에 주의를 기울이고, 자연스럽게 원래 목적이 우선순위 밖으로 밀려나면서 결국 기억에서 사라진다. 개인적으로 나는 이 설명이 훨씬 마음에 든다. 내 건망증에 대해 다소 덜 걱정스러운 설명이니 말이다. 또한 "걱정 마. 치알디니, 네 잘못이 아니야. 망할 **문** 때문에 잊어버린 것뿐이야"라며 스스로를 다독일 수도 있으니 참 다행이다.

파블로프의 연구가 발표된 지 한 세기 넘게 지난 후, 우리는 더 이상 이러한 현상을 반사작용이라고 부르지 않는다. 대신 **정향 반사**orienting response라는 용어를 사용한다. 이와 관련해 추가적인 연구가 많이 진행됐는데 파블로프의 예상처럼 감각 반응에만 국한되지 않는다. 대신 호흡, 혈압, 피부의 수분 함유량, 심장박동 수 등 신체 전체에서 다양한 반응이 일어난다. 최근에는 뇌를 둘러싸고 과학자들의 세심한 검토가 이루어지고 있다. 바로 뇌파의 일종인 O파O-wave, orienting wave를 뇌에서 평가를 담당하는 영역으로 흘려보내는 연구다. 뇌파 측정 기계에 연결된 사람들의 뇌에서 O파가 움직이는 패턴을 분석한 신경과학자들은 인간의 집중과 가장 직접적으로 연결된 자극의 유형들을 찾아냈다. 나는 그 중에서도 행동의 변화를 유발하는 한 가지 자극에 특히 주목하고자 한다. 설득의 심리학에 매우 흥미로운 시사점을 던지기 때문이다.[36]

나는 예전에 서던캘리포니아 대학USC의 애넌버그 커뮤니케이션·저 널리즘 스쿨Annenberg School for Communication and Journalism에서 1년 동안 객원교 수로 머문 적이 있다. 그곳에서 나는 설득에 대한 대중매체의 접근법을 배우고자 했다. 내가 애넌버그 스쿨을 선택한 이유는 저명한 교수진뿐 만 아니라 학생들의 배경에 관심이 있었기 때문이다. 석사 또는 박사 학 위 과정에 있는 많은 학생이 방송이나 영화 산업 분야에서 일한 경험이 있었기에, 나는 대중매체를 통해 효과적인 메시지를 전달하는 그들의 비법을 깨닫는 데 큰 도움이 될 것이라고 생각했다. 특히 TV 광고와 다 큐멘터리 영화를 성공적으로 제작한 경험이 있는 한 여학생이 그 주제 와 관련해 많은 도움을 주었다.

그녀는 광고에서든 다큐멘터리 영화에서든 설득 지향적인 PD, 작가, 감독이라면 샷shot과 컷cut에 가장 심혈을 기울여야 한다고 말했다. 나머 지 부분은 이 두 가지 기본 요소를 변형하거나 개선한 것이라고 그녀는 설명했다. 그녀의 말을 듣고 '물론 메시지를 위한 콘텐츠를 제공하니까 어떤 샷을 쓰는지를 신중하게 선택해야겠지. 그건 당연한 일이야. 그렇 지만 컷은 그저 콘텐츠의 장면이 바뀌는 것뿐인데 여기에도 신경 써야 한다고? 전혀 새로운 주장인데. 확실히 다른 점이군'이라고 생각했던 것이 떠오른다. 사실 여기서 중요한 것은 내가 여태껏 생각하지 못한 부 분이었기 때문에 그녀의 주장에 더욱 귀 기울였다는 점이다.

내 질문에 그녀는 초전 설득이라는 개념과 일맥상통하는 설명을 해주었다. "컷을 활용하면 정말로 전하고자 하는 메시지의 특정 부분에 사람들이 주의를 집중하게 만들 수 있어요."

즉 컷은 설득하고자 하는 사람이 메시지에서 가장 중요하다고 생각하는 특징으로 화면을 전환함으로써 상대방의 주의를 그곳에 집중시키기 때문에 성공적인 설득에 꼭 필요한 도구라는 것이었다. 따라서 컷을 활용해 중요한 부분을 부각하면 듣는 사람이 메시지를 듣기도 **전에** 머릿속에 긍정적인 반응을 심어줄 수 있다.

광고 담당자나 영화 제작자들이 순간 창조자로서 이러한 전략을 활용하는 방법을 체계적으로 배웠음을 증명하는 자료는 없다는 것을 알고 있다. 하지만 적어도 TV 광고를 담당하는 사람들은 이러한 전략의 본질을 제대로 이해하지 못하고 있음이 분명하다. 연구 자료에 따르면, TV 광고는 가장 중요한 부분으로 시청자의 주의를 유도하기 위한 목적으로만 컷을 현명하게 활용하기보다, 화면을 극적으로 보이도록 무분별하게 전환하여 그 빈도를 수년에 걸쳐 50퍼센트 이상 높이는 데만 급급했다. 이렇게 의미 없는 컷 때문에 시청자는 광고가 말하려는 의도를 제대로 파악할 수 없을뿐더러 초점의 대상이 너무나도 자주, 그리고 무턱대고 바뀌는 정신 사나운 화면 전환 때문에 짜증을 느낀다. 결과적으로 컷 수가 많은 TV 광고가 더 많은 주의를 끌 수는 있지만, 광고를 통해 전달하고자 하는 바는 덜 기억되고, 따라서 설득력이 떨어진다. 왜 그런지를 이해하는 것은 어렵지 않다. 시청자의 주의가 광고의 가장 중요한 요점에 고정되지 않고, 관련 있는 내용**뿐만 아니라** 관련 없는 내용에까지 분산되기 때문이다. 관계자 모두에게 이는 수천 개의 컷이 오히려 광고 효과를 죽이는 셈이다.[37]

물론 방송 매체와는 달리 신문, 잡지, 서적, 전단지, 상가의 창문 광고, 게시판, 이메일 등과 같이 설득력 있는 하나의 정보를 결정하여 변하지 않는 형태로 전달하기 때문에 결과적으로 컷을 이용해 사람들의 관심을 전략적으로 사로잡거나 유도할 수 없는 광고 수단도 많다. 이렇게 상대적으로 훨씬 덜 유동적인 수단을 사용하면서도 차별화된 설득력을 지니기 위해서 제작자들은 보다 더 전통적인 전략을 사용한다. 차별적인(독창적이거나, 낯설거나, 놀라움을 만들어낼 수 있는) 무언가를 집어넣는 것이다. 실제로 경쟁사와의 차별점으로 내세울 수 있다면 어떤 것이든 비슷한 효과가 있다. 스포트라이트를 받은 제품이 가치만 있다면, 그 제품의 매력은 곧 경쟁사의 제품과 비슷하거나 더 낮다는 결론을 이끌어낼 수 있다. 새로운 몇 가지 연구가 이런 미지의 루트들을 보여주면서 어떻게 내 광고가 경쟁자들의 부러움을 살 수 있는가를 알려준다.

3장에서 우리는 마케터들이 사람들의 선택적 주의selective attention를 제품의 특정 가치로 끌어오는 방법 중 하나를 살펴봤다. 그들은 설문에서 경쟁사에 대한 내용을 제외하고 자사 상품의 품질에 대해서만 질문함으로써 사람들의 주의를 집중시켰다. 그러나 좀 더 섬세하고 티가 덜 나는 방법으로도 같은 목적을 달성할 수 있다. 노스웨스턴 대학의 연구 결과를 살펴보자. 연구진은 온라인 참여자에게 '드림'과 '타이탄'이라는 제품명의 소파에 대한 정보를 제공했다. 각각 다른 가구 회사에서 만든 두 제품은 쿠션을 제외하고 모든 점에서 동일했다. 드림의 쿠션은 타이탄보다 부드럽고 편안했지만 내구성은 떨어졌다.

두 제품 간의 일대일 비교에서 잠재 고객들은 42퍼센트와 58퍼센트 비율로 드림의 부드러운 쿠션보다는 타이탄의 튼튼한 쿠션을 더 선호했다. 하지만 다른 그룹의 온라인 참여자에게 동일한 정보와 더불어 다른 세 가지 소파에 대한 정보를 더 제공했더니 결과가 달라졌다. 추가된 제품들은 여러 면에서 기존의 두 소파와 경쟁이 안 될 정도로 품질이 낮았다. 하지만 쿠션의 내구성만큼은 타이탄과 맞먹었다. 그런데 다섯 제품의 비교 결과, 드림은 무려 77퍼센트의 선호도로 다른 어떤 소파보다 높은 평가를 받았다.

놀라운 결과라고 할 수 있다. 순수하게 확률 면에서만 보자면, 더 많은 대안을 추가하면 드림이 선택되는 횟수가 늘어나는 대신 줄어드는 것이 상식적으로 당연한 결과다. 게다가 튼튼함을 내세운 타이탄이 여전히 선택 가능한 대안 중 하나였다. 그런데도 왜 새 제품들을 추가하자 오히려 드림에 대한 선호도가 급격하게 상승했을까? 관련 주제에 대한 연구를 여러 번 진행한 후 연구자들은 몇 가지를 알게 되었다. 타이탄처럼 내구성이 뛰어난 세 가지 모델을 추가하자 쿠션의 부드러움과 편안함에서, 총 네 가지 대안에 반해 드림만의 차별화된 장점이 더욱 강조됐다. 앞서 설명한 바와 같이 차별성은 남들과는 다른 요소로 사람들의 주의를 유도한다. 따라서 설문 참여자는 소파의 견고함보다 안락함이 더 중요한 요소라고 받아들였던 것이다.

안타깝게도 설득에 대한 과학적 자료들은 대부분 이렇게 굉장히 유용한데도 현업에서 실무자들이 사용하는 경우가 거의 없다.[38,39]

6장

어떻게 주의를 유지할 것인가

Commanders of Attention 2: The Magnetizers

◆

◆

특정 자극으로 주의를 유도하면 대상을 설득하는 데 큰 도움이 된다. 더 나아가 그 주의를 유지시키면 더 큰 이득을 누릴 수 있다. 의사전달자가 하고자 하는 이야기의 유리한 점에 듣는 사람의 관심을 오래 붙잡아둘수록 그와 반대되는 의견에 발목이 잡힐 확률을 낮출 수 있다. 반대 의견은 자연스레 집중의 범위 밖으로 밀려나기 때문이다.

실제로 특정 종류의 정보는 '초반에 주의를 집중시키는 힘'과 '유지시키는 힘'을 모두 가지고 있다. 마치 하나와 또 다른 하나를 묶으면 둘보다 더 큰 시너지 효과를 내는 일종의 원투펀치처럼 말이다. 못 믿겠다면 친구들과 간단한 실험을 하나 해보자. 디지털카메라로 친구들과 사진을 찍은 다음 한 사람씩 돌려 보게 한다. 그리고 친구 한 명 한 명이 다음 사람에게 카메라를 넘기기 전까지의 반응을 살펴보자. 여러분의 친구들이 (나는 말할 것도 없이) 내 친구들과 비슷하다면 자기 모습을 가장 먼저, 가장 오래, 그리고 가장 마지막으로 다시 확인할 것이다.

― 나와 관련된 정보

　　자신과 관련된 정보가 주의를 끌어당기는 매우 강력한 자석이라는 사실에는 의심할 여지가 없다. 사회적인 맥락에서 이루어지는 초전 설득은 그 효과가 막강하다. 개인의 건강에 대해서라면 사람들은 자신의 나이, 성별, 과거 병력 등 자신에게 맞춤형으로 설계된 메시지를 접하면 더 자연스럽게 집중하고, 흥미를 느끼며, 심각하게 받아들이거나, 나중에 활용하기 위해 잘 기억하려고 애쓴다. 체중 감량, 운동 시작, 금연, 암 검진과 같이 다양한 건강 관련 영역에 주의를 끄는 정보들이 포함되어 있어서 이를 사용하면 의사소통의 효율성을 높일 수 있다. 최근 들어 디지털 데이터베이스, 디지털 의료 기록, 스마트폰 같은 개인 IT 기기가 지속적으로 등장하면서 맞춤형 메시지를 좀 더 효율적이고 경제적으로 제공할 수 있게 되었다. 효율성만 고려하더라도 건강 커뮤니케이터health communicator 중에서 이러한 도구들의 잠재적인 사용 가치를 적극적으로 고려하지 않은 사람이 있다면 마땅히 창피해야 할 일이다.

　　'자기 관련성self-relevance' 정보에 사람의 주의가 머무는 현상은 상업적인 면에서도 적용된다. 당신이 설득 컨설턴트라고 가정하자. 어느 광고 기획사에서 당신을 찾아와, '나스카 대디NASCAR dads(주로 육체노동으로 생계를 유지하는 백인 아버지들을 가리키는 말-옮긴이)'를 타깃으로 '핏스탑Pit Stop'이라는 데오드란트 신제품의 시장 전략을 짜려 한다면서 도움을 청한다.

한발 더 나아가 제품의 우수한 효과를 입증할 설득력 있는 과학적 근거들이 있으며, 광고기획사에서는 이를 내세워 신제품 런칭 광고를 제작할 계획이다. 그런데 광고기획사는 사람들이 광고를 끝까지 보고 핵심 메시지에 주의를 집중하게 만들려면 무엇을 **먼저** 말해야 하는지 잘 모른다. 그래서 당신을 찾아와 광고의 도입부인 리드인 라인lead-in line을 검토해달라고 요청한 것이다.

"그동안 사람들은 조금이라도 나아질 기미가 보이지 않는 땀 억제제를 그냥 쓸 수밖에 없었다. 그들은 찌는 듯한 더위에 열심히 일하고 돌아와 옷에 생긴 추한 얼룩을 보고도 그러려니 할 수밖에 없었다. 하지만 그들은 더는 그러지 않아도 된다."

이 문구의 단어 몇 개만 살짝 바꿔 핏스탑의 광고 캠페인을 성공시키고 광고기획사를 만족시키면서 설득의 마법사라는 명성을 떨치려면 과연 어떻게 해야 할까? 바로 오프너에서 '**사람들**'과 '**그들**'이라는 단어를 보다 맞춤화된 대명사인 '**당신**'으로 바꾸면 된다. 오하이오 주립대학 연구진이 실시한 이와 유사한 실험에 따르면, 이러한 작은 수정이 제품에 대한 대중의 호감을 높일 수 있다. 물론 자신과 관련된 단서는 자동 승인이 아닌 집중만 유도하기 때문에 핏스탑이 가진 뛰어난 장점들도 광고에 언급해야 '**당신**'으로 카피를 수정하는 전략이 원래 광고보다 더 뛰어난 효과를 볼 수 있다. 오하이오 주립대학 연구진의 실험에서 밝혀진 바와 같이, 광고의 나머지 부분에서 핏스탑의 놀라운 효과를 뒷받침하는 정보가 부실하다면 개인화된 광고는 오히려 제품에 대한 관심이 더욱 커진 사람들에게 결과적으로 제품이 별로라는 인식을 심어줄 수 있다.

그렇다면 여기에서 당신이 활용할 수 있는 초전 설득의 또 다른 교훈을 찾을 수 있다. 메시지 자체가 충분히 설득력이 있다면 '너' 혹은 '**당신**'과 같이 **자기** 관련성을 암시하는 단서를 오프너로 사용하는 것도 훌륭한 전략이다. 상대방이 설득력 있는 메시지를 듣거나 보기도 전에 긍정적으로 고려하도록 유도할 수 있기 때문이다.[40]

자기 관련성 단서가 상대방의 주의를 붙잡아 설득 효과를 높이는 또 다른 종류의 상황이 있다. 자신의 의견을 공개 토론으로 전달하려는 사람들이 모인 행사나 회의가 그것이다. 물론 거기에는 다른 사람들과 같은 목적을 가진 사람들로 가득하다. 사회 초년생 시절, 나에게 기억에 남는 교훈을 준 에피소드도 바로 이런 상황에서 발생했다. 대기업의 후원으로 개최된 국제학술회의에서 연구 결과를 발표해달라는 요청을 받았을 때였다. 나는 굉장히 긴장했다. 기업인들 앞에서 발표한 경험이 별로 없었을뿐더러 국제회의는 처음이었기 때문이다. 내 걱정은 다음 사실을 알게 되면서 더 배가됐다. 나의 바로 앞 순서에 아트 브레이크arts break라는 쉬어 가는 시간이 잡혔는데, 유명한 무용가 에드워드 빌렐라Edward Villella가 게오르게 발란친George Balanchine과 이고르 스트라빈스키Igor Stravinsky의 걸작 〈아폴로Apollo〉의 한 장면을 공연한다는 것이었다. 일정이 이렇게 잡힌 것에 대해 나는 크게 두 가지 면에서 실망했다. 첫 번째는 누구나 예상 가능한 일이었다. 우선 발레 공연에 심취한 청중은 당연히 그 뒤에 이어지는 내 발표를 지루하다고 느꼈다. 발란친, 스트라빈스키, 빌렐라, 그리고 〈아폴로〉라니 청중이 발레 공연에 사로잡힌 것도 충분히 이해는 가지만 말이다.

그러나 두 번째 실망감은 미처 예상치 못한 것이었다. 발레 공연이 진행되는 동안 나는 맨 앞줄에 앉아 있었지만 그 공연을 조금도 보지 못했다. 처음부터 끝까지 완전히 놓치고 말았는데 그 이유를 나는 알고 있다. 나 자신과 바로 이어질 내 발표에 집중했기 때문이다. 발표 내용의 요점, 그와 관련된 표현, 내용이 전환되는 부분, 잠깐 뜸을 들여야 하는 부분, 강조해야 할 포인트 등이 내 머릿속을 꽉 채우고 있었다. 나는 그 유명한 공연을 감상하지 못한 것을 지금도 깊이 후회한다. 다른 작품도 아니고 발란친, 스트라빈스키, 그리고 빌렐라를 놓치다니. 나 자신이 행동과학자들이 **차선 효과**next-in-line effect라고 부르는 현상의 희생자가 된 셈이었다. 이 일을 겪은 후 나는 차선 효과를 피하는 방법과 오히려 내게 도움이 되도록 활용하는 방법을 알아냈다. 당신 역시 따라 할 수 있을지도 모른다.

반복되는 인력 문제를 해결하기 위해 회의가 열릴 예정인데, 당신에게는 매우 효과적인 해결책이 있으므로 이 회의를 상당히 기다리고 있다고 가정해보자. 또한 이 회의는 주기적으로 열리기 때문에 참석자끼리 서로 잘 알고 있으며 자리에 앉은 순서대로 자신의 의견을 이야기하는 형식에도 모두 익숙하다. 마지막으로, 당신은 이 회의에서 가장 중요한 발언자이자 의사결정권자인 부장급의 알렉스가 참석하리라는 것을 알게 되었다. 대개는 알렉스가 선택한 해결책이 회의 참석자들의 동의하에 최종적으로 선택된다. 이제 다가올 회의를 준비하는 당신의 전략은 간단하다. 면밀히 준비한 당신의 의견을 알렉스가 잘 들을 수 있도록 그의 옆자리에 앉는 것이다.

하지만 이는 실수다. 앞서 살펴본 차선 효과에 따르면, 당신의 의견이 아무리 훌륭하더라도 알렉스 바로 앞이나 뒤에 발표하는 순서라면 그는 당신의 제안에 제대로 귀를 기울일 수 없다. 만약 알렉스가 말하기 직전에 발표하게 된다면 그는 자기 차례에 할 말을 머릿속으로 연습하느라 당신이 제안하는 세부 내용을 놓칠 가능성이 크다. 반대로 알렉스가 말한 다음 차례가 된다면 그는 방금 자신이 한 말을 분석하느라 당신의 제안에 집중할 수 없을 것이다. 국제학술회의에서 내가 겪었던 경험도 같은 이야기다. **특권을 거의 보장받지 못한** 그 순간에 나는 자신에게만 너무 주의를 기울이고 유지함으로써 그 상황의 이점을 제대로 누리지 못했던 것이다.[41]

당신이 처음에 쓰려고 했던 전략보다 더 전문가답게 회의를 매끄럽게 진행하려면 어떻게 해야 할까? '차선 효과'와 더불어 앞서 언급한 '초점의 대상이 곧 원인이 되는 현상'을 모두 이용할 필요가 있다. 결론적으로 당신은 알렉스의 옆자리가 아니라 맞은편에 앉아야 한다. 그러면 첫째로 알렉스는 자기 순서와 한참 떨어진 당신의 의견에 온전히 집중할 수 있다. 둘째로 시야에 잘 보이기 때문에 알렉스는 당신이 문제 해결을 위한 좋은 제안과 통찰력을 가진 인물이라고 생각하게 된다. 당연한 말이지만, 반대로 문제 해결에 그다지 신통치 않은 의견밖에 준비하지 못했다면 알렉스 바로 옆자리에 앉는 편이 좋다. 자기 집중이라는 거품 안에 갇힌 알렉스가 당신의 말에 귀를 기울이지 못할 테니 말이다.

이렇듯 자기 관련성은 사람의 주의를 고정하는 초강력 접착제와 같다. 하지만 이러한 구속력binding effect을 지니는 또 다른 형태의 정보도 있다. 다만 눈에 덜 띌 뿐이다. 그러니 좀 더 제대로 그 효과를 들여다보자. 이에 대해 제대로 설명하려면 심리학 역사에서 음식과 관련된 이야기들을 좀 살펴볼 필요가 있다. 1920년대 중반 독일의 비어 가든beer garden(야외에서 맥주를 마실 수 있는 가게-옮긴이)으로 떠나보자.

━ 완수하지 못한 과제 효과

현대 사회심리학자의 아버지로 유명한 쿠르트 레빈Kurt Lewin은 미국으로 이민을 가기 전에 독일 베를린 대학에서 10년 동안 학생들을 가르쳤다. 그는 고등교육에서 여성의 역할을 강조했던 선각자로, 학계에서 인정받는 여성 학자를 여럿 배출하기도 했다. 동네에 있는 비어 가든에서 레빈과 자주 만나 열띤 토론을 벌였던 학생과 조교 중에 리투아니아 출신의 젊고 재능 있는 여성이 한 명 있었는데, 그녀의 이름은 블루마 자이가르닉Bluma Zeigarnik이었다. 어느 날, 그들은 그곳에서 일한 지 오래된 베테랑 웨이터의 놀라운 능력에 대해 이야기하기 시작했다. 웨이터는 아무것도 받아 적지 않고도 일행이 여러 명인 테이블에서 주문한 음식과 술을 정확하게 기억하고 가져다줬다. 학생들과 조교들이 의견을 주고받는 가운데 레빈과 자이가르닉은 웨이터의 놀라운 기억력의 한계를 시험하는 계획을 세웠다. 일행이 주문한 음식을 웨이터가 역시나 실수 없이 가져다준 후, 두 사람은 테이블 위에 있는 접시와 잔을 냅킨으로 가리고 웨이터를 다시 불렀다. 그러고는 자신들이 주문한 음식을 기억하는지 물었다. 하지만 웨이터는 자기가 어떤 메뉴를 가져다줬는지 조금도 기억하지 못했다. 대략 혹은 비슷하게 기억하는 것도 아니고 완전히 뇌리에서 지워버린 것이다.

왜 이러한 결과가 나타났을까? 물론 시간이 조금 지난 것도 이유가 될 것이다. 그러나 냅킨으로 음식을 가리는 데 필요한 시간 정도만이 흘

포기를 모르는 소녀
자이가르닉 효과 연구를 막 시작할 즈음의 블루마 자이가르닉(왼쪽). 그녀는 1988년 모스크바에서 86세의 나이로 눈을 감을 때까지 50년간 연구를 지속했다(오른쪽).
사진 제공: *Dr. Ardrey V. Zeigarnik*

렀기 때문에 납득할 만한 설명은 아니었다. 레빈과 자이가르닉은 다른 이유를 떠올렸다. 웨이터가 마지막으로 들고 있던 접시를 마지막 손님 앞에 정확하게 내려놓는 순간에 테이블 서빙이라는 그의 과제는 진행 중에서 완료로 바뀐다. 완수하지 못한 과제는 더 기억에 남는다. 계속 집중해야만 과제를 성공적으로 수행하고 완료할 수 있기 때문이다. 어떤 일을 끝마치면 그 일에 주의를 기울이기 위해 사용했던 심리적 자원들은 다른 목표를 향해 이동하며 이미 완료된 일에 대한 초점은 사라지게 된다. 그러니 아무것도 기억에 남아 있지 않게 된 것이다.

이러한 논리를 입증하기 위해 자이가르닉은 여러 가지 초기 연구를 진행했고, 이는 훗날 '자이가르닉 효과'라고 불리는 현상에 대해 그녀 자신과 레빈을 비롯한 여러 연구자들이 진행한 실험의 밑바탕이 되었다. 지금까지 진행된 총 600여 개의 관련 연구 중에서 나는 특히 두 가지 결론을 중점적으로 살펴보고자 한다. 첫 번째는 비어 가든에서 일어난 일에서도 관찰된 것이지만, 우리는 반드시 수행해야 한다고 생각하는 일에 관해서는 그 일을 완료할 때까지 온갖 종류의 요소들을 모두 자세히 기억하는데, 그 일이 끝날 때까지 집중의 끈을 놓지 않기 때문이다. 두 번째는 이러한 일을 하는 도중에 방해를 받거나 멈추게 되면 우리는 다시 집중하고자 하는 괴롭고 불쾌한 욕구를 느낀다는 점이다. 이러한 인지적 종결 욕구need of cognitive closure가 강하게 존재하기 때문에 우리는 끝내지 못한 이야기나 풀지 못한 문제, 답하지 못한 질문, 완수하지 못한 목표로 다시 돌아가는 것이다.

완수하지 못한 활동을 더 잘 기억한다는 첫 번째 결론을 통해 나 역시 그동안 그 이유를 결코 납득할 수 없었던 몇몇 연구 결과를 이해할 수 있게 되었다. 한 연구에서 피실험자들에게 음료수, 치약, 진통제 광고가 포함된 TV 프로그램을 보여주거나 들려줬다. 그리고 나중에 광고를 얼마나 기억하고 있는가를 테스트했다. 그 결과, 사람들은 연구자들이 끝나기 5~6초 전에 일부러 재생을 멈췄던 광고의 세부 내용을 가장 잘 기억했다. 그뿐만 아니라 끝까지 보지 못한 광고일수록 그 내용을 바로 직후, 2일 후, 심지어 2주 후까지도 더욱 생생하게 기억했다. 이는 끝맺음의 부재가 주의를 유지하는 데 얼마나 강력한 힘을 발휘하는지를 보여준다.

언뜻 보기에 훨씬 더 당황스러운 연구 결과도 있다. 여대생이 잘생긴 젊은 남성에게 느끼는 매력도를 알아보는 실험이었다. 여학생들에게 페이스북 정보를 바탕으로 잘생긴 남학생들이 그들을 평가했다고 알려 줬다. 여학생들은 잘생긴 남학생들의 사진과 자기소개를 볼 수 있었다. 연구진은 여학생들이 자신을 평가했던 남학생들 중 누구를 더 선호하는지 파악하고자 했다. 하지만 놀랍게도 여학생들은 그 남학생이 자신에 대해 어떤 평가를 내렸는지를 아직 모를 경우에 더 선호했다. 즉 자신을 좋게 평가한 사람보다 자신을 어떻게 평가했는지 아직 알 수 없는 사람을 더 좋아한 것이다.

추가 정보를 하나 더 들으면 이 미스터리한 연구 결과를 더욱 쉽게 이해할 수 있다. 실험이 진행되는 동안 여학생은 자신에게 몇 점을 주었는지 알지 못하는 남학생을 계속해서 떠올렸다. 사람들은 중요한 결과가 알려지지 않은 상태에서는 "다른 생각을 거의 할 수 없다"는 연구진의 예측을 확인해주는 결과다. 게다가 우리가 이미 알고 있듯이 일반적인 주의는 그 대상이 중요하다고 여기게 만든다. 따라서 여학생은 자신**의 평가 점수를 알려주지 않은 남학생을** 계속 떠올렸기 때문에 그를 가장 매력적이라고 느꼈던 것이다.[42]

끝맺음의 부재가 계속해서 불편한 마음이 들게 할뿐더러 이를 피하거나 빠져나오기 위해 행동을 취하게 한다는 사실에서 어떤 시사점을 얻을 수 있을까? 이러한 통찰력을 통해 어떤 교훈을 배울 수 있을까?

대부분의 작가를 괴롭히는 걸림돌은 작업을 미루는 버릇이다. 글쓰기는 그 자체만으로도 어려운 일이지만 글을 잘 쓴다는 것은 더더욱 어려운 일이다. 문자 메시지는 글쓰기에 포함되지 않는다. 이와 관련해 영국의 유명한 소설가인 서머싯 몸Somerset Maugham과 젊은 인터뷰 기자 사이에 오간 대화를 살펴보자.

"그렇다면 선생님은 글 쓰는 것을 좋아하시나요?"

"나는 집필이 완료된 글을 좋아합니다."[43]

정말이지 딜레마가 아닐 수 없다. 모든 작가는 글로 쓰인 무언가를 원하지만 그것에 도달하는 과정은 절대 순탄치 않으며 갖가지 크고 작은 어려움이 도처에 존재하기 때문이다. 이러한 현실은 전문 작가가 아닌 사람에게도 마찬가지다. 예컨대 동료나 상사에게 보여줄 업무용 보고서나 문서를 작성하는 직장인도 이러한 문제에 봉착한다. 평상시에는 조금도 관심을 두지 않았으면서도 뭔가 하려고 하면 갑자기 책상을 정리하고 싶어지고, 누군가에게 전화하고 싶어지며, 밖에 나가서 라테 한 잔을 사 오고 싶어진다. 나 역시 조금도 예외가 아니다. 하지만 내 동료 중에 이러한 난관을 매우 효과적으로 극복한 사람이 있다.

나는 에세이부터 기고문, 논문, 심지어 단행본 원고에 이르기까지 그녀가 끊임없이 쓰는 다양한 글의 분량에 늘 놀라움을 금치 못했다. 어떻게 집중력을 흐트러뜨리지 않고 글을 쓰느냐는 내 질문에 그녀는 딱히 특별한 비법은 없다고 대답했다. 대신 수년 전부터 보관해온, 글쓰기의 생산성을 올리는 방법을 일러주는 잡지 기사를 보여줬다. 그녀의 말처럼 기사에 나온 리스트에는 특별한 비법이 없어 보였다. 글 쓰는 시간을 특정하라는 둥, 글을 쓰는 동안에는 집중하라는 둥, 좋은 글을 쓴 날에는 그 글을 써낸 자신에게 선물을 주라는 둥 말이다(확실히 그런 날에는 라테를 마시면 좋기는 하다). 물론 타당한 방법들이기는 하지만 내게는 큰 도움이 되지 않았다. 나라고 그런 일들을 해보지 않았겠는가. 다만 늘 허사가 될 뿐이니 그게 문제였다. 그런데 그 와중에 그녀가 불쑥 던진

한 가지 방법은 그날 이후로 내가 요긴하게 활용하는 글쓰기 전략이 되었다.

그녀는 어떤 단락이나 생각의 마지막 부분을 써나가면서도 절대 끝내지는 않는다고 한다. 왜냐하면 가장 마지막에서 그녀가 무슨 내용으로 끝마치려고 하는지는 그녀 자신이 정확히 알고 있기 때문이다(그러니 까먹을 리는 없다). 그래도 다음 글쓰기를 시작하기 전까지 결코 그 내용을 글로 옮겨서 마무리를 하지 않는 것이다. 정말 훌륭한 생각이다! 어떤 부분이든 그 마지막을 아주 약간 미완성 상태로 남김으로써 그 일에 다시, 그것도 재빨리 돌아오고 싶은 동기를 스스로 아주 강력하게 자극하는 것이니 말이다. 무언가를 완수하지 않으면 찝찝한 기분에 시달리는 우리의 성향을 완벽하게 활용한 전략이다. 이것이 바로 내 동료의 글쓰기 비법이었다. 내가 잘 아는 자이가르닉 효과를 조금만 응용하면 충분히 알 수 있는 전략인데도 나는 그때까지 이 방법을 떠올리지 못했다. 그날 이후로 나는 학생들이 다음 수업 시간에 좀 더 큰 관심을 가지고 들어올 수 있게 만드는 방법을 하나 마련할 수 있었다. 그것은 바로 매 강의마다 끝나지 않은 이야기의 특별한 종류 중 하나인 미스터리로 시작하는 것이다.

─ 미스터리를 활용하라

대학에서 강의를 한다는 것은 여러 이유로 '**정말**' 훌륭한 일이지만, 피할 수 없는 어려움도 따른다. 적절한 주제로 강의를 준비해야 하고, 지속적으로 내용을 수정해야 하며, 시험과 학점을 공정한 절차로 처리해야 한다. 하지만 보다 근본적인 어려움도 있는데, 학생들이 강의 내용을 잘 습득하도록 강의 시간 내내 그들의 온전한 집중력을 유도해야만 한다. 하지만 이는 고질적인 골칫거리다. 첫째로, 평균 45분 이상인 강의 시간은 계속 주의를 집중하기에 너무 길다. 45분보다 더 오래 진행되는 수업도 있다. 게다가 그들은 성적 매력과 성적 욕구가 최고점을 향하고 있거나 이미 도달한 대학생이다. 주위에 있는 매력적인, 어쩌면 데이트를 하게 될 수도 있는 많은 이성에게 더 눈을 두겠는가, 아니면 유행에 뒤떨어진, 그것도 매번 똑같아 보이는 옷을 입고 강단에 서 있는, 육체적으로 쇠퇴기에 접어든 교수에게 더 주의를 기울이겠는가.[44]

몇 년 전, 나는 다른 일을 하다가 우연한 기회에 이 같은 문제를 줄일 효과적인 해결책을 발견했다. 자이가르닉 효과와 더불어 알베르트 아인슈타인Albert Einstein이 '우리가 경험할 수 있는 가장 아름다운 것'인 동시에 '진정한 과학과 예술의 원천'이라고 가리킨 것을 조합한 전략이다.

당시에 나는 일반 독자를 대상으로 첫 책을 쓰려고 준비하고 있었다. 본격적으로 집필을 시작하기 전, 전문가가 일반 독자를 위해 쓴 책들을 최대한 많이 찾아볼 요량으로 도서관으로 향했다. 내 전략은 책들을 읽은 다음에 설명이 가장 잘됐다고 생각한 부분과 가장 엉망이었다고 판단한 부분을 찾아서 복사해 각각 다른 파일에 정리하는 것이었다. 그러고는 그 글들을 다시 읽어보고 두 파일 사이에 특별한 차이점이 있는지 살펴봤다.

좋지 않은 글이라고 생각한 부분들에서는 대개 비슷한 범인을 찾아낼 수 있었다. 하나같이 내용이 불분명했고, 문체가 부자연스럽거나, 알기 어려운 전문용어가 난무했다. 반면 잘 썼다고 판단되는 부분들은 내 예상대로 엉망이었던 글과는 전혀 반대였을 뿐만 아니라 구조가 논리적이었고 생생한 예시와 유머가 곁들여져 있었다. 그런데 나는 전혀 짐작하지 못한 점을 하나 더 발견했다. 정말로 잘 쓴 글들은 예외 없이 **미스터리 이야기**로 시작한다는 것이었다. 먼저 저자들은 애매하거나 혼란스러워 보이는 상황을 묘사했다. 그런 다음 독자로 하여금 마치 수수께끼를 푼다는 마음으로 그 뒤의 내용을 읽도록 만들었다.

그뿐만 아니다. 이러한 깨달음은 단순한 놀라움을 넘어 충격을 안겼다. 염치없게도 내게는 미스터리 자체였다. 바로 나는 여태까지 왜 이러한 기술은커녕 대중화된 학문에서 이러한 방법이 놀라운 효과를 발휘한다는 사실을 몰랐는가였다. 당시에 나는 관련 책과 문서를 많이 읽는 독자였다. 몇 년 동안 비슷한 도서를 구입하고 읽어왔다. 그런데도 어째서 그동안 이 같은 방법을 까마득하게 몰랐던 것일까?

이에 대한 대답은 아마도 이 기술이 아주 강력하다는 이유와 연관이 있다. 미스터리라는 기술은 거의 멱살을 잡아끄는 수준으로 독자들을 내 이야기에 집중시키고, 또 계속 머무르게 할 수 있다. 적절하게만 들려준다면 미스터리는 그 이야기 밖으로 나가지 못하도록 독자들을 얼마든지 가둬놓을 수도 있다. 이 특별한 문학적 장치의 힘은 그것이 일종의 장치임을 전혀 눈치채지 못하게 만들면서도, 풀리지 않는 의문으로 인해 사람들이 이야기에 자석처럼 붙어 떨어지지 않도록 하는 것이다.

강의실에서 미스터리를 활용한 지 얼마 지나지 않아 나는 미스터리 이야기에서 비롯되는, 무언가를 끝맺고 싶어 하는 우리의 욕구가 얼마나 강력한지를 직접 경험했다. 아직 강의에 미숙한 신참 교수였던지라

하루는 시간을 잘못 계산해서 수업 중간에 내줬던 퍼즐의 정답을 알려주기도 전에 강의 종료를 알리는 벨이 울렸다. 다들 잘 알 것이다. 강의가 끝나기 5분 전부터 일부 학생들은 이미 강의실을 박차고 나갈 준비를 한다. 이는 내가 가르쳤던 모든 대학 강의에서 봤던 장면이다. 학생들이 보내는 신호는 눈에 잘 보이고 귀에 잘 들린다. 따라서 매우 전염성이 강하다. 하나둘씩 연필을 집어넣고 노트북을 닫기 시작하며 가방의 지퍼를 여닫는 소리도 여기저기서 들린다. 그런데 그날은 놀라운 일이 일어났다. 이런 준비 행동을 하는 학생들이 한 명도 없었음은 물론이고 벨이 울렸는데도 모두 자리를 지키고 있었다. 오히려 그대로 수업을 끝내려는 나에게 학생들의 항의가 쏟아졌다. 내가 미스터리를 끝맺을 때까지 학생들은 나를 놓아주지 않을 기세였다. 그때 나는 내심 감탄했다.

'치알디니, 이거야말로 우연히 다이너마이트를 발견한 셈이잖아!'

이렇듯 미스터리는 듣는 사람의 주의를 유도할 뿐만 아니라 고정하는 데 매우 효과적인 의사소통 도구다. 하지만 나는 이를 활용해야 하는 중요한 이유를 하나 더 발견했다. 미스터리는 강의 자료를 꼼꼼하게 설명하고 내용에 대해 질문을 던지는 등 내가 그때까지 사용했던 일반적인 강의법보다 훨씬 뛰어난 교육 효과를 가져왔다. 무언가를 이야기하면 주목을 필요로 하고, 질문은 대답을 필요로 한다. 그런데 미스터리는 **설명**explanation을 필요로 한다. 신기하게도 내가 강의에서 어떤 상태나 일에 대해 설명을 하라고 요구하면 학생들은 처음에는 어려워하지만 시험 점수는 더 올라간다. 왜? 그 과정을 통해 보다 의미 있고 지속적인 방식으로 강의 내용을 이해할 수 있는 기회가 더 많아지기 때문이다.[45]

한 가지 예를 살펴보자. 다양한 청중 앞에서 강연을 할 때마다 나는 잘 알려지지 않은 사실을 알리려고 노력하는데, 바로 설득이라는 경연 무대에서는 일반적으로 주장보다 반론이 훨씬 더 강력하다는 점이다. 특히 경쟁자의 주장이 일부 상황에서 문제가 있거나 그릇됐다는 점을 강조하기보다는 경쟁자가 신뢰할 수 없는 정보 제공자라는 것을 보여주면 대개는 그 효과가 더욱 뚜렷하게 나타난다. 경쟁자가 잘못된 정보를 바탕으로 주장을 펼치고 있기 때문에 그가 틀렸음을 보여주는 반론은 대체로 그 논쟁에서 일회적인 승리밖에 거둘 수 없다. 하지만 경쟁자가 정직하지 못하다는 것을 입증함으로써 경쟁자의 입지를 약화하는 반론은 보통 전투의 승리로 이어질 뿐만 아니라 경쟁자와의 **이후 싸움에서도** 우위를 점하게 해준다. 답을 알려주지 않은 퍼즐이 사람들의 주의를 유지하는 데 얼마나 강력한지와 더불어 나는 미스터리 구조를 활용해 이야기를 이어가면 강의의 핵심에 대한 청중의 이해를 더욱 극대화할 수 있다는 걸 깨달았다.

물론 반론의 위력을 높이기 위해 미스터리를 바탕으로 하는 이야기를 다양한 방법으로 구성할 수 있다. 내 경험으로 미루어보자면 다음의 정보를 다음의 순서로 제공하면 매우 효과적이다.

1단계. 미스터리를 제공한다

조캐멀이나 말보로맨 또는 버지니아슬림의 "여기까지 오느라 수고했어요You've come a long way, baby" 같은 전설적인 담배 광고를 대부분 잘 알고 있을 것이다. 하지만 담배 산업의 역사 속 깊숙이 묻혀 있는 담배 회사들의 가장 효과적인 마케팅 전략에 대해서는 알려진 바가 거의 없다.

1960년대 후반에 미국의 담배 소비가 3년 동안 무려 10퍼센트나 감소하자, 거대 담배 회사들은 어떤 전략을 통해 광고비 지출을 3분의 1로 줄이면서도 매출 감소에 종지부를 찍고 담배 소비에 다시 불을 붙이는 놀라운 성과를 보였다. 무엇이었을까?

2단계. 미스터리를 심화한다

대답 역시 성과만큼이나 놀랍다. 1969년 6월 22일, 미국 의회 청문회에서 주요 담배 회사의 대표들은 TV와 라디오에 나오는 **자사**의 담배 광고를 금지하는 발의안에 강한 지지를 보냈다. 방송 매체가 새로운 판매를 유도하는 가장 효과적인 방법이라는 업계의 연구 결과에도 불구하고 말이다. 전례 없는 이 자발적인 조치의 결과로 1971년 이후에 미국에서는 담배 광고가 전파를 타는 모습을 볼 수 없다.

3단계. 반박 증거와 대안을 제시한 후 적절하게 설명한다

흡연의 치명적인 영향을 상세히 밝힌 1964년 보건총감보고서를 본 미국 기업들이 국민의 삶의 질을 향상하기 위해서 자신들의 이익을 희생한 것일까? 아마도 아닌 듯하다. 광고 금지로 인해 피해를 본 주요 미국 기업인 방송사들이 법안이 통과된 지 한 달 만에 대변인을 통해 미국 대법원에 법안 무효 소송을 제기했기 때문이다. 따라서 담배 광고 금지를 지지한 기업은 담배 회사들뿐이었다. 그렇다면 담배 회사의 CEO가 갑자기 국민의 건강에 관심을 가지게 되었던 것일까? 물론 그랬을 리도 없다. 그들은 담배 매출을 올리려는 노력을 조금도 줄이지 않았다. 방송 매체 대신에 지면 광고, 스포츠 스폰서, 프로모션 경품, 영화 제작 같은 방식으로 광고 '채널'을 바꿨을 뿐이다. 예를 들어 브라운앤드윌리엄슨 이라는 담배 회사는 간접 광고에 돈을 들여 4년 동안 무려 22편의 영화 에 자사 담배를 등장시켰다.

4단계. 적절한 설명의 단서를 제공한다

그렇다면 결국 담배 회사가 잡지, 신문, 간판, 영화는 괜찮지만 방송 만큼은 마케팅 활동에 부적절한 광고 매체라는 결론을 내렸다고 볼 수 있다. 왜 유독 방송 매체만 피했던 것일까? 1967년, 미국연방통신위원 회는 담배 광고에 '공정성 원칙fairness doctrine'을 적용해야 한다고 결정했 다. 이 원칙에 의하면 다른 매체와 달리 라디오와 TV의 경우 중요한 사 안이나 논란이 뒤따르는 화제에 대해서는 찬성하는 내용과 반대하는 내용의 광고가 공정하게 방영돼야 했다. 만약 어느 한쪽이 방송 매체의 광고 시간대를 구입하면 다른 쪽에도 반대 내용의 광고 기회가 무료로 주어져야 했다.

5단계. 미스터리를 해결한다

미국연방통신위원회의 이러한 결정은 방송 매체를 통한 광고 전반에 즉각적인 영향을 미쳤다. 역사상 최초로 미국암협회와 같이 담배를 반 대하는 단체들이 담배 회사의 메시지에 반박하는 광고를 내보낼 수 있 게 되었다. 이들은 담배 회사의 광고에 등장하는 이미지가 과연 사실적 인지 의문을 던지는 광고를 제작했다. 담배 광고가 건강하고 매력적이 며 독립적인 흡연자의 모습을 강조하면, 금연 광고는 흡연으로 인해 건 강이 악화되고 외모가 망가지며 다른 이에게 의지할 수밖에 없어진다는 점을 보여주는 반론 광고를 방송에 내보냈다.

이후 금연 광고가 3년 동안 계속되면서 미국 내에서 담배 소비는 10퍼센트 정도 줄어들었다. 처음에는 담배 회사들이 예상대로 대응했다. 광고 예산을 늘려서 담배 소비를 증가시키고자 했다. 그러나 공정성 원칙으로 인해 늘어난 담배 광고만큼 금연 광고도 늘어났고, 결국 수익만 더욱 깎여나갔다. 그제야 상황을 제대로 파악한 담배 회사는 정치 로비를 통해 자사의 담배 광고를 금지하되 공정성 원칙이 적용되는 방송 매체에서만 금지되도록 했다. 금연 단체가 더 이상 공짜로 금연 광고를 할 수 없게 하기 위함이었다. 그 결과, 다음 해에 방송 매체에서 담배 광고가 사라지자 담배 회사의 매출이 훌쩍 뛰어올랐던 반면 광고 비용은 크게 줄어들었다.

6단계. 해당 현상의 시사점을 설명한다

금연 단체는 반론을 제기함으로써 담배 광고의 효과를 떨어뜨릴 수 있음을 깨달았다. 하지만 담배 회사의 경영진도 비슷한 교훈을 얻었으며 이를 통해 이익을 챙겼다. 강력한 반론을 차단하는 것이야말로 자신이 전달하고자 하는 메시지에 대한 대중의 선호도를 높이는 데 가장 효과적이라는 사실 말이다. 일반적으로 반론은 주장보다 더 강력하기 때문이다.

순서상 이 단계에서 반론의 우월한 설득력과 뛰어난 효용을 강조할 수 있는 핵심은 바로 설명explanation이다. 그래야 듣는 사람이 기본적인 사실관계(예를 들어 "미국 담배 회사들이 TV와 라디오에서 자신들의 광고를 성공적으로 금지시켰다")를 파악하고, 관련 질문에 대한 대답("그 결과는? 담배 회사의

불가사의한 광경

역사상 가장 유명한 그림으로 여겨지는 레오나르도 다빈치의 〈모나리자〉는 처음부터 풀리지 않는 의문투성이였다. 그녀는 웃고 있는 것일까? 만약 그렇다면 그 미소가 의미하는 바는 무엇일까? 다빈치는 그런 수수께끼 같은 표정을 어떻게 그려낼 수 있었을까? 논란이 계속되는 가운데 한 가지는 분명하다. 풀리지 않는 미스터리가 사람들의 주의를 끄는 데 상당 부분 작용한다는 점이다.

© *Andrei Iancu/Dreamstime.com*

매출이 급증했을 뿐만 아니라 광고 비용은 줄었다")를 떠올리는 것 외에도 반론이 가진 강력한 힘과 관련된 특정 심리적 과정이 언뜻 보기에 상충하는 결과로 어떻게 이어졌는지도 이해할 수 있다.[46,47]

이러한 방식의 설명은 개념을 쉽게 전달하는 데 그치지 않는다는 점에 주목하자. 듣는 사람이 스스로 의문을 품도록 하므로 일종의 보너스 효과도 볼 수 있다. 이는 청중이 발표 내용의 매우 세세한 부분에까지 집중하도록 유도하는 발표 기술의 일부다. 미스터리 또는 탐정물을 제대로 해결하려면 관찰자는 모든 관련된 디테일에 관심을 기울여야 하기 때문이다. 이것이 의미하는 바를 찬찬히 생각해보자. 우리에게는 듣는 사람의 주의를 특정 주제로 유도할 수 있을 뿐만 아니라, 중요하지만 때로는 지겹거나 도저히 집중할 수 없는 세부 내용에 스스로 집중하도록 만드는 강력한 무기가 있는 셈이다. 충분히 설득력 있지만 복잡한 내용을 소통해야 하는 의사전달자의 입장에서 무엇을 더 바랄 수 있을까?

참, 그건 그렇고, 아인슈타인이 '우리가 경험할 수 있는 가장 아름다운 것'인 동시에 '진정한 과학과 예술의 원천'이라고 말한 것이 무엇인가에 대해 대답하겠다. 그에 따르면, 바로 미스터리다.

PART 2

설득을 위한
최적의 상황을 만들어라
PROCESSES:
THE ROLE OF ASSOCIATION

7장

연상의 힘: 모두 연결되어 있다

The Primacy of Associations: I Link, Therefore I Think

◆

◆

아이디어계係에 고아는 없다. 모든 개념은 친척들로 이루어진 하나의
연상 시스템을 통해 서로 연결되어 있다. 이러한 연결 고리인 생리학과
생화학, 즉 우리 뇌 안에서 촘촘하게 연결된 뉴런, 축삭돌기, 수상돌기,
시냅스, 신경전달물질 등은 예전부터 수많은 과학자가 호기심을 느낀
대상이었다. 하지만 아쉽게도 나는 그런 무수한 과학자 중 한 명이 아니
다. 나는 신경 활동과 같은 내부적인 작용보다는 인간의 평가와 행동을
변화시킬 수 있는 의사소통과 같은 외부적인 결과에 더 관심을 두고 연
구해왔다.

一 생각은 곧 연결이다

그렇지만 나처럼 커뮤니케이션에서 설득이라는 특성에 흥미를 느끼는 사람들이라면 알아야 할, 정신 활동의 근본적인 구조로부터 얻을 수 있는 중요한 통찰력이 있다. 뇌의 활동은 근본적으로, 그리고 필연적으로 미가공의 연상raw association을 통해 유발된다는 것이다. 아미노산을 생명의 구성 요소라고 부를 수 있는 것처럼 연상은 사고의 구성 요소라고 할 수 있다.[1]

다양한 설득력 향상 프로그램에서 강사가 수강생에게 다른 사람이 메시지를 받아들이도록 설득하려면 듣는 사람의 사고, 지각 혹은 감정적 반응을 이용하는 언어를 사용해야 할 필요가 있다고 충고한다. 부분적으로는 맞는 말이라고 생각한다. 우리는 전달하려는 메시지와 관련해 듣는 사람이 가지고 있는 정신적 연상을 활성화하는 말을 통해 상대방을 설득한다. 사고, 지각 또는 감정적 반응은 이러한 연상에서 파생된 것에 불과하다.

"언어의 주된 존재 이유는 무엇인가?"라는 질문의 답을 찾기 위해 비교적 최근에 진행된 연구 프로그램은 효과적인 메시지 전달에는 어떤 특징들이 있는지를 다른 연구보다 잘 보여준다. 연구자 그룹을 이끌며 이 연구를 심화한 사람은 저명한 언어심리학자 권 세민Gün Semin이었다. 그의 연구 결과를 내 관점으로 정리하자면 다음과 같다. 바로 말의 주요 목적은 말하는 사람이 현실 세계의 특정 부분으로 듣는 사람의 주의를 유도하는 것이다. 이것에만 성공한다면 새롭게 관심이 쏠리는 부분과 관련해 듣는 사람이 가지고 있던 연상이 결국 반응을 결정한다.

나는 설득과 관련한 이와 같은 주장은 그야말로 획기적이라고 생각한다. 이제 언어를 단순한 의사소통 수단, 즉 의사전달자가 생각하는 현실을 전달하는 도구로만 여기면 안 된다. 대신 언어를 설득의 주요 수단, 즉 듣는 사람이 내 신념을 받아들이도록 유도하거나, 적어도 그에 따라 행동하도록 만드는 도구로 생각해야 한다. 예컨대 어떤 영화에 대한 감상을 서술할 때 그 목적은 자기 의견을 설명하는 데 그치지 않고 상대방이 내 의견에 동의하도록 설득하는 것이다. 우리는 자기 입장과 가장 근접한 연상으로 가득한 현실의 한 부분으로 듣는 사람의 관심을 유도하는 언어를 사용해 이런 목적을 달성한다.

특히 연구자들이 파악한 언어적 특정 장치들이 매우 흥미로운데, 우리는 현실 속 특정 요소로 주의를 끌기 위해 이 장치들을 사용한다. 어떤 상황의 구체적인 특징에 주의를 집중시키는 동사, 다른 사람의 행동이 아닌 성격 특성으로 초점을 유도하는 형용사, 기존 관계를 강조하는 인칭대명사, 단 하나의 해석만 가능하도록 어떤 상황의 전체적인 틀을 결정하는 은유, 전달하고자 하는 생각과 관련 있는 특정 단어나 표현 등이 이에 해당한다. 먼저 이러한 언어적 장치 가운데 마지막으로 소개한 가장 단순한 것을 살펴보자.

나쁜 말은 나쁜 생각과 행동으로 연결된다

얼마 전 나는 우연히 한 회사에 대해 알게 되었는데, 내가 만났던 어떤 회사보다도 더 의식적으로 정신적 연상을 강화하여 기업의 가치와 연결시켜줄 내부 언어internal language를 만들려는 곳이었다. SSM 헬스SSM Health라는 이 회사는 병원과 요양원, 관련 기관을 연결하는 비영리 기업으로, 연례 리더십 학회에 나를 연사로 초대했다. 내가 제안을 수락한 데는 SSM의 뛰어난 유명세도 한몫했다. 나는 SSM이 헬스케어 회사로서는 최초로 '맬컴 볼드리지 국가품질상'을 받았다는 사실을 잘 알았다. 전통적으로 해마다 미국 상무부가 결정하고 미국 대통령이 시상하는 볼드리지 품질상은 각 분야에서 비교 불가의 훌륭한 업적과 리더십을 보여준 기업에 수여된다. 나는 어떻게 SSM이 이렇듯 우수한 성과를 낼 수 있었는지 무척 궁금했는데 마침 그걸 알아볼 기회가 생겨서 매우 기뻤다.

예컨대 학회에 참석해보니 회사 홈페이지에 나와 있는 "직원이 성공의 원동력이다"라는 문구가 단순한 구호가 아님을 알 수 있었다. 엄격한 심사 절차를 거쳤을뿐더러 수천 마일이나 떨어진 먼 곳에서 왔는데도 나는 그 학회의 기조 연설자가 아니었다. 내가 연단에 섰던 날, '우리 직원들의 기조연설Our People Keynote'이라는 주제의 발표를 모두 7명의 직원이 맡았다. 연설자 7명은 차례대로 지난해에 얼마나 뛰어난 일을 해냈는지에 대해 이야기했다. 남은 이틀의 학회 일정 동안 14명의 직원이 비슷한 내용으로 '우리 직원들의 기조연설'을 했다. 나는 물론 21명이나 되는 직원에게 기조연설이라는 영광스러운 기회를 제공하는 것은 결코 흔한 일이 아니라고 생각했다. 그런데 직원이 주도하여 신념대로 행사를 마무리한 것은 더 흔한 일이 아니었다. 이를 깨달았을 때는 한편으로 당연하다는 생각이 들었다. 왜냐하면 SSM 직원들이 얼마나 열심히 자기가 말한 바를 실천하는지를, 말 그대로 그들의 언어를 행동과 일치시키는지를 이미 경험했기 때문이다.

그 한 달 전에 리더십 학회 기획자들이 나의 연설 준비를 돕겠다는 전화를 했는데, 일반적으로 한두 직원이 이런 업무를 맡는 것과 달리 나는 무려 6명의 SSM 직원과 이야기를 나누었다. 각자 소중한 의견들을 공유해줬는데, 그중에서 학회조직위원장인 스티브 바니Steve Barney가 6명을 대표해서 대화를 주도했다. 그는 끝까지 따뜻하고 친절한 목소리로 이런저런 사항들을 알려줬다. 그런데 그의 목소리가 갑자기 심각하게 바뀌더니 한 가지 충고를 해주었다.

"치알디니 교수님, 발표에 '불릿 포인트bullet point'를 사용하시면 안 됩니다. 또한 설득과 관련된 문제를 어떻게 '공격해야' 한다는 식의 말씀은 피해주세요."

내가 그러면 발표할 내용이 빈약해진다고 반박하자 "아, 그런 내용은 얼마든지 말씀하셔도 되는데 단지 다른 표현을 써주셨으면 합니다"라고 대답했다. 이에 내가 내놓았던 총기 넘치는 대답은 아마도 "어……**뭐라고요?**"였던 것 같다. 그러자 스티브는 "건강 관리 회사로서 우리는 사람들을 치료하는 데 헌신해왔습니다. 그래서 저희는 폭력을 연상시키는 언어를 절대 쓰지 않습니다. 총알을 뜻하는 '**불릿** 포인트' 대신 '정보 포인트information point'라고 말하죠. 그리고 문제를 '**공격한다**'는 말 대신 '접근한다'고 말합니다."

실제로 나는 학회에 참석한 한 의사에게 비폭력 언어정책에 대해 물어봤다. 그 의사는 더 다양한 예를 들려줬다.

"우리는 비즈니스 '타깃target'을 비즈니스 '목표goal'라는 단어로 대체했습니다. 그 '목표' 중 하나는 더 이상 우리의 경쟁자를 '무찌르는beat' 것이 아니라 '앞서 나가는outdistance' 것 또는 '앞지르는outpace' 것이고요."

그는 심지어 이를 뒷받침하는 주장도 열정적으로 펼쳤다. "'타깃'이나 '무찌른다'는 말 대신 '목표'와 '앞서 나간다'는 개념을 우리 자신과 연관시키는 것이 얼마나 더 유익한지 잘 모르시겠습니까?"

솔직히 말하자면 나는 잘 이해되지 않는다. 그러한 작은 표현의 변화가 SSM 조직 내에서 개인의 사고와 행동에 의미 있는 영향을 미친다는 사실을 믿을 수 없었기 때문이다.[2]

하지만 그때는 그때이고, 지금은 생각이 완전히 달라졌다. 처음 SSM의 엄격한 언어정책에 대한 나의 반응은 "허, 이 사람들 웃기네"였지만, 지금은 "아, 이 사람들 정말 영리하네"로 바뀌었다. 이러한 입장 변화는 내가 놀라운 연구 결과들을 집중적으로 검토한 후에 이루어졌다.

─ '성취'라는 말이 곧 성취를 가져온다

> 설득을 하고자 하는 사람이라면 올바른 주장이 아니라 올바른
> 언어를 신뢰해야 한다.
>
> _조지프 콘래드

폭력적인 언어에 대해 좀 더 이야기하자. 적의를 품은 언어에 사람들을 노출시킨 다음 그들이 그 이후에 보이는 공격성을 측정한 실험 결과를 검토해보자. 실험 참가자들은 30개의 뒤섞인 단어들을 배열해 문장을 만들라는 과제를 받았다. 참가자의 절반은 문장을 제대로 완성하면 공격적인 문장이 만들어지는 단어들을 받았고(가령 hit, he, them→he hit them), 나머지 절반은 공격성과 관련 없는 문장이 만들어지는 단어들을 받았다(가령 door, the, fix → fix the door). 이후 모든 참가자는 또 다른 과제를 수행했는데, 다른 참가자에게 전기 충격을 스무 번 가하되 얼마만큼의

고통을 줄지 결정하도록 했다. 결과는 놀라울 만큼 걱정스러웠다. 폭력과 관련된 단어에 사전 노출된 참가자는 그러지 않은 참가자에 비해 48퍼센트나 높은 전기 충격을 가하려 했다.

이러한 결과로 미루어보면 SSM의 비폭력 언어 사용 정책은 훌륭한 선택이다. 의료 기관으로서 무슨 일이 있어도 해를 끼치지 말라는 의료계의 기본적인 윤리 범위를 지키는 것이 당연하다. 주목해야 할 점은 뛰어난 성과를 자랑하는 의료 기관인 SSM이 성취와 관련한 단어에는 전혀 제한을 두지 않았다는 것이다. 단지 위협적인 단어target, beat를 그렇지 않은 유사 단어goal, outdistance로 바꿔 사용하게 했다. 어쩌면 이는 폭력적인 단어는 위협을 증가시키므로 지양해야 하며, 성취와 관련한 단어는 성과를 향상하므로 지속해야 한다는 SSM 경영진의 신념을 잘 보여주는 것일지도 모른다.

만약 SSM 경영진이 정말로 이러한 신념을 가지고 있다면 옳은 생각이다. 많은 연구에 따르면, 성취와 관련한 단어(승리, 달성, 성공, 숙달)에 간접적으로라도 노출되면 해당 업무에 대한 성과가 오르고 계속 노력하겠다는 의지도 두 배 이상 강해지는 것으로 나타났다. 이러한 연구 결과는 사무실 벽에서 종종 볼 수 있는 일부 포스터에 대한 내 생각도 변화시켰다. 이러한 포스터는 특히 콜센터 사무실에서 인기가 많은 듯하다. 포스터에는 대개 직원의 동기를 부여하기 위해 극복OVERCOME, 성공SUCCEED, 인내PERSEVERE, 성취ACHIEVE 등의 단어가 하나씩 대문자로 쓰여 있다. 단어만 쓰인 포스터도 있고, 달리기경주에서 승리하는 사람 등 관련 이미지와 단어를 함께 보여주거나 이미지만 보여주는 포스터도 있다.

승자는 승리를 자극한다
이 사진을 보면서 일한 사람들은 사진 없이 일한 사람들에 비해 더 강한 성취욕과 더 뛰어난 성과를 보였다.
© John Gichigi/Getty Images

그 형태가 어떻든 예전에는 이런 포스터의 효과가 터무니없을 것이라고 생각했다. 하지만 다시 한 번 내 생각은 바뀌었다. 이번에는 어느 캐나다 연구진 덕분에 이제 그 효과를 믿게 되었다. 나는 캐나다 연구진이 전화로 기금을 모금하는 콜센터 직원들의 모금 효율성을 높이기 위해 진행한 프로젝트에 대해 알게 되었다. 근무를 시작하는 직원들 모두에게 기금을 모으는 목표(지방대학)에 기여하는 것이

얼마나 가치 있는 일인지를 더 잘 설명하도록 도와주는 정보들을 전달했다. 일반 종이에 출력해 나눠줬는데 일부 직원들에게는 그 정보만을, 다른 직원들에게는 똑같은 정보와 함께 경기에서 승리를 거둔 선수의 사진도 인쇄해 전달했다. 이전에 성과 위주의 사고를 장려하기 위해 사용한 사진이었다.

놀랍게도 3시간 동안의 근무시간이 끝난 후 성과를 비교했더니, 두 번째 부류의 직원들이, 사진을 보지 않았다는 점을 제외하면 모든 면에서 동일한 직원들에 비해 60퍼센트가량 더 많은 기금을 모았다. 이를 바탕으로, 먼저 단순한 단어나 단순한 이미지에 부수적으로 노출시키면 초전 설득 효과가 발휘되어 이후 그 단어나 이미지와 연관된 행동을 유

도할 수 있다고 결론지을 수 있다. 이제 특별한 종류의 말들을 시작으로 설득과 관련된 시사점을 살펴보자.[3]

— 은유적 표현의 놀라운 설득 효과

세상을 바꾸고 싶다면 은유를 바꿔라.

_조지프 캠벨

아리스토텔레스의 《시학》(BC 350년경) 이래로, 의사전달자는 은유를 사용해 자기 의견을 보다 효과적으로 전달하라는 충고를 들어왔다. 이해하기 어려운 개념을 설명하려면 청중이 쉽게 인식할 수 있는 또 다른 개념을 사용해 은유적으로 표현하라고 말이다. 예를 들어 장거리 육상 선수는 더 이상 경기를 지속할 수 없을 때 '벽에 부딪힌다'는 표현을 사용한다. 당연히 실제 벽을 이야기하는 것이 아니다. 그러나 물리적인 벽, 즉 앞으로 나아가는 길을 막고 서 있어 손쉽게 제거할 수 없으며 외면할 수도 없는 벽은 육상 선수가 느끼는 신체적 감각과 공통점이 많다. 그렇기 때문에 이 은유를 통해 말하고 싶은 것을 잘 전달할 수 있다.

그러나 은유 사용을 반대하는 비평가들도 있다. 이들은 은유를 잘못 사용하면 종종 오해가 생긴다고 불평한다. 어떠한 개념(경기에서 더 나아갈 수 없는 상황)을 다른 개념(벽)으로 이해하는 경우 두 가지 사이에 진정으로 겹치는 부분이 보일 수도 있지만, 이러한 유사성은 대개 완벽하게 맞아떨어지지 않는다는 것이다. 예컨대 물리적인 벽은 일반적으로 행위자의 행동이 아닌 다른 사람의 행동으로 인해 존재하는 반면, 육상 선수의 벽은 본인의 행동으로 인해 발생되는 경우가 많다. 훈련이 부족하거나 페이스 전략이 문제를 일으킬 수 있기 때문이다. 따라서 벽이라는 은유는 단순히 운동 능력의 한계를 나타내기보다 더 많은 의미를 담을 수 있다. 어쩌면 실패 요인을 자신의 부족함이 아니라 외부 환경으로 돌리는 표현을 선택함으로써 자기 잘못이 아니라고 말하려는 선수들의 전략적인 수단일지도 모른다.

새로운 언어심리학적 분석에 따르면 언어의 주요 기능은 표현이나 묘사가 아니라 영향력 행사이다. 의사전달자의 관점에서 유용한 연상을 이용해 듣는 사람의 집중을 미리 준비된 현실의 일부분으로 유도하는 것이다. 그렇다면 은유도 사람들로 하여금 하나의 단어와 다른 **선택된** 단어의 의미 사이에 일어나는 연상에 주목하게 만들므로 매우 강력한 언어 장치가 될 수 있다. 실제로 연구자들은 반세기가 넘도록 적절하게 사용된 은유가 얼마나 강한 특권을 행사하는지에 대해서 계속 연구해왔다. 그리고 최근에는 은유에 내재된 연상을 이전할 수 있다는 사실이 밝혀지면서 눈이 번쩍 뜨일 만큼 놀라운 설득 효과가 주목받고 있다.

예를 들어 당신이 정치 컨설턴트이고, 최근에 급증하는 범죄로 골머리를 앓는 지방 도시에서 시장 선거에 나선 여성 입후보자를 돕고 있다고 가정해보자. 즉 후보자와 그녀가 속한 정당은 범죄자 체포 및 수감 정책을 옹호하는 등 범죄에 강경하게 대처해야 한다고 주장하고 있다. 그녀는 이 문제에 대한 자신의 해결책이 옳다는 것을 유권자에게 어떻게 설득시킬 수 있을지와 관련해 당신에게 조언을 얻고자 한다. 은유적 설득에 대해 잘 아는 당신은 재빨리, 그리고 자신 있게 조언할 수 있다.

관련 주제에 대해 언급할 때마다 급증하는 범죄를, 도시를 헤집고 다니므로 당장 저지해야 하는 괴물에 비유하라고 말이다. 왜 그럴까? 미쳐 날뛰는 괴물을 저지하려면 잡아서 가두어야 하기 때문이다. 청중의 머릿속에서 성난 괴물을 잡아들이는 행위와 관련된 연상이 곧 범죄와 범죄자를 강경하게 다루는 행위로 이전된다.

이제 후보자와 그녀의 정당이 똑같은 문제에 관해 전혀 다르게 접근한다고 가정해보자. 실업, 교육 부족, 빈곤과 같은 사회적 원인을 해결해 범죄율이 증가하는 것을 막으려 하는 것이다. 이러한 경우에도 당신은 여전히 은유적 설득에 대한 이해를 바탕으로 재빨리, 그리고 자신 있게 조언할 수 있다. 대중 앞에서 주제와 관련된 언급을 할 때마다 급증하는 범죄를, 도시를 감염시키므로 당장 조치해야 하는 바이러스로 묘사하는 것이다. 이유가 무엇일까? 바이러스를 통제하기 위해서는 바이러스가 전파되는 유해 환경을 제거해야 한다. 질병과 관련된 연상 덕분에 시민들은 범죄에 가장 효과적으로 맞서는 대응법에 대한 생각을 바꿀 수 있다.

선거단의 다른 고문들이 당신이 내놓은 은유 기반의 논리와 전략이 단순하다고 비웃는다면 그 근거로 관련 자료를 제시하면 된다. 스탠퍼드 대학의 연구자들은 무작위로 선정한 온라인 독자들에게 3년 동안의 도시 범죄율을 뉴스로 보여주면서 범죄를 **짐승**으로 표현했다. 무작위로 선정한 또 다른 집단에는 같은 뉴스와 통계치를 보여주되 단어 하나만을 바꿨는데, 범죄를 걷잡을 수 없이 확산되는 **바이러스**로 표현했다. 그리고 모든 독자에게 어떤 해결 방법을 선호하는지 물어봤다. 가장 정밀한 결과 분석에 따르면, 처음부터 범죄를 짐승으로 표현한 뉴스를 본 독자는 유해한 환경을 제거하는 방식보다 범죄자들을 잡아서 감옥에 집어넣는 방식을 선호했다. 하지만 처음부터 범죄가 바이러스로 표현된 뉴스를 본 독자의 반응은 정반대 패턴을 보였다.

놀랍게도 단 하나의 단어를 바꿔서 발생한 해결책 선호도의 차이는 22퍼센트로, 참가자의 성별(9퍼센트)이나 정치 성향(8퍼센트)으로 인해 발생하는 차이보다 두 배 이상 높게 나타났다. 일반적으로 선거 캠페인은 유권자의 선호도를 예측할 때 성별이나 지지 정당과 같은 인구통계학적 자료를 고려한다. 반면 은유를 이용한 초전 설득의 과정이 발휘할 수 있는 더 강력한 예측 효과는 간과하는 경우가 허다하다.

그럼에도 불구하고 후보자의 다른 고문들이 이런 과학적 발견은 통제된 환경에서 진행된 실험 결과일 뿐 실생활에는 적용할 수 없다고 반박한다면, 실제로 은유를 활용한 사례를 보여주면 된다. 최고의 영업사원은 은유의 힘을 잘 알고 있다. 선거단 고문들에게 고등학교를 중퇴한 벤 펠드먼Ben Feldman의 사례를 고려해달라고 할 수 있다. 그는 고향인 오하이오주 이스트리버풀의 작은 시골에서 반경 100킬로미터 밖으로는 영업을 전혀 다니지 않았는데도 당대 최고의, 어쩌면 역대 최고의 보험왕 자리에 올랐다. 실제로 전성기를 달리던 1970년대와 1980년대에 그는 혼자 힘으로 전국에 있는 총 1,800개에 달하는 **보험대리점** 중 1,500개 대리점보다 더 많은 보험을 팔았다. 1992년, 펠드먼이 뇌졸중으로 병원에 입원하자 그가 소속해 있던 뉴욕 라이프New York Life는 최고 영업사원의 지난 50년을 기리기 위해 '펠드먼 2월Feldman February'을 선포했다. 이 한 달 동안 모든 직원은 보험왕이 되기 위해서 무한 경쟁을 펼쳤다. 우승한 사람은 누구였을까? 바로 병상에 있던 펠드먼이었다. 어떻게 가능했을까? 당시 80세였던 그는 병원 침대에서 잠재 고객들에게 전화를 걸어 28일 만에 1,500만 달러에 달하는 신규 계약을 체결했다.

펠드먼의 경이로운 성공은 물론 어느 정도는 일에 대한 놀라운 집념 때문이기도 하다. 하지만 그보다 더욱 근본적인 이유가 있을 것이다. 전설처럼 내려오는 에피소드에 따르면 펠드먼은 보험을 팔기 위해 절대 주저하는 고객을 압박하지 않았다. 대신 사람들이 자연스럽게 보험 가입을 고려하도록 가볍고 영리한 요령을 동원했다. 펠드먼은 은유의 달인이었다. 예컨대 그가 묘사하는 삶의 끝에서는 사람은 죽는 것이 아니라 삶에서 퇴장하는 것이었다. 이를 통해 남겨진 가족에 대한 책임감과 이를 다하지 못할지도 모른다는 생각이 연상되도록 자연스럽게 유도한 것이다. 그런 다음 펠드먼은 은유를 활용해 그 해결책으로 재빨리 생명보험을 제시했다.

"당신이 **퇴장**할 때 당신의 생명보험금이 **입장**합니다."

생명보험에 가입하면 가족에 대한 도덕적 책임을 다할 수 있다는 은유적 설명을 들은 많은 고객은 생각을 **바로하고** 생명보험에 가입했다.

은유가 제 몫을 다하려면 각기 다른 두 개념이 언어를 기반으로 연결되어 있어야 한다. 일단 그 연결이 자리를 잡으면 언어를 사용하지 않고도 은유의 설득력은 작동한다. 예를 들어 영어를 비롯한 많은 언어에서 '무게', 즉 '무거움'이라는 단어는 심각성, 중요성, 노력 같은 개념과 은유적으로 결합되어 있다. 그렇기 때문에 첫째, 면접관은 입사 지원자의 자격 요건을 심사할 때 가벼운 서류철에 비해 무거운 서류철에 이력서가 첨부된 지원자가 업무에 더 적합한 인물이라고 판단한다. 둘째, 무거운 서류철에 첨부된 보고서를 읽으면 그 보고서의 내용이 더 중요하다고 생각한다. 셋째, 무거운 물체(들고 있기가 버거워 힘이 드는 물체)를 들고 있는 사람들은 가벼운 물체를 들고 있는 사람들보다 도시 개선 사업 프로젝트의 장단점을 고려하는 데 더 많은 노력을 기울인다. 이런 연구 결과들을 고려한다면, 전자책 단말기를 최대한 가볍게 만들려는 제작자의 의도는 오히려 책이 지닌 가치뿐만 아니라 작가의 전문 지식을 이해하기 위해 기꺼이 할애하려고 했던 노력을 덜하게 만들 수 있다.

그 외에 인간의 판단과 관련된 유사한 연구 결과도 찾아볼 수 있다. 바로 인간적인 따뜻함이다. 예컨대 차가운 물건 대신 뜨거운 커피처럼 따뜻한 물건을 잠깐 들고 있었던 사람들은 주변에 대해 더 온정이 넘치고 친절하며 신뢰를 보였다. 따라서 그 직후에 일어난 사회적 교류에서 더욱 배려심 깊고 협조적인 태도를 나타냈다. 강력한 은유의 연상이 언어를 사용하지 않고도 초전 설득을 통해 활성화될 수 있다는 점은 분명하다. 접촉만으로도 충분하다.[4]

부정적인 연상을 피하라

긍정적인 연상 못지않게 부정적인 연상도 쉽게 전달된다. 그렇기 때문에 즉흥적으로 공유된 의미는 의사전달자에게 행복한 꿈이 될 수도 있고 악몽이 될 수도 있다. 몇 해 전, 미국의 한 백인 공무원이 빡빡한 예산을 어떻게 처리할 계획인지 설명하는 자리에서 '**인색한**niggardly'이라는 단어를 사용하는 바람에 엄청난 비난을 받고 결국 자리에서 물러난 적이 있었다(이 단어는 흑인을 비하하는 은어인 니거nigger에서 유래했으며, 굉장히 부정적인 의미를 가지고 있다-옮긴이). '인색한'이라는 말은 그저 '구두쇠 같은' 혹은 '돈을 잘 쓰려고 하지 않는'이라는 뜻이지만, 그 단어가 가진 특정한 연상 때문에 매우 부정적인 반응을 불러일으켰다. 근본적으로 비슷한 이유로, 중고차 영업사원은 낡고 망가진 느낌이 떠오르는 '중고used'라는 단어를 절대 쓰지 않도록 교육받는다. 대신 이전에 다른 사람이 소유했었음을 뜻하는 '소유된 적 있는pre-owned'이라는 표현을 사용한다. 마찬가지로 IT 서비스업체 직원은 고객에게 상품을 설명할 때 자본의 손실을 떠올리게 하는 '비용cost'이나 '가격price'이라는 말을 되도록 피하고, 획득이 연상되는 '구매purchase' 또는 '투자investment'라는 말을 주로 사용하라고 조언받는다. 일부 항공사는 조종사와 승무원 교육 프로그램에서 비행 전이나 비행 중에 승객과 의사소통을 할 때 '사망'이나 '사고'처럼 부정적인 이미지를 떠올리게 하는 단어는 피하라고 지시한다. 가능하다면 공포감을 줄 수 있는 '최종 목적지your final destination'는 '목적지your destination'로, '터미널terminal'은 '게이트gate'로 바꿔 사용하는 이유도 여기에 있다.

노련한 마케터가 되려면 당연히 제품이나 서비스가 부정적인 연상과 엮이지 않도록 주의해야 한다. 한발 더 나아가, 수비와 공격을 자유자재로 할 수 있어야 하는데 이득이 되는 조건과는 연상을 강화하고, 손해가 되는 조건과는 같이 언급되지 않도록 해야 한다. 그렇다면 가장 이득이 되거나 손해가 되는 요소들에는 어떤 것이 있을까? 13장에서 사람들이 가장 격정적으로 반응하는 부정적 요소들에 대해 더욱 자세히 다룰 것이다. 하지만 그 전에 자이가르닉 효과가 주는 불편함을 해소하는 방법을 간략하게 살펴보자. 이미 형성된 연상 중에서 가장 즉각적이면서도 이후까지 악영향을 미치는 것은 '**불신**'이다. 거짓말과 부정행위 같은 부수적인 것들도 마찬가지다.

우리 자신이 가장 매력적이다. 인간이 무엇인가를 평가할 때 가장 긍정적인 특권을 행사하는 요인은 앞에서도 살펴봤듯이 '나 자신self'이다. 자신과 연결된 정보가 가지는 힘의 원천은 크게 두 가지다. 전자기에 견줄 만한 강력함으로 우리의 관심을 유도하고 지속시킴으로써 상대적인 중요성을 강화할 뿐만 아니라, 대부분의 사람들이 긍정적인 연상을 통해서만 생각하는 '나'라는 대상에 관심을 집중시키기도 한다. 따라서 자기 자신과 관련 있거나 관련 있어 보이는 정보는 전부 우리의 즉각적인 관심을 받는다. 사소해 보이는 연결 고리마저 설득을 성공으로 이끄는 중요한 발판이 될 수 있다.

우리는 생일이나 고향, 이름이 같은 사람에게 쉽게 호감을 느끼며, 서로 돕고 협력하려는 자세를 보인다. 피트니스 센터의 담당 트레이너가 자신과 생일이 같다는 것을 알게 되면 등록할 가능성이 더 커진다. 온라인에서 알게 된 연결성도 예외가 아니다. 젊은 여성의 경우 페이스북에서 친구 신청을 한 남성의 생일이 자신과 같으면 친구로 수락할 가능성이 두 배나 높아진다. 개발도상국에서 중소기업 대상의 소액 금융 상담을 받으려는 사람들은 온라인이든 오프라인이든 상관없이 상담자의 이름과 자신의 이름이 같은 이니셜일 때 상담자의 제안을 더 잘 받아들이는 경향이 관찰된다. 마지막으로, 자신과 연관 있는 집단에 호감을 느끼는 현상, 즉 '암묵적 에고이즘implicit egoism'에 대해 연구하는 연구자들은 그 대상이 사람일 때뿐만 아니라 크래커, 초콜릿, 차 등일 때도 제품 이름에 자기 이름과 동일한 알파벳이 포함되어 있으면 더 강한 선호도를 보인다는 점을 발견했다. 이러한 친밀감을 이용하기 위해 2013년 여름에 코카콜라 영국 사업부는 영국에서 가장 흔한 이름 150개를 포장에 인쇄하여 유통했는데 그 수가 1억 개에 달했다! 도대체 무엇 때문에 막대한 비용을 정당화할 수 있었을까? 이전 해인 2012년에 오스트레일리아와 뉴질랜드에서도 비슷한 프로그램을 통해 매출이 껑충 뛰었기 때문이다. 마침내 미국에서도 이 전략을 시행하자 10년 만에 처음으로 코카콜라의 매출은 상승선을 그렸다.

개인이 아닌 조직 역시 그 이름이 포함된 것을 과대평가하는 경향이 있다. 2004년, 로큰롤 창립 50주년을 기념하기 위해 대중음악 전문 잡지 〈롤링스톤Rolling Stone〉은 최고의 록 음악 500곡을 발표했다. 〈롤링스톤〉의 에디터들이 취합해 투표한 순위에서 가장 높은 자리를 차지한 노래 두 곡은 밥 딜런Bob Dylan의 '구르는 돌멩이처럼Like a Rolling Stone'과 롤링스톤스Rolling Stones의 '나는 만족할 수 없어I Can't Get No Satisfaction'였다. 이 책을 집필하면서 나는 역대 최고의 로큰롤을 뽑은 비슷한 순위 10개를 더 살펴봤다. 그러나 〈롤링스톤〉이 꼽은 곡들이 1위나 2위를 선점한 리스트는 전무했다.[5]

나는 곧 우리이고, 우리는 최고다. 암묵적 에고이즘의 특권을 고려할 때 추가적으로 생각해야 할 점이 한 가지 더 있다. 과대평가된 자아가 반드시 개인적인 자아일 필요는 없다는 것이다. 개인의 특성보다는 개인이 소속된 집단의 특성과 연관 있는 정보, 즉 사회적 자아 역시 즉각적인 반응을 이끌어낼 수 있다. 개인 밖에 존재하되 사회 집단의 일부로 자신을 바라보는 이러한 개념은 종합적으로 형성된 자아의식과 연관된 것들에 특별한 친밀감을 느끼는 일부 비서구 사회에서 특히 강하게 나타난다. 미국과 한국의 2년 치 잡지 광고를 분석한 결과, 첫째로 한국에서는 제품이나 서비스를 주로 가족이나 집단과 연결해 광고하지만 미국에서는 대부분 독자 개인과 연상을 지어서 광고한다. 둘째로, 광고 효과의 측면에서도 한국에서는 집단과 연관된 광고가 더 효과적이었던 것과는 반대로 미국에서는 개인과 연결된 광고가 더 효과적이었다.

동양 문화권의 사람들이 어떤 것을 가치 있게 생각하는지를 잘 이해한 덕분에 한국 정부는 아프가니스탄의 탈레반과 협상할 때 현명한 전략을 동원할 수 있었다. 당시에 아프가니스탄을 대상으로 한 서구의 협상에서는 아예 찾아볼 수 없었을 뿐만 아니라 지금도 서양 강대국은 아프가니스탄에서 이 간단한 전략을 효율적으로 사용하지 못하고 있다.

2007년 7월, 아프간 탈레반은 한국 교회의 후원을 받은 21명의 봉사자를 납치해 인질로 잡았다. 그리고 그들의 잔인함을 보여주기 위해 그중 2명을 살해했다. 남은 19명을 구하기 위해 회담이 열렸지만 협상이 결렬되는 바람에 납치범들이 2명을 추가로 살해하겠다고 발표하는 상황까지 이르고 말았다. 이에 당시 한국의 국가정보원장인 김만복은 협상을 이어가고자 직접 아프가니스탄으로 날아갔다. 그에게는 계획이 있었다. 그 계획이란 무장 단체의 집단 정체성에 매우 중요한 요소, 즉 그들의 언어와 한국 교섭팀 사이에 연결성을 부여하는 것이었다. 그는 도착하자마자 아프가니스탄 통역사를 통해 의사를 전달해온 기존 협상 담당자를, 파슈툰족 말을 유창하게 하는 한국인으로 바꿨다.

빠른 석방을 이뤄낸 그는 이렇게 말했다.

"협상의 핵심은 언어였다."

그러나 언어적인 의사소통이 더욱 정확하고 명료했기 때문에 협상이 성공적으로 끝났던 것은 아니다. 그 이유는 더 원시적이었고, 초전 설득과 깊은 연관이 있었다.

"우리 쪽 협상가가 그들의 언어인 파슈툰족 말을 유창하게 사용하는 것을 본 상대방이 우리와 깊은 친밀감을 느끼게 되었다. 그래서 협상이 유리하게 진행된 것이다."[6]

'쉽게' 해라. 자아self 외에도 매우 긍정적인 연상을 불러일으키는 또 다른 개념이 있다. 대부분의 의사전달자가 이로 인한 연상 작용을 충분히 효과적으로 활용하지 못하기 때문에 좀 더 자세히 살펴볼 필요가 있는데 그 개념은 바로 '쉽다'이다.

무언가를 쉽게 얻는 것과 관련하여 많은 긍정적인 연상이 있다. 물론 특정한 방법으로 이루어졌을 때만 그렇다. 우리는 **막힘없이** 이해할 수 있는 것, 그러니까 빠르고 효율적으로 구상하거나 처리할 수 있는 것을 더 좋아할 뿐만 아니라 더 타당하고 가치 있다고 여긴다. 그 때문에 압운과 규칙적인 운율이 있는 시는 독자에게서 단순한 호감 이상의 무엇인가를 이끌어낸다. 더 뛰어난 미학적 가치를 지닌 예술 작품이라는 인식을 심어주는 것이다. 자유시 애호가들과 현대시 잡지의 게이트키퍼gatekeeper들은 정반대로 생각한다. **인지시학** 분야의 연구자들은 압운이 만들어내는 유려함이 설득 효과를 가져온다는 점을 발견했다. 예를 들어 '조심하고 신중하면 부를 얻는다'라는 표현인 'Caution and measure will win you riches'에서 마지막 단어를 바꾸면 'Caution and measure win you treasure'가 되기 때문에 압운이 맞아떨어져 훨씬 실감 나게 느껴진다. 이를 통해 우리가 배울 수 있는, 설득력을 높여주는 간단한 교훈은 바로 'to make it climb, make it rhyme', 즉 설득에 성공하려면 압운을 만들어야 한다는 것이다.

사람의 외모를 평가할 때도 우리는 인식하기 쉬운 얼굴 특징을 지녔거나 발음하기 쉬운 이름일수록 매력적이라고 생각한다. 사람들은 무언가를 인지적으로 쉽게 처리할 수 있을 때 강력한 신경 활동으로 인해 안면 근육에 변화가 일어나는데, 이것이 바로 미소다. 반대로 처리하기 어려운 무엇인가가 있다면 그것을 경험하기 싫어할 뿐만 아니라 그 자체를 싫어한다. 이로 인한 영향은 그야말로 놀랍다. 미국의 로펌 10곳에서 변호사 500명의 이름을 분석한 결과, 이름이 발음하기 어려운 사람일수록 직급이 낮았다. 그런데 이 효과는 이름의 이국성과는 별개로 적용됐다. 발음하기 힘든 외국 이름을 가진 사람은 쉽게 발음할 수 있는 외국 이름을 가진 사람보다 열등한 위치에 있을 가능성이 높았다. 발음하기 힘든 약물이나 식품첨가물에도 동일한 효과가 나타났는데, 발음이 어려울수록 해당 제품과 그 제품의 잠재적 위험성에 덜 호의적이었다. 그렇다면 왜 영양제와 제약 회사는 젤잔즈Xeljanz나 파르시가Farxiga와 같이 발음과 철자가 어려운 제품명을 만들까? 어쩌면 추출한 성분이 들어 있는 식물이나 화학물질을 나타내기 위한 것일지도 모르겠다. 만약 그렇다면 그다지 좋은 타협은 아닌 듯하다.

좀 더 전문적인 비즈니스 영역으로 들어가면, 발음의 유창성이 떨어질 경우에는 또 다른 문제를 일으킬 수 있다. 식당에서 읽기 어려운 장식적인 서체나 어두운 조명 때문에, 또는 두 가지 문제가 동시에 발생하는 바람에 메뉴판을 제대로 볼 수 없었던 경우가 셀 수 없이 많다. 당신은 손님을 끌어모으고자 하는 식당 주인이라면 이런 실수를 하지 말아야 한다고 생각할 것이다. 연구 결과에서 알 수 있듯이 이해하기 힘든 정보는 그만큼 매력이 감소하며, 읽기 힘든 주장은 거짓처럼 보일 가능성이 높기 때문이다.

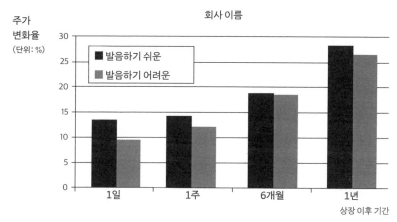

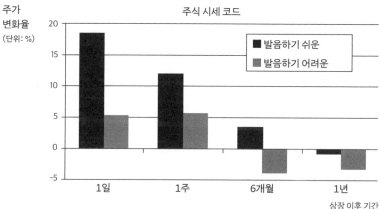

회사명이 발음하기 쉬우면 이익 발표도 빨라진다
미국증권거래소의 자료를 살펴본 결과, 회사 이름(위 그래프)이나 주식시세 코드(아래 그래프)의 발음이 쉬우면 해당 회사 주식의 초기 가치도 상대적으로 더 컸다.
자료 제공: *Adam Oppenheimer and the National Academy of Sciences, U.S.A.*

  그러나 비즈니스 전문가가 이러한 세세한 부분까지 주의를 기울이지 못하는 바람에 벌어졌던 가장 심각한 불상사는 주식시장에서 일어났다. 1990년부터 2004년까지 뉴욕증권거래소에서 주식거래를 시작한 89개 회사를 무작위로 선택해 분석했더니, 시간이 지남에 따라 그 효과는 줄어들었지만 분명하게 관찰되는 현상이 하나 있었다. 발음하기 쉬운 이름의 회사가 그렇지 않은 회사보다 실적이 월등히 좋았다. 미국증권거래소에서도 비슷한 현상을 파악할 수 있었다. 주식시세 코드는 알파벳 3개로 구성되는데, 시세 코드를 발음하기 쉬운(KAR) 회사가 발음하기 어려운 회사(RDO)보다 훨씬 좋은 성과를 거두었다.[7]

이러한 증거는 우리가 일상에서 겪는 많은 상황을 불편하고 혼란스럽게 만들 수 있다. 지금까지 이 책에 나온 연구 결과들은 하나같이 이러한 걱정이 당연한 것이라고 말한다. 그렇다고 해서 삶이라는 장기판 위에서 눈앞에 보이는 단어, 기호, 이미지의 연합에 이리저리 휘둘리기만 해야 할까? 다행히도 아니다. 연상의 원리와 과정을 이해한다면 초전 설득을 위한 전략을 세울 수 있다. 먼저 우리가 바라는 연상을 유발하는 상황을 선택할 수 있다. 만약 이런 선택을 하기 어려울 때는 앞으로 벌어질 상황과 연결되어 있는 연상을 잘 고려해서 나에게 가장 이익이 되는 방향으로 나아가야 한다. 다음 장에서 자세한 방법을 알아보자.

8장

설득의 지리학:
물리적·심리적 공간이 감정을 좌우한다

Persuasive Geographies: All the Right Places, All the Right Traces

◆

◆

설득에도 지리학이 있다.

대중을 위한 첫 책을 쓰기 시작했을 때 나는 재직 중이던 대학을 떠나 다른 학교에 머무르고 있었다. 연구실이 고층에 있었기 때문에 글을 쓰면서 다양한 연구 기관과 센터, 그리고 부서들이 있는 일련의 웅장한 건물들이 보이는 창문 쪽에 책상을 놓을 수 있었다. 나는 학문의 세계로 향하는 이 외부 창문의 양쪽 끝에다가 그 세계에 대한 내부 창문을 제공할 자료들로 가득 채운 책장들을 줄지어놓았다. 내 전공 서적과 학술지, 논문, 파일들이었다.

나는 시내에서 아파트 하나를 임대하고 그곳에서도 창문 앞에 책상을 놓고 글을 쓰려고 했다. 의도한 건 아니지만, 집의 위치는 대학 연구실과는 다른 풍경을 제공했다. 엄격한 학문의 본거지 대신에 오고 가는 사람들을 보았다. 대부분은 직장에 나가거나 시장을 보러 가는 등 사람들이 일상적으로 하는 수많은 평범한 일을 하러 가는 행인들이었다. 내 책상 주변도 연구실과 상당히 달랐는데 정보 환경이 특히 그랬다. 신문, 잡지, 탁상, 그리고 TV 쇼가 과학 출판물과 교재, 문서 보관함, 동료들과의 대화를 대신했다.

그처럼 분리된 공간에서 집필한 것은 예상하지 못한, 심지어 집필 과정에 들어선 지 한 달이 되어 출간물들의 서문을 모두 모아 하나의 작품으로 읽어볼 때까지도 의식하지 못한 효과를 냈다. 집에서 쓴 결과물이 대학 연구실에서 집필한 것보다 훨씬 좋았는데, 이는 분명 집이 내가 대상으로 하는 일반 대중에게 더 적합한 장소였기 때문이다. 실제로 문체와 구성의 측면에서 연구실 책상에서 쓴 글은 동료 교수들 외에는 누구에게도 부적합했다.

놀랍게도 나는 내가 원하는 바를 명확히 이해했고, 따라서 어느 곳에서든 내가 어떤 내용을 써야 할지 분명히 알았음에도 불구하고 대학 연구실에서는 왜 집필할 수 없었는지 의문이 생겼다. 돌이켜 생각하니 대답은 명확했다. 고개를 들거나 돌릴 때마다 캠퍼스 책상에서의 시선은 내가 학구적인 접근법, 전문용어, 문법, 소통 방식과 연결되어 있는 단서들에 접촉하게 해주었던 것이다.

예상 독자들의 특성과 선호도에 관해 내가 (머릿속 어딘가에서) 알고 있는 것들은 중요하지 않았다. 대학 연구실이라는 환경 속에는 일반 독자들에 대한 생각을 일상적으로, 자동적으로 불러일으키는 단서가 거의 없었다. 하지만 집에 있는 책상 주변의 단서들은 내 과제와 일치했다. 나는 처음부터 대상 독자로 의도했던 사람들에 대해 연상하도록 자극하는 환경에 둘러싸인 집에서야말로 그들과 훨씬 성공적으로 조화될 수 있었다.

이런 깨달음을 얻은 나는 설득의 지리학에 기반한 결정을 내렸고, 대학에서 쓴 분량을 모두 집으로 가져와서 수정했다. 가치 있는 일이었다. 일례로 "나의 학술적 하위 분야인 실험적 사회심리학의 핵심은 사회적 특권의 과정에 대한 연구다"라는 그 책의 첫 문장을 (다행스럽게도) "나는 이제 거리낌 없이 인정할 수 있다. 지금까지의 내 삶이 어수룩했다는 것을"로 수정할 수 있었다. 다음으로 해야 할 일을 아는 건 어렵지 않았다. 책은 집에서 집필했고, 동료 교수들을 대상으로 하는 논문은 대학 연구실에서 썼다.[8]

이런 경험에서 우리가 얻는 교훈은 대중적인 학문을 만드는 것 이상으로 확장된다. 그 교훈은 우리가 원하는 목표를 향해 선택한 연상 경로 (슈트)로 나아가기 위해 우리의 물리적인 환경을 어떻게 초전 설득 방식으로 배열할 수 있는지에 관한 훨씬 폭넓은 질문에 적용된다.

여러 컨설팅 회사들이 기업 고객을 위해 직원들의 업무 효율 상승을 촉진하는 시스템을 개발하는데, 대부분은 인센티브 프로그램으로 성과 목표에 도달한 이들에게 보상하는 원리다. 어느 마케팅 콘퍼런스에서 이런 기업 맞춤형 시스템을 만들어주는 여성 프로젝트 매니저와 이야기를 나누면서 노련한 전문가들이 해당 분야에서 성공을 거두는 이유에 대해 평소 궁금했던 것들을 질문했다. 그녀의 경우에 그녀가 가장 성공적인 인센티브 프로그램을 만들 수 있었던 이유는 무엇이라고 생각하는지 물었다. 그녀는 자기 팀이 고객사의 사업 분야에서 경험이 많았던 점, 고객사가 정보 제공에 협조적이었던 점, 고객사와 컨설팅팀 양쪽 모두의 준비가 충실했던 점 등 쉽게 떠오르는 긍정적인 요소들을 몇 가지 나열한 후 그녀가 전혀 이해할 수 없었던 한 가지를 언급했다. 그 한 가지는 프로그램을 구축할 때 고객 본사에 작업 공간을 빌렸는데 나중에 그 공간이 특히 효과적이었다고 밝혀졌다는 것이다. 바로 사무실 중앙에 위치한 유리 회의실이었다.

그녀는 성공적인 결과가 나온 것이 이상하다고 말했다. 사실 그녀는 반대 결과를 예상했는데, 바삐 다니는 주변 직원들이 모두 시야에 들어오는 환경은 유리 회의실에 있는 프로그램 실무자의 주의력을 흩뜨려서 업무와 관련 없는 것들에 신경을 쓰게 만들 거라고 생각했던 것이다.

"당신이라도 그렇게 생각했을 것 같지 않나요?"라고 그녀는 물었다. 나는 두 작업 장소에서 글쓰기를 했던 경험을 떠올리면서 그런 경험을 하기 전에는 나도 그렇게 생각했겠지만 이제는 아니라고 설명했다. 이 만남 후에 나는 그녀가 업무 성공과 매우 관련이 깊은 작업 환경의 어떤 요소들을 서로 무관한 것들로 치부한다고 생각했다. 그녀와 그녀의 팀이 직원 인센티브 프로그램을 최적으로 개발하려면 그 프로그램의 수혜를 받을 직원들이 지속적으로 시야에 있어야 한다고 말이다. 내 경우에는 사실이었다. 내 글을 예비 독자들의 관심사와 의사소통 방식에 맞추기 위해 그들을 계속 상기시켜줄 환경이 필요했다. 그래서 나는 그런 대상을 제공해주는 장소에서만 전적으로 집필하기로 결정한 것이었다.

나의 이러한 설명에 설득되기는 했지만 그녀는 만족하지 않았다. 당연하게도 그녀의 경우에는 나처럼 이상적인 작업 환경을 선택할 상황이 못 된다고 주장했다. 그녀의 팀은 고객사에서 어떤 작업 공간을 제공받을지 정할 수 있는 위치였던 적이 한 번도 없었다. 그건 늘 고객사의 권한이었다.

"게다가 말이죠." 그녀는 불만을 이어나갔다.

"그런 건물들에는 대부분 유리 회의실이 없어요. 그러니 그런 회의실에서 작업이 잘된다는 사실을 안다고 해서 저에게 도움이 되는 건 그다지 없군요."

나는 그녀의 좌절을 이해할 수 있었다. 대부분의 사람들은 특정 상황에서 설득 과정이 어떻게 작동하는지 아는 것만으로는 만족하지 않았다. 사람들은 인지한 사실을 이용할 방법을 알고 싶어 한다. 그녀는 우리의 대화 내용에 실망하며 떠났지만 그게 끝은 아니었다.

몇 달 후, 그녀는 자신이 시도한 새로운 품질 향상 전략이 '엄청난 성공'을 거뒀다는 소식을 전하기 위해 밝은 목소리로 내게 전화를 걸어왔다. 자기 팀과 논의하는 중에 그녀는 고객사의 직원 프로그램을 개발하는 동안 그들과 시각적으로 가까워지면 그 과정을 향상할 수 있다는 내 주장을 언급했다. 이제 팀의 문제는 폐쇄된 회의실에서 작업할 때도 은근하게 지속적으로 직원들과 접촉할 방법을 찾는 것이었다. 가장 젊은 팀원이 실행하기 쉬운 해결책을 하나 제안했고, 그건 이후에 효과적인 방법으로 증명됐다. 어떤 실무 회의를 하든 이제 팀원들은 그에 앞서 고객사의 웹사이트와 내부 간행물에서 프로그램의 수혜를 받을 직원들의 사진을 다운로드한다. 그러고 나서 사진들을 확대해 커다란 포스터 게시판에 붙인 후 일하는 회의실이 어디가 되었든 벽에 기대어 세워놓는다. 고객사들은 컨설턴트들이 해당 작업에 적용한 '맞춤 관리'의 진가를 알아봤으므로 그 아이디어를 아주 좋아했다고 한다.

그녀를 비롯한 팀원들이 일해야 하는 환경에 들어가기 **전에** 자신들의 직무를 생산적으로 수행하기 위한 환경의 단서들을 구성했으므로, 그들은 이 책에서 다뤄온 초전 설득을 아주 잘 실천하고 있다는 점에 주목하자. 유일한 차이점은 그녀의 팀이 초전 설득의 타깃을 타인이 아니라 자기 자신으로 선택했다는 점이다.

그녀와 통화를 하면서 나는 팀장과 팀원들이 그 전략을 하나의 학습 과정으로 삼아서 점차 공고히 해나가고 있음을 느꼈다. 그들은 단순히 직원들의 얼굴을 찍은 사진이 아니라 직원들이 일하는 모습을 찍은 사진을 사용했을 때 프로그램 설계팀에게서 더 긍정적인 결과가 나온다는 사실을 발견했다. 더욱 인상 깊은 것은 직원들의 심리에 대한 정보를 얻고 그 정보를, 이상적인 효과를 만들어내는 데 적용할 수 있는 영리한 방법이라는 점인데, 물리적인 환경 속의 배경 단서들이 그곳에 있는 개개인이 어떻게 생각하는지를 알 수 있게 해준다. 가장 인상적이었던 것은 그들이 차선책이나 연상의 단서들로만 채워진 작업환경으로 자신들을 몰아넣는 기존 현실에 좌절하지 않았다는 점이다. 대신 그들은 긍정적인 대응 방식을 자동적으로 활성화하는, 보다 도움이 되는 다양한 방법을 작업환경에 불어넣으면서 현실을 바꿔왔다.[9]

우리도 똑같이 할 수 있다. 안 될 이유가 있겠는가? 목표와 단서들을 동기화하는 방식은 큰 보상을 안겨주며, 이를 성취하는 데에는 두 가지의 매력적인 선택지가 있다. 두 대안 중 하나는 설계팀의 일례를 따라 우리의 외부에 있는 자기 설득의 중요한 지리학적 요소에 변화를 주는 것이다. 그리고 다른 하나는 우리 내면에 있는 자기 설득의 중요한 지리학적 요소에 변화를 주는 것이다. 첫 번째 선택지는 이미 살펴봤다. 이제 두 번째 선택지를 알아보자.

― 우리 안에 내재된 경험의 전염성

외부 세계의 어떤 속성들은 우리의 주의를 우리 내부의 속성인 특정한 태도, 신념, 특성, 기억, 감각과 같은 것으로 옮겨 가도록 하기 쉽다. 앞서 이야기했듯이 이런 주의 전환에는 그에 따른 효과들이 발생한다. 다시 말해 우리는 주의를 전환하는 순간 내부의 주요 요소에 중요성을 부여하고, 인과관계를 할당하며, 그와 관련된 행동을 취할 가능성이 더 커진다.

다른 관객의 시끄러운 기침 소리 때문에 공연을 관람하는 데 방해받은 적이 있는가? 주의 집중을 방해하는 소음 외에도 배우, 가수, 음악가, 댄서 등 모든 종류의 공연자들이 공연 중 단 한 번의 재채기 소리도 싫어하는 데에는 또 다른 이유가 있다. 바로 전염될 수 있기 때문이다. 이 점에 대해서는 확고한 과학적 증거가 있지만, 그래도 가장 극적인 증언은 예술가들에게서 나온다. 소설가이자 극작가인 로버트 아드리Robert Ardrey는 극장 안에서 불쾌한 일이 어떻게 차례대로 발생하는지를 묘사한 바 있다.

"관객 한 사람이 끔찍하게 큰 소리로 재채기를 시작하면 곧이어 극장 전체가 재채기로 혼돈의 도가니가 되고, 배우들은 분노에 휩싸이며, 그러한 혼돈은 좌절한 극작가가 근처 술집으로 빠져나갈 때까지 퍼져 나간다."

이러한 종류의 전염성은 관객들에게만 한정되지 않는다. 신문 사설 위원들의 저녁 모임에 참석한 참가자 200여 명이 식장 한쪽에서 시작된 기침에 일제히 전염됐던 사례가 있다. 기침은 너무나 급격하게 퍼져서 주최 측에서는 당시 검찰총장인 재닛 레노Janet Reno를 포함한 참석자 모두를 대피시켜야 할 지경에 이르렀다. 식장을 엄격하게 검사했지만 발작적인 기침에 대한 어떤 물리적인 원인도 발견되지 않았다. 재채기 외에도 여러 증상을 포함하는 이와 유사한 사고들이 매년 수천 건씩 전 세계에서 발생한다. 대표적인 몇 가지 사례를 살펴보자.

- 오스트리아 언론 매체들은 몇 차례에 걸쳐 두통과 메스꺼움을 유발하는 다양한 독거미가 목격됐다고 보도했다. 거주민들은 거미에 물렸다고 확신하며 병원으로 모여들었다. 증상을 오인한 사람이 실제로 거미에 물린 사람보다 4,000퍼센트 많았다.

- 미국 테네시주의 한 고등학교 교사가 교실에서 가스 냄새를 맡고 어지럼과 메스꺼움을 호소하자 학생들과 다른 교사들, 그리고 교직원들까지 같은 증상을 경험하기 시작했다. 그날 그 학교에서 100여 명이 가스 누출과 관련된 증상으로 병원 응급실로 향했으며, 그로부터 5일 후에 학교가 다시 문을 열었을 때도 71명이 같은 증상으로 후송됐다. 가스가 누출된 날은 그날뿐만 아니라 단 한 번도 없었다.

- 캐나다의 정유 공장 근처에 위치한 작은 마을 두 곳의 주민들은 그 지역의 암 발생률이 평균보다 25퍼센트 더 높다는 약학 연구 결과를 알게 되었다. 그러자 주민들은 유독성 물질이 노출되면서 다양한 질환이 확산하고 있다고 여기기 시작했다. 하지만 몇 달 후 해당 연구를 한 연구자가 발표를 철회했을 때 이런 오해는 수그러들었다. 그 지역의 높은 암 발생률은 처음부터 통계적인 계산 오류로 인한 착오였다고 보고한 것이다.

- 독일에서 가려움증과 관련된 피부 질환에 대해서 강연을 듣던 청

중은 바로 가려움을 느꼈으며 점차 많은 사람이 피부를 긁기 시작했다.

마지막 사례는 잘 알려진 '의대생 증후군medical student syndrome'과 유사한 것으로 이런 현상이 발생하는 이유를 가장 잘 보여준다. 연구에 의하면 전체 의대생의 70~80퍼센트가 이 증후군으로 고통받고 있다. 그들은 질병이 무엇이든 그 당시에 배우고 있는 질병의 증상을 경험하며, 자신들이 그 질병에 걸렸다고 확신하게 된다. 이런 현상을 조심하라는 교수들의 경고도 소용없다. 학생들은 놀라울 정도로 자기가 느끼는 증상이 실제라고 생각하며 새로운 '금주의 질병disease of the week'을 심각하게 경험하기까지 했다. 이러한 현상에 관해 의대 교수들에게 오랫동안 알려져온 설명이 우리에게 그 이유를 말해준다. 내과 의사인 조지 링컨 월턴 George Lincoln Walton이 1908년에 쓴 내용을 보면 다음과 같다.

"의대 교수들은, 자신이 공부하고 있는 질병에 걸렸다고 두려워하는 학생들을 지속적으로 상담한다. 폐렴이 특정 부위에 통증을 유발한다는 지식은 **해당 부위에 주의가 집중되도록** 하며, 거기에서 느껴지는 어떤 감각이라도 경각심을 불러일으킨다. 맹장의 위치에 대한 단순한 지식은 해당 부위에서 발생하는 전혀 해롭지 않은 감각도 심각하게 위협적인 증상으로 바꾼다."[10]

효과적인 설득(아마도 이런 경우들은 효과적인 자기 설득)에 관심 있는 우리에게 이러한 예들은 무엇을 의미하는가? 우리에게는 예상하지 못한 순간에 어떤 일이 발생했을 때 그것이 무엇이든 거기에 주의를 돌리는 경험의 단위units of experience가 있다. 우리 모두의 신체에는 기침의 구성 물질이 들어 있는데, 기침이 시작되는 부위인 폐의 윗부분에 집중함으로써 그 성분들을 활성화할 수 있다. 한번 시도해보면 알 수 있을 것이다. 같은 현상이 현기증, 메스꺼움, 두통의 구성 물질에도 적용되며 각각 뇌 중앙의 한 부분이나 위장 위쪽, 또는 눈 바로 위 지점에 집중함으로써 그런 물질들을 활성화할 수 있다. 그러나 우리에게 내재된 이런 경험의 단위들에는 우리가 주의를 집중하기만 하면 활성화할 수 있는 유리한 태도와 생산적인 특성, 그리고 유용한 능력도 포함된다.

우리가 가장 열망하는 경험인 '행복'에 이를 적용할 방법을 알아보자. 행복은 그 자체만으로도 소중하지만 추가적인 혜택을 제공한다. 행복은 쾌적한 삶으로부터 나오는 감정이지만 거꾸로 행복을 느낌으로써 삶이 더 쾌적해지기도 한다. 왜냐하면 행복한 감정을 느끼면 신체적인 건강과 심리적인 안녕은 물론이고 일반적인 성공 요인들에 대해서도 그 가능성을 더 높일 수 있기 때문이다. 그러니 스스로를 설득해서 인생의 즐거움을 증가시키기 위한 결정적 요인들을 이해해야 한다. 하지만 그에 앞서 행복에 관한 많은 연구가 던지는 수수께끼 하나를 먼저 풀어야 한다.[11]

긍정성의 역설

종합건강검진 후, 의사가 몸 여기저기를 망가뜨릴 질병에 걸렸다고 부정할 수 없는 소식을 당신에게 전했다고 가정하자. 질병의 진행 속도가 무자비하게 빠르면 당신이 보고 듣고 명확하게 생각할 수 있는 능력도 손상될 것이다. 미각이 무뎌지고, 소화 체계가 손상되어 자극적이지 않은 음식들로 식단을 제한하면서 먹는 즐거움도 빼앗길 것이다. 에너지와 힘이 떨어지면서 여러 좋아하던 활동들도 못 하게 될 것이며, 결국 에는 운전이나 혼자 힘으로 걷는 것조차 불가능해질 것이다. 당신은 관상동맥 심장 질환, 뇌졸중, 동맥경화증, 폐렴, 관절염, 당뇨와 같은 다른 질병들에도 점차 취약해질 것이다.

당신이 꼭 의료 전문가여야만 이런 점진적인 의학적 상태를 알 수 있는 것은 아니다. 이는 노화 과정이기 때문이다. 노화로 인한 바람직하지 않은 결과는 사람마다 다르겠지만, 평균적으로 노인들은 신체적·정신적 기능이 모두 상당히 쇠퇴한다. 그러나 노인들은 그런 쇠퇴가 자신들의 행복을 저해하도록 방치하지 않는다. 여기에 역설이 나타나는데 실제로 '나이 듦'은 반대의 결과를 낳는다. 노인들은 젊고 강하며 건강했을 때보다 더 행복감을 느낀다. 이런 역설이 존재하는 이유에 대한 의문은 수십 년 동안 수명과 관련해 연구해온 연구자들에게 흥미를 불러일으켰다. 몇 가지 가능성이 검토된 후, 심리학자 로라 카스텐센Laura Carstensen이 이끄는 연구진은 놀라운 해답을 내놓았다. 자기 삶의 그 모든 부정적인 측면에 대해서 말 그대로 할애할 시간이 노인들에게는 없었다는 것이다.

노인들은 여생 동안 감정적으로 만족스러운 시간을 갈망하며 그런 시간을 성취하기 위해 의도적인 조치를 취한다. 즉 '자기 설득의 지리학 geography of self-influence'을 숙지함으로써 그 효과를 얻어낸다. 노인들은 개인적으로 기분 좋은 경험이 있는 장소들을 심리적으로나 육체적으로 빈번히 드나든다. 그들은 젊은 사람들에 비해 더 많이 **긍정적인** 기억을 회상하고, **기분 좋은** 생각을 즐기며, **호의적인** 정보를 추구하고 보유할 뿐만 아니라 행복한 얼굴을 찾아서 바라보고, 자신들이 소비하는 상품의 **장점**에 초점을 맞춘다.

노인들이 앞서 살펴본 효과적인 정신 전략을 통해 **유쾌한** 장소들을 확보하고 있다는 점에 주목하자. 그들은 좋은 지점에만 **집중한다**. 실제로 최고의 '주의 관리' 기술을 지닌 노인(긍정적인 것을 지향하고 유지하는 데 능숙한 사람)들은 정서적으로 엄청나게 고양된다. 반면 이런 기술이 부족한 사람들은 자신을 시련에서 구하는 데 필요한 주의력을 강하게 발휘하지 못한다. 그런 사람들은 나이가 들면서 감정의 부조화를 경험한다. 개인적으로는 바로 이런 사람들이 노인들이란 화를 잘 내고 심술궂다는 잘못된 고정관념을 불러일으킨다고 생각한다. 성격 나쁜 사람들이 만족해하는 사람들보다 눈에 더 잘 띄기 때문이다.

나는 카스텐센 교수에게, 노인들이 남은 날들을 부정적인 것보다 긍정적인 것에 집중하면서 보내기로 결정한다는 아이디어를 처음에 어떤 계기로 얻게 되었는지 물었다. 그녀는 양로원에 사는 한 자매를 인터뷰하면서 그들에게 다양한 부정적 사건들, 이를테면 그들이 주변에서 일상적으로 목격하는 질병과 죽음 같은 것들에 어떻게 대처하는지 질문했던 경험을 들려줬다. 그녀의 질문에 그들은 일제히 대답했다. "아, 우리는 그런 것을 걱정할 시간이 없어요." 카스텐센 교수는 자매의 답변이 당황스러웠다고 회상했다. 그들은 직업도, 가사 노동도, 책임져야 할 가족도 없는 그야말로 은퇴자들이었으므로 그들의 일상에는 남는 게 시간**뿐**이라고 생각했던 것이다. 이내 카스텐센 교수는 평생 동기life span motivation라는 주제 연구에서 얻은 통찰력으로, 그 자매가 언급한 '시간'이란 그들이 하루에 쓸 수 있는 양적인 것이 아니라 남은 삶을 의미한다는 것을 깨달았다. 그런 관점에서 자매에게 남은 시간의 많은 부분을 유

쾌하지 않은 사건들에 할애한다는 건 말이 되지 않았다.[12]

그렇다면 우리는 어떨까? 우리는 삶에 대해 행복한 전망을 가지기 위해 나이가 들기를 기다려야만 할까? 긍정심리학(불안, 우울, 스트레스 같은 부정적 감정보다 개인의 강점과 미덕 같은 긍정적 심리에 초점을 맞추는 심리학 연구 동향-옮긴이) 분야의 연구에 따르면 그렇지 않다. 하지만 우리의 전략을 보다 더 노인들의 전략처럼 바꿀 필요는 있다. 다행스럽게도 누군가가 이를 행할 방법들을 초전 설득 방식으로 목록화했다.

소냐 류보머스키Sonja Lyubomirsky 박사가 행복을 연구한 첫 연구자는 아니다. 하지만 내 관점에서 그녀는 누구보다 더 체계적으로 핵심 질문을 탐구하여 해당 학문에 괄목할 만한 기여를 했다. 그녀가 탐구한 것은 일반적으로 생각하는 "행복과 연관된 요소에는 무엇이 있는가?"라는 추상적인 질문이 아니다. 대신 "행복을 증진하기 위해 우리가 수행할 수 있는 구체적인 활동들은 어떤 것인가?"와 같은 절차적인 질문이었다. 류보머스키 박사는 어린아이였을 때 러시아 이민자 가족을 따라 미국으로 건너왔는데, 그들은 어려운 경제 환경에서 낯설고 때로는 도전적인 문화에 적응하면서 끝없이 생겨나는 문제들을 다뤄야 했다. 그와 동시에 새로운 삶은 편리하고 즐거운 측면도 많았다. 그녀는 그때를 되돌아보면서 의기소침한 기분을 지우고 행복한 감정에 집중하려면 가족들이 어떤 행동을 할 수 있었을까 의문스러워졌다.

"모든 게 절망적이지는 않았다." 그녀는 2013년에 출간한 《행복의 신화The Myths of Happiness》에서 이렇게 썼다. "하지만 내가 지금 아는 것을 그때도 알았다면 우리 가족은 역경을 더 잘 극복할 수 있었을 것이다." 이 문장은 그 문제에 대해 그녀가 지금 아는 것이 무엇인지를 궁금하게 만들었다. 나는 그녀에게 전화하여 사람들이 감정적으로 삶을 향상하기 위해 무슨 조치를 취할 수 있는지, 그에 대해 과학적인 확신을 가지고 말할 수 있느냐고 물었다. 그녀의 대답은 삶에서 즐거운 면을 더 늘리고자 하는 모든 사람에게 기쁜 소식과 나쁜 소식을 함께 제공한다.

그녀는 한편으로는 개인의 행복을 확실하게 증가시키는 일련의 조정 가능한 활동들을 구체적으로 명시했다. 그 목록에서 상위 세 개의 활동을 포함한 몇 가지 활동은 초전 설득 방식으로 주의를 재집중시키는 것만 필요로 한다.

1. 매일 하루를 시작하면서 좋았던 일과 감사할 일을 생각한 다음에 그 내용을 적으면서 일정 시간 동안 그 일들에 당신 자신을 집중시켜라.
2. 어떤 상황이나 사건, 미래에 일어날 일이든 먼저 밝은 측면을 낙관적으로 바라봄으로써 낙천성을 길러라.
3. 문제를 곱씹거나 타인과 비교하는 건강하지 못한 시간을 의도적으로 제한해서 부정적인 생각들을 없애라.

아이폰에는 사용자가 이런 활동들에 참여할 수 있도록 도와주는 '라이브 해피Live Happy'라는 애플리케이션이 있는데, 그것을 사용하는 빈도와 사용자의 행복감 사이에는 상관관계가 있다.

다른 한편으로는 그 과정은 끊임없는 실행을 필요로 한다. "체중을 감량하는 것처럼 스스로 자신을 더 행복하게 만들 수 있어요"라고 류보머스키 박사는 나를 확신시켰다. "하지만 차별화된 식사를 하고 성실하게 체육관에 가듯이, 당신은 매일매일 노력을 기울여야 합니다. 그리고 꾸준히 해야 하죠" 그녀의 마지막 말은 노인들이 행복을 추구해온 방식에 대한 교훈처럼 들렸다. 노인들은 그들 내면의 지리에 있는 가장 유쾌한 심리적 장소를 방문객이나 관광객처럼 가끔 들르는 것이 아니라, 항상 정신적으로 그 주변에 **머물렀다.** 아침마다 따뜻한 날씨를 맞이하기 위해 플로리다나 애리조나로 물리적으로 이사하는 것처럼 자기 자신을 정신적으로 새로운 장소로 이주시킨다.

류보머스키 박사에게 이런 질문도 했다. 왜 사람들은 대부분 노인이 되기 전까지 더 행복해지기 위해 열심히 일해야만 하는지 말이다. 그녀는 연구진이 아직 그에 대한 답은 밝혀내지 못했다고 말했다. 하지만 나는 카스텐센 교수의 연구에서 이미 그 답이 드러났다고 생각한다. 당신은 노인들이 감정적인 만족을 주요한 인생 목표로 두고 우선순위를 결정하기 때문에 체계적으로 긍정적인 방향에만 집중한다는 사실을 그녀가 발견했음을 기억할 것이다. 또한 카스텐센 교수는 젊은 사람들에게는 학습, 개발, 성취를 위한 노력을 포함해 다른 주요한 인생 목표가 있다는 것도 발견했다. 이러한 목표를 달성하기 위해서는 까다로운 업무, 상반되는 견해, 친숙하지 않은 사람들, 실수나 실패 등 불편한 요소들을 특히 더 개방적으로 받아들여야 한다. 다른 접근 방식으로는 적응하지 못할 수 있다.

이는 초년기와 중년기에 우리의 마음을 그런 고난에서 해방하는 일이 아주 어려울 수 있다는 설명도 된다. 이 시기의 우리는 주요한 목표를 이루는 과정에서 맞닥뜨릴 수밖에 없는 부정적인 요소들에서 배우고 깨닫기 위해 그것들을 수용해야 한다. 문제는 부정적인 것을 생성하는 감정 속으로 우리 스스로가 빠져들 때 생긴다. 마음속에서 끝없이 반복되는 부정적 속성들에 갇혔을 때 말이다. 여기서 류보머스키 박사의 활동 목록이 유용해진다. 우리가 가장 아늑한 심리적 공간에 항상 머무를 수는 없다고 해도 주의 전환 활동attention-shifting activities을 통해 규칙적으로 그러한 공간을 돌아볼 수 있으며 냉담한 현실에 갇히는 것을 막을 수 있다.[13]

행복에 관한 연구는 상대적으로 간단한 주의 기반 전술attention-based tactics만으로도 감정 상태를 관리하는 데에 도움이 된다는 사실을 보여줬다. 개인적인 성취와 직업적인 성공 등 다른 바람직한 상태를 관리하는 데에도 그와 유사한 방법들을 사용할 수 있을까?

처음 대학원에 입학했을 때 나는 사회심리학 박사과정에 합격한 신입생 6명 중 하나였다. 그중에서 앨런 채킨Alan Chaikin이라는 친절한 남학생은 대부분의 대학원에 지원하기 전에 모든 학생이 치러야 하는 GRE 시험에서 놀라운 점수를 받았다는 소문이 돌았기 때문에 처음부터 우리 사이에서 경외의 대상이었다. 그는 언어 적성, 수학 능력, 분석적 추론이라는 세 영역에서 전 세계의 응시자 중 상위 1퍼센트에 해당하는 점수를 기록했다. 더욱이 그의 점수는 모든 심리학과 학생 중에서도 상위 1퍼센트였다. 우리 중 몇몇은 한두 영역에서 그와 비슷한 점수를 받았지만, 모든 영역에서 그런 점수를 받은 사람은 없었다. 그래서 우리는 일제히 앨런의 지적 수준과 범위에 놀랄 준비가 되어 있었다. 그리고 실제로도 우리는 그에게서 놀라움을 경험했다. 비록 예상했던 방식은 아니었지만 말이다.

앨런은 똑똑한 남자였다. 하지만 얼마 지나지 않아 일반적인 관점에서 그가 우리보다 특별히 똑똑한 것은 아니라는 게 명백해졌다. 좋은 아이디어를 내거나, 잘못된 주장을 잡아내거나, 인상적인 논평을 하거나, 명확한 통찰력을 제시하는 데에서 그가 유달리 뛰어난 것은 아니었다. 그가 잘하는 건 정형화된 시험, 특히 GRE 시험이었다. 나는 첫 학기에 그와 같은 연구실을 쓰면서 그가 다른 학생들보다 놀랍도록 뛰어난 점수를 받은 이유를 물어볼 정도로 친해졌다. 그는 처음에는 웃어넘겼지만, 내가 진지하게 다시 질문하자 망설임 없이 대답했다. 그는 자신의 상대적인 성공이 두 가지 차별화 요소와 관련된다고 생각하고 있었다.

첫째, 앨런은 속독을 했다. 입학하기 직전의 해에 그는 요점을 놓치지 않고 문서를 빠르게 읽는 법을 가르쳐주는 과정을 수강했다. 그 방법은 GRE에서 엄청나게 유리했는데 당시에 GRE는 정답 수가 얼마나 많은가를 기준으로 최종 점수를 계산했기 때문이다. 그는 속독 기술을 사용해 많은 시험문제를 빠르게 훑어본 후 해결하기 간단하거나 이미 아는 문제를 우선적으로 즉시 풀 수 있다는 사실을 깨달았다. 그는 이런 방식으로 쉬운 문제를 모두 푼 후에 다시 돌아가서 어려운 문제를 풀었다. 아마 다른 학생들은 대부분 한 문제씩 차례대로 풀면서 어려운 문제에 빠져 헤맸을 것이다. 어려운 문제는 학생들에게 결국 틀릴 가능성과 함께 시험 종료 전에 다른 쉬운 문제를 풀어보지 못하게 만드는 이중의 불이익을 안겼다. 이제 GRE와 같은 표준 시험들은 대부분 앨런의 속독 기술이 더 이상 경쟁력이 되지 못하도록 재설계됐다. 그러므로 이는 현재 시험 응시자들에게는 유용하지 않다.

하지만 그의 두 번째 전략(초전 설득)은 다르다. 앨런이 말해준 바에 따르면, 그는 어떤 표준 시험을 치르든 바로 직전에 일종의 '의욕 고취

getting psyched up'를 위해 체계적으로 시간을 보냈다고 한다. 그러면서 류보머스키 박사의 활동 목록 개정판에서 나올 법한 설명을 했다. 그는 내가 시험장 문을 열기 전에 항상 그랬던 것처럼 교재를 손에 들고서 잘 모르는 내용을 전부 머릿속에 밀어 넣으려고 애쓰면서 시간을 보내지 않았다. 그는 이해되지 않는 내용에 계속 초점을 맞추는 것은 자기 불안감을 높일 뿐이라는 사실을 깨달았다고 말했다. 그는 대신 자기 두려움을 의식적으로 진정시키고 과거에 학문적으로 성공했던 경험을 떠올리면서 자신의 진정한 강점들을 마음속으로 열거함으로써 자신감을 쌓는 데 중요한 시간을 썼다. 시험을 치러내는 그의 기량 중 많은 것이 줄어든 두려움과 강화된 자신감의 조합에서 비롯됐다고 그는 확신했다. "두려움을 느낄 때는 논리적인 생각을 할 수 없어"라고 그는 나에게 다시 한번 말했다. "게다가 네 능력에 자신감을 가져야 훨씬 더 끈기 있게 할 수 있어."

나는 앨런이 스스로 이상적인 심리 상태를 만들 수 있었다는 사실에 놀랐다. 그는 어디에 주의를 집중해야 하는지를 정확히 이해했을 뿐만 아니라, 요령 있는 순간 창조자로서 시험 직전의 초전 설득을 위해 어떻게 해야 하는지 알았다. 그러니 그는 진정한 의미에서 우리보다 더 영리한 사람이었다. 그것은 특별한 유형의 영리함인데, 두려움은 시험 응시자의 성과를 떨어뜨리지만 자신감은 성과를 향상한다는 일반적이고 상식적인 지식을 구체적으로 응용해 이상적인 결과를 내도록 해준다. 그것이야말로 유용한 지능이 아닐 수 없다. 앨런을 따라 우리도 어떻게 그와 같이 할 수 있을지 알아보도록 하자. 이번에는 이상적인 결과를 얻기 위해 우리 자신이 아닌 다른 사람에게로 옮겨 가자.[14]

─ 고정관념 속에 숨겨진 진짜 원인

당신이 다음과 같은 문제로 곤경에 처한 교육감이라고 상상해 보자. 당신이 맡은 지역은 낡은 과학 실험실, 장비, 교실을 개선하기 위해 큰 액수의 연방 보조금을 신청한 상황이다. 하지만 보조금을 지원받기 위해서는 당신이 관할하는 고등학교들이 여학생들도 STEM(과학 Science, 기술Technology, 공학Engineering, 수학Mathematics) 활동을 하도록 준비시키고 최근에 진전이 있었다는 증거를 제시해야 한다. 요컨대 성공적으로 보조금을 지원받으려면 모든 고등학교의 고학년 학생들이 반드시 치르는 수학표준시험에서 여학생들이 작년에 비해 점수가 향상됐음을 증명하는 기록이 필요하다.

당신은 걱정스럽다. 과학과 수학 과목에 더 많은 여성 교사를 채용하고, STEM 활동과 장학금에 대한 정보를 남학생들뿐만 아니라 여학생들에게도 동일하게 제공하는 등 최근 몇 년간 노력을 기울였지만 수학표준시험에서 여학생들의 점수는 향상되지 않았다. 당신은 좋은 성과가 있기를 기대하면서 당신이 맡은 지역의 고등학교들에서 치를 중요한 시험을 준비한다. 이 시험은 과거에 당신이 치른 것과 같은 방식으로 다음의 단계들을 포함하고 있다.

1. 모든 고학년 학생이 동시에 시험을 치른다. 시험을 치르는 학생들이 전부 한 교실에 들어갈 수 없기 때문에 성姓의 머리글자에 따라 큰 교실 두 곳 중 한 곳으로 배정을 받는다. 성의 머리글자가 A부터 L인 학생들은 첫 번째 교실에, M부터 Z인 학생들은 두 번째 교실로 들어간다.

2. 각 교실에서는 제비뽑기로 뽑힌 교사 여러 명이 감독을 맡는다.

3. 시험이 시작되기 10분 전, 학생들은 생각을 정리하고 시험에 출제 되리라고 예상되는 어려운 문제들을 어떻게 처리할지 상상해보도 록 지도를 받는다.

4. 시험이 시작되면 학생들은 자신의 이름, 학생증 번호, 그리고 성별 을 기록해야 한다.

이러한 관행은 대규모 시험에서 일반적으로 행해지지만, 당신이 이를 따르는 것은 실수일 수 있다. 왜 그럴까? 학교에서 지도교사들이 반복하는 상식적인 이야기가 하나 있다. 바로 여성이 남성보다 수학을 못한다는 사회적 고정관념으로, 많은 소녀가 이를 믿는다.

연구들은 여성들로 하여금 이러한 믿음을 의식하게 만드는 거의 모든 행동이 여러 면에서 그들의 수학 능력을 떨어뜨린다는 것을 증명해 왔다. 그 고정관념은 여성 응시자들을 불안하게 해서 자신이 알고 있는 것을 기억해내지 못하도록 방해하고, 시험 자체에 대한 집중력을 흩뜨려서 중요한 정보를 놓치기 쉽게 만든다. 또한 고난도 문제를 푸는 어려움을, 문제가 복잡한 탓이 아니라 자신이 부족한 탓으로 받아들이게 해서 빨리 포기하도록 만든다.

위와 같은 시험 전의 모든 단계는 여학생들이 처음부터 가지고 있던 불안감을 심화할 가능성이 높다. 다행히도 연구에 근거한, 각 단계에 대한 손쉬운 해결책이 있다.

1. 학생들에게 교실을 배정할 때 시험과 관련 없는 요소(성의 머리글자)

가 아닌 관련 있는 요소(성별)를 기반으로 하라. 왜 그래야 할까? 남학생들과 같은 교실에서 수학 시험을 치를 때 여학생들은 수학과 성별에 대한 고정관념을 떠올릴 가능성이 더 높기 때문이다. 그래서 대학에서 남학생들과 같이 수학 문제를 푼 여학생들의 점수가 여학생들끼리만 시험을 봤을 때의 점수보다 더 나쁘다. 특히 이러한 성적 저하는 언어구사능력 시험에서는 나타나지 않는다. 여성이 남성에 비해 언어 구사력이 떨어진다는 사회적 고정관념이 존재하지 않기 때문이다.

2. 시험 감독 교사를 무작위로 배정하지 마라. 성별과 지도 과목을 기반으로 전략적인 배정을 하라. 여학생 반의 시험 감독관은 과학과 수학을 지도하는 여교사여야 한다. 왜 그래야 할까? 고정관념을 깨버린 다른 여성의 존재가 고정관념의 영향을 축소하기 때문이다. 여학생들은 여성 시험 감독관을 포함해 과학 및 수학과 관련한 분야에서 성공한 여성들을 보게 되면 그 즉시 더 많은 수학 문제, 심지어 가장 어려운 문제들까지 풀게 될 수 있다.

3. 시험 시작 10분 전에 생각을 집중하고 어려운 문제를 만났을 때 어떻게 대응할지 예측하는 단계를 없애라. 주눅 드는 일에 집중하는 것이 성공을 저해하기 때문이다. 대신 여학생들에게 개인적으로 중요한 가치(친구와의 관계 유지나 타인을 돕는 일 등)를 고르게 하고 그 가치가 왜 중요한지에 대하여 적도록 한다. 왜 그래야 할까? 이러한 '자아 확인' 과정은 초기 집중력을 대인 관계의 강점에 쏟게 하여 위협적인 고정관념들의 영향을 줄여준다. 한 대학의 물리학 수업에서 학기 초와 중간, 두 번에 걸쳐 이러한 자아 확인 훈련에 참여

했던 여학생들은 해당 강의의 수학 시험에서 한 단계 높은 점수를 받았다.

4. 수학 시험이 시작될 때 자기 성별을 기록하게 하지 마라. 시험을 치르는 여학생에게 수학과 성별에 관한 고정관념을 떠올리게 할 가능성이 높기 때문이다. 대신 학생들에게 몇 학년인지를 기록하게 하는데 예를 들어 '졸업 학년'이라고 쓰게 하는 것이다. 왜 그래야 할까? 그러면 학생들은 수학이라는 과목에서 자기 단점보다는 지금까지 자신이 성취한 것에 더 큰 초점을 맞추면서 자신을 더 긍정적인 초전 설득으로 유도할 수 있게 된다. 이러한 과정을 시도하면서 여학생들의 수학 성적에서 감점 요인을 제거해왔다.

5. 인간 내면의 지형도에 있는 한 특성에서 다른 특성으로 주의를 전환하는 것이 어떻게 성과에 영향을 미치는지를 보여주는 모든 설명 가운데에 내가 가장 좋아하는 예시가 있다. 여성이 수학을 잘하지 못한다는 고정관념 외에 동양인은 수학을 잘한다는 믿음이다. 수학 시험을 치르기 전, 연구자들은 동양계 미국인 여학생들의 일부에게 자기 성별을 기록하도록 하고, 다른 일부에게는 자신의 출신 민족을 기록하도록 했다. 비교 대상으로 아무것도 기록하지 않은 동양계 미국인 여학생들과 비교했을 때 자기 성별을 떠올린 학생들은 더 낮은 점수를 받은 반면, 자신의 출신 민족을 상기한 학생들은 더 높은 점수를 받았다.[15]

이러한 사례만으로는 이번 장에서 이야기한 초전 설득 효과들을 믿기 어려울 수 있다. 글쓰기를 시작하기 전에 단지 특정 책상에 앉는 것만으로 더 잘 써지고, 회의 전에 미리 골라놓은 사진들을 주위에 보이게 두는 것만으로 업무 수준을 높일 수 있다니. 그리고 겉보기에는 수학과 관련 없는 듯한 개인적 가치들을 적도록 하는 것이 여학생들의 점수를 향상하며, 동양계 미국인 여학생들에게 시험 시작과 함께 성별을 기록하게 하면 수학 성적이 떨어지지만, 출신 민족을 기록하도록 하면 성적이 향상됐다는 결과도 마찬가지다. 이런 현상들은 '자동으로automatically' 나타나는 수준을 넘어서 거의 '**마술처럼 저절로**automagically' 불쑥 튀어나온 듯하다.

하지만 모든 마법이 그러하듯이, 겉으로 보이는 것들은 그 안에 담긴 실제 메커니즘을 반영하지 않으며 실제 원인은 표면 아래에서 작동한다. 다음으로, 우리는 그러한 메커니즘들과 원인들이 무엇이며, 이것들이 어떻게 초전 설득의 프레임워크에 맞춰질 수 있는지에 대하여 더 깊이 알아볼 것이다.

9장

설득의 메커니즘:
원인과 한계 그리고 대안

The Mechanics of Pre-Suasion:

Causes, Constraints, and Correctivesk

◆

◆

초전 설득의 기본 개념은 의사전달자가 미리 상대방의 주의를 전략적으로 유도하여 상대방이 메시지를 경험하기도 전에 동의하도록 움직일 수 있다는 것이다. 여기서 핵심은 처음부터 상대방의 주의를, 아직 언급되지 않은 정보를 연상하도록 조정된 개념에 집중시키는 것이다. 하지만 이는 어떻게 작용하는 것일까? 와인 상점 매니저가 매장에 독일 음악을 틀어서 더 많은 고객이 독일산 고급 와인을 구매하도록 만들고, 구직자가 묵직한 서류철에 이력서를 제시해서 면접관이 더 호의적으로 검토하도록 만드는 데는 어떤 정신적 메커니즘이 작용하는 것일까?

一　준비를 마치고 기다려라

준비가 전부다.

_윌리엄 셰익스피어, 《햄릿》 5막 2장

그 해답은 정신 활동의 다소 과소평가된 특성과 관련이 있다. 즉 정신 활동 요소들은 **준비를 한다고** 바로 나타나는 것이 아니라 준비가 완료됐을 때 나타난다. 우리가 어느 구체적인 개념에 주의를 집중하면 그것과 밀접하게 연결된 다른 개념들도 우리 마음속에서 특혜를 받는다. 그것과 연관 없는 개념들과 비교해서 그야말로 필적할 수 없는 영향력을 획득하면서 말이다. 이는 두 가지 이유 때문이다. 첫째, 초전 설득 오프너로 작동하는 개념(독일 음악, 서류철 무게)이 우리의 주의를 끌면 이와 밀접하게 관련된 2차 개념(독일 와인, 이력서 내용)에는 의식적으로 접근하기가 더 쉬워지며, 이는 우리가 그 연관 개념에 집중하고 반응할 기회를 상당히 증가시킨다. 의식 속에서 새롭게 강화된 개념은 우리의 인식을 좌우하고 생각을 주도하며 동기부여에 영향을 미쳐서 그것과 관련된 행동을 변화시킨다. 둘째, 그와 동시에 초전 설득 오프너와 연결되지 않은 개념은 의식에서 억압되므로 우리의 주의를 끌어 특권을 누릴 가능성이 낮아진다. 그러한 개념은 활동 준비 상태에 있기보다는 일시적으로 소멸해버린다.

초전 설득 오프너에 유도되는 2차 개념이 인지적으로 더 접근하기 쉽다는 이 메커니즘은 최근에 비교적 논란이 많아진 한 현상을 설명한다. 바로 비디오게임에서 비롯되는 현상이다. 우리는 상당한 연구 결과를 통해 폭력적인 비디오게임을 하는 것이 반사회적인 행동을 즉각 유발한다는 사실을 알고 있다. 예를 들어 이런 게임을 한 플레이어들은 그들을 짜증나게 하는 누군가의 귓가에 분노 섞인 폭언을 퍼부을 가능성이 높다. 어떤 이유에서일까? 이러한 게임들은 플레이어의 머릿속에 공격적인 생각을 이식하며 그런 생각들을 쉽게 떠올리게 함으로써 공격성을 유발한다.

이와 유사하지만 정반대의 거울 효과mirror-image effect가 나타나기도 하는데 **친사회적인** 비디오게임 속에서 캐릭터를 보호하고 구출하고 도와준 후에 발생한다. 연구에 따르면 이런 게임을 한 후 플레이어들은 더욱 자발적으로 쓰레기를 치우고, 자원봉사를 하며, 젊은 여성이 전 남자친구에게 괴롭힘을 당하는 상황에 개입해 도움을 주려는 경향이 커졌다. 이런 유익함은 게임이 의식 속에 주입하는 친사회적 생각들에 플레이어들이 쉽게 접근하게 됨으로써 직접적으로 나타난 결과다. 그런데 여기에 흥미로운 반전이 하나 있다. 최근 연구는 플레이어들이 게임 속에서 적을 처단하기 위해 서로 협력해야 하는 경우, 폭력적인 게임을 해도 때로는 공격적인 행동이 감소한다는 것을 보여준다. 새로운 연구에서 추가된 상세한 내용은 접근성을 설명하는 데 들어맞는다. 즉 협조하면서 게임을 하면 폭력적인 내용일지라도 공격적인 사고를 억제한다.[16]

남겨진 질문들과 그에 대한 놀라운 답변들

초전 설득의 기본 메커니즘이 지닌 유용성은 그 과정에 대한 세 가지 추가 질문에 답을 구하는 연구에서 찾을 수 있다.

얼마나 즉각적인가? 첫 번째 질문은 초전 설득 메커니즘이 지닌 원시

성과 관련된다. 우리는 밀접한 연상이 인상적인 초전 설득 효과를 낸다는 사실을 알아봤다. 예를 들어 가구 웹사이트를 방문했을 때 첫 배경 화면으로 폭신한 구름을 보도록 유도된 방문객들은 **안락한** 소파를 선호했다. 폭신함과 안락함은 그들의 사전 경험에서 서로 연관되어 있기 때문이다. 그렇다면 오프너 개념은 이런 특권의 순간을 얼마나 빨리 만들어낼까? 실험 참가자들에게 두 사람이 서로 가까이 서 있는 사진들을 보여준 후 그들의 친절한 행동을 유도하도록 설계된 연구의 결과에 대해 생각해보자. 연구자들은 사람들의 마음속에서 공존이 친절을 연상시키기 때문에 그런 사진들을 본 실험 참가자들이 특별히 친절하리라고 정확하게 예측했다. 실제로 두 사람이 함께 있는 사진을 본 참가자들은 두 사람이 서로 떨어져 있거나 혼자 서 있는 사진을 본 다른 참가자들에 비해서 연구자들이 '일부러' 떨어뜨린 물건을 집어주며 정리를 도와주는 경향이 세 배 더 높았다.

이 경우의 친절함은 그 속성은 다를지라도 초전 설득의 관점에서는 우리가 앞서 살펴본 자료들과 일치한다. 첫 화면에 폭신한 구름 이미지로 주의를 환기하는 것이 안락한 가구를 선호하도록 이끌며, 경주에서 선두에 있는 달리기 선수의 이미지가 더 높은 업무 성과를 달성하게 하는 것들 말이다. 그런데 이 연대감 실험togetherness experiment의 두 요소가 내게 새롭게 유익한 사실을 떠올리게 했다.

첫 번째는 세 배나 높은 친절함을 보여준 참가자들이 18개월 된 아이들이라는 사실이었는데 나는 이 부분을 읽었을 때 마음속으로 휘파람을 불었다. 그 아이들은 말하는 것도, 비판하거나 깊이 사고하거나 추론하는 것도 거의 하지 못한다. 그런데도 이 메커니즘은 인체의 기능에서 아주 근본적인 것이기에 유아들까지 강력하게 영향을 받았다.

두 번째는 유아들에게 미친 이 효과가 자발적이었다는 것이다. 연구자들이 도와달라고 요청하거나 재촉하지도 않았는데도 연대감에 대한 사전 노출은 유아들이 빠르게 도와주도록 만들었다. (미리 말하자면, 우리는 11장과 12장에서 연대감이라는 개념이 **성인들의** 반응에도 중요한 형태로 지대하고 자동적인 영향을 미친다는 사실을 알아볼 것이다. 일련의 연구를 보면 사람들에게 '연대감이라는 단서'를 주는 것이 그들의 업무에서 일하는 즐거움도 동시에 증가시켰으며, 이는 더 강한 집중과 더 나은 성과를 이끌었다.)

어디까지인가? 그 해답을 정확하게 찾기만 한다면 이 두 번째 질문은 초전 설득의 영향 범위를 가늠하게 도와줄 것이다. 이는 결합의 강도와 관련된다. 즉 두 개념 간의 연상은 그것이 얼마나 멀든 미약하든 상관없이 첫 번째 개념 다음에 뒤따르는 두 번째 개념에 특권의 순간을 주는 걸까? 그렇지 않다. 초전 설득 효과에는 중요한 한계가 있다. 두 개념 사이의 연상 정도에 따라 첫 번째 개념에 집중된 주의는 두 번째 개념이 영향력을 지니도록 준비시킨다.

몇 년 전, 나는 공공장소에 버려지는 쓰레기를 줄이기 위한 연구에 참여하면서 이를 개인적으로 경험했다. 쓰레기를 버리는 것은 심각한 환경 범죄는 아니더라도 사소하다고도 할 수 없다. 버려진 쓰레기는 보기에도 좋지 않지만 수질오염, 화재 위험, 병균 감염 등 환경과 건강에 많은 문제를 야기하며, 세계적으로 쓰레기를 처리하는 데 매년 무수한 비용이 지출된다. 우리 연구팀은 쓰레기를 줄이는 좋은 방법은 쓰레기 처리에 대한 사회적 규범에 주의를 기울이게 하는 것이라 확신했다. 하지만 쓰레기 투기 문제를 좀 더 깊게 들여다보면서 그 문제와 연관성이 멀어 보이는 전혀 다른 사회적 규범을 오프너로 사용하면 어떨까 고민하기 시작했다.

해답을 구하는 건 어렵지 않았다. 우선 사전 조사를 통해 쓰레기 투기를 금지하는 규범과의 관련 정도에 따라 사람들이 **밀접한 관계, 보통 관계, 거리가 먼 관계**로 순위를 매긴 세 가지 사회적 규범을 밝혀냈다. 각각 재활용하기, 에너지 절약을 위해 가정에서 조명 끄기, 선거에서 투표하기였다. 그다음 단계가 아주 흥미로웠다. 우리는 공공 도서관 주차장에 주차된 자동차들의 앞 유리에 전단지를 끼워놓았다. 자동차마다 다음의 네 가지 메시지 중 하나가 무작위로 배포됐다. 쓰레기 투기 금지, 재활용하기, 조명 끄기, 투표하기였다. 통제 집단에게는 다섯 번째 전단지가 주어졌는데 어떤 사회적 규범도 언급하지 않은, 지역 미술관을 홍보하는 메시지였다. 우리는 차 주인이 돌아와 전단지를 읽은 후 그 전단지를 땅에 버리는지 아닌지를 지켜봤다.

관찰된 행동 패턴은 더할 나위 없이 명백했다. 사람들에게 쓰레기 투기 금지를 환기시키는 메시지가 쓰레기 투기 경향을 가장 확실하게 낮췄다. 하지만 쓰레기 투기를 금지하는 규범과 거리가 있는 초전 설득 오프너로 그들의 주의력을 돌릴수록 사람들은 쓰레기를 버리는 충동에 더 쉽게 굴복했다. 이런 결과들이 명백하게 보여주듯이 최적의 초전 설득을 위한 조건들이 따로 있다. 오프너의 개념과 최종 메시지의 개념이 얼마나 강력하게 연상되는지가 초전 설득 효과의 강도를 결정한다. 그러므로 특정 행동(예를 들어 '남을 돕기')을 유도하고자 하는 사람은 그 행동을 긍정적으로 강력하게 연상시키는 개념(앞의 실험에서 살펴본 '연대감'이 좋은 선택이 될 것이다)을 찾고, 도움을 요청하기에 앞서 잠재적인 조력자

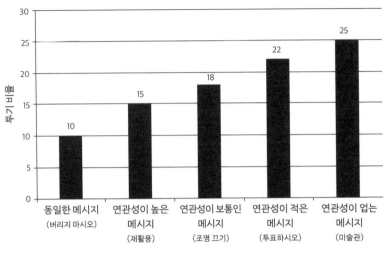

쓰레기 무단 투기 금지로부터 메시지 내용상 떨어진 정도

연합이 가까울수록 위치는 분명해진다
전단지 메시지와 무단투기 규범과의 연관성이 강할수록 버려질 확률은 낮아진다.
자료 제공: *Robert Cialdini and the American Psychological Association*

들의 마음속에 그 개념을 심어야 한다.[17]

어떻게 구성할 수 있을까? 하지만 강한 연결 관계를 찾을 필요가 없는 접근법도 있다. 사실 이 접근법에서는 연결성이 전혀 없어도 된다. 대신 처음부터 연결성을 **창출**해내는 것이다. 광고주들은 이 전략을 한 세기 넘게 사용해왔다. 그들은 자신들이 목표로 하는 청중을 끌어모으는 무언가를 제시한다. 이를테면 아름다운 풍경, 멋진 모델, 인기 많은 유명 인사 들이다. 광고 속에서 이들과 상품을 동시에 제시하는 방법으로 상품과의 연결성을 만든다. 이런 광고를 본 사람들은 경험했을 것이다. 예를 들어 타이거 우즈와 뷰익, 비욘세와 펩시, 브래드 피트와 샤넬 No. 5, (나에게는 혼란스럽지만) 밥 딜런과 빅토리아 시크릿 사이의 연결성을 말이

이끌림의 전이
광고회사는 유명 인사와 자신들의 상품을 연결시키면 그 상품이 유명해진다는 사실을 잘 알고 있다.
© *Splash News/Newscom; Francis Dean/Deanpictures/Newscom*

다. 물론 여기에는 새롭게 생성된 연결성 덕분에 유명 인사를 향한 시청자들의 끌림이 상품으로도 전이될 것이라는 전제가 있다.

광고업계에서 이 방식을 사용하는 것에 대해 장황하게 설명할 필요는 없다. 광고 전문가가 무엇을 시도하는지 거의 모든 사람이 알고 있기 때문이다. 이 방법이 효과가 있다는 사실 외에 우리가 주목해야 할 점은 개념들 사이의 연결성이 실제로 존재할 필요가 없다는 것이다. 다시 말해 이런 연결성은 **만들어질** 수 있다. 첫 번째 개념이 그다음에 제시될 개념을 준비시킬 수 있도록 적절하게 연결해주고, 대상자가 직접적인 방식으로 경험하기만 하면 된다. 파블로프의 개를 생각해보자. 사실 음식과 종소리라는 두 개념은 함께 경험하기 전에는 어떠한 연결성도 없었다. 그런데도 두 개념이 한 쌍으로 충분히 반복된 후 종소리는 자연스럽게 실험동물이 (타액 분비를 통해) 먹는 행위를 하도록 준비시켰다.

파블로프의 개처럼 우리는 전략적으로 짝지어진 개념쌍에 예민하게 반응하지만 그러한 예민함을 스스로는 깨닫지 못한다. 예를 들어 광고주들에게는 기쁘게도 요트 타기, 수상스키, 포옹과 같이 즐거운 활동을 하는 사진들 위에 벨기에 맥주 브랜드를 다섯 번 오버랩하는 것만으로 맥주에 대한 시청자들의 긍정적인 느낌을 증가시켰다. 유사한 예로, 한 구강 청결제 브랜드를 아름다운 자연경관 사진 속에 여섯 차례 오버랩한 것은 사람들에게 즉각적으로 해당 브랜드에 대한 호감을 이끌어 냈으며 그 호감은 3주 후에도 지속됐다. 새로운 청량음료를 맛보게 하기에 앞서 목마른 사람들에게 (화난 얼굴에 비해) 행복한 얼굴을 무의식중에 여덟 차례 노출하면 해당 음료를 더 많이 소비했으며 매장에서 세 배 더 높은 가격도 기꺼이 지불하도록 만들었다. 이런 연구들에서 실험 참가자들은 자신들이 그러한 연결쌍에 영향을 받았다는 사실을 눈치채지 못했다.[18]

'이프/웬-덴' 전략

초전 설득을 위한 연결을 만들어내는 일이 가능하다는 것을 알게 되면 노련한 광고 카피라이터나 유명한 러시아 과학자가 아니더라도 개인적으로 큰 이득을 얻을 수 있다. 때때로 우리 모두는 스스로 자기 자신을 위한 목표나 성취 목표, 혹은 충족시키고 초과하고자 하는 기준을 설정한다. 하지만 우리의 그런 바람들은 종종 목표에까지 도달하는 데 실패하면서 실현되지 못한다. 이런 어려움이 생기는 데에는 타당한 이유가 있다. 목표를 가진다는 것은 중요하지만, 그 과정만으로는 우리가 목표를 성취하는 데 필요한 모든 단계를 밟아 가기에 충분하지 않기 때문이다. 예를 들어 우리는 건강을 위해 여러 일을 하려고 다짐하지만 **어떤** 행동 단계로 나아가는 데는 절반밖에 성공하지 못한다. 이러한 절반의 성공은 항상 실망감으로 이어지며 결국 실패를 만들어낸다. 첫째, 우리는 운동을 더 자주 하겠다는 목표를 종종 잊어버리는 외에도 건강에 도움이 되는 행동을 하기 위한 적절한 순간이나 상황을 자주 인지하지 못한다. 이를테면 엘리베이터 대신 계단을 이용할 수 있는 기회를 놓치는 식이다. 둘째, 우리는 종종 목표에 집중하지 못하도록 하는 여러 요인으로 인해 우리의 목표에서 멀어지고 만다. 유난히 바쁜 날이라든가 하는 요인들 말이다.

다행스럽게도 이런 문제들을 초전 설득으로 극복하게 해줄 전략적인 자기 진술 방법이 있다. 자기 진술 방법은 학계에서 다양한 명칭으로 불리지만 나는 '이프/웬-덴 전략If/when-then plan'이라고 부르겠다. 이 방식은 첫째, 우리가 목표를 더 발전시킬 수 있는 지점에 특정 단서를 배치하고, 둘째, 그 단서에 자극받아 목표와 일치하는 행동을 적절하게 취하도록 준비시킴으로써, 우리가 목표를 성취하는 데 도움이 되도록 설계됐다. 몸무게 감량을 목표로 한다고 해보자. 여기서 이프/웬-덴 전략은 "만약 점심 식사 후에 웨이터가 디저트로 무엇을 먹을지 물어보면If/when 민트티를 주문하겠다then"가 된다. 다른 목표들도 이 전략을 사용해서 효과적으로 달성할 수 있다. 약 먹는 시각을 지키기 어려워하는 간질 환자들에게 "아침 8시가 되어 양치질을 끝내면When 처방된 약을 먹을 것이다then"와 같은 이프/웬-덴 전략을 짜라고 요청하자 약 처방대로 준수할 확률이 55퍼센트에서 79퍼센트까지 증가했다.

특히 인상적인 사례를 살펴보면, 마약중독을 치료하기 위해 입원 중인 환자들에게 퇴원 후 구직을 위한 이력서를 입원 마지막 날까지 준비하도록 했다. 그중 일부에게는 이력서 작성을 위해 '이프/웬-덴 전략'을 짜라고 요구한 반면, 통제 집단에게는 요구하지 않았다. 이를테면 "점심을 먹은 후 식당 테이블을 쓸 수 있게 되면If/when 나는 그곳에서 이력서를 쓰기 시작할 것이다then"라는 식이다. 치료 일정이 끝났을 때 통제 집단 중에는 과제를 수행한 사람이 단 한 명도 없었다. 그다지 놀라운 결과는 아니었는데 어쨌거나 이들은 치료 과정에 있는 마약중독자들이었으니 말이다! 반면 같은 날, 이프/웬-덴 전략을 활용한 치료 집단에서는 80퍼센트가 완성된 이력서를 제출했다.

더욱 인상적인 점은 이 방식이 "나는 이번 달에 2킬로그램을 뺄 거야."라거나 "단것을 먹지 않고 체중을 감량할 계획이야."처럼 단순하게 말로 표현하거나 실행 계획을 짜는 것보다 그 효과가 훨씬 우수하다는 것이다. 목표에 도달하겠다는 의도를 단순히 진술하거나 평범한 실행 계획을 세우는 것은 성공할 가능성이 상당히 낮았다. '이프/웬-덴 전략'이 뛰어난 효과를 보인 데는 타당한 이유들이 있다. 계획의 요소들을 구체적으로 나열하면 목표를 달성하는 데 방해되는 요소를 제거할 수 있다. '이프/웬-덴'에 들어갈 단어들은 우리가 생산적인 활동을 할 수 있는 특정 시간이나 상황에서 만반의 준비를 하도록 고안된다. 이렇게 함으로써 우리는 첫째, 내가 목표한 행동을 하기에 유리한 시간이나 상황에 주목할 준비를 하게 되고 둘째, 이를 자동적으로, 그리고 직접적으로 우리가 바랐던 행동과 결부한다. 이러한 초전 설득 과정에서 주목할 것은 본질적으로 자기 맞춤형이라는 데 있다. 우리는 이전에 목표로 삼은 특정 단서들에 대해 높은 경각심을 가지며, 그 단서들과 목표를 이루기 위한 유익한 행동 사이에 미리 구축해놓은 강력한 연상을 이용한다.[19]

의사전달자가 초전 설득을 통해 청중에게 영향력을 행사하기 위해 미리 준비하지 **않아도** 되는, 강력한 동기부여 개념이 있다. 바로 이미 영향력을 발휘할 준비가 되어 있는 개념들이다. 당신이 사용하는 컴퓨터 프로그램에 비유하여 생각해보자. 컴퓨터에는 (원하는 정보를 위해) 더블클릭을 해야 하는 데이터 변환 링크가 있다. 첫 번째 클릭은 링크를 열 준비를 하기 위한 것이고, 두 번째 클릭은 링크를 실행하기 위한 것이다. 그러나 이미 정보에 접근할 수 있도록 준비되어 있어 한 번의 클릭만으로도 실행이 가능한 링크도 있다. 바로 원하는 정보로 이어지는 하이퍼링크다. 하이퍼링크의 효과를 웹브라우저 엔지니어들은 '선인출 prefetching'이라고 표현한다. IT 소프트웨어 개발자가 컴퓨터 프로그래밍에서 특정 정보에 빠르게 접근할 수 있게 해주듯이 부모, 교사, 지도자, 그리고 최종적으로 우리 자신과 같은 삶의 설계자들은 정신적 프로그래밍 안에서 같은 역할을 해왔다. 선인출된 정보들은 의식 속에서 이미 지속적인 '비상대기'로 가용되고 있으므로 주의를 환기시키는 단 한 번의 신호(클릭)면 바로 실행시킬 수 있다.

이런 인식은 우리의 주요 목표들을 성취하는 데에 '이프/웬-덴 전략'의 잠재적인 유용성을 강조한다. 이 목표들은 대기 상태로 놓여 있는 선인출된 정보와 방향성으로 존재하며, 그것들을 상기시켜주는 신호들에 의해 작동되기를 기다리고 있다. '이프/웬-덴 전략'은 주의를 환기시키는 특정 신호들을 우리 손안에 놓아주기 때문에 우리는 그 신호들을 효과적인 상황("아침 8시가 되어 양치질을 끝내면When⋯⋯")에서 차례대로 접할수 있다는 점에 다시 한 번 주목하자. 그 결과, 아주 고치기 힘든 나쁜 습관들도 개선할 수 있다. 습관적으로 다이어트에 실패하는 사람도 '이프/웬-덴 전략'으로 "만약 슈퍼마켓에 진열된 초콜릿을 본다면If/when 나는 다이어트를 떠올릴 것이다then"라고 계획하면 고칼로리 음식을 덜먹고 체중을 더 많이 감량할 수 있다. 특히 도달하고자 애쓰는 목표가있다면 '이프/웬-덴 전략'이 선사하는 초전 설득 영향력의 이점을 활용하지 않는 어리석음은 범하지 말자.[20]

─ 바람직하지 않는 영향력에서 벗어나기

지금까지 우리는 많은 자료를 살펴봤다. (1) 마음속에서 접근하기 쉬운 것일수록 행동으로 실행될 가능성이 커진다는 것, (2) 접근성은 우리 주변에서 정보를 제공하는 신호들과 그 신호들에 대한 미가공의 연상raw association으로부터 영향을 받는다는 것을 보여주는 자료들이었다. '이프/웬-덴 전략'을 제시한 부분과 설득의 지리학에 대해 이야기한 장은 이 기본 과정들을 통해 우리가 고차원적인 이득을 끌어낼 수있다는 반가운 증거를 제시했다. 우리는 커다란 목표와 강하게 연관된행동을 불러일으킬 신호들을 일상생활에 설정함으로써 이득을 얻을 수있다.

그러나 원초적인 정신 메커니즘에 잠재되어 있는 부정적 측면에 대한 방어책은 그러한 메커니즘과 전략적으로 제휴하는 방법뿐일까? 어쨌거나 우리는 모든 상황에서 이상적인 방향으로 나아가게 해줄 단서들에만 전력을 다하기 어렵다. 우리는 처음 마주치는 물리적 환경과 자주 사회적 상호작용을 하게 된다. 우리가 전혀 예상하지 못한 외부의 설득에도 종종 직면하게 된다. 그런 경우 우리는 바람에 흩날리는 나뭇잎처럼 우연히 마주하게 된 단서들과의 강력한 연상에 따라 이리저리 휘둘릴 수밖에 없을까? 해답은 우리가 그 바람을 알아챘는지 여부에 달려 있다.

사업을 하면서 우리의 선호와 선택이 지나치게 흔들릴 경우에 거래 과정에서 그러한 편향들을 바로잡을 수 있기를 바라는 것은 당연하다. 때로는 상대 사업체가 압운이 맞는 슬로건을 가졌는지, 우리 사업체와 유사한 이름을 가졌는지, 아름다운 경치가 특징인 광고를 하는지, 발음하기 쉬운 증권거래소 심벌을 가졌는지와 같이 별로 중요하지 않은 단서들에 의해 흔들릴 때 말이다. 분명히 우리는 일반적으로 이런 영향력이 우리의 판단과 거래에 선입견을 가지게 할 때마다 이를 바로잡기를 바란다. 이와 관련하여 고무적인 소식이 있다. 대개 바람직하지 않은 영향력은 인지하는 것만으로도 막아내기에 충분하다는 것이다. 그리고 우리는 여러 방식으로 그런 나쁜 영향력을 인지할 수 있다.

단순한 신호들

우리 모두는 기분이 좋을 때면 주변 사람들이나 물건들이 다소 긍정적으로 보인다는 사실을 알고 있다. 길거리에서 고품질의 필기 용지를 기분 좋게 무료로 받은 행인들은 자신의 자동차와 TV 성능을 더 좋게 평가했다. 우리는 화창한 날씨가 기분을 좋아지게 해서 타당하지 않은 판단을 내리게 할 수 있다는 것도 안다. 한 연구를 보면, 햇살 좋은 아침에 남성이 젊은 여성에게 칭찬을 해준 후 데이트를 하자고 전화번호를 물어보면 구름 낀 아침보다 성공률이 상당히 높았다(각각 22.4퍼센트와 13.9퍼센트의 성공률을 보였다).

화창한 날씨는 우리가 소유한 물건과 만나는 사람들에 대한 느낌을 부풀리는 것에 그치지 않는다. 그런 날씨는 삶에 대한 우리의 느낌에도 똑같은 역할을 한다. 전화 설문에 응한 사람들은 전체적으로 비 오는 날보다 날씨가 화창할 때 자신에 대한 만족감을 20퍼센트 더 높게 평가했다. 이처럼 바람에 나부끼는 매력적이지 않은 나뭇잎(그리고 비)이라는 꼬리표는 우리 자신에게도 애처롭게 들어맞는 듯 보인다. 다행히도 이 조사에는 낙관적인 측면이 하나 있다. 해당 꼬리표와의 조화가 설문을 시작하기 전에 응답자들에게 날씨를 의식하게 했을 때 크게 달라졌던 것이다. 조사자가 처음부터 "잠깐만요. 그곳의 날씨는 어떤가요?"라고 질문하면 화창한 날과 비 오는 날의 영향은 전혀 나타나지 않았다. 그 순간 날씨에 집중시키는 것은 응답자들에게 날씨에 잠재되어 있는 편향적인 영향력을 상기하고 스스로 사고를 적절하게 수정하도록 했다. 이런 결과에서 우리는 스스로가 근원적인 프로세스에 노예처럼 종속되어 있지 않다는 증거에 안심할 수 있을 뿐만 아니라 또 다른 생각해볼 가치가 있는 함의도 발견한다. 편견을 제거하는 단순하고 간단한 짧은 질문만 있으면 된다.

《역사상 가장 어리석은 말 776가지The 776 Stupidest Things Ever Said》라는 책에서 저자인 로스 페트라스Ross Petras와 캐서린 페트라스Katherine Petras는 분명 어리석은 말에 해당하는 문구를 몇 가지 담았다.

"그래서, 게다가, 내가 방금 말한 것에 나는 모두 동의합니다."

−피에트 쿠언호프(전 남아프리카공화국 대사)

"여행을 너무 많이 해서 수염을 기를 시간이 없었다."

−밥 호너(전 메이저리그 야구 선수. 나의 모교 출신이기도 하다)

하지만 저자들은 여기에 할리우드 영화감독 그레고리 라토프Gregory Ratoff의 말도 담았다.

"당신에게 무언가를 알려주기 위해 질문을 하나 하겠습니다."

그 책의 저자들은 라토프의 발언이 말이 되지 않는다고 여겼지만 나는 그렇게 생각하지 않는다. 질문을 던지는 것은 듣는 사람에게 가치 있는 정보를 제공할 수 있다. 질문은 듣는 사람에게 스스로 의식하지는 못하지만 이미 가지고 있으며, (초점이 잘 맞춰진다면) 모든 것을 바꿀 수 있는 지식을 떠올리게 한다. 예를 들어 날씨가 화창한 날에는 세상을 어둡게 보지 않고 장밋빛으로 보게 된다는 사실을 인지하고 있는 것과 같다. 우리는 이러한 자기 수정 메커니즘self-correction mechanism의 영역에서 초전 설득의 핵심 원리라고 볼 수 있는 또 다른 유효성 원천을 발견할 수 있다. 즉 즉각적인 대규모의 조정이 약간의 의도적인 주의 전환 연습을 통해 자주 시작된다는 사실이다.[21]

은밀한 설득 시도의 징후들

영화나 TV 쇼의 줄거리 안에 소비자 제품을 교묘하게 끼워 넣는 간접광고PPL, Product Placement는 오래전부터 우리와 함께했다. 할리우드 스튜디오에는 PPL 광고를 협상하고 비용을 산출하는 공식 사무소가 한 세기 넘게 존재해왔다. 또한 제작자들은 TV 프로그램의 캐릭터들이 자신들의 상품과 서비스를 사용해주기를 원하는 기업가들에게서 수십 년간 비용을 지불받았다. 이런 PPL 비용은 인기 많은 배우나 존경받는 캐릭터일수록 특히 비싸다. 이러한 형태의 계약에서 금액을 치솟게 만드는 것은 당연히 인기 있는 배우나 캐릭터들이다. 이를테면 유명 인물이 코카콜라에 손을 뻗거나 렉서스를 운전하고 스니커즈를 먹는 상황들 말이다. 최근 몇 년간 이런 허구의 연상을 이용한 시장은 수십억 달러 규모로 급성장했다. 연상 기법을 사용하는 주류 방송광고업자와 다수의 PPL 대행사들이 이제는 음악, 연극, 비디오게임의 제작에까지 침투한 것이다. 이런 상황을 보면 광고업자들은 PPL과 그들이 만들어낸 상황들이 효과가 있다고 믿는 것이 분명하다. 그들의 생각이 옳지만 언제나 그들의 예상대로 흘러가는 것은 아니다.

많은 PPL 실무자가 연상 관계를 더 인지하기 쉽게 구성할수록 더욱 효과적일 것이라고 믿는다. 이 믿음은 한 상품을 눈에 띄게 배치하면 시청자가 인지하고 영향을 받을 가능성이 높아진다는 외견상 피할 수 없는 논리를 근간으로 한다. 이런 논리는 PPL의 재인再認, recognition/회상recall으로 뒷받침되는데, PPL 사업의 성공을 가늠하는 요소들로 이전에 접한 것에 대한 기억을 측정하는 것이다. 일례로 인기 있는 TV 시트콤인 〈사인필드Seinfeld〉 에피소드에 나타난 PPL의 중요성을 연구한 결과를 보자. 예상했던 것처럼 가장 눈에 띄는 PPL(브랜드가 확실하게 카메라에 비춰지고 배우가 소리 내어 언급할 때)이 덜 명확한 PPL(브랜드의 단순한 시각 노출이나 음성 노출)보다 더 높은 재인/회상을 보여줬다.

하지만 재인/회상으로 평가하는 것 외에도 이 연구의 조사자들은 이

전에 시도하지 않았던 방법을 실행했으며, 일반적인 통념을 깨는 세 번째 PPL 효과 측정법을 만들었다. 시청자들이 브랜드 목록을 보고 쇼핑을 할 때 무엇을 선택할 것인지에 대해 답했다. 어떤 결과가 나왔을까? 해당 설문에 답변한 사람들은 가장 두드러지게 노출됐던 상품을 **가장 적게** 선택했다. 눈에 띄는 PPL은 시청자들로 하여금 광고주가 자신들의 선호를 흔들기 위해 교묘한 시도를 하고 있다는 것을 알아차리게 했으며, PPL에 잠재되어 있는 왜곡을 바로잡도록 만드는 것으로 보인다. 반면에 가장 감지하기 어렵게 배치된 브랜드들은 시청자의 47퍼센트가 선택했으며, 오직 27퍼센트의 시청자들만이 가장 중요한 장면에 배치된 브랜드들을 선택했다.

사람들은 광고계의 관행이 자신들의 판단에 과도하게 영향을 미칠 수 있다는 사실을 알지만 그 영향력을 인지하기 전까지는 그 과정을 수정하지 않는다. 위와 같은 예시에서 그런 영향력을 떠올리게 한 것은 과도한 환기였다. 방송 PPL에서 연상의 속임수(허구로 만든 연상)를 지나치게 노출한 것이다. 주목할 점은 수정을 위해서는 어떤 사실을 상기시키는 것만으로 충분하다는 것이다. 이는 '상기시키다remind'라는 단어를 분석해보면 분명해진다. 사람들이 이미 알고 있는 지식들을 토대로 조화롭게 행동하기 위해 필요한 것은 어떤 대상에 대하여 행동하기 직전에 다시re 한 번 생각mind하는 것이다. 말 그대로 다시re 생각mind하면 된다.[22,23]

때때로 우리가 원하지 않는 설득과 영향력을 막기 위한 수정은 사전 숙고 없이 즉각적으로 일어난다. 앞서 살펴봤듯이 현재 날씨를 생각할 때 발생하는 재수정이 좋은 예다. 하지만 어떤 경우에는 수정 메커니즘이 훨씬 더 천천히 체계적으로 작동하기도 한다. 이러한 후자의 메커니즘은 깊이 생각하는 추론을 통해 작동하며, 이는 가장 기본적인 심리 상태에서 나타나는 편향성을 극복하는 데 사용될 수 있다. 만약 슈퍼마켓에서 건강에 좋고 영양이 풍부하며 비싸지 않은 음식을 사려고 한다면 상표에 붙은 칼로리, 영양소, 가격 정보를 비교하여 가중치를 둠으로써 과도한 광고, 물욕物慾을 자극하는 포장, 이것저것 묶은 패키지 상품 등의 유혹을 상쇄할 수 있다.

─ 의사 결정의 지름길을 선택하는 이유

한편, 위와 같은 자연스러운 심리적 반응(친숙하고, 매력적으로 제시되며, 쉽게 접근 가능한 옵션들을 선택하는 것)과 비교하여, 광범위한 분석을 하기 위해서는 더 많은 시간과 에너지와 노력이 필요하다. 결과적으로 그에 필요한 엄격함으로 인해 결정에 미치는 영향력이 제한된다. 만약 자기 선택에 대해 깊이 생각해볼 수단(시간, 능력, 의지)이 없다면 우리는 깊이 고심하지 않을 것이다. 이러한 수단들 중 하나라도 충족되지 않으면 우리는 일반적으로 의사 결정 지름길에 의존한다. 이런 접근법이 항상 잘못된 결과로 이어지는 것은 아니다. 많은 경우에 지름길은 빠르고 효과적으로 선택할 수 있게 해주기 때문이다. 그러나 다른 많은 상황에서는 이 지름길이 우리를 원하지 않는 곳으로 인도할 수도 있다. 적어도 우리가 생각해본 적 없는 곳으로 말이다.

올바르게 생각할 능력이 없을 때, 이를테면 너무 피곤할 경우 우리는 나중에 후회할지도 모르는 감정적인 선택을 하게 되는데 이를 바로잡기 위해 모든 장단점을 균형 있게 평가해서 판단할 수 있는 상황이 아니기 때문이다. 일전에 인포머셜infomercial 광고[해설식 광고(광고처럼 보이지 않도록 어떤 주제에 대해 길게 정보를 제공하는 방식의 텔레비전 광고)'로 보통 번역되기도 한다. 하지만 상품이나 점포에 관한 상세한 정보를 제공하여 소비자의 이해를 돕는 광고 기법으로 정보information와 광고commercial의 합성어이므로 그대로 인포머셜이라고 쓰는 경우가 점차 더 많아지고 있다-옮긴이] 제작자들의 회의에 참석한 적이 있다. 나는 그들이 늦은 시간대에 광고를 올리는 이유가 단지 해당 시간대에 광고비가 저렴하기 때문이라고 생각했다. 하지만 다른 이유가 있다는 것을 이내 알게 되었다. 인포머셜 광고들은 대부분 비용 문제로 인해 밤에 광고되기 시작하긴 했지만 거기에는 더 중요한 이유가 있었다. 바로 더 효과적이라는 것이었다. 하루가 끝나는 시점이 되면 시청자들은 광고의 감정적 신호들(호감 가는 진행자, 열광하는 방청객, 재고가 줄어드는 장면 등)을 거부할 정신 에너지가 현저히 떨어진다.

인포머셜 광고만이 정신적인 피로를 이용하여 사람들이 자세한 분석을 하지 못하도록 방해하고 잠재적인 거부 반응을 떨어뜨리는 유일한 예는 아니다. 수면 연구자들은 포병 부대의 현장 테스트에서 충분히 쉬었던 팀은 병원이나 다른 민간인 표적에 대한 발사 명령에 종종 저항한다는 사실을 주목해왔다. 하지만 그들도 24~36시간 이상 수면을 취하지 못한 이후로는 상관의 명령을 대개 무조건적으로 따랐으며 무엇이든 포격할 가능성도 높아졌다. 범죄인 심문도 이와 유사해서 무고한 용의자라 할지라도 정신적으로 진을 빼놓는 심문을 수 시간에 걸쳐 받으면 심문관의 압박에 저항할 수 없어서 자백을 하게 되는 경우가 빈번히 발생한다. 이것이 일반적인 심문은 한 시간 이하로 진행되지만, **허위 자백**을 이끄는 심문은 평균적으로 16시간 지속되는 이유다.

피로뿐만 아니라 수많은 다른 조건이 사람들에게 잠재되어 있는 어리석은 경향을 스스로 인지하거나 바로잡는 것을 막을 수 있다. 실제로 그러한 어리석은 경향은 무언가를 서두르거나, 인지적인 과부하가 오거나, 무언가에 사로잡혀 있거나, 반대로 완전히 무관심하거나, 스트레스를 받거나, 주의가 산만해지거나, 어떤 음모론에 빠져 있을 때에 두드러진다.

이런 조건들을 모두 나열하기에는 너무 길기 때문에 일단 첫 번째 조건을 보자. 우리가 급히 서두를 때는 결정을 위한 요소들을 모두 고려할 시간이 없다. 대신 우리가 끌리는 단 하나의 손쉬운 요소에 기댈 가능성이 높아진다. 물건을 구매할 때 장점이 **가장 많은** 물건을 사야 한다는 고정관념이 그 예다. 비록 하나의 요소에만 의존하는 것이 실수라는 것을 알지라도 시간이 없다면 모든 장단점을 공들여 판단하는 사치를 부릴 수 없는 것이다.

한 연구에 따르면 시간 제약은 카메라 제품 보도를 본 시청자들이 자신들의 선호도를 결정하는 데에 엄청난 영향을 미쳤다. 해당 보도는 열두 가지 기능으로 구성된 두 브랜드를 비교했다. 한 브랜드는 카메라를 구입할 때 고려해야 할 가장 중요한 세 가지 기능인 렌즈, 장치, 사진의 질에서 뛰어났다. 다른 브랜드는 여덟 가지 기능이 뛰어났지만 상대적으로 중요하지 않은 것들이다(가령 구매 시 어깨끈의 포함 여부). 일부 시청자들이 열두 가지 기능에 대해 각각 2초 동안 정보를 봤을 때는 단지 17퍼센트만이 고품질 카메라를 선호했다. 대다수는 중요하지는 않지만 장점이 수적으로 많은 브랜드를 선택했다. 다른 시청자들에게 기능당 5초 동안의 시간이 주어졌을 경우, 그 결과가 다소 나아지긴 했어도 여전히

38퍼센트만이 보다 합리적인 선택을 했다. 이런 패턴은 마지막 시청자들에게 **시간제한 없이** 기능에 대한 정보를 고려하도록 했을 때에야 뒤바뀌어서 대다수(67퍼센트)가 수적으로는 적어도 더욱 중요한 장점을 지닌 카메라를 선호했다.

의사소통을 할 때 대화의 모든 포인트를 분석하기에는 시간이 턱없이 부족하다는 생각은 요즘처럼 많은 메시지가 속사되는 때 어떻게 대응해야 하는지를 상기시켜준다. 한번 생각해보라. **시간제한 없이** 생각하면 더 좋다. 이는 천천히 늦출 수도 없고 되돌릴 수도 없는 신속한 정보 스트림을 전송해 시청자가 정보를 철저히 처리할 기회를 빼앗아 가는 방송 매체의 작동 방식이 아닌가? 라디오나 TV에 나오는 광고의 경우, 우리는 실제 품질에 집중할 수 없다. 뉴스에 나오는 정치가의 연설에 주의 깊게 반응할 수도 없다. 대신 우리는 광고에 나오는 사람이 얼마나 매력적인지, 혹은 정치가가 얼마나 카리스마를 지녔는지와 같은 이차적 특징들에 집중하게 된다.[24]

중요한 의사 결정을 할 때 시간이 부족하다는 것 외에도 현대 생활의 여러 측면이 충분히 합리적으로 생각할 줄 아는 우리의 능력(그리고 동기)을 약화한다. 오늘날 정보는 그 순전한 양만으로도 압도적이며, 정신이 아득해지게 하는 복잡성과 지치게 만드는 지속성, 산만한 다양성, 그리고 불안해지는 전망을 담고 있다. 그리고 이런 정보들을 전달하는, 오늘날 거의 모든 사람이 지니고 다니는 집중을 방해하는 알람 장치들 때문에 사람들에게 준비되어 있는, 의사 결정을 수정해 바로잡을 수 있는 방법인 주의 깊은 판단력의 역할이 몹시 줄어들게 되었다. 그래서 자신의 메시지(자동적이고 노골적인 연상 장치인 주의 기반의 초전 설득을 통해 만들어진)를 사람들이 받아들이도록 만들고 싶은 의사전달자들은 자기 전술이 무산될까 봐 걱정하지 않아도 된다. 결과를 뒤집기 위해 심층 분석이라는 기갑부대가 도착하는 일은 없다. 왜냐하면 소환될 일이 없기 때문이다.

당연히 이와 관련이 깊은 질문이 자연스럽게 제기된다. 도대체 사람들의 주의를 어떤 개념에 맞추어야 가장 광범위한 초전 설득 효과를 볼 수 있을까? 다음 장에서는 그 여섯 가지 개념에 대해 알아보자.

PART 3

설득을 위한
최고의 방법을 선택하라

BEST PRACTICES:
THE OPTIMIZATION OF PRE-SUASION

10장

최고의 결과를 내는 여섯 가지 변화의 길

Six Main Roads to Change: Broad Boulevards as Smart Shortcuts

◆

◆

지금까지 우리는 상대방이 반응을 보이기 직전에 적절한 말이나 행동을 함으로써 우리가 원하는 방향으로 상대방을 이끄는 것이 얼마나 가능한가를 살펴봤다.

- 비싼 초콜릿 한 박스를 구매하게 하려면 먼저 초콜릿 가격보다 훨씬 큰 숫자를 적어보게 한다.
- 프랑스 와인 한 병을 선택하게 하려면 사람들이 결정을 내리기에 앞서 프랑스 음악을 배경음악으로 들려준다.
- 검증되지 않은 제품을 써보게 하려면 스스로를 얼마나 모험심이 강한 사람이라고 여기는지 먼저 물어본다.
- 아주 인기 있는 품목을 선택하도록 설득하려면 공포 영화를 보여주

면서 시작한다.

- 상대방이 우리를 따뜻한 사람으로 느끼게 하려면 따뜻한 음료를 건 넨다.
- 상대방이 우리에게 더욱 협조적이기를 원한다면 서로 가까이 서 있 는 사람들의 사진을 보여준다.
- 사람들을 성취 지향적으로 바꾸려면 경주에서 우승하는 선수의 사 진을 제공한다.
- 사람들이 신중한 평가를 내리도록 만들려면 오귀스트 로댕Auguste Rodin의 〈생각하는 사람〉을 보여준다.

어떤 상황에 맞는 말이나 행동은 우리가 상대방에게 원하는 것이 무 엇인지에 달려 있다는 점에 주목하자. 사람들에게 프랑스 음악을 들려 주는 것이 프랑스 와인을 구매하도록 이끌 수는 있어도 그들을 성공 지 향적으로 바꿔주거나 친절하게 만들어주지는 않는다. 사람들에게 스 스로 모험심이 강하다고 여기는지 질문하는 것도 검증되지 않은 제품 을 사용하도록 유도할 수는 있어도 인기 품목을 선택하거나 신중한 평 가를 내리도록 이끌지는 못한다. 이런 특수성은 **성공적인** 오프너가 의 사전달자에게 작용하는 방식과 들어맞는다. 성공적인 오프너들은 초전 설득을 통해 듣는 사람의 주의를, 오로지 의사전달자의 특정 목표를 긍 정적으로 연상시키는 개념들로만 돌리게 한다.

하지만 타인을 설득하려는 모든 사람에게 공통적으로 중요한 목표는 없을까? 바로 '동의'를 이끌어내는 목표 말이다. 결국 모든 설득가는 청 중에게서 "네"라는 대답을 끌어내기를 원한다. 그렇다면 동의를 이끌어내는 큰 목표에 특히 잘 부합하는 개념들이 있을까? 나는 있다고 생각한다. 《설득의 심리학 1》에서 인간의 사회적 영향력에 관한 주요 원칙들에 힘을 실어주는 여섯 가지 개념에 대해 설명했다. 바로 상호성, 호감, 사회적 증거, 권위, 희소성, 일관성이다. 이 원칙들은 상당히 효과적으로 보편적인 동의를 생산해내는 기제인데, 영향력을 올바르게 미칠 수 있도록 일반적으로 "네"라는 수락을 받는 시점을 정확하게 조언해주기 때문이다.

일례로 권위 원칙을 살펴보면, 대부분의 상황에서 사람들은 어떤 주제에 대해 전문가의 견해와 부합한다면 그것이 곧 좋은 선택이라고 여기는 경향이 있다. 이런 인식은 사람들에게 귀중한 의사 결정의 지름길을 선사한다. 그들은 권위가 확고한 데이터와 마주하게 되면 해당 문제에 대해 심사숙고하기를 멈추고 권위자의 안내를 따른다. 그러므로 메시지가 권위에 입각한 증거를 가리킨다면 설득에 성공할 확률이 커질 것이다.

하지만 나는 초전 설득에 대한 행동과학적 증거들이 점점 증가하는 상황에서 앞서 했던 주장을 확장해보려 한다. 권위 원칙에 대해 더 살펴보면서 어떤 지점이 확장됐는지 설명하고자 한다. 의사전달자가 단지 메시지의 내용이 아니라 메시지를 전달하기 전에 권위를 강조함으로써 더 효과적인 입장을 취할 수 있다는 것이다. 이러한 초전 설득 방식으로, 상대방은 메시지에 들어 있는 권위의 증거에 더욱 민감해지게(그래서 메시지를 받아들이도록 준비하게) 된다. 따라서 메시지에 주의를 더 기울이고 중요성을 부여하여 그 메시지의 영향을 받게 되는 것이다.[1]

━ 여섯 가지 설득의 원칙

듣는 사람들의 주의를 (메시지가 전달되는 도중이나 그 이전에) 상호성, 호감, 사회적 증거, 권위, 희소성, 일관성이라는 개념으로 돌리는 것이 동의를 이끌어내는 데 실제로 영향을 미친다면 각각의 원칙에 입각한 개념들이 어떻게 작용하는지를 검토하고 갱신하는 것이 타당하다. 그런 이유로 여기에서는 초전 설득 **과정**에 집중하는 대신에 한 걸음 물러나서 왜 이 여섯 개념이 심리적으로 이토록 광범위한 힘을 행사하는지 세부적으로 알아볼 것이다.

상호성

사람들은 빚진 사람들에게 "네"라고 말한다. 물론 언제나 그런 것은 아니며, 인간의 어떤 사회적 상호작용도 항상 동의로만 이루어지지는 않는다. 하지만 이런 경향은 행동과학자들이 **상호성 원칙**이라고 명명할 정도로 자주 발생한다. 상호성 원칙은 누군가가 나에게 혜택을 베풀었다면 그 사람은 보답받을 자격이 있다는 뜻이다. 이는 사회가 건강하게 기능하는 데에 매우 중요하여 인간의 모든 문화는 어릴 때부터 이 원칙을 가르치며, 받고 나서 돌려주지 않는 사람에게는 **숟가락 없는 사람**freeloader, **악용하는 사람**user, **받기만 하는 사람**taker, **기생충**parasite 등 사회적으로 질타받는 이름을 붙인다.

그 결과, 어린아이들은 두 살이 되기도 전에 이 원칙에 부응한다. 이 원칙의 초전 설득 효과는 어른이 되었을 때 구매 패턴을 비롯한 거의 모든 일상적 측면에 영향력을 행사한다. 한 연구에서, 사탕 가게 입구에서 초콜릿 사은품을 받은 손님들은 구매 가능성이 42퍼센트 더 높았다. 대형 소매업체인 코스트코의 매출액에 따르면 맥주, 치즈, 냉동 피자, 립스틱과 같이 다른 종류의 상품들도 무료 샘플 덕분에 매출이 크게 올랐으며, 무료 샘플을 제공받은 고객들이 매출액의 거의 대부분을 차지했다.

이 원칙의 영향력은 정치인을 뽑는 투표 행위에서 많은 우려를 자아낸다. 미국에서 조세정책결정위원회에 속한 의원들에게 상당한 선거 자금을 댄 기업들은 세율 감면 혜택을 많이 받는다. 의원들은 대가성이 아니라고 부인한다. 하지만 기업들은 더 잘 알고 있으며 우리도 그렇다.[2]

상호성 원칙의 초전 설득 효과를 바라는 사람들은 어떤 대담해 보이는 행동을 해야만 한다. 즉 기회를 잡고 먼저 베풀어야 한다. 그들은 공식적인 보상을 약속받지 못한 채 먼저 선물, 호의, 혜택을 제공하거나 양보를 해주면서 상호작용을 시작해야 한다. 하지만 사람들의 마음속에는 대부분 상호성의 경향이 매우 깊게 자리 잡고 있기 때문에, 이 전략은 요청자가 요구하는 특정 행동이 취해진 **이후에만** 혜택을 제공하는 전통적인 상업 교환 방식보다 종종 더 효과적이다. 이를테면 계약이 성사된 후, 물건을 구입한 후, 업무를 수행한 후와 같이 말이다. 네덜란드 주민들은 긴 설문에 응할 것인지를 묻는 사전 고지 서한을 받고서 참여를 결정하기 전에 미리 사례금을 전달받은 경우에 (사례금은 서한에 동봉됐다) 참여 후 사례금을 받는 일반적인 경우보다 더 많이 설문에 응했다. 비슷한 예로, 어느 미국 호텔의 투숙객들은 객실에 들어서면서 수건을 재사용해달라는 카드를 보게 되었다. 여기에 덧붙여 그들은 호텔이 이미 투숙객의 이름으로 환경보호단체에 재정적인 기부를 했다는 내용, 혹은 투숙객이 수건을 재사용한 후 그런 기부를 하겠다는 내용 중 하나를 읽었다. 행동 전에 기부를 한 전자의 경우가 행동 후 기부를 하는 후자의 경우보다 그 효과가 47퍼센트 더 높은 것으로 증명됐다.[3]

그렇지만 합의된 보상이라는 전통적인 보증 없이 자원을 먼저 제공하는 것은 위험할 수 있다. 적절한 수준으로 보답이 따르지 않을 수 있으며, 어쩌면 전혀 돌아오지 않을지도 모른다. 어떤 사람들은 자기가 의도하지 않은 것을 제공받았다는 사실에 분노할 수 있으며, 어떤 사람들은 자신이 받은 것이 유익하다고 여기지 않을 수 있기 때문이다. 또 다른 사람들(우리 사이에 존재하는 '받기만 하는 사람들')은 상호성 원칙에 강제성을 느끼지 않을 수 있다. 따라서 높은 수준의 보답으로 되돌려받을 가능성을 유의미하게 높일 수 있는 최초의 선물이나 호의의 구체적인 특징을 알아봐야 한다.

여기에는 세 가지 주요 특징이 있다. 최적의 보답을 받으려면 우리가 처음에 제공한 것이 의미 있는 것, 예상하지 못한 것, 맞춤형이어야 한다는 것이다.

의미 있고 예상치 못한 것. 최적으로 보답받는 방법의 이 두 가지 특징은 음식을 나르는 종업원들이 받는 팁의 액수에 영향을 미치는 것으로 나타났다. 뉴저지주에 있는 레스토랑에서 일부 손님들은 식사가 끝나갈 무렵에 바구니를 들고 다니는 종업원에게서 초콜릿을 한 조각씩 제공받았다. 종업원들은 초콜릿을 못 받은 손님들에 비해 초콜릿을 받은 손님들에게서 3.3퍼센트 더 많은 액수의 팁을 받았다. 그런데 손님들에게 초콜릿을 2개 제공했을 경우에는 팁의 액수가 14.1퍼센트까지 증가했다. 이러한 극적인 차이는 어떻게 설명할 수 있을까? 한 가지 이유는 두 번째 초콜릿이 선물의 크기 면에서 의미 있는 증가를 보였기 때문이다. 딱 두 배였으니 말이다. 두 번째 초콜릿이 단 몇 페니에 불과했으므로 **의미 있다는** 것이 **비싸다는** 뜻이 아닌 건 확실하다. 값비싼 선물이 의미 있을 때도 종종 있겠지만 액수가 중요한 것은 아니다.

물론 초콜릿 2개를 받는 건 초콜릿 1개보다 그 양이 두 배일 뿐만 아니라 예상치 못한 것이기도 하다. 종업원이 세 번째 전략을 시도했을 때 예상치 못한 선물의 명백한 영향력이 확실해졌다. 종업원은 손님들에게 초콜릿을 제공하고 뒤돌아 가다가 갑자기 테이블로 다시 돌아와 두 번째 초콜릿을 제공했다. 그 결과, 종업원이 받은 팁의 액수는 평균 21.3퍼센트로 증가했다. 이런 여러 결과에는 식당 종업원들에게 팁을 더 많이 받는 방법을 알려주는 것 이상의 교훈이 있다. 바로 다양한 분야에서 무엇을 요청하고자 하는 사람들이 상대방에게 의미 있고 예상치 못한 혜택을 먼저 제공한다면 보답을 받을 가능성이 상당히 증가한다는 사실이다. 하지만 이러한 특징들 외에 상호성을 최적화해주는 세 번째 요소가 있다. 개인적으로는 앞선 두 특징을 결합한 것보다 훨씬 영향력이 크다고 생각한다.

개인 맞춤형인 것. 첫 호의가 상대방의 욕구나 선호 혹은 현재 상황에 맞춰서 제공될 때 영향력이 생긴다. 손님들이 패스트푸드 음식점에 입장하면서 환영 인사와 함께 똑같은 가격대의 두 가지 선물 중 한 가지를 받았다. 그 패스트푸드 음식점에서 벌어진 일을 사례로 생각해보자. 선물이 음식과 관련 없는 경우(예를 들면 열쇠고리), 선물을 받은 사람들은 선물 없이 인사만 받은 사람들과 비교해 12퍼센트 더 많은 금액을 지출했다. 그런데 선물이 음식과 관련된 경우(예를 들면 요거트 한 컵), 사람들의 지출은 24퍼센트까지 증가했다. 순수하게 경제학적 관점에서 보자면 이 결과는 당혹스럽다. 식당의 손님에게 주문 전에 무료 음식을 제공하면 사람들은 한 끼 식사에 많은 금액을 지출할 필요가 없어지므로 **덜** 구매해야 마땅하다. (반대로 나온) 이 결과는 논리적으로는 이해되지 않지만 심리학적으로는 이해할 수 있다. 그건 손님들이 배고팠기 때문에 레스토랑에 갔다는 점이다. 선물로 먼저 받은 음식은 상호성 원칙을 활성화할 뿐만 아니라 훨씬 더 강화한다. 이는 사람들이 자신의 특정 욕구를 충족하는 선물을 받은 경우에 특히 더 보답할 의무를 느낀다는 것을 말해준다.

의미 있는 것, 예상하지 못한 것, 맞춤형인 것이라는 세 가지 특징을 모두 지니기만 한다면 선물이나 호의나 서비스는 변화를 일으키는 엄청난 원동력이 될 수 있다. 하지만 과격한 테러리스트와 맞서 싸우는 상황에서 상호성 원칙이 어떤 변화를 만들어주길 기대한다면 너무 많은 걸 바라는 것일까? 두 가지 이유로 그렇지 않다고 말할 수 있다. 첫째, 상호성 원칙은 테러리스트가 나타나는 지역을 포함해 모든 사회에서 가르치는 문화 보편성을 지닌다. 둘째, 테러와의 전쟁에서도 상호성의 세 가지 특징을 결합하여 최적화된 호의가 놀라운 효과를 발휘한 사례들이 있다.

오사마 빈라덴의 전 경호팀장인 아부 잔달Abu Jandal의 경우를 살펴보자. 그는 9·11 테러 이후에 체포되어 예멘 감옥에서 심문을 받았다. 아부 잔달은 시종일관 서방 국가들을 적대시하는 대답만 장황하게 늘어놨기 때문에 그에게서 알카에다 지도 체제에 대한 정보를 캐내려는 시도는 희망이 없어 보였다. 그러던 중 심문관들은 아부 잔달이 음식과 함께 나온 쿠키를 전혀 먹지 않는다는 것을 눈치챘고, 그가 당뇨병을 앓고

호의로 준비한 쿠키
처음에는 정보 공유를 거부했던 당뇨병 환자 아부 잔달은 설탕이 들어가 있지 않은 예상치 못한 의미 있는 쿠키를 받고 마음을 돌렸다.
© *Brent Stirton/Getty Images*

있다는 사실을 알게 되었다. 그들은 아부 잔달에게 의미 있고 예기치 못한 맞춤형 호의를 제공했다. 다음번 심문 때 그가 마실 차와 함께 설탕이 들어가지 않은 쿠키를 가져다준 것이다. 한 심문관은 **이것이** 중요한 터닝 포인트가 되었다고 말했다.

"우리는 그를 존중한다는 사실을 보여줬으며 그가 좋아할 일을 했습니다. 그러자 그는 설교를 늘어놓는 대신 진짜 이야기를 하기 시작했습니다."

아부 잔달은 이어지는 심문에서 9·11 테러와 관련된 납치범 7명의 이름뿐만 아니라 알카에다 운영에 관련한 정보를 광범위하게 제공했다.

이 밖에 테러와의 전쟁을 겪은 베테랑이라면 누구나 알듯이 그 전쟁에서 이기기 위해 때로는 테러 조직의 동맹국들을 포섭할 필요가 있다.

미국 정보부 요원들은 탈레반을 적대시하는 족장들의 도움을 얻기 위해 아프가니스탄의 외곽 지역을 자주 방문했다. 하지만 그들과의 상호작용은 쉽지 않았다. 보통 서양인에게 반감이 있거나 탈레반의 보복이 두려워서, 혹은 그 두 가지 이유 모두가 작용하여 족장들이 도움을 주기를 꺼렸기 때문이다. 그러던 중 미국중앙정보부CIA 요원이 한 족장을 방문했을 때 그가 자기 부족과 4명의 젊은 아내를 비롯한 직계가족을 돌보느라 매우 지쳐 있다는 것을 알아챘다. CIA 요원은 다음 방문 때 아주 최적화된 선물을 준비했다. 바로 부인 수에 맞춘 비아그라 네 알이었다. 이 의미 있고 예상치 못한 맞춤형 호의의 '힘'은 CIA 요원의 그다음 방문에서 명확해졌다. 밝은 표정으로 CIA 요원을 맞은 족장이 탈레반의 움직임과 보급로에 관한 풍부한 정보로 응답했기 때문이다.[4]

호감

예전에 다양한 판매 조직의 교육 프로그램에 몰래 참가했을 때 나는 커다란 확신과 함께 반복되는 주장을 하나 들었다.

"영업사원에게 제1원칙은 고객이 당신을 좋아하게 만드는 겁니다."

사람들은 자신이 좋아하는 사람의 말에 수긍하기 마련이므로 그 주장은 사실이었고, 교육생들도 그렇게 믿었다. 그 주장이 너무 명백한 사실이었기 때문에 나는 전혀 흥미롭게 느끼지 못했다. 내 흥미를 끈 것은 고객들이 우리를 좋아하게 만들 행동에 대해 설명하는 부분이었다. 이와 관련하여 친절과 매력과 유머 감각을 갖추라는 내용이 자주 언급됐다. 그래서 교육생들은 대개 미소 연습이나 외모를 가꾸는 팁, 그리고 농담하는 방법들을 배웠다. 그중에서 긍정적인 느낌을 주는 두 가지 구체적인 방법이 가장 주의를 끌었다. 고객과 자신의 유사성을 강조하는 법과 고객을 칭찬하는 법이었다. 이 두 가지 훈련을 강조할 만한 타당한 이유가 있다. 두 방법이 모두 호감과 동의를 증가시키기 때문이다.

유사성. 우리는 자신과 비슷한 사람을 좋아한다. 이는 인간의 타고난 성향으로, 유아는 자신과 같은 표정을 짓는 어른에게 더 많이 웃어준다. 그리고 친밀감은 겉으로는 사소해 보이지만 커다란 영향력을 발휘하는 유사성을 통해 활성화될 수 있다. 동일한 언어 스타일(대화 상대가 사용하는 단어나 언어 표현의 유형)은 로맨틱한 끌림과 관계의 안정성을 가져다주고, 놀랍게도 인질 협상이 평화롭게 해결될 가능성도 높인다. 더욱이 이런 영향력은 대화 상대가 언어적인 유사성을 거의 눈치채지 못하는 상태에서도 발생한다.

이런 기본적인 경향의 결과는 타인을 도와주기로 결정하는 과정에서도 명확하게 나타난다. 사람들은 응급 상황의 피해자가 자신과 같은 국적이거나 같은 스포츠 팀을 좋아할 경우에 훨씬 더 많이 도와주려고 한다. 이러한 성향은 교육에도 작용한다. 청소년 멘토링 프로그램을 성공시키는 데 가장 큰 역할을 하는 요소는 학생과 멘토 사이의 초기 유사성이다. 이런 현상이 가장 강하게 나타나고 직접적으로 관찰되는 곳은 두말할 나위 없이 비즈니스 분야다. 손님이 말하는 방식을 따라 하라는 조언을 들은 종업원들은 팁을 두 배로 받았다. 상대방과 같은 행동을 하도록 지시받은 협상가들은 상당히 향상된 최종 결과를 얻었다. 고객의 언어 스타일과 비언어적 행동(몸짓이나 자세)을 모방한 영업사원들은 자신이 추천한 전자 제품을 더 많이 판매했다.[5]

칭찬. "좋은 칭찬 한마디면 두 달을 살 수 있다." 마크 트웨인Mark Twain

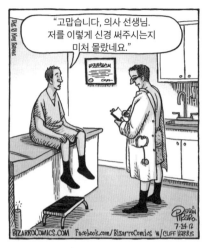

유사성의 발견
아주 사소하거나 근거 없는 유사성이라도 일단 눈에 띄면 매우 친밀한 관계를 형성하는 데 도움이 된다.
© 2012 Bizarro Comics. Distributed by King Features Syndicate, Inc.

이 한 말이다. 이는 칭찬이 우리를 감정적으로 고양하고 살아가는 힘이 된다는 적절한 은유다. 또한 우리는 칭찬해주는 사람들을 좋아하며 그들에게 보답하게 되는데 칭찬이 외모에 관한 것이든, 취향이나 성격에 관한 것이든, 업무 습관이나 지능에 관한 것이든 상관없다. 외모의 경우, 한 미용실에서 스타일리스트가 고객에게 "어떤 헤어스타일도 다 잘 어울리시겠어요"라고 칭찬하면 무슨 일이 벌어질지 생각해보자. 스타일리스트의 팁이 37퍼센트나 증가했다. 실제로 우리는 아첨에 숨겨진 의도가 보일 때조차 대단히 기쁘게 받아들이므로 그런 아첨도 우리에게 영향력을 미칠 수 있다. 의류 매장에서 "고객님의 패션 스타일이 멋지고 세련되어 연락을 드렸습니다"라고 인쇄된 **전단**을 받은 중국 대학생들은 그 매장에 대해 긍정적인 태도를 보였으며 그곳에서 쇼핑하기를 더 원하게 되었다. 또 다른 연구자들은 사람들이 컴퓨터 작업을 하고 해당 작업에 대한 칭찬 피드백을 받으면 컴퓨터에 대해 더 호의적으로 느낀다는 것을 발견했다. 심지어 그 피드백이 미리 **프로그램화되어** 있어서 실제적인 실행 결과를 전혀 반영하지 않는다는 사실을 알았을 때도 말이다. 그렇더라도 그들은 속 빈 강정 같은 칭찬을 받은 후에 자신들의 수행에 자부심을 느꼈다.[6]

영업사원을 위한 진짜 제1원칙. 영업사원의 제1원칙은 고객이 당신을 좋아하게 만드는 것이며, 유사성과 칭찬이 이를 위한 최고의 길이라는 박식한 전문가들의 의견에 반대하기란 어렵다. 하지만 나는 이러한 설명이 어째서 진실인가를 다시 생각해보도록 만드는 연구들을 목격해왔다. 나는 전통적인 판매 교육 시간에 항상 다음과 같은 설명을 들었다. 유사성과 칭찬은 사람들이 당신을 좋아하게 만들며, 그들 스스로 이런 호감을 깨달으면 당신과의 거래를 원하게 된다. 사람들은 자신을 좋아하는 상대방이 옳은 방향으로 인도해주리라고 믿기 때문이다. 그러므로 나는 영업사원의 제1원칙은 당신이 진심으로 고객들을 좋아한다는 걸 보여주는 것이라고 생각한다. 이 논리에 잘 들어맞는 현명한 격언이 있다.

"사람들은 당신이 그들에 대해 얼마나 마음을 쓰는지 알기 전까지는 당신이 얼마나 많이 알고 있든 관심이 없다."[7]

사회적 증거

존 레넌John Lennon은 〈이매진Imagine〉이라는 자기 노래에서 기아와 탐욕, 소유물, 심지어 국가가 없는 세상을 제시했다. 보편적인 형제애와

평화, 그리고 통합으로 특징지어지는 세상이다. 그것은 현재와는 다른 세계이며, 사실 기나긴 인류의 역사에서 그런 시대는 한 번도 없었다. 그는 자기 바람이 몽상가의 이상향처럼 보인다는 사실을 인정하면서도 단 한 소절로 노래를 듣는 사람들에게 그 이상향을 받아들이도록 설득했다.

"나 혼자만 이런 생각을 하는 건 아니에요But I'm not the only one."

이 고독한 주장에서 레넌의 믿음은 사회적 증거 원칙의 예상된 힘을 증명한다. 이 원칙에 의하면 사람들은 타인들, 특히 자신과 비슷한 수준의 사람들이 믿고 느끼고 행동하는 정도만큼은 하는 것이 적절하다고 생각한다. 사람들이 그 적절함을 인지하는 기저에는 타당성과 실행 가능성이라는 두 가지 요소가 있으며, 이를 통해 변화가 만들어진다.

타당성. 자신과 비슷한 다수의 사람들이 특정한 방식으로 응답했다는 정보를 받고 나면 그 응답은 도덕적으로나 현실적으로나 우리에게 더 타당하고 더 정당해 보인다. 도덕적인 차원과 관련해서 살펴보면, 특정 행동의 빈도가 증가했다는 증거를 보았을 때 우리는 이 행동이 도덕적으로 정당하다고 판단하기 쉽다.

한 연구에 따르면 군대에서 고문을 통해 정보를 알아내는 것에 대해 다수의 동료가 지지했다고 알게 된 그룹의 구성원들 중 80퍼센트가 해당 관행을 수용할 만하다고 여겼으며, 공개적인 자리에서 공공연히 이에 대한 지지와 개인적인 의견을 더 많이 표현했다. 다행히도 바람직하지 않은 것 외에 바람직한 것에 대한 반응도 이와 같아질 수 있다. 대다수가 고정관념을 극복하려고 노력한다는 이야기를 들은 전문직 종사자들은 업무 수행에서 여성에 관한 고정관념에 더 반대하게 되었다.

사회적 증거가 만들어내는 시너지 효과
우리에게 무엇을 사야 할지 말하는 건 인터넷 판매 담당자들만이 아니다. 그런 말을 하는 사람들은 도처에 있다.

도덕적인 측면뿐만 아니라 실용적인 측면에서도 사회적 증거는 무엇이 옳은가를 판단하는 데 강한 영향력을 행사한다. 항상 그런 건 아니더라도 많은 사람이 하는 행동은 대개 현명한 행동이며, 대중성 있는 행위는 건전성을 대표하게 된다. 그 결과, 우리는 일반적으로 우리와 비슷한 주변 사람들을 따른다. 이 결과는 전통적인 영향력 문제를 해결하는, 단순하면서도 거의 비용이 들지 않는 방법을 제시해준다는 점에서 놀랍다. 레스토랑 매니저들은 특정 메뉴에 값비싼 재료를 추가하여 조리법을 개선하거나, 새로운 주방 직원을 고용하거나, 메뉴판에서 화려하게 강조하지 않고도 그 메뉴에 대한 주문을 늘릴 수 있다. 그저 '가장 인기 있는 요리'라고 표시하기만 하면 된다. 효과가 명백하지만 거의 활용되지 않았던 이 전략을 중국 베이징에 위치한 레스토랑들에서 시도하자 해당 메뉴의 인기도가 13퍼센트에서 20퍼센트까지 증가했다.

사회적 증거가 음식을 선택하는 데 미치는 영향력을 활용할 수 있는 곳은 비단 식당뿐만이 아니다. 한 학교는 과일을 섭취하면 건강에 유익하다는 사실과 관련된 광범위한 영양 정보를 수집하고 전달하는 데 비용을 들이는 대신, 학생들의 생각과는 달리 대다수 친구들이 건강해지기 위해 과일을 섭취하려고 **노력한다고** 홍보하여 학생들의 과일 섭취를 높였다. 이런 정보는 한 네덜란드 고등학교의 과일 소비를 35퍼센트까지 끌어올렸다. 전형적인 사춘기 청소년들의 성향상 그들은 바뀔 의도가 없었다고 주장하겠지만 말이다.

많은 국가의 정부에서 공기와 수질을 오염시키는 기업을 규제하고 감시하며 제재하는 데 상당한 자원을 쓴다. 하지만 이런 비용들은 규제를 전적으로 무시하거나, 규제를 준수하는 비용보다 더 적게 드는 벌금을 내는 편이 낫다고 여기는 범죄자들 때문에 종종 낭비되는 것처럼 보인다. 그런데 일부 국가들이 사회적 증거라는 (무공해) 엔진을 작동시키면서 비용 대비 효과가 좋은 프로그램들을 개발했다. 그들은 먼저 한 산업계에서 오염을 일으키는 기업들의 친환경 지수를 평가하고 그 순위를 발표해서 해당 업계 내의 모든 기업이 다른 기업들과 비교해 자신들의 위치를 파악하도록 했다. 전반적인 개선은 극적이었다. 30퍼센트 향상됐는데, 대부분 심각한 오염을 야기하던 기업들이 다른 기업들에 비해 자신들이 얼마나 형편없는지를 깨닫게 되면서 만들어진 변화였다.[8]

실현 가능성. 나는 이 분야에서 존경받는 동료 연구자들과 함께 가정에서 에너지 절약을 실천하도록 하려면 어떤 메시지가 가장 좋을지를 알아보는 연구를 한 적이 있다. 우리는 한 달 동안 매주 한 번씩 에너지 소비를 줄여달라는 네 가지 메시지 중 하나를 각 가정에 전달했다. 메시지 중 3개에는 에너지 절약 홍보에 자주 활용되는 이유가 적혀 있었다. '환경을 보호할 수 있습니다, 사회적으로 책임져야 할 일입니다, 다음 달 전기 요금에서 상당한 금액을 절약할 수 있습니다'와 같은 내용이었다. 네 번째 메시지는 사회적 증거를 담은 카드로, 대다수 지역 주민이 가정에서 에너지 절약을 위해 노력한다는 (진실한) 내용이었다. 한 달이 지났을 때 우리는 각 가정의 에너지 사용량을 측정했고, 사회적 증거에 기반한 메시지가 다른 메시지들보다 3.5배 더 많이 에너지 절약을 유도했음을 알 수 있었다. 이 차이는 연구에 참여한 거의 모두를 놀라게 했는데, 나와 동료 연구자들을 비롯해 심지어 다른 실험 가정들까지 말이다. 사실 각 가정에서는 사회적 증거 메시지의 효과가 가장 적을 것이라고 예상했기 때문이다.

내가 이 연구를 전력 회사 관계자들에게 보고하면 그들은 좀처럼 그 결과를 신뢰하지 않는다. 인간의 행동을 유발하는 가장 강력한 원동력은 경제적 이익 추구라는 확고한 믿음 때문이다. 그들은 "이것 보세요. 전기 요금이 크게 줄어들 수 있다는 말보다 다른 지역 주민들도 에너지를 절약하고 있다는 말이 세 배나 더 효과적이라는 걸 대체 어떻게 믿을 수 있겠어요?"라는 식으로 말한다. 그들의 이런 타당한 의문에는 다양한 대답이 가능하지만, 그중에서도 내게는 대체적으로 설득력 있었던 답변이 한 가지 있다. 그것은 바로 타당성 외에도 사회적 증거 기반의 정보가 잘 작동하는 두 번째 이유인 실현 가능성이다. 에너지를 절약하면 많은 돈을 **절약할 수 있다고** 각 가정에 알린다고 해서 실제로 그렇게 할 수 있다는 것을 의미하지는 않는다. 어쨌거나 한 달 동안 집 안에 있는 모든 전기 제품을 끄고 어두운 거실을 견딘다면 다음 달 전기 요금을 0원까지 **줄일 수 있을 것이다**. 하지만 그건 합리적으로 할 수 있는 실천이 아니다. 사회적 증거에 기초한 정보의 큰 강점은 목표 성취의 불확실성을 깨뜨려준다는 것이다. 자신과 비슷한 주변 사람들이 에너지를 절약하고 있다는 사실을 알면 실현 가능성에 대한 의심이 줄어든다. 따라서 목표는 현실적이며 실천 가능해 보이게 된다.[9]

권위

대부분의 사람에게 메시지를 설득력 있게 전하는 방법은 그 내용을 올바르게 만드는 것이다. 전달하고자 하는 내용이 강력한 증거를 갖춰야 하고, 논리적으로 들려야 하며, 좋은 예시들이 있어야 하고, 명확한 관련성이 있는지 확인해야 한다. 이런 관점("**장점**이 곧 메시지다The merit is the message")은 어느 정도 맞는 말이지만, 일부 학자들은 전달 과정의 다른 요소들도 그만큼 중요하다고 주장한다. 이런 주장들에서 가장 유명한 것은 커뮤니케이션 이론가 마셜 매클루언Marshall McLuhan의 "**미디어**가 곧 메시지다The medium is the message"라는 말이다. 이는 정보가 전달되는 경로가 결과적으로 메시지 자체이며, 듣는 사람이 그 내용을 받아들이는 데 영향을 미친다는 개념이다. 게다가 설득에 대해 연구하는 과학자들은 "**메신저**가 곧 메시지다The messenger is the message"라는 세 번째 주장을 강력하게 지지하고 있다.

긍정적인 사람, 진지한 사람, 익살스러운 사람, 단호한 사람, 겸손한 사람, 비판적인 사람 등 여러 유형의 메시지 전달자 중 청중에게 깊고 광범위한 영향력을 미치기 때문에 특히 주목할 만한 유형이 하나 있다. 바로 권위 있는 의사전달자다. 사람들은 대화 주제에 적합한 전문가가 이야기하면 보통 설득된다. 실제로 출처가 권위 있다는 이유만으로 정보가 설득력을 얻기도 한다. 이는 사람들이 어떤 판단을 해야 할지 확신하지 못할 때 특히 그렇다.

그 증거로 한 연구 결과를 살펴보자. 실험 참가자들은 뇌 영상 촬영 장치에 연결된 상태로 일련의 어려운 경제적 결정들을 내려야 했다. 그들이 스스로 어떤 결정을 선택했을 때는 그 선택의 평가와 관련된 뇌 영역이 활성화됐다. 하지만 이런 결정 사항에 대한 전문가(저명한 대학의 경제학자)의 조언이 주어지자 그들은 그 조언을 따랐을 뿐만 아니라 자기 선택의 고유한 장점들을 따져보지도 않고 그렇게 했다. 평가를 담당하는 뇌 영역의 활동은 사그라졌다. 정확히 말하면 뇌의 모든 영역이 이러한 방식으로 영향을 받지는 않았다. 타인의 의도를 이해하는 것과 관련된 뇌 영역은 전문가의 조언으로 인해 더 활성화됐다. 메시지 전달자가 핵심 메시지가 된 것이다.

이러한 사례를 통해 분명히 알 수 있듯이, 우리가 여기에서 다루는 **권위 있는** 사람이란 높은 지위에 있어서 그 권위로 동의를 명령할 수 있는 사람이 아니라 인정받은 전문성으로 **권위**를 획득하여 동의를 유도할 수 있는 사람이다. 특히 후자의 범주에는 신뢰할 수 있는 권위로 매우 생산적인 유형이 있다. 신뢰할 만한 권위는 매우 설득력 있는 두 가지 특징을 전부 가지고 있는데 바로 전문성과 신뢰성이다. 우리는 첫 번째 특징의 효과를 이미 살펴봤다. 이제 두 번째 특징에 집중하자.[10]

신뢰성. 우리가 의사소통을 하는 상대방에게 가장 원하는 한 가지 특성이 있다면 바로 신뢰다. 매력, 지능, 협동심, 연민, 정서적 안정감과 같이 높게 평가되는 다른 특성들과 비교했을 때도 그렇다. 설득에 초점을 맞춘 상호작용에서 우리는 의사전달자가 정직하고 공정한 방식으로 정보를 제공한다고 믿고 싶어 한다. 즉 개인의 이득을 추구하기보다는 현실을 정확하게 그리려 한다고 말이다.

수년 동안 나는 설득의 기술을 가르치는 프로그램에 무수히 참여했다. 그들은 거의 하나같이 신뢰할 수 있는 사람으로 인지되는 것이 효과적으로 설득력을 높이는 방법이며 그렇게 인지되기까지는 시간이 걸린다는 사실을 강조했다. 첫 번째 주장은 확인됐지만, 연구가 축적되면서 두 번째 주장에서 주목할 만한 예외가 존재한다는 사실이 밝혀졌다. 영리한 전략을 사용함으로써 즉각적으로 신뢰성을 확보할 수 있다는 것이다.

제안이나 의견의 긍정적인 점들을 모두 먼저 설명하고 문제점들은 끝에서야 언급하는(혹은 전혀 언급하지 않는) 추세를 따르기보다, 약점부터 미리 말하는 의사전달자는 그 즉시 훨씬 더 정직하게 보인다. 이 순서로 말할 때의 장점은 미리 형성된 신뢰 속에서 핵심적인 내용으로 나아가면 청중이 의사전달자를 믿게 될 가능성이 더 높아진다는 것이다. 결국 청중은 신뢰할 만한 사람으로부터 정보를 전달받으며, 그의 정직성은 초전 설득으로 긍정적인 면뿐만 아니라 부정적인 면을 기꺼이 지적함으로써 성립된다.

이 접근법의 효과는 다방면으로 입증됐다. (1) 법정에서 상대방 변호사가 지적하기 전에 자기 쪽 문제점을 먼저 시인하는 변호사가 재판부에 더 정직하게 보이며 재판에서 더 많이 이긴다. (2) 정치 선거에서 상대방을 긍정하는 말로 유세를 시작하는 후보자가 더 높은 신뢰와 표심을 얻는다. (3) 그리고 광고 메시지에서 강점을 강조하기 전에 약점을 인정하는 업체들이 종종 판매가 크게 증가한다.

이 전략은 특히 청중이 그 약점에 대해 잘 알고 있을 때 빛을 발한다. 따라서 의사전달자가 이에 대해 언급할 때 추가 피해가 거의 발생하지 않으며 새로운 정보가 더해지는 것도 없다. 다만 의사전달자가 정직하다는 정보가 더해질 뿐이다. 또한 말하는 사람이 듣는 사람의 주의를 약점에서 강점으로 돌리면서 '**그러나, 하지만, 그렇지만**' 같은 전이어 transitional word를 사용할 때 다시 강화된다. 입사 지원자라면 이렇게 말할 수 있다. "저는 이 분야에 경험이 없습니다. **하지만** 학습력은 매우 빠릅니다." 정보 시스템 영업사원은 "저희는 설치 비용이 저렴하지 않습니다. **하지만** 저희 제품의 우수한 효율성은 그 비용을 빠르게 만회할 겁니다"라고 말하는 것이다.

영국의 엘리자베스 1세는 재임 기간 중 가장 유명했던 두 번의 연설에서 영향력을 최대화하기 위해 두 가지 특징을 모두 사용했다. 그녀는 여성이기 때문에 가혹한 전투에 미흡하다는 군인들의 우려를 1588년 틸버리에서 불식했다. 스페인의 해상 침략에 대비해 집결한 부대를 향해 연설할 때였다. "나는 내가 힘없고 연약한 여자의 몸을 가진 것을 안다. **그러나** 나는 왕의 심장을 가졌으며 영국의 왕위도 가졌다!" 이 연설 후에 환호가 아주 길고 우렁차게 이어져서 여왕이 계속 연설할 수 있도록 장교들이 말을 타고 병사들 사이를 다니면서 진정하라고 명령할 정도였다고 전해진다.

13년 후, 여왕은 아마도 앞선 연설의 수사적 기교가 성공했던 것을 상기하면서 자신을 불신하는 많은 의회 의원을 향한 최종 공식 발언에서 이를 다시 사용했다. 발언이 끝날 즈음, 그녀는 이렇게 선언했다. "그대들이 지금껏 모셔온, 앞으로 모실 나보다 더 위대하고 현명한 왕자들이 많을 것이다. **하지만** 그중에서 나보다 더 그대들을 사랑하는 이는 없을 것이다." 영국 역사학자 리처드 캐번디시Richard Cavendish에 따르면 이 연설을 들은 청중들은 '마음을 바꿔 눈물을 흘리며' 의회장을 떠났으며, 그날의 연설은 지금까지도 여왕의 '황금 연설'이라 불린다.

'**그러나**'와 '**하지만**'이라는 여왕의 연결어bridging term가 청중의 초점을 인지된 '약점'에서 **반대의** '강점'으로 돌리게 했다는 사실에 주목하자. 그들의 지도자가 왕의 심장을 가졌다는 사실이 받아들여지자 전쟁 직전에도 군사들에게 결여되어 있던, 그리고 꼭 필요했던 자신감이 채워졌다. 이와 유사하게 그녀가 시대를 초월하여 신하들을 사랑한다는 사실이 받아들여지자 그녀를 경계하던 반대파 의원들은 무장해제됐다. 여왕이 초전 설득 역할로 사용한 이 단언들의 특징은, 찬반의 목록에서 강점이 장점으로 그저 추가되는 것이 아니라 약점과 이어지는 연상을 상쇄하며 승화되는 형식인, 강점 직전의 약점 전술weakness-before-strength tactic로 작동할 때 가장 효과적이라는 과학적 연구 결과에 부합한다. 예를 들어 엘리자베스 여왕은 틸버리에서 병사들을 용감하게 만들기 위해서 "나보다 그대들을 더 사랑할 수 없다"라고 말하지 않았다. 병사들은 부드러운 지휘관이 아니라 용감한 지휘관에게서 확신을 얻어야 했기 때문이다. 여왕은 효과를 극대화하고 뒤이어지는 주장의 신뢰성을 미리 구축하기 위해서 처음에 약점을 말해야 할 뿐만 아니라 오히려 그로 인해 약점이 약화된다는 사실을 이해했다. '힘없고 연약한' 여인의 몸은 '왕의 심장과 영국의 왕위'를 가졌다는 대목 이후에는 병사들의 마음속에서도 전쟁터의 지도자로서 조금도 대수롭지 않은 것이 되었다.[11]

희소성

우리는 가질 수 없는 것을 더 많이 갈망한다. 예를 들어 사람들은 원하는 물건을 가질 방법을 제한받을 때 그것을 더 열망하게 된다고 알려져 있다. 2014년, 페이스트리 전문 체인점인 크럼스Crumbs가 모든 지점의 문을 닫을 예정이라고 발표하자 개당 4달러 정도였던 이 체인점의 대표 컵케이크 가격이 온라인에서 250달러까지 치솟았다. 이런 효과는 컵케이크에만 해당하지 않는다. 최신 아이폰이 대리점에서 판매되던 아침, 내가 사는 지역의 TV 뉴스 채널들은 리포터를 보내서 아이폰을 사기 위해 밤새 기다린 사람들을 인터뷰했다. 대기 줄의 스물세 번째에 서 있던 한 여성의 인터뷰는 잘 알려진 희소성 원칙의 특징을 드러냈는데, 그런데도 나는 새삼 놀라움을 느꼈다. 그녀는 처음에 대기 줄에서 스물다섯 번째로 기다리기 시작했는데, 밤새 스물세 번째에 있던 여성과 대화를 하게 되었다고 한다. 그 여성은 그녀의 2,800달러짜리 루이비통 숄더백을 마음에 들어 했다. 그녀는 기회를 포착했고, 스물세 번째 여성에게 거래를 제안해서 성사시켰다. "제 가방과 당신의 대기 순서를 바꿔요!" 스스로 만족해하는 그녀의 설명이 끝나자 당연히 놀란 리포터는 더듬거리면서 물었다. "하지만…… 왜 그렇게까지 하셨나요?" 그리고 명쾌한 답을 얻었다. "왜냐하면 말이죠." 스물세 번째 자리를 차지한 그녀가 대답했다. "이 매장에는 물량이 많지 않다고 들었거든요. 그리고 저는 **못 살 수도** 있다는 위험을 감수하고 싶지 않았어요."

희소성이 욕망을 끌어내는 데는 여러 이유가 있지만, 가치 있는 것을 잃어버리는 것에 대한 반감이 그 핵심 요인이다. 결국 귀중한 물건이나 기회를 사용할 수 없게 되는 상실은 희소성의 궁극적인 형태다. 나는 금융 서비스 콘퍼런스에서 한 대형 증권회사의 CEO의 이야기를 들었는데, 그는 자기 스승에게서 배운 가르침을 설명하면서 상실이 지닌 동기 부여의 힘을 강조했다. "억만장자 고객을 새벽 5시에 깨워서 '지금 투자하시면 2만 달러의 이득을 볼 수 있습니다'라고 말한다면 그 사람은 소리를 지르면서 전화를 쾅 끊어버릴 겁니다. 하지만 '지금 투자하지 않는다면 2만 달러의 손해를 보게 됩니다'라고 말하면 그는 당신에게 고마워할 겁니다."

하지만 한 품목의 희소성이 높아지면 상실 가능성뿐만 아니라 그 품목의 판단 가치도 높아진다. 자동차 회사에서 새로운 모델의 생산을 제한하면 잠재 구매자들 사이에서 그 모델의 가치가 올라간다. 다른 분야에서의 제한도 유사한 결과를 낳는다. 어느 대형 식료품 체인점에서 구매 제한(이를테면 '고객 한 사람당 X개까지만')을 두는 브랜드 프로모션을 실시하자 해당 브랜드는 7개 상품군에서 구매 제한을 하지 않은 다른 프로모션에 비해 두 배 높은 판매율을 보였다. 후속 연구들이 그 이유를 밝혔다. 접근에 제한을 두는 것이 소비자의 마음속에서 제공품의 가치를 상승시켰던 것이다.[12]

일관성

보통 우리는 이전에 한 말, 선택한 입장, 실제로 했던 행동 같은 언행들에 일관성이 있기를 (혹은 그렇게 보이기를) 원한다. 그래서 초전 설득을 잘 사용할 줄 아는 사람들은 기존에 우리 자신이 했던 말과 행동, 그리고 취했던 입장 등을 자주 언급한다. 그러면 우리 안에 있는 일관성에 대한 열망이 거기에 부합되는 행동을 취하도록 만들 것이기 때문이다. 이렇게 자기 일관성을 유지하려는 경향은 광범위한 영역에서 관찰된다.

심리학자들은 연인 관계에서 부정한 행위는 큰 다툼의 원인이며 종종 분노와 고통, 그리고 관계의 끝을 가져온다고 경고한다. 다행히도 그들은 이러한 위험한 상황들이 일어나지 않도록 도와줄 수 있는 초전 설득 활동을 찾아냈는데 바로 '기도'다. 하지만 일반적인 기도가 아니라 특별한 종류의 기도다. 만약 연인 중 한 사람이 **상대방의 행복을 위해** 장기간 매일 기도하는 것에 동의한다면 그렇게 하는 동안만큼은 부정한 행위를 할 가능성이 적어진다. 결국 그런 행동은 상대방의 행복을 위해 적극적으로 헌신했던 매일의 기도와 일관되지 않기 때문이다.

설득 전문가들은 이전에 한 (초전 설득) 말과 행동들에 일관성을 띠려는 인간의 경향이 유용하다는 사실을 자주 발견해왔다. 자동차 보험회사들은 양식의 끝부분이 아니라 첫 부분에 정직하게 보고하겠다는 서약을 받음으로써 보험 계약자의 주행거리 허위 기재를 줄일 수 있다. 정당들은 이전 선거에 참여했던 지지자들에게 (다양한 선거운동을 통해) 투표하게 함으로써 다음 선거에서도 그들의 지지 가능성을 높일 수 있다. 브랜드 회사들은 해당 브랜드를 친구에게 추천하도록 해서 고객 충성도를 높일 수 있다. 조직에서는 확인 전화 끝에 "그럼 당신이 참석한다고 표시하겠습니다. 감사합니다!"라고 하지 않고, "그럼 당신이 참석한다고 표시하겠습니다. 괜찮을까요? (답을 듣고 나서) 감사합니다"라고 말하는 방식을 통해 구성원이 회의나 행사에 참여할 확률을 높일 수 있다. 한 혈액 공급 기관은 이처럼 사소한 동의 선언을 이끌어내는 화법을 통해 헌혈 신청자의 참여를 70퍼센트에서 82.4퍼센트로 향상했다.[13]

전문가들은 때때로 새로운 노력을 전혀 하지 않고도 일관성 원칙이 힘을 발휘하도록 할 수 있다. 이를 위해 필요한 것은 상대방이 해왔던 언행 중 전문가들의 목표와 부합하는 것을 떠올리게 하는 일뿐이기 때문이다. 2013년, 미국 대법원에서 동성 간 결혼 허용을 주장하던 법률 팀이 한 남성, 즉 대법원 판사 앤서니 케네디Anthony Kennedy를 주요 대상으로 삼아 한 달 동안의 전국적인 홍보 캠페인을 어떻게 구성했는지 생각해보자. (여론은 이미 동성 간 결혼에 찬성하는 쪽으로 옮겨 가고 있었다.) 법원 청문회 전부터 쏠린 전국적인 관심에도 불구하고, 캠페인 관계자들이 케네디에게 가장 영향력을 미치고자 원했던 것은 두 가지 이유에서였다.

첫째, 그는 동성 결혼 쟁점과 관련해 해당 법정이 다루고 있는 두 가지 사건에서 결정적인 표를 던질 사람으로 널리 여겨졌다. 둘째, 그는 이념적인 문제들에서 자주 중립적인 입장을 취한 인물이었다. 한편으로 그는 전통주의자로서 법은 그 원문과 동떨어진 의미로 해석돼서는 안 된다는 입장이었다. 또 다른 한편으로 그는 법은 살아 있어서 시간이 지남에 따라 그 의미가 진화한다고 믿었다. 이처럼 양쪽 입장에 모두 발을 담그고 있는 케네디의 입장은 그를, 의사소통을 통해 설득할 주요 대상으로 만들었다. 동성 결혼 문제에서 그가 가진 상반되는 관점 중 하나를 바꾸기보다 그 관점들을 **하나의 관점으로 서로 연결되도록** 하는 의사소통 방식으로 말이다.

대중매체 캠페인은 케네디가 이전 법정 진술에서 사용해온 일련의 개념을 비롯해 단어들까지 이용하는 전략을 내세웠다. 바로 '인간의 존엄성, 개인의 행복, 개인의 자유와 권리'였다. 그 결과, 케네디는 구두변론이 있기 몇 주에서 몇 달 전부터 대중매체를 통해 자신이 진술했던 관점 중에서 선택된 그 세 가지 입장과 연관된 이슈들을 어디에서나 듣게 되었다. 이는 그가 예전에 드러냈던 적절한 법적 입장들이 동성 결혼을 찬성하는 입장과 관련되어 있다고 사전에 인식시키려는 의도였다.

그 의도는 청문회가 시작되자 아주 분명하게 드러났다. 법률팀은 법정에서 반복적으로 케네디와 같은 언어로 같은 주제들을 가지고 자신들의 논리를 전개했다. 5 대 4로 동성 간 결혼을 합법화하는 판결을 이끈 데는 이러한 전략이 도움이 되었을까? 확실히 알 수는 없다. 하지만 법률팀의 구성원들은 그렇다고 생각하며 확실한 증거 하나를 제시한다. 서면으로 남긴 의견서에서 케네디는 존엄성, 행복, 자유와 권리라는 개념에 상당히 기울어져 있었으며, 이 모든 것은 법률팀이 공식 청문회가 진행되기 전부터 진행되는 동안에도 케네디의 생각을 동성 결혼 합법화와 연관시키기 위해 우선적으로 기울여왔던 노력들이다. 2년 뒤에 동성 결혼과 관련한 다른 소송에서 케네디가 보여준 의견들은 적절하게 상기된 이전 언행들이 지속성을 가진다는 또 다른 증거가 된다. 그 세 가지 개념이 다시 한 번 케네디의 주요 의견으로 두드러지게 나타났기 때문이다.[14]

—   설득의 원칙을 적용하는 방법

비즈니스와 관련 있는 청중에게 사회적 영향력에 관한 여섯 가지 원칙을 설명하고 나면 내가 다음의 두 가지 질문을 받는 건 드문 일이 아니다. 첫 번째는 최적의 타이밍에 관련된 것이다. "비즈니스 관계의 여러 단계 중에서 이러한 원칙들에 더 잘 들어맞는 단계가 있습니까?" 나는 내 동료인 그레고리 나이더트Gregory Neidert 박사 덕분에 "네, 그렇습니다"라는 답을 가지고 있다. 게다가 나이더트 박사가 개발한 **사회적 영향력의 핵심 동기 모델**을 기반으로 그 답을 설명할 수 있다. 물론 설득을 잘하고 싶은 사람이라면 누구나 타인을 변화시키고 싶어 하지만, 그 모델에 따르면 어떤 설득의 원칙이 가장 잘 적용될 것인가는 상대방과 자신이 어느 정도의 관계인지에 따라 다르다.

사람들은 대화 상대에게 호감을 가지면 대화에도 더욱 호의적이기 때문에 상대방과의 관계를 막 형성하기 시작한 단계라면 **긍정적인 관계를 일구는 것**이 주요 목표가 된다. 이때는 상호성과 호감이라는 두 가지 영향력의 원칙이 적절해 보인다. (의미 있는 것, 예상하지 못한 것, 맞춤형으로) 먼저 베푸는 행위, 진정으로 공감을 표시하는 행위, 진심을 담아 칭찬하는 행위는 미래에 있을 모든 거래를 가능하게 하는 상호 관계를 만들어낸다.

두 번째 단계에서는 **불확실성을 줄이는 것**이 우선시된다. 대화 상대와의 긍정적인 관계가 성공적인 설득을 보장하지는 않는다. 사람들은 기꺼이 변화하려고 하기 전에 어떤 결정이든 현명하게 내리기를 원하기 때문이다. 이러한 상황에서는 사회적 증거와 권위 원칙이 가장 적합하다. 예를 들어 동료들이나 전문가들에게 좋은 평가를 받았다는 것을 강조하면 그 선택이 현명할 것이라는 확신이 강화된다. 하지만 긍정적인 관계가 확보되고 불확실성이 줄어들었더라도 아직 한 단계가 더 남아 있다.

세 번째 단계에서는 **동기부여**가 주요 목표다. 가령 나의 친한 친구는 운동이 좋다는 전문가들의 추천(그리고 내 동료들이 거의 모두 믿고 있다는)을 충분한 증거로 내세워 내가 운동하도록 설득할지 모른다. 하지만 그것만으로는 내가 운동을 시작하기에 충분하지 않다. 그때 친구는 일관성과 희소성 원칙을 덧붙여서 나를 더 잘 설득할 수 있다. 즉 건강의 중요성을 강조하거나, 건강을 잃으면 재미있는 활동들을 못 하게 되어 아쉬울 것이라는 등 그동안 건강에 대해 내가 했던 언급들을 떠올리게 하면 된다. 그것이 내가 아침에 일어나 체육관으로 가게 만드는 가장 좋은 메시지다.

내가 설득의 원칙들에 대해 빈번하게 받는 두 번째 질문은 새로운 원칙을 찾았냐는 것이다. 최근까지 나는 항상 새로운 발견은 없다고 답해야 했다. 하지만 지금은 내가 놓친 일곱 번째 보편 원칙이 있다고 믿는다. 이는 새로운 문화 현상이나 기술 발전으로 인해 내 관심 영역으로 들어온 것이 아니라 내가 가진 데이터의 표면 아래에 숨어 있었던 것이다. 그 원칙이 무엇이며 어떻게 발견할 수 있었는지를 다음 장에서 설명하겠다.

11장

연대감 1: 함께 존재하기

Unity 1: Being Together

◆

◆

수년 동안 나는 대학 강의에서 연휴 때 완전히 낯선 사람들에게 카드를 보내면 의무감으로 쓰는 답장을 놀라우리만치 많이 받게 된다는 것을 보여준 연구에 대해 설명하곤 했다. 강의에서 나는 상호성의 원칙이 작용한 것이라고 설명했는데, 이는 처음 무언가를 준 상대방에게 다시 되돌려줘야 한다는 의무감을 사람들에게 부과하는 것이다. 그것은 누가 봐도 전혀 이해할 수 없는 상황에서도 적용된다. 나는 이 연구에 관해 강의하기를 좋아했는데, 이 연구가 상호성 원칙이 발휘하는 힘에 대해 내가 짚고자 하는 핵심을 잘 설명해주고 학생들이 재미있어했으므로 교수 평가 향상에도 도움이 되었기 때문이다.

어느 날 그러한 내용의 강의가 끝난 뒤, 나이 많은 학생(자녀를 다 키운 후 학교로 돌아온) 한 명이 나에게 다가와 자기 가정에 오랫동안 존재했던 미스터리를 풀게 되었다며 고마워했다. 10년 전, 그녀의 가족은 캘리포니아 샌타바버라의 해리슨 집안에서 보낸 크리스마스카드를 받았다고 한다. 하지만 그녀는 물론 남편도 샌타바버라에 사는 해리슨이라는 사람을 알지 못했다. 그녀는 착오가 있어서 해리슨 가족이 봉투에 주소를 잘못 적었으리라고 확신했다. 그래도 그녀는 카드를 **받았기** 때문에 상호성 원칙에 충실하게 답장을 보냈다. "그 후 우리는 그 가족과 10년 동안 카드를 주고받고 있어요." 그녀는 이렇게 말하면서 고백했다. "하지만 저는 **여전히** 그들이 누구인지 알지 못하죠. 그래도 이제는 최소한 제가 처음 그들에게 답장을 보냈던 이유는 이해하겠어요."

몇 달 후, 그녀는 내 연구실에 찾아와 그 일화에 대한 최근 소식을 알려줬다. 그녀의 막내아들인 스킵Skip은 캘리포니아 주립대학의 샌타바버라 캠퍼스 입학을 앞두고 있다고 했다. 하지만 대학 기숙사가 수리 중이라 거처가 준비되지 않았고, 그는 문제가 해결될 때까지 머무를 장소가 필요했다. 대학에서는 임시 거처로 모텔을 제공했지만, 엄마인 그녀는 그 제안이 마음에 들지 않았다. 대신 그녀는 생각했다. "샌타바버라에 아는 사람이 없을까? 아, 해리슨이 있었지!" 그래서 그녀는 해리슨 가족에게 전화를 걸었고, 기꺼이 스킵을 머물게 해주겠다는 답변에 안도했다. 그녀는 상호성 원칙이 인간의 행동, 그러니까 이 경우에는 그녀와 해리슨 가족에게 미친 영향력에 대해 새삼 감탄했다고 말하며 내 연구실을 떠났다.

하지만 나는 확신하기 어려운 면이 있었다. 분명 내 학생이 처음에 카드에 답장하기로 결정한 것은 보답하려는 의무감에 부합한다. 그러나 스킵을 머물게 해준 해리슨 가족의 결정은 전혀 의무감에 맞지 않는다.

Pickles

오, 이런! 채터튼네 가족이 크리스마스카드를 보냈어요. 우리는 안 보냈잖아요.

그럼 하나 보내구려.

그럴 수 없어요. 카드가 다 떨어졌어요. 게다가 우표도 없고요.

얼른 상점에 가서 카드를 하나 사야겠어요. 카드에 쓸 괜찮은 문구도 생각해 놓고요. 그리고 우체국에서 줄을 서야겠죠. 그렇게 해도 카드를 받고 난 뒤에야 보냈다는 걸 그 사람들이 알아차릴 텐데 어쩌죠? 이거 참 야단났네요.

그런데 채터튼이 누구지?

나는 모르죠. 당신이 아는 사람인 줄 알았는데?

앗, 죄송합니다. 제가 실수로 카드를 댁의 우편함에 넣어버렸네요.

안타깝네요. 채터튼네 가족이 막 좋아지려던 참이었거든요.

12/16

해리슨? 채터튼?
이름은 바뀔 수 있다. 하지만 인간관계를 촉발하는 상황은 여전히 그대로 남는다.

해리슨 가족이 스킵의 숙박을 허락했을 때 그들에게는 되갚아야 할 중대한 빚이 없었다. 양쪽은 크리스마스 카드(그리고 동봉된 연하장)를 서로 똑같이 주고받은 상황이었으므로 의무감의 측면에서 볼 때 두 가족은 동등했다. 비록 상호성 원칙이 그 시작이었지만, 해리슨 가족이 한 번도 만난 적 없는 열여덟 살 소년을 집에 들이도록 만든 것은 10년간 두 집 안이 맺어온 **관계성**relationship에 기인했다는 생각이 들었다. 이러한 깨달음은 설득의 여섯 가지 원칙과는 별개로 동의를 이끌어내는 사회적 관계의 독립적인 힘을 생각해보도록 만들었다. 관계성은 도움을 주려는 의지를 강화할 뿐만 아니라 그런 의지가 생겨나게 하기도 한다.

여기에는 한 가지 교훈이 있다. 타인을 변화하게 만드는 우리의 능력은 대개 개인적으로 공유한 관계성에서 중요하게 비롯되고, 그 관계성은 동의를 위한 초전 설득의 맥락을 만든다는 것이다. 따라서 현대사회에서 단절의 힘이 인간 교류에서 나오는 인간관계의 공감대를 대신하도록 하는 건 어리석은 일이다. **관계성**은 바다에 떠다니는 **배**와 같아서 왔다가 금세 사라지기 때문이다.[15]

一　연대감: 우리는 공유된 나다

어떤 종류의 존재, 어떤 종류의 인식된 관계가 동료 간의 호감을 극대화할까? 그에 대한 답은 미묘하지만 중요한 차이점을 필요로 한다. 사람들이 가장 실속 있는 호의를 베풀도록 이끄는 관계성은 "그는 우리와 비슷한 사람이야Oh, that person is like us"가 아니라 "그는 **우리 사람**이야Oh, that person is of us"라고 말하는 관계성이다. 예를 들어보자. 나는 취향과 선호도 면에서 내 형제보다는 직장 동료와 공통점이 많지만, 둘 중 누구를 **내 사람**of me으로 여기고 누구를 그저 나와 **비슷한 사람**like me으로 여길지, 그리고 도와달라는 말을 들었을 때 누구를 더 도우려 할지는 분명하다. 연대감의 경험은 단순히 유사성에 대한 것이 아니다. (유사성도 작용할 수는 있지만 호감 원칙을 통해 낮은 정도에 그칠 뿐이다.) 중요한 것은 정체성 공유다. 정체성은 정치적·종교적 소속감과 더불어 인종, 민족, 국적, 집안처럼 개인들이 자기 자신과 집단을 정의하는 데 사용하는 범주들에 관한 것이다. 이런 범주들의 주요 특징은 그 안에 속한 구성원들이 서로 통합된 하나라고 느끼는 경향이 있다는 것이다. 그 범주 안에서는 한 구성원의 행동이 다른 구성원의 자존감에 영향을 미친다. 간단히 말해서 **우리**는 곧 '공유된 **나**'라고 할 수 있다.

우리라는 개념을 바탕에 둔 집단 내에서 자신과 타인의 정체성이 통합된다는 증거는 수없이 많아서 인상적이기까지 하다. 사람들은 종종 자기 자신과 집단 구성원들을 분명하게 구분 짓지 못한다. 자기 자신의 특성을 내집단in-group의 다른 구성원들에게 지나치게 투영한 나머지, 자기가 이전에 내집단 구성원들이나 자신의 어떤 개인적 특성을 좋게 생각했는지를 기억하는 데 반복적으로 실패하며, 결국에는 자신과 내집단 구성원들의 다른 점들을 파악하기까지 오랜 시간이 걸린다. 이 모든 과정은 자아와 타인을 혼돈한 결과다. 신경과학자들은 이런 혼란을 다음과 같이 설명한다. **자아**와 **가까운 타인**들에 대한 심적 표상mental representation(사물, 관념, 문제, 일의 상태, 배열 등에 관한 지식이 마음에 저장되는 방식-옮긴이)이 같은 뇌 신경 회로에서 나타나기 때문이라는 것이다. 두 개념 중 어느 하나를 활성화하는 것은 다른 개념에 대한 신경계의 **교차 자극**을 이끌 수 있으며, 그 결과 정체성의 구분이 모호해진다.[16]

신경과학적 증거들이 활용되기 오래전, 사회과학자들은 자신과 타인 사이에 중복되는 감정을 측정하고 그것이 무엇을 초래하는지를 확인했다. 그 과정에서 '우리성we-ness'(개인이 자신을 우리라는 집단과 동일시하는 심리

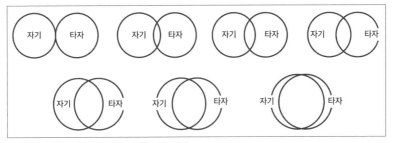

두 원에서 중첩된 부분이 두 자아의 중첩된 부분이다
1992년에 발표된 이래, '내 안에 타인 포함시키기 척도the Inclusion of Other in the Self Scale'는, 어떤 요인들이 다른 사람과 "하나"되는 느낌을 촉진시키는가를 알아보기 위해 과학자들이 사용해왔다. 나와 상대방과의 관계를 가장 잘 묘사하는 그림에 동그라미 쳐보자.
자료 제공: *Arthur Aron and the American Psychological Association*

적 특성-옮긴이)을 이끄는 요소들의 두 범주를 밝혔다. 그 범주들에는 특별한 방식의 함께 존재하기being together와 함께 행동하기acting together가 포함된다. 각 범주는 모두 살펴볼 가치가 있으며, 그중 첫 번째 범주를 여기에서 다룰 것이다.

━ 함께 존재한다는 것

혈연

유전적인 관점에서 보면 한 가족, 즉 같은 핏줄이라는 것은 타인과의 연대감 중에서도 가장 궁극적인 형태다. 실제로 진화생물학에서 '포괄 적응도inclusive fitness'라는 용어를 사용하는데, 이는 유전자 복제를 통해 자신의 지속적인 생존을 시도할 필요를 강하게 느끼지 못하는 관계들을 뜻한다. 그러니 포괄 적응도가 보장되는 혈연관계에서는 굳이 나와 타인을 구분할 필요를 못 느끼는 것이 당연하고 실제로도 구분 자체가 어렵다. 여기에는 자기 이익을 추구하는 **자신이** 자기 신체 밖에도, 유전자를 공유한 타인의 피부 안에도 놓일 수 있다는 중요한 의미가 내포되어 있다. 이런 이유로 사람들은 유전적으로 밀접한 친족들을 기꺼이 도우려 한다. 이런 경향은 미국에서 있었던 신장을 기증할지 말지에 관한 결정, 일본에서 있었던 화재 건물에서 인명을 구조할지 말지에 관한 결정, 그리고 베네수엘라 정글에서 있었던 도끼 난투극에 개입할지 말지에 관한 결정 등 생존과 관련된 결정들에서 더 두드러졌다. 이에 대해 뇌 영상 연구는 한 가지 근접한 원인을 확인했다. 대개 사람들은 가족 구성원을 도운 후에는 뇌의 자기 보상 영역이 상당히 자극되는 경험을 한다는 것이다. 즉 가족을 도우면 마치 자기 자신을 돕는 것처럼 느끼게 되며, 이는 십 대들도 마찬가지였다!

진화론의 관점에서 보면 작은 이점일지라도 친족에게 어떤 이점이든 돌아가야 한다. 이를 확인하기 위해 내 직업상 사용했던 가장 효과적인 설득 기술을 살펴보자. 한번은 일련의 주제에 대해 대학생들의 태도와 그 부모들의 태도를 비교해야 했는데 그러려면 두 그룹이 같은 분량의 설문 조사지를 작성해야 했다. 대학생 그룹에게 설문 조사를 하는 것은 어렵지 않았다. 내가 가르치는 심리학 수업에서 연습 과제로 설문지를 나눠주면 되었다. 문제는 학부모들을 참여시킬 방법을 찾는 것이었는데, 사례금을 지급할 예산이 없었으며 이런 조사에는 대개 성인의 참여율이 아주 낮아서 종종 20퍼센트 미만이 되기도 한다는 사실을 알고 있었기 때문이다. 그러자 부모가 설문에 응하면 그 학생에게는 다음 시험(학기 중에 여러 번 실시되는 시험 중 하나)에서 보너스 점수를 부여하겠다는 내용의 혈연 카드를 써보라고 한 동료가 권했다.

효과는 놀라웠다. 수강생 163명 전부가 부모에게 설문지를 보냈고, 그중 159명(97퍼센트)의 부모가 일주일 내로 작성을 완료해 우편으로 다시 보내왔던 것이다. 그저 한 학기에 들어야 하는 많은 강의 중 하나, 여러 번 치르는 시험 중 하나에 불과하고, 심지어 그렇게 해서 얻을 수 있는 점수는 고작 1점에 불과했는데도 부모들은 자신의 여러 자녀 중 한 자녀를 위해서 설문지를 보냈다. 설득 전문가로서 나는 이 같은 경험을 전혀 해본 적이 없었다. 하지만 그 후로 여러 개인적인 경험을 통해 이제는 그 실험에서 더 나은 결과를 얻기 위해 내가 할 수 있었던 방법이 있다고 믿는다. 그때 나는 학생들의 조부모에게 설문지를 보내라고 요청했어야 했다. 그랬다면 163명이 보낸 설문지 중에서 162명의 답장을 일주일도 안 되어 받았으리라고 생각한다. 설문지 한 부를 받지 못한 까닭은 아마도 설문지를 보내기 위해 우체국으로 전력 질주를 하다가 심장마비로 입원을 한 할아버지나 할머니가 설문지를 보내지 못했기 때문일 것이다.

하지만 우리와 특정한 유전적 연결이 없는 개인들이 우리 호의를 얻기 위해 혈연의 힘을 이용할 수도 있을까? 하나의 가능한 방법은 우리 의식 속에 혈연 개념을 불러일으키는 언어와 이미지 형상화를 사용하여 초전 설득을 하는 것이다. 예를 들어 우리성we-ness을 불러일으키는 공동체 의식은 **형제, 자매, 조상, 조국, 유산**과 같이 가족의 이미지와 이름표를 사용함으로써 특징지어진다. 이는 공동체의 행복을 위해 개인의 사적 이익을 기꺼이 희생하려는 의지를 증가시킨다. 한 연구팀은 인간에게는 상징화하려는 특성이 있기 때문에 형상화된 '가상의 가족'이 아주 밀접한 관계의 혈족 내에서만 보이는 수준의 자기희생을 가능하게 한다는 사실을 발견했다. 다른 연구에서는 스페인 사람들에게 민족적 연대감의 가족 같은 본질을 상기시키자 그들은 다른 시민들과 '융화됐다'고 느꼈으며 스페인을 위해 죽음을 불사하고 싸우려는 의지가 상당히 강해졌다.[17]

이제 우리가 속한 집단이 아닌 사람에 대해 같은 질문을 던져보자. 유전적으로 관련 없는 의사전달자가 동의를 얻기 위해 혈연이라는 개념을 이용할 수 있을까? 나는 금융 서비스 회사들의 콘퍼런스에서 강연할 때면 이런 질문을 하곤 한다. "우리 시대의 가장 성공적인 금융 투자자는 누구라고 생각합니까?" 그러면 모두가 한목소리로 항상 "워런 버핏Warren Buffett!"이라고 대답한다. 워런 버핏은 파트너인 찰리 멍거Charlie Munger와의 절묘한 협력을 통해 다른 회사에 투자하는 지주회사인 버크셔 해서웨이Berkshire Hathaway Inc.를 이끌어오고 있는데, 1965년에 인수한 이래로 주주들에게 놀라운 수준의 수익을 돌려주고 있다.

몇 년 전, 나는 버크셔 해서웨이의 주식을 선물로 받았다. 이 선물은 계속해서 수익을 내고 있는데 단지 금전적인 면에서뿐만이 아니다. 이 선물은 그들의 방식을 관찰할 수 있는 유리한 지점을 선사했다. 내가 거의 알지 못하는 버핏과 멍거의 전략적인 투자에 대해, 그리고 내가 어느 정도는 알고 있는 전략적인 의사소통에 대해 알아보도록 말이다. 내가 아는 수법을 사용하는 것과 그 수법의 양은 별개의 문제가 아닌가. 그들이 사용하는 다양한 수법에 감탄하지 않을 수가 없었다. 역설적이게도 버크셔 해서웨이의 경우에는 재정 성과가 너무나 놀라울 정도여서 의사소통 문제가 발생했다. 바로 현재 주주들과 예비 주주들에게 회사가 미래에도 이런 성공을 유지할 수 있다는 확신을 어떻게 주느냐는 것이었다. 그런 확신 없이는 주주들이 보유 주식을 매도할 것이 당연히 예상되며, 잠재적인 투자자들은 다른 주식을 매매하리라고 예측되기 때문이다.

분명히 말하건대 버크셔 해서웨이는 탁월한 비즈니스 모델과 거대한 회사 규모가 지닌 고유한 장점들을 토대로 그들의 미래 가치를 평가할 설득력 있는 사례를 가졌다. 하지만 회사의 연례 보고서에서 버핏이 늘 강조하듯이 막대한 성공의 전례가 미래의 성공과 같은 말은 아니다. 예를 들어 버핏은 신뢰를 쌓기 위해 처음에(보통 보고서의 첫 페이지나 두 번째 페이지에서) 지난 한 해 동안 그가 한 실수나 회사에 닥친 문제를 설명하고 그것이 향후에 미칠 영향을 검토한다. 버핏은 다른 기업들의 연례 보고서에서 아주 빈번히 나타나는 방침처럼 문제점을 숨기거나 최소화하고 미봉책으로 가리는 대신에 우선 회사 내부의 문제들을 철저히 이해하고 그다음에는 거리낌 없이 완전히 밝힌다. 여기서 이점은 나중에 그가 버크셔 해서웨이의 엄청난 장점을 묘사할 때 이전보다 회사를 훨씬 더 깊이 신뢰하도록 사람들이 사전에 설득당한 상태가 된다는 것이다. 결국 신뢰는 식별할 수 있는 믿을 만한 정보에서 기인하는 셈이다.

이 방법이 버핏식 설득의 화살통 속 유일한 화살인 건 아니다. 2015년 2월, 그는 평소보다 더 크게 영향력을 미칠 전략을 사용할 필요가 있었다. 창립 50주년 기념 편지에서 주주들에게 버크셔 해서웨이의 그동안의 실적을 요약하고 앞으로의 지속적인 활동을 논의해야 하는 시기였기 때문이다. 기념일의 50년이라는 숫자는 한동안 지속됐던 우려를 암시했으며 온라인 논평에서 다시 주목받고 있었다. 즉 창업한 지 반세기가 된 버핏과 멍거는 분명 더 이상 젊지 않으며 조만간 회사를 인솔하지 못하게 될 터인데, 그러면 회사의 미래와 주가가 곤두박질치리라는 것이었다. 나는 그 논평을 읽고 당혹스러웠던 기억이 난다. 버핏과 멍거의 경영 체계 아래에서 네 배 이상의 수익을 본 내 주식들을 세월이 흘러 그들이 떠났을 때도 계속 보유해야 하는 걸까? 그들이 증발하기 전에 매도하고 남은 수익이라도 챙겨야 하는 것 아닐까?

버핏은 기념 편지에서 '버크셔, 앞으로의 50년'이라는 섹션을 두고 이러한 이슈들에 관해 정면으로 다루었다. 우선 전례 없이 탄탄한 금융자산 기업으로서 버크셔 해서웨이는 이미 증명된 비즈니스 모델의 긍정적인 결과들을 펼쳐 보였다. 그리고 적절한 시기에 CEO로 임명되기에 '적격한 사람'을 벌써 내정했음을 알렸다. 하지만 설득 전문가인 내게 더 인상적이었던 점은 버핏이 모든 중요 섹션을 시작하면서 초전 설득 방식을 이용했다는 것이었다. 버핏은 특유의 방식으로 잠재적인 약점들을 앞으로 배치함으로써 신뢰성을 재정립했다. "자, 이제 눈앞에 펼쳐진 길을 보기로 합시다. 50년 전에 저에게 미래를 예측하라고 했다면, 아마도 터무니없는 예측도 많았으리라는 사실을 잊지 맙시다." 그러고 나서 그는 어떤 공개 포럼에서도 내가 본 적도 들은 적도 없는 내용을 덧붙였다. "그 경고를 염두에 두시고, 저는 오늘 가족들이 버크셔의 미래를 물었다면 아마도 대답했을 그 이야기를 여러분에게 해드리려고 합니다."

이어진 내용은 버크셔 해서웨이의 예측 가능한 재정적 건전성을 증명하기 위해 신중하게 구조화한 요소들이었다. 이를테면 입증된 비즈니스 모델, 금융자산의 방어벽, 면밀하게 검증된 차기 CEO 말이다. 그의 주장에서 이런 요소들이 그들의 입장을 유리하게 하는데 설득력 있었던 만큼이나, 버핏은 내가 버크셔를 훨씬 신뢰하게 만드는 초전 설득 방식을 한 가지 더 구사했다. 바로 자기 가족에게 조언하는 것처럼 나에게도 조언하리라고 선언한 것이다. 내가 버핏에 대해 아는 바를 종합하면 그 주장을 믿을 수밖에 없었다. 그 결과, 진지하게 버크셔 해서웨이의 주식을 매도하겠다는 생각을 접게 되었다. 톰 크루즈가 주연한 영화 〈제리 맥과이어〉에는 인상적인 장면이 있다. 주인공은 불쑥 방에 들어가 안에 있던 (사이가 멀어진 도로시를 포함해) 사람들에게 인사한 후, 도로시가 자기 평생의 반려자여야 하는 이유를 나열하는 장황한 독백을 시작한다. 도로시는 그 말 도중에 그를 올려다보고 유명한 대사를 한마디 내뱉으며 그의 긴 이야기를 자른다. "당신이 들어와서 **안녕**이라고 말하는 순간, 나는 당신의 사람이 되었어요You had me at Hello" 나 역시 버핏이 편지에서 내게 **가족**이라고 말한 순간에 그의 사람이 되었다.

버핏의 기념 편지는 연례 보고서 24쪽에 실려 있지만, 본문을 시작하는 첫 페이지 상단에서 주주들에게 **프레임이 세팅된**frame-setting 그 편지를 어떤 부분보다 먼저 읽으라고 조언한 것을 보면 그가 초전 설득의 가치를 인지하고 있었음이 확실하다. 멍거도 더 긴 연례 보고서에서 50주년 기념 편지를 썼다. 그의 편지에서는 가족적인 맥락이 드러나지 않았지만, 회사가 이례적으로 좋은 결과를 지속할 것이라고 예측하기에 앞서 경영진이 과거에 저지른 실수들을 설명하는 신뢰성 강화 절차는 적용했다. 설득의 윤리에 관해서는 13장에서 더 자세히 논의할 것이다. 나는 멍거(와 버핏)의 이런 방식이 속임수라고 전혀 생각하지 않는다. 오히려 진심으로 신뢰할 수 있는 의사전달자란 초전 설득으로 진실한 내용을 공개함으로써 얻을 수 있는 중요한 신뢰의 혜택을 인지할 만큼 충분히 영리한(이 사내들의 경우에는 더없이 영리한) 사람이라는 것을 설명해주는 사례로 본다.

버핏의 50주년 기념 편지에 대해 사람들이 보인 긍정 일색인 반응("워런 버핏, 최고의 연례 서신을 작성하다"와 "버크셔에 투자하지 않는 건 어리석은 짓이다" 같은 헤드라인)에서, 버핏이 자기주장을 펼치면서 '가족' 프레임을 아주 적절하게 사용했다고 누구도 언급하지 않았다는 것은 생각해볼 점이다. 나는 사람들이 그것을 인지하지 못했다는 사실에 새삼 놀랐다. 사실에 기반을 두는 냉정한 금융 투자 세계에서는 기본적으로 메시지의 장점에 집중한다. 또한 그런 (주장의) **장점이** 메시지가 되기도 하는 것이 사실이다. 그러나 동시에 중요한 메시지가 될 수 있는 효과적인 의사소통의 다른 차원이 있다. 우리는 **미디어**가 곧 메시지가 될 수 있다는 것을 마셜 매클루언에게서 배웠다. 또 **일반 대중**이 메시지가 될 수 있음은 사회적 증거 원칙을 통해 배웠다. 그리고 권위 원칙을 통해서는 **메시지 전달자** 자체가 메시지가 될 수 있다는 것을 알게 되었다. 이제 자아와 타인의 **통합**이 메시지가 될 수 있다는 연대감 개념도 살펴봤다. 그렇다면 직접적인 혈연관계 외에 어떤 상황의 추가적인 특징들이 정체성을 통합하는 데 사용되는지 생각해볼 가치가 있을 것이다.

주목할 만한 사실은, 그럼에도 불구하고 이러한 특징들 중 얼마나 많은 것이 친밀한 혈연관계의 단서로 추적 가능한가 하는 것이다. 분명히 아무도 다른 사람의 속내를 들여다볼 수 없고, 자신과 타인이 유전자를 얼마만큼 공유하는지를 판단할 수 있는 사람은 없다. 이것이 진화론적으로 신중한 방식으로 영향을 끼치기 위해 사람들이 유전적 중복성과 관련되어 있는 동시에 감지도 할 수 있는 다른 특정 측면도 고려해야 하는 이유다. 그것은 바로 가장 분명한 신체적·개인적 유사성이다. 가족 내에서 사람들은 자신과 닮은 친족에게 더 협력적이다. 가족이 아니더라도 닮은 얼굴은 낯선 사람에 대한 유전적 관련 정도를 (꽤 정확하게) 판단하는 데 사용된다. 하지만 이 점에서 사람들은 잘못된 편애에 속을 수 있다. 디지털 수정 작업을 거쳐 자신과 유사해진 얼굴 사진을 본 사람들은 상당한 정도로 그 사람을 신뢰하게 되었다. 그렇게 비슷해진 얼굴이 정치 선거의 후보일 경우에는 그에게 더 많이 투표하고자 했다.[18]

장소

일반적으로 강화된 유전적 공통성을 나타내는 또 다른 신뢰할 만한 신호가 있다. 이는 신체적인 유사성이 아니라 물리적인 근접성과 관련된다. 바로 다른 사람과 동일한 장소에 있는 것으로, 그것이 상대방의 행동에 미치는 영향력은 아주 매력적이다. 이 같은 영향력을 증명하는 가장 좋은 방법은 인류의 역사상 가장 참혹했던 시대에서 벌어졌던, 수수께끼 같은 인간의 행위를 파헤치는 것이다. 홀로코스트Holocaust 시대를 말하는 것이다. 인간의 공간들 중 물리적으로 가장 작은 단위부터 시작해 점차 확장된 형태들로 나아가자.

가정: 동물뿐만 아니라 인간도 성장할 때 한집에서 같이 지낸 사람을 친척처럼 대한다. 관계성relatedness을 나타내는 이 단서가 가끔 틀릴 수도 있지만, 일반적으로 같은 집에 사는 사람들은 가족 구성원이기 때문에 이러한 판단은 대체로 정확하다. 또한 같은 집에서 함께 거주하는 기간이 길수록 가족이라는 생각에 더 큰 영향을 미치고, 서로를 위해 희생하려는 마음도 커진다. 그러나 함께 보낸 시간이 길지 않더라도 동일한 결

과를 가져오는 관련 요소가 하나 있다. 부모가 도움이 필요한 외부인을 집 안으로 들여서 돌봐주는 모습을 지켜본 사람들은 외부인에게도 가족처럼 느끼며 외부인을 도와주려는 의지가 한층 강해진다. 이 과정에서 흥미로운 사례를 보면, 자기 집을 다양한 사람에게 공개하는 부모를 본 아이들은 성인이 되었을 때 낯선 이들을 도와주려는 경향이 더 높았다. 그들에게 '우리성'이란 직계가족이나 친척을 넘어 인간 전체로 적용되기 때문이다.

그럼 이러한 통찰이 홀로코스트의 미스터리를 푸는 데 어떤 도움이 될까? 역사는 그 당시 집단수용소 안의 사람들에게 가장 성공적으로 도움을 준 유명한 사람들의 이름을 기록한다. 자기 목숨까지 희생해서 유대인을 구조했던 용감한 스웨덴인 라울 발렌베리Raoul Wallenberg와 '명단'에 적은 유대인 1,100명의 목숨을 구한 독일인 사업가 오스카 쉰들러Oskar Schindler가 그런 인물이다. 하지만 홀로코스트 동안 가장 효과적이고 집중적으로 펼쳐졌던 유대인 지원 활동은 그 시기 이후로는 비교적 잘 알려져 있지 않다.

1940년, 어느 여름날 새벽 무렵이었다. 리투아니아의 폴란드계 유대인 200명이 동유럽을 휩쓸고 있는 나치를 피해서 탈출하려는 시도를 하면서, 도움을 요청하기 위해 일본 영사관 밖에 모여들었다. 그들이 일본 관계자들의 도움을 받기로 선택한 것은 그 자체로 의아한 일이었다. 당시에 나치와 일본은 긴밀한 유대 관계를 맺었으며 공통의 이해관계가 있었다. 실제로 겨우 몇 달 뒤인 1940년 9월에 일본, 독일, 이탈리아는 동맹을 공식적으로 선언하는 3국 군사 동맹the Tripartite Pact을 체결했다.

그런데 왜 하필 3국의 증오 대상이었던 유대인들은 아돌프 히틀러의 국제 동맹국에 자비를 구했을까? 그들이 일본에 기대할 수 있었던 도움은 무엇이었을까?

1930년대 말, 나치와 긴밀한 전략적 관계를 맺기 전에 일본은 국제 유대인 공동체가 제공하는 재정적 자원과 정치적 이익을 얻는 방안으로 유대인이 일본 영토에 쉽게 접근할 수 있도록 허용했다. 일본의 일부 지역에서는 여전히 그런 방침을 강하게 유지했기 때문에 일본 정부는 유대인에게 여행 비자를 발급하는 정책을 완전히 철회하지 않았다. 이에 역설적인 결과가 나타났다. 전쟁이 발발하기 전 몇 년 동안, (미국을 포함한) 대부분의 국가가 히틀러의 '파이널 솔루션the Final Solution'(독일 나치의 계획적인 유대인 말살 정책-옮긴이)의 절망적인 희생자들을 외면할 때 히틀러와 동맹국인 일본이 중국 상하이와 일본 고베에 일본이 관리하는 유대인 보호구역을 제공했던 것이다.

1940년 7월, 리투아니아의 일본 영사관 문밖에 모여든 200명의 유대인은 문안에 있는 남성이 자신들의 안전을 위해 어쩌면 마지막 기회일지 모르는 최선의 방법을 제공해주리라고 생각했다. 그 남성의 이름은 스기하라 지우네杉原千畝로, 표면상으로는 유대인을 구조하는 데 나설 만한 사람이 아니었다. 외교관인 스기하라는 16년간 헌신적이고 충실하게 다양한 직책을 수행한 공로로 일본 총영사가 된 인물이었다. 적합한 자격도 외교단 내에서 그의 진급을 용이하게 했는데 그는 국가공무원이자 사무라이 가문의 아들이었다. 그는 직업적인 목표를 높게 설정하고, 언젠가는 모스크바의 일본 대사가 되기 위해 러시아어를 유창하게 구사할 정도로 공부했다. 스기하라는 자신보다 더 알려진 오스카 쉰

들러처럼 게임과 음악과 파티를 아주 좋아하는 사람이었다. 그러므로 표면적으로는 이른 아침에 숙면을 깨우는 낯선 사람들을 구하기 위해 그가 안락하고 즐거운 인생을 보장하는 외교관직을 걸고 자신의 경력과 명성과 미래를 위험에 빠뜨릴 가능성은 거의 없었다. 하지만 그는 자신과 가족에게 어떤 결과를 미칠지 잘 알았음에도 그 일을 했다.

문밖에서 기다리고 있던 유대인들과 이야기를 나눈 스기하라는 그들의 곤경을 이해했으며, 여행 비자를 발급하기 위한 승인을 요청하려고 도쿄로 연락을 취했다. 하지만 유대인에 대한 일본의 관대한 비자와 정착 정책들이 여전히 유효하기는 해도, 외무성에 있던 스기하라의 상관은 그런 정책들을 지속시키면 히틀러와 일본의 외교 관계를 저해할 수 있다고 우려했다. 결국 스기하라의 요청은 거부됐고, 긴급하게 다시 올린 두 번째와 세 번째 청원도 마찬가지였다. 그러자 나이 마흔이 되기까지 어떤 불성실이나 불복종도 보인 적이 없었던, 성격은 관대해도 직업적으로 야심 찬 경력을 쌓아온 그가 자기 인생에서 누구도 예상치 못한 행동을 했다. 분명하게 전달된 두 번의 명령을 완전히 거부한 채 유대인에게 필요한 비자 서류들을 작성하기 시작했던 것이다.

그 결정은 스기하라의 경력을 산산조각 냈다. 그는 한 달 만에 총영사직에서 해임되어 더 이상 독립적으로 행동할 수 없는, 리투아니아 외곽의 아주 낮은 직위로 강등됐다. 그러다가 결국 불복종을 이유로 외무성에서 퇴출당했다. 전쟁 후에는 불명예 속에서 생계를 위해 전구를 팔았다. 하지만 스기하라는 리투아니아 영사관이 문을 닫기 직전 몇 주 동안 자신이 한 결정을 충실히 지키면서 이른 아침부터 늦은 저녁까지 신청자들을 인터뷰하고 그들의 탈출에 필요한 문서 작업을 완성했다. 심지어 영사관이 폐쇄되어 호텔에 머무르면서도 그는 비자 발급을 계속했다. 그 임무의 중압감 때문에 여위고 탈진한 후에도, 그와 같은 중압감으로 인해 그의 아내 역시 어린 자녀를 돌볼 수 없게 된 후에도 스기하라는 서류 작성을 멈추지 않았다. 심지어 신청자들에게서 그를 떼어놓기 위한 열차가 플랫폼에 도착했을 때도, 그 열차에 오른 뒤에도 그는 비자를 발급해서 생명을 보장하는 그 문서들을, 생명을 움켜쥐고 싶어하는 손들에게 넘겨줬다. 그 과정에서 그는 무고한 유대인 수천 명을 구할 수 있었다. 그리고 마침내 그를 실은 열차가 출발하는 순간, 스기하라는 남겨두고 떠나야만 하는 이들에게 깊이 고개를 숙여 사죄했다. 조력자로서 자신의 부족함에 대해 용서를 구하면서 말이다.

수천 명의 유대인이 일본으로 탈출하도록 돕기로 한 스기하라의 결정은 단 하나의 이유 때문이 아니다. 이런 종류의 특별한 자비심에는 일반적으로 다양한 힘이 영향을 미치고 상호작용을 한다. 하지만 스기하라의 경우에는 **집을 기반으로 하는** 요인이 두드러진다. 세무 공무원이었던 스기하라의 아버지는 얼마간 한국으로 파견되어 가족과 함께 이주해서 여관을 열었다. 스기하라의 부모는 다양한 손님을 기꺼이 받아들였고, 숙박비를 지불할 수 없을 정도로 가난한 사람들에게는 음식을 비롯해 목욕과 세탁까지 생활에 필요한 기본적인 도움을 주었는데 스기하라는 그러한 부모의 모습에서 강력한 영향을 받았다고 기억했다. 우리는 이로부터 스기하라가 수천 명의 유대인을 도우려고 노력했던 이유를 알 수 있다. 그건 집에서 다양한 개인에게 노출됐던 경험을 통해 그의 가족에 대한 개념이 확장된 덕분이었다. 사건 후 45년이 지난 후, 스기하라는 한 인터뷰에서 말했다. 유대인의 국적과 종교는 중요하지

스기하라와 그의 가족

리투아니아 영사관에서 유대인들을 위해 수천 통의 여행 비자를 작성한 후(위), 스기하라 지우네는 나치가 점령한 유럽에서 한직으로 쫓겨났다. 체코슬로바키아에서(아래) 그는 자신의 가족(아내, 아들, 그리고 처제)을 '유대인 출입 금지'라는 표지판이 붙어 있는 공원 출입구 앞에 세우고 사진을 찍었다. 이 장면은 우연이었을까? 아니면 의도적이었을까? 처제의 오른손이 무엇을 가리키는지를 보면 알 수 있다.

사진 제공: *United States Holocaust Memorial Museum. Hiroki Sugihara* [위아래 사진 모두]

않았다. 중요한 것은 단지 그들이 자신과 마찬가지로 인류라는 가족의 구성원이라는 사실이었으며, 그들이 자기 도움을 필요로 한다는 것이었다고 말이다. 그의 이야기에는 자녀가 넓은 자비로움을 가지기를 희망하는 부모들에게 시사하는 바가 있다. 바로 **집 안에서** 아이들이 다양한 배경을 가진 사람들과 어울리도록 하고 그 사람들을 가족처럼 대해주는 것이다.[19]

지역 : 인간은 유전적으로 관련되어 있는 타인들과 작더라도 안정적인 개체군을 이루면서 점차 인류로 진화했기 때문에 우리는 집이 아니더라도 물리적으로 가까이 있는 사람들에게 호의를 베푸는 경향을 발달시켜왔다. 그런 경향을 뜻하는 '주의ism', 즉 지방주의localism가 있을 정도다. 이 엄청난 영향력은 때때로 이웃부터 지역사회에 이르는 곳에서까지 발견된다. 홀로코스트 시대의 두 가지 사건을 돌아보면 그 사실을 확인할 수 있다.

첫 번째는 사회학자 로널드 코언Ronald Cohen이 들려주는 사건으로, 그는 나치 강제수용소의 감시원이 저지른 끔찍한 형태의 지방주의에 관해 이야기한다. 당시에 그런 수용소에서는 수감자 한 명이 규칙을 어기면 모든 수감자를 줄지어 세운 후에 감시원이 그 줄을 따라 열까지 세며 걸은 다음에 멈춰 서서 열 번째에 있는 수감자를 총살하는 일이 흔했다. 코언에 따르면, 한 노련한 감시원이 여느 때처럼 그런 짓을 자행하던 도중에 이해할 수 없는 다른 행동을 했다고 한다. 불운한 열 번째 수감자 앞에 다가선 감시원이 눈살을 찌푸리더니 열한 번째 수감자를 처형한 것이다. 그의 행동에 대해서는 여러 이유를 생각해볼 수 있다. 살아남은 열 번째 수감자에게서 과거에 도움을 받았거나, 그 수감자가 앞으로 생산적인 작업에 도움이 될 만큼 강하거나 똑똑하거나 건강하다는 것을 알아봤을지 모른다. 하지만 그 감시원이 다른 감시원에게 털어놓은 이유를 보면(코언의 정보에 따르면), 그의 선택은 그런 현실적인 근거들에서 나온 게 아니었음이 분명했다. 그가 말한 정당성의 단순함이 충분한 근거다. 그는 그 수감자가 자신과 같은 고향 출신이라는 걸 알아봤기 때문이라고 말했던 것이다.

코언은 이 사건을 학술 논문에 서술한 뒤 매우 모순된 측면에 대해 이렇게 논평했다. "감시원은 대량 학살에 충실히 개입하는 동시에 희생자 집단의 한 특정한 사람에게 동정과 자비를 베풀었다." 코언은 관련 연구를 지속하지 않았지만, 대량 학살을 저지른 냉혹한 살인자에서 (특정인에게 집중된) '자비롭고 동정적인' 행위자로 돌변할 수 있었던 강력한 요인을 확인해보는 것이 중요하다. 그것은 장소의 상호성이었다.

이제 동일한 시대의 동일한 통합 요인이 어떻게 근본적으로 다른 결과를 가져왔는지 살펴보자. 홀로코스트 시대에 유대인을 구출한 사람들의 다양한 역사 기록은 아직 많이 분석되지는 않았지만 주목할 만한 현상을 드러낸다. 대부분의 사례에서 나치 피해자들에게 집과 음식과 숨을 곳을 제공한 사람들은 도움이 필요한 유대인들을 자발적으로 찾아 나서지는 않았다. 더 눈에 띄는 점은 일반적으로 희생자들에게 직접 도움을 요청받지도 않았다는 것이다. 쫓기던 개인이나 가족을 대신해서 도움을 요청한 사람은 대부분 그들과 가까운 친지나 이웃들이었다. 사실 도움을 준 사람들은 낯선 이들이 직접 요청했을 때는 자신의 친지와 이웃들에게 했던 것만큼 많이 승낙하지는 않았다.

물론 순수하게 희생자들을 향한 동정심만으로 도움을 주었던 사람이 없는 것은 아니다. 개신교 목사인 앙드레 트로크메Andrée Trocmé는 처음에 문밖에 있던 한 난민을 돌본 후 자신이 살던 프랑스의 작은 마을인 르상봉쉬르리뇽Le Chambon-sur-Lignon 사람들을 설득하여 나치 점령 기간 동안 수천 명의 유대인을 지원하고, 은신처를 제공하고, 숨겨주고, 밀입국을 도왔다. 트로크메의 특별한 일화에서 유익한 점은 그가 처음 난민을 도왔던 방식이 아니라 그 후의 많은 다른 난민을 도왔던 방식이다. 그는 처음에 친척이나 이웃처럼 자기 부탁을 거절하기 힘든 사람들에게 도움을 요청했다. 그러고 나서 그들에게도 똑같이 그들의 친척과 이웃에게 도움을 요청하도록 강조했다. 그를 단순히 동정심 강한 영웅 이상으로 만든 것은 바로 현존하는 공동체 내에서 발휘되는 전략적인 영향력이었다. 이는 또한 그를 아주 성공적인 사람으로 만들었다.[20]

지방색: 일반적으로 같은 지리학적 위치에 있는 것만으로도 동질감을 이끌 수 있다. 세계적으로 스포츠 결승전은 마치 **지역 주민들**이 승리한 것처럼 팀의 연고지에 대한 개인적인 자부심을 자극한다. 미국만 보더라도, 연구 결과들이 다양한 추가적인 방식으로 그 일반적인 사실을 뒷받침한다. 시민들은 출신 지역 대학에서 실시하는 설문이라고 하면 더 적극적으로 참여 의사를 밝힌다. 아프가니스탄에서 전사한 군인에 대한 뉴스를 읽은 독자는 그 전사자가 자신과 같은 지역 출신이라는 것을 알게 되면 전쟁을 더욱 강하게 반대하게 된다. 200년 전에 일어난 남북전쟁으로 돌아가면, 보병들이 서로 같은 지역 출신일 경우에 '더욱 단단해진' 연대감 속에서 전우애에 충실하여 전우가 낙오하도록 두는 일이 덜했다. 우리는 팬클럽이나 집단 싸움에 이르기까지 지역적인 정체성이 동질감에 상당한 영향력을 행사하는 것을 볼 수 있다. 그러나 가장

강력한 사례는 홀로코스트 시대에 벌어진 또 하나의 당혹스러운 사건이다.

스기하라 지우네가 비자 발급으로 유대인 수천 명을 구했지만, 그들이 일본 영토에 도착했을 때는 일본의 고베와 당시 일본의 지배하에 있던 상하이에 이미 대규모의 유대인 난민 집단이 형성되어 있어서 그저 그 규모가 조금 더 커진 정도에 불과했다. 그러다가 1941년에 미국이 제2차 세계대전에 뛰어들어 일본이 진주만을 공격한 이후, 모든 난민의 출입이 막혔고 유대인 사회의 안전도 위태로워졌다. 일본은 그때부터 아돌프 히틀러와 함께 완전히 전시 공모자가 되었으므로 악독한 반유대 동맹들과의 연대를 지켜야 했다. 더욱이 1942년 1월, 유대인을 말살하기 위한 히틀러의 계획이 베를린에서 열린 반제 회의Wannsee Conference에서 공식화됐다. 연합 정책으로 결정된 '파이널 솔루션The Final Solution'을 가지고 나치 당국자들은 그 정책을 일본에 있는 유대인들에게까지 적용하기 위해 도쿄를 압박하기 시작했다. 강제수용소에서의 집단 학살과 생체 실험, 그리고 바다에서 대규모로 익사시키는 방안이 반제 회의 이후에 도쿄로 전달됐다. 하지만 1942년 초에 일본은 히틀러와의 관계에 잠재적으로 좋지 않은 영향을 미칠 것임에도 이러한 압력에 저항했으며 전쟁이 끝날 때까지 그 저항을 유지했다. 무슨 이유에서일까?

그에 대한 해답은 그 같은 결정이 있기 수개월 전에 일어난 몇 가지 사건들과 깊은 연관이 있어 보인다. 나치는 폴란드인 1만 6,000명을 처형하기 위해 '바르샤바의 도살자'라고 불리는 게슈타포 대령 요제프 마이징거Josef Meisinger를 도쿄로 보냈다. 1941년 4월, 도쿄에 도착한 마이징거는 일본에 있는 유대인들에 대한 잔인한 정책들을 강요하기 시작했

일본의 랍비들
제2차 세계대전 중, 일본은 유대인을 가혹하게 다루라는 나치의 요구를 받아들이지 않았다. 한 가지 이유로는 중요한 회의가 열린 그날, 사진에 찍힌 두 랍비 중 한 사람의 기지 넘치는 대답 때문이었다. 그는 단 한마디로 자신들과 일본군 고위층 관리들을 '우리'에 포함하는 동시에 나치는 제외했다.
사진 제공: *Marvin Tokayer*

으며, 그러한 정책을 설계하고 제정하는 데 개입하고자 했다. 처음에 어떻게 대응해야 할지 불확실했던 일본 군사정부의 고위급 관계자들은 양측의 입장을 모두 듣기를 원했으며, 유대인 난민 공동체에 그들의 미래에 큰 영향을 미칠 회의에 대표 두 명을 보내라고 요청했다. 선택된 대표들은 모두 존경받는 종교 지도자들이었으나 서로 다른 방면에서 존경받았다. 한 사람은 랍비 모세 샤츠크Moses Shatzkes로, 학구적인 인물로 명성이 높았으며 전쟁 전에는 유럽에서 손꼽히는 탈무드 학자 중 하나였다. 다른 한 사람은 랍비 시몬 칼리시Shimon Kalisch로, 나이가 더 많았고 사회심리학자처럼 기본적인 인간의 행동에 대한 이해력이 높은 것으로 잘 알려졌다.

이 두 사람은 회의실에 들어서서 통역관들과 함께 유대인 공동체의 존폐를 결정지을 일본 최고사령부의 고위 간부들 앞에 섰다. 일본군 간부는 곧바로 그들에게 운명적인 두 가지 질문을 던졌다. 왜 나치가 당신들을 그렇게 미워합니까? 그리고 왜 우리가 그들에게 대항해 당신들을 보호해야 합니까? 역사적·종교적·경제적으로 얽힌 문제들을 복합적으로 생각하는 학자인 랍비 샤츠크는 이에 아무런 대답도 하지 못했다. 하지만 인간의 본성을 탐구한 랍비 칼리시는 30년 넘는 나의 연구 인생을 통틀어 가장 인상적이면서 설득력 있는 답변을 내놓았다. "왜냐하면" 그는 침착하게 말했다. "우리는 당신들과 **같은** 아시아인이기 때문입니다."

그 주장은 간결하지만 탁월했다. 그의 대답은 일본군 장교들이 가지고 있는 내집단 정체성을, 임시로 맺은 전시 동맹 기반에서 유전적으로 관련된 상호성 기반으로 이동시켰다. 이것이 세계를 지배할 '우월한' 아리아인들은 선천적으로 아시아인들과 다르다는 나치의 인종차별 주장을 시사하면서 유대인은 일본을 설득할 수 있었다. 하나의 통찰력 있는 관찰 속에서 보면 일본인과 비슷한 것은 유대인이지 나치가 (스스로 선언했듯이) 아니었다. 나이 많은 랍비의 대답은 일본군 간부들에게 큰 영향을 미쳤다. 잠시 침묵이 흐른 뒤, 그들은 내부 회의를 하고 나서 휴회를 선언했다. 그들이 다시 돌아왔을 때 최고위 간부가 일어나서 랍비들이 자기 공동체로 가져가고 싶어 한 말을 했다. "당신을 기다리는 사람들에게 돌아가시오. 그리고 일본군은 유대인에게 안전과 평화를 제공할 것이라고 말하시오. 당신들은 일본 영토 내에 있는 동안은 아무것도 두려워할 필요가 없소." 그리고 그렇게 되었다.[21]

노련한 의사전달자가 가족과 지역의 개념을 이용할 수 있다는 점에는 의심의 여지가 없다. 워런 버핏과 랍비 칼리시가 보여준 효과처럼 말이다. 그와 동시에, 영향력을 높이고자 하는 사람들에게는 또 다른 종류의 효과를 활용하는 방법이 있다. 바로 유전적 혹은 공간적으로 **함께 존재하는** 것이 아니라 동시 발생적 혹은 협력적으로 **함께 행동하는** 것이다. 이에 대해 다음 장에서 알아보자.

12장

연대감 2: 함께 행동하기

Unity 2: Acting Together

◆

◆

내 동료인 빌헬미나 보신스카Wilhelmina Wosinska 교수는 복합적인 감정으로 1950~1960년대 소련의 통치하에 폴란드에서 성장했던 시기를 떠올린다. 부정적인 측면에서 보자면 지속적인 생필품 부족 외에도 개인의 발언, 사생활, 정보, 반대 의견, 여행 등 모든 것에 대한 자유가 억압됐다. 그런데도 그녀와 학교 친구들은 그런 억압들을 공정하고 공평한 사회 질서를 확립하기 위한 필수 요소라고 생각하며 긍정적으로 받아들이도록 지도받았다. 참석자들이 함께 노래를 부르고 같은 깃발을 흔들며 행진하는 기념행사에서 그런 긍정적인 감정들이 자주 표출됐고 더 강화됐다. 그녀는 신체적으로 흥분되고, 정서적으로 고양되고, 심리적으로 유익한 그 효과가 인상적이었다고 말한다. 이렇게 계획적으로 연출되고 강력하게 조정된 활동에 동원됐을 때만큼 '하나를 위한 모두, 모

신석기 시대의 라인 댄스?
고고학자 요제프 가핀클(Yosef Garfinkel)에 의하면, 선사시대 예술에서 묘사한 사회 활동은 대부분 춤이다.
인도 빔베트카(Bhimbetka) 동굴 벽화가 그 좋은 예다.
© *Arindam Banerjee/Dreamstime.com*

두를 위한 하나'라는 개념에 이끌렸던 적이 없었다고 한다. 나는 보신스카 교수의 학창 시절 경험을 들을 때마다 그것은 집단심리학 연구자의 진지한 학술 발표 같았다. 학술적인 어조에도 불구하고 그녀가 참여했던 행사에 대해 묘사할 때는 목소리가 커졌고, 얼굴이 상기됐으며, 눈이 빛났다. 인간의 조건에서 원시적이고 중추적인 특징으로 나타나는 그런 '동조 경험synchronized experience'에는 영원히 지워지지 않는 본능적인 무언가가 있다.

실제로 고고학과 인류학의 기록들을 보면 모든 인간 사회에서 노래, 행진, 의례, 구호, 기도문, 춤이라는 형식으로 함께 혹은 동시에 반응하도록 하는 방법들이 발달해왔다는 사실을 확실하게 알 수 있다. 게다가 이러한 것들은 선사시대부터 행해졌다. 예를 들어 신석기시대와 금석병용기金石竝用期(석기시대에서 청동기시대로 넘어가는 과도기-옮긴이)에 그려진 그림이나 암각화나 동굴벽화에는 집단으로 춤을 추는 장면이 상당히 자주 표현되어 있다. 행동과학 연구 자료에 그 이유가 명확히 드러난다. 사람들은 일원화된 방식으로 행동하면 실제로 **결속하게** 되기 때문이다. 그 결과, 집단 연대감은 대개 훨씬 작은 가족 단위에서만 보이는 충성도와 자기희생 정도를 사회에 대해서도 가능하도록 하면서 사회의 이익에 도움이 된다. 따라서 인간 사회는 심지어 고대 사회에서조차도 조율된 반응을 포함하는 집단 결속 '테크놀로지'를 발견한 것으로 보인다. 그 효과는 혈연관계에서만 나타나는 우리성, 통합성merger, 자아와 타인의 모호한 경계와 유사하다.

타인과의 통합은 드문 현상처럼 보이지만 그렇지 않다. 이는 다양한 방법을 통해 쉽게 만들어질 수 있다. 한 연구에서 참가자들은 상금을 받기 위해 파트너와 같은 선택을 하거나, 반대로 다른 선택을 하는 게임을 했다. 파트너와 같은 선택을 해야 이기는 게임을 한 참가자들은 그러지 않은 참가자들에 비해 파트너가 자신과 더 비슷하다고 보게 되었다. 즉 다른 사람과 똑같이 행동하는 데는 큰 호감으로 이어지게 하는 무언가가 있었다.

또 다른 연구에 따르면 두 사람 사이에 이런 인식을 형성하기 위해 동조 반응이 움직임에 기반할 필요는 없다는 사실을 보여준다. 이는 감각적인 반응으로도 가능하다. 그 연구에서 참가자들은 모르는 사람이 부드러운 붓으로 자기 얼굴을 쓰다듬는 영상을 시청했다. 그동안 (일부 참가자들은) 영상 속 인물의 붓질 방향 및 순서와 동일하게 자기 얼굴을 붓으로 쓰다듬게 하거나, (다른 참가자들은) 붓질 방향과 순서를 모두 영상과 다르게 하도록 했다. 결과는 놀라웠는데, 일치된 감각 경험을 한 참가자들은 외모와 성격 면에서 모두 영상 속 인물이 자신과 비슷하다고 평가했다. 더 놀라운 점은 동일한 방식으로 붓질을 경험한 사람들에게서는 자신과 타인의 정체성 구분이 모호해지는 경향마저 나타난 것이다. 타인과 정체성이 모호해지는 경험을 한 참가자들은 다음과 같이 이야기했다. "내 얼굴이 영상 속 얼굴로 변하는 느낌이었어요." "때때로 내가 눈동자를 움직이면 영상 속 인물의 눈동자도 움직일 것 같았죠." "화면 속에서 붓이 그 사람의 얼굴을 쓰다듬으면 그 붓이 마치 나도 쓰다듬는 듯한 기분이었어요."

만약 동작, 목소리 혹은 감각적 방식으로 **함께 행동하기**가 혈연관계로 **함께 존재하는** 효과를 대신할 수 있다면 우리는 두 형태의 연대감에서 유사한 결과들을 보아야 한다. 그리고 실제로 그런 결과들을 볼 수 있었다. 이 결과들에서 두 가지 점은 더 많은 영향력을 행사하고자 하는 사람들에게 특히 중요하다. 즉 타인에게서 더 강한 호감과 더 높은 지지를 받고자 하는 사람들에게 말이다. 그리고 이 모든 것은 초전 설득 과정을 통해서 성취될 수 있다.[22]

━ 유사성에서 호감으로

사람들은 타인과 함께 행동할 때 서로를 더 닮았다고 생각할 뿐만 아니라 서로에 대해 더 긍정적으로 평가한다. 그들 사이에 높아진 **유사성**은 높아진 **호감**으로 바뀐다. 이런 행동에는 실험실에서 손가락 두드리기, 대화하면서 미소 짓기, 교사와 학생이 서로에게 맞춰 자세 바꾸기 등이 포함될 수 있으며, 이 모든 것이 동조해서 이루어진다면 서로를 더 호의적으로 평가하게 만든다. 하지만 한 캐나다 연구진은 동일하게 조정된 행동이 사회적으로 의미 있는 결과를 낼 수 있을지 궁금해졌다. 유사성을 호감으로 바꾸는 그 능력은 인종차별을 줄이는 데도 적용할 수 있는가? 연구진은 일반적으로 인간은 내집단의 구성원들과는 '공감(조화)'하려고 노력하지만, 외집단에 있는 사람들에게는 **그렇지 않다는** 점에 주목했다. 그리고 그런 연대감의 차이가 적어도 부분적으로는 내집단에 호의적인 인간의 반사적인 경향에서 기인한다고 추측했다. 그렇다면 사람들의 행동을 외집단에 속한 사람들과도 조화를 이루게 한다면 편견을 줄일 수 있다는 뜻이 된다.

연구진은 이 생각을 증명하기 위해 실험을 했다. 실험 참가자들은 흑인들이 유리잔으로 물을 마시고 테이블 위에 올려놓는 장면이 짧게 담긴 영상 7개를 시청했다. 일부 참가자들은 그 영상들과 행위를 단순히 관찰했다. 나머지 참가자들은 그들 앞에 놓인 유리잔으로 영상 속 행동을 정확하게 모방하도록 지시받았다. 이후 참가자들에게 숨겨진 인종 선호도를 측정하는 과정에서 흑인 연기자를 관찰하기만 한 참가자들은 흑인보다는 백인에게 호의적인, 전형적인 백인 편애성을 보였다. 하지만 흑인 연기자들의 행위에 동조하면서 따라 했던 참가자들은 어떠한 편애성도 보이지 않았다.

연구 결과에 큰 의미를 부여하기에 앞서, 우리는 평가에서의 긍정적인 변화가 실험에서 통합적인 절차가 끝난 직후에 측정됐다는 사실을 인식해야 한다. 연구진은 이런 태도의 변화가 시간 경과나 장소 변화와 관계없이 지속되는지에 관해서는 분명한 증거를 제시하지 않았다. 이런 약점에도 불구하고 이 실험에는 여전히 긍정적인 면이 있다. 취업 면접, 전화 영업, 첫 미팅과 같이 특정한 상황의 경계 내에서 내집단 혹은 외집단에 근거한 선호라는 차이를 감소시키는 방법이 있다면 그 결과가 크게 달라지지 않을 것이기 때문이다.[23]

━ 동조 행동이 가져온 자기희생

자, 그럼 여기에 아주 낯선 사람들일지라도 그들과 함께 행동하는 것이 연대감으로 이어지고 호감을 키운다는 훌륭한 증거가 있다. 그러나 일치된 행동으로 시작된 연대감과 호감이 사회적 영향력을 발휘하는 행동으로 유의미하게 바뀔 만큼 충분히 강력할까? 두 연구가 이 질문에 대한 답을 구하는 데 도움이 된다. 한 연구는 실험에 앞서 분류해놓은 개인들이 주고받은 도움에 대해 조사했고, 다른 연구는 그 구성원을 미리 정해놓은 집단의 협동에 대해 조사했다. 두 연구에서 모두 요구한 행동은 자기희생을 필요로 했다.

첫 번째 연구에서 참가자들은 헤드폰을 착용하고 일련의 오디오 리듬을 들으면서 귀에 들리는 박자에 따라 테이블을 톡톡 두드리도록 지시받았다. 일부는 파트너와 같은 리듬을 들었으므로 그들은 상대방과 협력하여 박자에 맞춰 테이블을 두드리는 자기 자신을 보았다. 나머지 참가자들은 파트너와 다른 리듬을 들었고, 그래서 두 사람은 같은 동작을 하지 않았다. 그 후 모든 참가자에게 아무 때나 실험실을 떠나도 좋다고 알린 반면, 그들의 파트너는 남아서 장황한 수학과 논리 문제들을 풀도록 했다. 이때 참가자들은 문제 중 일부를 맡아 풀면서 파트너를 돕기 위해 남을지 말지를 선택할 수 있었다. 이 실험의 결과는 자기희생적인 지원 행동을 증가시키는, 초전 설득으로 조정된 행동의 능력을 확실히 증명했다. 처음부터 파트너와 함께 동조적으로 테이블을 두드리지 않았던 참가자들 중에서는 18퍼센트만이 남아서 파트너를 돕겠다고 선택한 것과 달리, 동조적으로 함께 테이블을 두드렸던 참가자들은 49퍼센트가 파트너에게 도움을 주기 위해 자유 시간을 포기했다.

다른 연구진이 두 번째 연구를 수행했는데, 집단 응집력을 만들어내기 위해 유서 깊은 군사 전략을 사용한 흥미로운 실험이다. 연구진은 참가자들을 각 팀으로 배정한 후에 팀원들 중 일부에게 일정한 시간 동안 **발을 맞춰** 함께 걷도록 지시한 반면, 나머지에게는 동일한 시간 동안 같이 걷되 보통 때와 똑같이 걸으라고 지시했다. 그런 다음에 모든 팀의 구성원들은 경제 관련 게임을 했는데, 자신의 경제적 이익을 증가시킬 기회를 극대화하거나, 팀원의 경제적 이익을 위해 자기 기회를 포기해야 하는 게임이었다. 초전 설득의 일환으로 함께 행군했던 팀원들은 단순히 함께 보통 때처럼 걷기만 했던 팀원들에 비해 50퍼센트 더 협력적이었다. 후속 연구가 그 이유를 밝히고 있다. 예비 반응의 동조성 preliminary-response synchrony, 즉 사전에 같은 행동을 했다는 경험은 연대감을 불러일으키고, 이는 집단의 더 큰 이득을 위해 개인의 이득을 희생하고자 하는 더 큰 의지로 이어진다는 것이다.[24]

이렇게 처음에 같은 행동을 함으로써 집단들은 다양한 상황에서 유대감과 호감을 강화하고, 결과적으로 지원 행동을 촉진할 수 있는 것처럼 보인다. 하지만 우리가 지금까지 살펴본 전략들, 즉 테이블 두드리기, 물 마시기, 붓으로 얼굴 쓰다듬기 등은 실제로 실행 가능해 보이지 않으며 적어도 대규모 방식에서는 쓰일 수 없다. 발 맞춰 걷기는 그나마 나아 보이기는 하지만 아주 미미할 뿐이다. 사회적 독립체들이 집단의 목표를 위해 구성원들에게 영향을 미치기 위해 이런 동조화가 일어나도록 활용할 수 있는, 보다 일반적으로 적용 가능한 메커니즘은 없을까? 하나 있다. 바로 음악이다. 자기 의사를 전달하고자 하는 개인에게도 다행스럽게도, 이는 영향력을 미치고 싶은 개인의 목표를 향해 타인들을 움직이는 데도 사용될 수 있다.

━ 설득을 위해 분투하는 음악

　　음악의 존재가 인간의 역사가 기록된 시작부터 폭넓은 인간 사회를 아우르며 뻗어나간 데는 그럴 만한 이유가 있다. 지각 가능한 규칙성(리듬rhythm, 박자meter, 강약intensity, 펄스pulse, 시간time)의 독특한 합작 덕분에 음악은 보기 드문 동조의 힘을 가진다. 음악을 듣는 사람들은 움직임, 감각, 음성, 감정의 차원을 따라 서로 쉽게 어울린다. 이런 상태에서는 자아와 타인의 융합, 사회적인 응집력, 협력적인 행위와 같이 익숙한 형태의 유대감이 나타난다.

　여기서 마지막 측면과 관련해 독일에서 네 살 아이들을 대상으로 진행한 연구 결과를 살펴보자. 게임의 일환으로 아이들 중 일부는 녹음된 음악에 맞춰 노래를 부르고 움직임으로 박자를 맞추면서 파트너와 함께 원을 그리며 돌았다. 다른 아이들도 거의 똑같은 행동을 했지만 음악이 동반되지 않았다. 그 후 아이들에게는 타인을 도와줄 기회가 생겼는데, 음악에 맞춰서 함께 노래를 부르며 걸었던 아이들이 초전 설득 과정으로 협동 음악 체험을 하지 않은 아이들에 비해 세 배 넘게 파트너를 돕는 경향을 보였다.

　연구자들은 자신들이 관찰한, 파트너를 도와주는 아이들의 행위에서 교훈적인 두 가지 면을 발견했다. 첫째, 그들은 도움을 주는 아이가 파트너를 돕기 위해 자신의 놀이 시간을 포기해야 하는 자기희생적 요소가 있다는 것에 주목했다. 공동으로 경험한 음악과 움직임이 나중에 자기희생적인 행위를 상당히 증가시켰다는 결과는 놀이 중에 이기적으로 행동하는 네 살짜리 자녀의 버릇을 고치고자 하는 부모들에게 뜻밖의 일이다("레이아, 이제 헤일리가 장난감을 가지고 놀 차례란다. 레이아? **레이아!** 레이아, 그 장난감을 가지고 당장 여기로 와야지!"). 연구자들이 두 번째로 지적한 핵심도 내게는 첫 번째만큼 중요한데, 아이들의 개인적인 자기희생이 도움을 제공하는 행위에 대한 장단점을 이성적으로 판단한 상태에서 일어난 게 아니라는 점이다. 도와주는 행위는 합리성에 뿌리를 둔 것이 전혀 아니었다. 그것은 자발적이고 직관적이며 정서적 연대감에 기반한 것으로, 음악을 공유한 경험에서 자연적으로 동반되는 것이다. 사회적 영향력 과정을 관리하는 데 이 사실이 암시하는 바는 의미가 있다.[25]

━ 우리 마음의 시스템

　행동과학자들은 오랫동안 평가와 인식에 대한 두 가지 방식이 존재한다고 주장해왔다. 가장 최근에 널리 주목받은 이런 주장은 시스템 1 사고와 시스템 2 사고를 구분하는 대니얼 카너먼의 논의다. 시스템 1이 빠르고 연상적이며 직관적인 동시에 종종 감정적인 반면, 시스템 2

는 느리고 신중하며 분석적이고 이성적이다. 두 처리 방식으로 분리하는 이 논리는 하나를 활성화할 때 다른 하나가 억제된다는 증거에서 비롯된다. 어떤 상황을 감정적으로 경험하고 있다면 그에 대해 철저히 생각하기가 어렵듯이, 어떤 상황을 논리적으로 분석하는 동안에는 그 상황을 완전히 경험하기가 어렵다. 여기에는 영향력에 대해 시사하는 바가 있다. 설득하려는 사람은 시스템 1과 시스템 2를 활성화하는 호소들 중에서 듣는 사람의 사고 방향과 일치하는 호소를 선택하는 것이 현명하다. 그러므로 만일 당신이 주로 정서적인 측면(멋진 외관과 짜릿한 가속력)에 초점을 맞추어 자동차를 구입하려 한다면 영업사원은 감정과 관련된 논거들을 사용해 당신을 설득하는 편이 좋다. 연구에 따르면 "딱 당신을 위한 것이라는 **느낌**이 들어요" 같은 단순한 말도 보다 성공적일 것이다. 하지만 당신이 주로 합리적인 요소들(연비와 보상 판매 가격)에 기반을 두고 구매를 고려한다면 "딱 당신을 위한 것이라고 **생각**합니다"라는 말이 판매를 성사시킬 가능성이 더 높다.[26]

음악의 영향력은 대부분 시스템 1에 속한다. 사람들은 감각적이고 본능적인 반응으로 음악에 맞춰 노래하고 몸을 이리저리 흔들거나 꿈틀거리며 리듬에 따라 움직이는데, 다른 사람과 같이 있으면 함께 그렇게 한다. 의식 속에서 음악이 두드러지는 동안에는 좀처럼 분석적으로 사고하지 않는다. 음악을 들으면서 심사숙고를 하거나 합리적인 방식으로 평가하기란 어려울 뿐만 아니라 이런 정보를 사용하는 것도 힘들어진다. 이와 관련해서 유감스러운 결론을 말해주는 격언이 두 가지 있다. 첫 번째는 볼테르Voltaire가 음악에 대해 경멸스럽게 한 말로, 그는 "너무 어리석어서 차마 말로 할 수 없는 것이 노래로 불려진다"라고 주장했다. 두 번째는 광고계에서 전해져 내려오는 것으로 음악에 대한 전략적인 면을 말한다. "사실로 청중을 설득할 수 없다면 그것을 노래로 들려줘라." 그러므로 의사전달자는 자기주장에서 합리적인 화력이 부족하다고 해서 싸움을 포기할 필요가 없다. 측면 돌파 전략에 착수할 수 있기 때문이다. 노래와 음악으로 무장하고, 합리성이 거의 힘을 발휘하지 못하는 장소로 전장을 옮기는 것이다. 그곳에서라면 화합과 동조성과 연대감이라는 감각이 승리한다.

이런 깨달음은 개인적으로 오랫동안 풀리지 않았던 수수께끼를 해결해줬다. 음악적인 재능이 전혀 없는 나는 젊은 시절에 다음과 같은 문제로 무척 괴로워했다. 바로 '왜 젊은 여성들은 음악가에게 그토록 끌리는가?'이다. 거기에는 어떤 논리도 없지 않은가? 정확히 그렇다. 대부분의 음악가와 성공적인 관계를 맺을 확률이 끔찍하게 낮다는 사실은 중요하지 않다. 즉 **합리적인** 확률은 문제 되지 않는다. 음악가들은 대부분 현재에도 미래에도 **경제적인** 전망이 낮다는 사실 역시 중요하지 않다. **경제적인** 이유도 고려되지 않는다는 뜻이다. 음악은 이런 현실적인 면에 관한 것이 아니다. 음악은 화합, 즉 감정적이고 정서적인 면으로 이어지는 선율의 화합이다.

게다가 음악과 로맨스는 감정과 조화라는 공통점을 기본 바탕으로 하므로 인생에서 서로 강하게 연결된다. 요즘 로맨스를 주제로 한 노래들이 어느 정도나 차지한다고 생각하는가? 최근의 체계적인 산출에 따르면 80퍼센트에 이르는 압도적인 비율이라고 한다. 놀라운 결과가 아닐 수 없다. 로맨스는 우리가 말하거나 생각하거나 글을 쓰는 대다수 시간에는 쟁점이 되지 않지만 노래할 때는 중요한 요소가 된다.

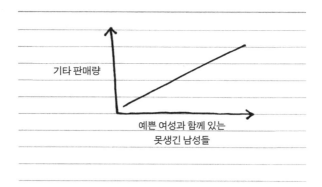

모태 솔로를 (기타) 영웅으로
프랑스 과학자들은 그 기회를 어떻게 잡을지 고민했다. 기타는 낯선 사람의 깜짝 놀랄 만한 부탁에도 "예스"를 하게 만든다. 별 어려움 없이 전화번호를 두 배 이상 받아낼 수 있었다.
© @jessicahagy and thisisindexed.com

그렇다면 이제 나는 로맨스와 음악 모두에 제일 관심이 많은 나이인 젊은 여성들이 왜 음악가에게 약해지는지를 이해할 수 있다. 두 경험 사이의 강력한 연상이 젊은 여성들로 하여금 음악가를 거부하기 어렵게 만든다. 이에 대한 과학적 증거를 원하는가? 그렇지는 않더라도, 프랑스에서 실시한 연구 결과를 내가 노래로 당신에게 들려준다고 상상하며 들어보라. (처음에는 회의적이었던) 연구자들이 한 남성한테 젊은 여성들에게 접근해서 전화번호를 물어보도록 했다. 그 남성은 각각 기타 케이스나 스포츠 가방을 들거나, 아무것도 들고 있지 않았다.

설득의 성공률을 극대화하는 데 관심이 있는 사람이라면, 이 지점에서 단지 음악이 시스템 1 반응과 연관되어 있다거나, 사람들이 그런 종류의 반응을 통해 무분별하게 행동하게 된다는 사실만을 중요하게 여겨서는 안 된다. 그보다 훨씬 더 중요한 점이 있기 때문이다. 목표로 하는 청중의 사고방식이 시스템 1인지, 시스템 2인지에 따라 각각에 부합하는 설득적 의사소통의 시스템 1 혹은 시스템 2 특성을 선택해야 한다. 비합리적이고 쾌락주의적인 목표를 가진 청중에게는 음악 반주와 같은 비이성적인 요소들과 함께 메시지를 전달해야 하는 반면, 이성적이고 실용적인 목표를 지닌 청중에게는 사실과 같은 합리적인 요소들을 담은 메시지를 전달해야 한다. 마케팅 전문가인 J. 스콧 암스트롱J. Scott Armstrong은 그의 매우 훌륭한 저서《설득력 있는 광고: 증거를 바탕에 둔 원칙들Persuasive Advertising: Evidence-Based Principles》에서 2008년의 텔레비전 광고 32편을 분석한 결과, 그중에서 87퍼센트의 광고에 음악이 포함되어 있었다고 보고했다. 그러나 이렇게 메시지에 일상적으로 음악을 적용하기에는 결함이 있을 수 있다. 암스트롱이 관련 연구들을 조사하고, 음악은 감정적으로 친숙한 느낌을 주는 상품군(과자, 바디 제품)의 광고에만 적용돼야 한다고 결론을 내렸기 때문이다. 즉 사고가 필요하지 않은 상품군 말이다. 개인적인 선호도가 분명하고 쓰임이 뚜렷한 상품군(안전장비, 소프트웨어 패키지)에서는 배경음악이 사용될 때 광고 효과가 오히려 떨어진다. 신중하게 사고할 가능성이 높고, 그렇게 하는 것이 유익한 제품군이기 때문이다.[27]

— **지속적인 상호 교류**

2015년 초, 〈뉴욕 타임스〉의 기사 하나가 독자들의 관심에 불을 지폈고, 그에 따른 해설이 폭발적으로 증가하여 이 기사는 곧 입소문을 타고 〈뉴욕 타임스〉 사상 가장 널리 퍼진 기사 중 하나가 되었다. 국

내외의 여러 주제를 다루는 〈뉴욕 타임스〉와 같은 뉴스 매체들의 높은 저널리스트적인 입지를 감안할 때 이 현상은 특별해 보이지 않을 수 있다. 하지만 그 기사가 정치, 경제, 기술, 과학, 건강 면이 아니라 패션& 스타일 면에 실렸다는 점에서 이 현상은 특별했다. 제목에서 나타나듯 이 칼럼니스트 맨디 렌 캐트론Mandy Len Catron은 〈사랑에 빠지고 싶다면 이렇게 하라〉라는 칼럼에서 자신이 발견한, 사랑의 강렬한 정서적 친밀감과 사회적 유대감을 유발하는 놀랍도록 효과적인 방법을 소개했다. 그것도 단 45분 만에 가능하다고 말이다! 그녀는 자신이 직접 경험했으므로 이 방법이 효과가 있다고 전했다.

이 방법은 부부 심리학자인 아서 애론Arthur Aron과 일레인 애론Elaine Aron의 연구 프로그램에서 나왔는데, 친밀한 관계를 조사하던 중 이 방법을 우연히 생각해냈다. 여기에는 조정된 행위가 구체적인 형태로 포함되는데, 파트너들이 차례대로 상호 호혜 과정에 참여하는 것이다. 다른 심리학자들은 사람들이 오랫동안 상호적으로 호의를 주고받으면 호의를 마지막으로 베푼 순서와 관계없이 상대방에게 더 큰 호의를 보인다고 설명해왔다. 이러한 경향은 앞서 살펴본, 한 번도 만난 적 없는 열여덟 살 소년을 자기 집에 들이기로 허용한 해리슨의 사례에 대해 내가 설명한 것과 일치하는데, 해리슨은 소년의 가족에게 신세를 져서가 아니라 10년 동안 연하장을 주고받았다는 이유로 그런 결정을 내렸다. 이 상호 호혜 프로세스는 충족되지 않은 **의무**에 의해서가 아니라 어떤 관계성을 창출함으로써 해리슨의 동의를 이끌어냈다.

애론 부부와 동료들은 지속적인 상호 호혜가 어떻게 당사자들을 결속하게 만드는지 보여주면서 이런 유형의 자발적인 동의에 대해 설명하는 것을 도와준다. 그들은 사람들을 서로 사랑으로 '통합'할 수 있을 만큼 충분히 강한 상호 호혜적 행동을 하게 했다. 그리고 그 행동은 이른바 '개인적인 자기 공개personal self-disclosure'다. 그 과정은 그렇게 복잡하지 않은데, 참가자들이 짝을 이루어 각자 돌아가면서 상대방에게 질문을 읽어주고 상대방은 그에 대한 답변을 하되, 그다음으로는 상대방이 같은 질문을 하고 자신이 그에 대한 답변을 한다. 참가자들은 서른여섯 가지 질문을 주고받는 과정에서 점차적으로 자신의 개인적인 이야기를 더 깊이 꺼내야 하며 그와 동시에 상대방의 개인적인 이야기도 더 깊이 알게 된다. 초반의 질문은 "당신에게 완벽한 하루는 어떤 날인가요?"라는 질문인 데 반해 후반의 질문은 이렇다. "우정에서 가장 중요하게 여기는 건 무엇인가요?" 그리고 질문이 끝나갈 때쯤이면 다음과 같은 질문이 나온다. "가족 중에 누구의 죽음이 가장 슬플 것 같나요?"

참가자들의 관계는 모든 예상을 뛰어넘어 깊어졌다. 질문 과정은 45분이라는 시간 내에 발생하기에는 흔하지 않은 감정적인 친밀감과 상호적인 연대감을 유발했다. 특히 감정적으로 메마른 실험실 환경에서 서로 전혀 모르는 사람들 사이에서 말이다. 게다가 이 결과는 일시적인 현상도 아니었다. 일레인 애론의 한 인터뷰에 따르면 이 방법을 사용한 수백 건의 연구들이 그 효과를 입증했으며, 일부 참가자들은 그 결과로 결혼에까지 이르렀다. 애론 박사는 같은 인터뷰에서 그 효과의 핵심이라고 생각하는 두 가지 요소에 대해 설명했다. 첫째, 질문들이 점차 한 개인으로서 자신을 드러내게 한다는 점이다. 따라서 참가자들은 응답을 하면서 서로에게 단단히 연결되고 신뢰를 쌓아가면서 점점 더 자기 자신을 상대방에게 열게 된다. 둘째, 이 장에서 가장 중요한 주제와 일치하는 것으로, 참가자들이 **함께 행동함으로써** 이런 결과가 나왔다는 점이다. 즉 조직화된 순서로 주고받는 것이 그 상호작용을 본질적으로, 그리고 지속적으로 동기화되도록 만든 것이다.[28]

─ 공동 창작

대부분의 미국인 사이에서 환경 보존이 중요해지기 오래전, 알도 레오폴드Aldo Leopold라는 남자가 먼저 이 문제를 위해 싸웠다. 그는 미국 위스콘신 대학에서 최초로 야생생물관리학과 교수직을 맡았을 때인 1930년대와 1940년대에 주로 이 주제에 대한 독특한 윤리적 접근 방식을 발전시켰다. 자신의 베스트셀러인《모래군의 열두 달 Sand County Almanac》에서 상세히 설명한 대로, 그는 인간의 사용 목적에 따라 자연 생태계를 관리해야 한다는 당시의 지배적인 환경 보존 모델에 반기를 들었다. 대신 그는 모든 동식물 종이 가능한 한 자연 상태 그대로 존재할 권리가 있다는 전제에 바탕을 둔 대안을 주장했다. 그러던 어느 날, 이렇게 명확하고 진지한 입장을 가졌던 그가 손에 도끼를 들고서 자기 신념과는 반대로 행동하고 있는 자신을 발견하고는 경악했다. 자신의 스트로부스 소나무 한 그루가 빛을 더 잘 받고 넓게 자랄 수 있도록 마당에 있던 붉은 자작나무를 베어버린 것이다.

그는 궁금해졌다. 왜 자신이 공언한 대로 마당에 있는 다른 모든 나무처럼 자연 그대로 존재할 권리를 가진 자작나무를 건너뛰어 소나무에게 유리한 행동을 했을까? 당혹감을 느낀 레오폴드는 두 나무의 다양한 차이점을 살펴보면서 자신의 편견 뒤에 감춰진 편애를 설명할 '논리'를 찾으려 했다. 그리고 핵심적이라는 확신이 드는 요인을 딱 하나 찾았다. 그것은 논리와는 전혀 관련이 없었으며 오히려 전적으로 감정에 기반하고 있었다. "음, 무엇보다 소나무는 내가 직접 심었지만, 자작나무는 울타리 아래로 파고들어 혼자 자라났어. 그렇다면 내 편견에는 어느 정도 부성애가 작용한 걸까……."[29]

레오폴드만이 자기가 직접 창조한 무언가에 대해 특별한 애착을 느끼는 유일한 사람은 아니다. 이는 인간의 일반적인 성향이다. 가령 연구자들이 이케아 효과Ikea effect라고 부르는 현상을 보면, 물건을 직접 만든 사람들은 '자신들의 비전문적인 작품을 전문가들의 작품과 비슷한 가치'로 느낀다. 이를 우리가 지금 살펴보고 있는, 함께 행동하기의 효과에 비춰보면 추가적인 두 가지 가능성에 대해 알아볼 만하다. 다른 사람과 **손을 잡고 함께** 무언가를 창조한 사람들은 그들의 창작물뿐만 아니라 공동 창작자에게도 특별한 친밀감을 느낄까? 더 나아가서 이런 이례적인 친밀감은 상대방에 대한 높은 호감과 자기희생적인 지원으로 이어진 결과들에서 찾아볼 수 있는 것과 같이 타인과의 연대감에서 기인하는 것일까?

앞서 제기한 질문을 해결하면서 위 질문들에 대한 답을 찾아보자. **공동 창작**이 주제인 이 부분을 시작하면서 알도 레오폴드가 스스로 소나무를 심은 효과에 대해 설명한 이유는 무엇일까? 나는 이 의견에 그가 동의하리라고 확신하는데, 단순하게 말해서 그는 소나무를 심는 과정에서 단독 행위자가 아니었다. 그가 묘목을 땅에 심은 순간부터 자연은 그와 함께 소나무를 성장시킨 공동 창작자였다. 여기에서 나타나는 흥미로운 가능성은 대자연과 함께 행동한 결과로 그가 자연과 더 깊은 일체감을 느끼고, 그에 따라 그 합작품 안에서 파트너인 자연을 더 매력적으로 여기고 존중하게 되었는지 여부이다. 만약 그렇다고 한다면 공동 창작이 통합으로 나아가는 하나의 길이라는 사실을 엿볼 수 있다. 유감스럽게도 1948년 레오폴드의 사망으로 그 가능성에 대해 물어볼 수는 없다. 하지만 나는 그 답을 확신한다.

이런 내 확신의 일부는 내가 도운, 관리자들이 개인적으로 제품 제작에 참여하는 정도에 따른 효과를 조사하기 위해 수행한 연구 결과에 기인한다. 나는 직원들과 함께 최종 제품을 생산하는 데 더 많이 관여한 관리자일수록 제품의 질을 더 높게 평가하리라고 예상했다. 그리고 이 예측은 실제로 우리가 발견한 것이기도 하다. 최종 생산물(손목시계 신제품 광고) 제작에서 자신이 큰 역할을 했다고 믿게 된 관리자들은 자신이 개발 과정에 거의 참여하지 않았다고 느끼는 관리자들에 비해 50퍼센트 더 호의적으로 해당 광고를 평가했다. 그들이 본 최종 광고는 모든 경우에서 동일했는데도 말이다. 게다가 우리는 자신의 참여도를 크게 인식한 관리자들이 광고의 질에 대해서도 자기 책임이 더 크다고 생각한다는 사실을 발견했다. 직원들에 대한 자신의 관리적 통제를 훨씬 더 크게 인식하면서 말이다. 이것도 내가 예상한 대로였다.

하지만 나는 전혀 기대하지 않았던 세 번째 발견을 했다. 프로젝트의 성공 원인을 자신에게 돌리는 관리자일수록 직원들의 능력에도 많은 공을 돌렸던 것이다. 나는 그 결과를 받아 들고서 레오폴드가 손에 도끼를 든 자신을 발견하고 느꼈던 만큼은 아니더라도 꽤 놀라운 순간을 경험했던 걸 기억한다. 자신이 제품 제작에 많이 참여했다고 생각하는 관리자는 어떻게 성공적인 최종 결과물에 대해 자기뿐만 아니라 다른 구성원들 **각각도** 더 높이 기여했다고 생각하게 될까? 개인 기여도의 총합은 100퍼센트여야 하지 않은가? 단순한 논리에 의하면 한쪽이 인식하는 개인 기여도가 올라가면 업무 파트너에 대해 인식하는 기여도는 올라가지 않고 내려가야 한다. 당시에 나는 이 결과를 이해할 수 없었지만 이제는 그 이유를 알 수 있다. 공동 창작이 일시적으로나마 정체성의 통합을 이끌어낸다면 한 사람에게 적용된 기여도가 그대로 상대방에게도 적용되므로 분배의 논리가 적용되지 않는것이다.

조언을 구하는 것이 좋은 조언

공동 창작은 관리자가 프로젝트에서 생산적으로 일한 직원들의 공로를 인정하는 문제를 줄여주기만 하는 것이 아니다. 이는 전통적으로 어려운 많은 문제를 해결해줄 수도 있다. 예닐곱 살 미만의 아이들은 주어진 상賞을 놀이 친구들과 나눠야 할 때 대체로 이기적인 모습을 보이며 공평하게 나누려 하지 않는다. 친구와 협동하여 보상을 받은 경우가 아니라면 말이다. 그래서 심지어 세 살짜리들도 대부분의 시간을 똑같이 나눈다. 보통 교실에서 학생들은 인종적·민족적·사회경제적 구분에 따라 서로 응집하는 경향이 있으며, 그렇게 모인 그룹 내에서 주로 친구나 협력자를 찾는다. 하지만 '협동 학습cooperative learning'을 통해 다른 그룹에 속한 학생들과 공동으로 창의적인 활동에 참여한 후에는 이런 경향이 상당히 감소한다. 협동 학습에서는 각각의 학생이 정보의 일부를 다른 친구들에게 가르쳐서 그들 모두가 좋은 성적을 낼 수 있도록 해야 한다. 기업들은 소비자들이 자신들의 브랜드와 동질감을 느끼고 그에 따라 해당 브랜드를 충실히 사용하게 하고자 노력한다.

이 전투에서 그들은 새롭거나 업데이트된 제품과 서비스의 공동 창작에 현재 및 잠재 소비자들도 함께 참여하도록 유도하는 방식으로 승리해오고 있다. 대부분의 경우 소비자들은 기업 측에 바람직한 기능 등에 관해 정보를 제공해주는 역할을 한다.

하지만 이런 마케팅 협력 관계에서 소비자가 제공하는 정보는 반드시 기업 측에 주는 **조언**이라는 형식으로 구조화되어야 하며, 기업을 위한 의견이나 기대라는 형식이어서는 안 된다. 이 표현의 차이는 사소해 보이지만, 소비자와의 통합을 이루려는 기업의 목표를 달성하는 데 중요하다. 조언을 하는 것은 그 사람의 마음을 통합하며, 이는 그 사람의 정체성을 상대방의 정체성과 연결되도록 자극한다. 반면에 의견이나 기대를 전달하는 것은 그 사람의 마음이 자기 성찰적인 상태가 되도록 만들어서 스스로에게 더욱 초점을 맞추도록 한다. 소비자 피드백을 조언의 프레임으로 만들 수 있느냐 없느냐에 따라 소비자와 브랜드 사이가 통합되느냐 분리되느냐가 결정되고, 이후에 소비자가 브랜드에 얼마나 몰입하는가도 좌우한다.

미국 전역에서 온라인 설문에 참여한 사람들에게 새로운 패스트 캐주얼 레스토랑fast-casual restaurant(패스트푸드점보다는 약간 고급스러운 레스토랑-옮긴이)인 스플래시Splash!에 대한 사업 계획을 설명했을 때 이런 현상이 나타났다. 이 레스토랑은 건강식 메뉴를 내세워 다른 경쟁 업체들과 차별화하기를 원했다. 모든 설문 참가자는 그에 대한 설명을 읽은 후 피드백을 해달라고 요청받았다. 하지만 일부 참가자는 레스토랑과 관련한 '조언'을 요청받았고, 나머지 참가자는 레스토랑에 대한 '의견'이나 '기대'를 요청받았다. 마지막으로는 그들에게 레스토랑을 애용할 의향이

'관리자처럼 말하기'로 정체에서 벗어나는 법
창의적인 회계 처리는 널리 알려진 비즈니스 트릭이자, 명백하게 공동 창작이다.
Dilbert © 2014. Scott Adams. Used by permission of Universal Uclick. All rights reserved.

있는지를 표시하도록 했다. 그러자 조언을 제공한 참가자들은 다른 형식의 피드백을 제공한 참가자들에 비해 훨씬 더 많은 수가 스플래시 레스토랑에서 식사하고 싶다고 답변했다. 조언을 하는 것이 실제로 통합의 메커니즘이라고 예상했던 대로, 스플래시 레스토랑을 지원하려는 욕구가 커지면서 그 브랜드와 더 밀접한 관계가 형성됐다.

이 설문 조사에서 추가로 드러난 사실 하나는 내가 통합에 관한 사례에 대해 결론을 짓도록 해주었다. 설문 조사에서 참가자들은 피드백의 세 가지 유형이 모두 레스토랑에 똑같이 도움이 된다고 평가했다. 그렇다면 조언 형태로 피드백을 한 참가자들이 자기가 더 많은 도움을 주었다고 생각해서 브랜드와 연대감을 느낀 것이 아니라는 뜻이다. 그보다는 브랜드에 관한 피드백을 하려고 고심할 때 조언을 하는 형식이 참가자들의 마음을 브랜드와 분리된 상태가 아니라 통합된 상태로 만들어줬기 때문이다. 개인적으로 이 발견이 기뻤는데, 조언을 제공한 참가자들에게 작용한 심리적 프로세스가 **초전 설득**의 특징을 함축하고 있기 때문이다.

아울러 나는 이런 일련의 결과들을 통해 친구, 동료, 고객과 대면해서 상호작용을 할 때는 조언을 구하는 형식이 현명하다는(그리고 유용한 정보를 위한 진지한 조사로만 행해진다면 윤리성도 문제되지 않는다는) 깨달음을 얻었다. 심지어 우리보다 높은 사람과 상호작용을 할 때도 이런 방법이 효과적이리라고 생각한다. 물론 그때 발생할 수 있는 단점들을 고려하는 것은 합리적이고 이성적이다. 상사에게 조언을 구하는 것은 어쩌면 무능력하거나 의존적이거나 불안정하게 비칠 수 있다. 나는 이런 우려가 당연하다고 생각하지만, 한편으로는 잘못된 걱정이라고 생각한다. 공동 창작자의 기여도에 대해 관리자가 어떻게 평가하는지와 관련한 연구에서 공동 창작 효과는 이성적이고 합리적인 판단 혹은 논리로는 잘 설명되지 않기 때문이다. 그러나 그 상황에서 사회적으로 고무된 특정한 **느낌**, 즉 (당신에게 아주 유용할) 동질감 속에서는 대단히 잘 설명된다. 소설가 솔 벨로Saul Bellow는 언젠가 이렇게 말했다. "우리는 조언을 구할 때 사실 동반자를 찾고 있는 것이다." 이 말에 과학적인 증거를 토대로 내가 덧붙인다면, 우리는 조언을 받을 때 보통 동반자도 함께 얻는다는 것이다. 조언을 통해 프로젝트에 책임감을 느끼는 사람보다 더 도움이 되는 사람이 있겠는가?[30]

─ 함께 어울리기

이제 다시 돌아가서 우리가 살펴본 것들을 더 진지하게 되짚자. **함께 존재하기**와 **함께 행동하기**가 가져오는 아주 긍정적인 결과들을 말이다. 예를 들면 초전 설득으로 공동의 경험을 하게 하면 기업의 고객들뿐만 아니라 주주들에게서도 굳건한 지원을 받을 수 있으며, 군사들이 전투에서 도망가기보다 나서서 싸우도록 도울 수 있다. 또한 우리는 이 같은 공동의 경험을 통해 놀이 친구, 학급 친구, 직장 동료들이 서로를 좋아하고 도와주며 협력하도록 조정할 수 있다는 사실을 발견했다. 그 밖에 금전적인 보상 없이 수강생들의 거의 모든 부모가 긴 분량의 설문 조사를 작성하도록 만들고, 참가자들을 실험실에서 사랑에 빠지게까지 할 수 있었다. 하지만 아직 풀지 못한 질문이 하나 있다. 이런 연구들에서 얻은 교훈을 오래된 국제적 적대감이나 폭력적인 종교 갈등이

나 폭발 직전의 인종 적대주의와 같은 훨씬 큰 문제에도 적용할 수 있을까? 함께 존재하는 방식과 함께 행동하는 방식을 통해 알게 된 교훈들이 하나의 인류로서 우리가 **함께 어울릴** 가능성을 높일 수 있을까?

이 문제들에는 많은 복잡한 요인이 내재되어 있으므로 대답하기가 어렵다. 그러나 나는 이런 염려스러운 영역에서도 초전 설득으로 연대감을 쌓아주는 과정이 바람직한 변화를 향해 나아가는 분위기를 만들어주리라고 믿는다. 더욱이 양측 모두가 동질감을 느낀다면 어느 한 집단이 착취당한다고 느끼는 일이 줄어들고, 동질감이 깊어지게 하며, 긍정적인 상호작용을 지속할 가능성을 높이면서 바람직한 변화가 상호간에 나타날 수 있다. 하지만 이런 생각이 이론상 희망적으로 보인다고 해서 현실에서도 원활하게 진행되리라고 가정하는 것은 순진한 발상이다. 현실에는 그에 부수되는 복잡한 절차적·문화적 문제들이 존재하기 때문이다. 그러므로 연대감을 이끌어내는 절차는 이런 복잡한 문제들을 염두에 두고 최적으로 설계하여 실행해야 한다. 이는 해당 문제의 전문가들이 확실하게 동의하고 나중에 관련 도서들에서 다룰 만한 가치가 있어야 한다. 말할 필요도 없이 이런 관점에서 나는 그런 전문가들의 의견, 다시 말해 **조언**을 환영한다.[31]

13장

윤리적 설득

Ethical Use: A Pre-Pre-Suasive Consideration

◆

◆

이 책의 핵심 주장은 무언가를 호소하기 직전에 우리가 선택하는 말과 행동이 설득의 성공에 상당한 영향을 미친다는 것이다. 하지만 그러한 선택에 앞서서 제기되는 관련 선택이 하나 있다. 바로 윤리적인 바탕에서 이런 방법으로 시도하여 성공할지 말지에 대해 선택하는 것이다. 내가 효과적인 설득에 관해 전할 때마다 윤리에 관한 질문들이 자주 표면에 떠오르는 걸 보면 이 중요한 문제를 나만 고민하는 것은 아닌 듯하다. 하지만 그중에서 유난히 특정 집단의 청중에게서 집중적으로 제기되는 특정 유형의 질문이 한 가지 있는데, 특히 이 책과 그 주제인 초전 설득에 연관된 것이다. '사회적 영향력의 비밀'을 밝히는 과정에서 내가 비윤리적인 실무자들에게 소비자들을 속여서 그들이 팔려고 애쓰는 것을 더 많이 구매하게 만드는 방법을 알려줌으로써 공익을 해치는 건 아닌가? 내게 이런 의문을 제기하는 이들은 대개 언론 종사자들이다.

그때의 전반적인 경험은 대체로 흐릿해졌지만, 나는 딱 한 번 참여했던 내 책의 순회 홍보에서 지속적으로 제기됐던 언론의 질문을 또렷이 기억한다. 순회 홍보는 열흘 동안 10개 도시에서 이어지는 긴 일정이었고, 각 행사마다 신문기자나 라디오 혹은 TV 프로그램 진행자 등 다양한 언론 매체가 진행하는 인터뷰가 포함되어 있었다. 그들은 나에 대해 잘 알지 못했으며, 대부분은 사전에 책도 읽어보지 않은 상태였다. 인터뷰 방식은 저마다 달랐다. 어떤 인터뷰는 이른 아침에 멍한 상태로 진행됐고, 어떤 인터뷰는 하루 종일 진행됐던 반면에 단 몇 분이나 한 시간짜리 인터뷰도 있었다. 일대일 방식이 있는가 하면, 공동 진행자들이 함께하는 방식도 있었다. 청중의 전화 질문을 받기도 했는데 종종 불편한 개인적 질문과 전문적으로 답하기 어려운 질문이 다양하게 있었다. "**설득 박사님**, 어떻게 하면 멍청한 처남이 제 장비들을 빌려 갔다 돌려주는 걸 '잊어버리지' 않게 할 수 있을까요? 게다가 그 녀석은 제 여동생을 두고 바람을 피우는 듯해요. 제가 어떻게 해야 할까요?" 그런데 어떤 인터뷰에서든 일관되게 나타나는 특징이 있었다. 결국 어느 지점에 이르러서는 인터뷰어들이 좋은 측면보다는 나쁜 측면에 대해 문제를 제기하는 것이었다. 내 책이 정직하지 못한 상인들에게 우리를 현혹하는 심리학 사용법을 알려줌으로써 우리 사회에 해를 끼칠 가능성에 대해 대답해 달라고 요청하면서 말이다.

이런 우려들은 보통 책을 읽지 않은 인터뷰어들이 모르는 두 가지 측면을 짚어주면 대응할 수 있었다. 첫째, 이 책은 소비자들이 원하지 않거나 불공정하게 다가오는 영향력을 감지하고 거부하는 데 필요한 정보를 제공하기 **위해** 쓰였다. 둘째, 이 책에 담긴 정보는 대부분 현직 실무자들에게서 나왔다. 나는 주로 훈련 프로그램에서 이러한 정보를 얻었는데 그들은 **내게** 어떤 절차가 고객들에게서 확실히 긍정적인 답을 받아내는지 알려줬다. 소위 설득 전문가인 그들은 자신들의 방법이 효과를 거두게 하는 심리학적 요소들을 이해하지 못했지만, 어떤 방법이 효과적인지는 아주 잘 알고 있었다. 그러므로 내 책의 내용들은 그들이 이용할 만한 어떤 새로운 기술도 제공하지 않으며, 오히려 자주 활용되는 전략들에 관한 정보를 소비자들에게 제공해서 균형을 맞춰준다고 주장했다.

하지만 이번 책에서는 위와 같이 두 가지로 대응할 수 없다. 여기에서 도출한 결론들은 주로 영향력을 피하는 방법이 아니라 활용하는 방법에 관한 것이므로 '소비자 방어' 논리를 적용할 수 없기 때문이다. 더욱이 여기에 논의된 초전 설득은 실무자들 사이에서도 널리 사용되는 방법은 아니다. 그래서 이번에는 많은 실무자가 이미 알고 있는 전략들을 공개하는 것일 뿐이라는 주장을 할 수 없게 되었다. 그들 중에서도 아주 능력 있는 소수의 엘리트만이 체계적으로 초전 설득 절차를 이해하고 있기 때문이다. 그러므로 이 정보를 출판하면 더 효과적으로 사람들을 속여서 동의를 얻어내는 방법을 비윤리적인 조직들에 알려줄 수 있다는 우려는 타당하다. 게다가 많은 초전 설득 과정이 무의식적으로 작용하는 것이라 이런 가능성이 인지되기 어렵다는 점을 일깨워준다는 점에서 더욱 우려스럽다.

그 결과, 나는 영리단체에 어떻게 초전 설득을 실행할 수 있는지에 관해 강연해야 할 때면 그 방향을 바꿔 현혹적인 비즈니스 전략에 반대하는 전통적인 주장으로 돌아갔다. 내 주장은 다음과 같이 진행된다. 그런 전략들이 단기적으로 이윤을 끌어 올리더라도 한번 노출되고 나면 기업에 감당할 수 없이 많은 손해를 입힌다. 주로 기업의 명성, 그리고 추후의 신뢰와 수익에 막대한 피해를 입히는 형태로 말이다. 나는 얼마간 이 주장이 두 가지 이유에서 꽤 괜찮다고 생각했다. 첫 번째, 이 주장은 비즈니스 리더들이 성장을 지속하여 실제로 살아남기 위해 고려해야 하는 경제적 활력의 차원을 설명해준다. 이는 윤리성 부족으로 손가락질을 받기보다 상업적인 환경에서 권장되는 행동을 하도록 동기부여하는 데 합리적인 근거가 되어주는 것 같았다.

일반적으로 사람이 꽉 찬 회의실에서 "윤리!"라고 외치는 것을 금지하는 법이 생길 일은 절대 없으리라고 확신한다. 관객들로 꽉 찬 영화관에서 "불이야!"라고 외칠 때와는 달리, 윤리라는 용어에는 긴급한 움직임을 불러일으킬 만큼 충분한 동원 능력이 없기 때문이다. 그렇다고 모든 기업가가 윤리성을 선호하지 않는다는 말은 아니다. 다른 모든 조건이 동일하다면 대부분은 주저 없이 고차원의 길을 선택할 것이다. 그러나 가설적인 상황을 제외하면 모든 것이 동등한 상황은 절대 존재하지 않는다. 우리는 상업적인 결정을 내릴 때 영업 할당량, 재무 보고서, 경쟁 문제, 승진처럼 더 강한 동기부여를 일으키는 요소들이 고결한 선택들을 압도하는 상황을 종종 목격한다.

게다가 직원들의 경제적 복지를 향상하고 보장할 도덕적 책임을 느끼는 리더들이 때로는 비윤리적인 방식으로 기업의 수익성을 높이는 것을 명예로운 일로 간주하기도 한다. 이런 (확실하게 편향된) 관점으로 보면, 진심으로 기업의 재정 안정성에 도움이 되고자 내린 결정이라면 윤리적으로 옳은 결정이라고 판단할 수 있다. 그러므로 나는 이런 비윤리적인 행위들이 어떻게 실제로 핵심을 위협할 수 있는지를 지적하는 것은 매우 설득력 있을 것이라고 확신했다.

　기업의 평판을 손상한 사례가 사업 결정권자들을 강력하게 사로잡을 것이라고 생각했던 두 번째 이유는 이를 뒷받침할 증거가 확실했기 때문이다. 명성의 실추로 인한 재정 손실의 크기는 상당할 수 있는데 거짓 광고, 기만적인 입찰 행위, 재정 상태에 대한 허위 진술로 인한 평판 저하로 거대한 재정 피해가 발생한 예는 부지기수로 많다. 예를 들어 재정 상태에 대한 허위 진술로 감사를 받은 585개 미국 기업에 대해 증권거래위원회SEC가 실시한 2005년 연구를 보면, 기업들은 부정행위가 공개된 후 평균적으로 시장가치의 41퍼센트를 잃었으며 그중에서 3분의 2에 가까운 손실이 평판의 하락에서 비롯됐다. 실제로 미국인의 80퍼센트가 특정 기업의 윤리적 관행이 상품이나 서비스를 구매하기로 결정하는 데 직접적인 영향을 미친다고 응답했다. 이런 효과는 2015년 폭스바겐이 자사 디젤 자동차의 배출 가스를 조작했다는 사실이 알려진 직후에 그 판매량이 업계 평균의 16분의 1로 하락했으며 창사 이래 가장 큰 연간 손실을 입은 사건으로 더욱 확실히 검증됐다. 또한 차량 소유주들 사이에서 폭스바겐의 평판은 70퍼센트 만족에서 80퍼센트 불만족으로 급락했다. 더욱이 이런 손해는 복구하기가 아주 어렵다. 연구 결과에 따르면, 평판이 나쁜 회사가 잃어버린 신뢰를 회복하기 위해서는 새로운 진실성을 지속적으로 증명하면서 많은 경우에 경계 태세를 갖춘 소비자에게 기업의 가치가 바뀌었다는 것을 확신시켜야 한다. 이렇게 평판을 회복하는 과정은 수년이 걸리고, 도중에 그 기업의 이전 고객들은 경쟁사의 제품이나 서비스와 관계를 형성하게 될 가능성이 높다.

나는 이런 강력한 경제적 논거들이 기업가들을 설득해 정직하지 못한 관행을 거부하도록 만들리라고 확신했다. 그래서 '평판에 떨어진 재앙'의 사례와 함께 그들에게 초전 설득을 통한 설득 전략의 원리를 기꺼이 설명해왔다. 그런데 내 생각을 바꾸게 만드는 두 개의 글로벌 설문 결과를 읽게 되었다. 그 결과를 보면 기업의 고위 임원들은 내가 언급해온 평판 하락의 사례들에 대해 매우 잘 인지하고 있으면서도 그들 중에서 언짢도록 많은 수가 부당행위를 지속하겠다고 밝혔다. 그 위험성을 분명히 이해했는데도 거의 절반에 가까운 고위 임원진이 사업상의 이득을 얻고 그것을 유지하기 위해 비윤리적으로 행동하리라고 보고한 것이다. 게다가 기업들은 실적을 위해서라면 윤리적으로 모호한 행위도 용인할 가능성이 가장 높은 영업 및 마케팅 직원들에게도 윤리성에 거의 문제를 제기하지 않았다. 결국 이런 기업들에서 일하는 직원들은 수익은 높이지만 윤리는 위반하는 행위를 방지하거나 그런 행위의 관계자들을 처벌하는 어떤 조치도 상부에서 거의 취해지지 않는 현실을 목격한다. 그 결과, 일부 영리 조직들에서 비윤리적인 행위들이 참담할 정도로 많이 자행된다.

많은 고위 임원은 비윤리적인 부정행위가 밝혀졌을 때 뒤따르는 파괴적인 결과의 가능성을 명백히 인지하고 있음에도 그러한 행동을 멈추지 않는다. 이는 다음과 같이 분명해 보인다. 왜 하면 안 되는 것인가. 고위 임원들은 비윤리적인 행동에 가담하거나 그런 행동을 용인하는 잘못으로 인해 평판이 손상되는 것을 인지하지 못하도록 스스로를 정신적으로 분리하는 심리적 구획화 상태에 있을지도 모른다. 하지만 나

"우리는 비즈니스 캐주얼 윤리에 입각해 회의에 참석해야 해."

관대한 규정

대부분의 직장에서는 관대한 비즈니스 캐주얼 복장규정이 금요일에만 적용된다. 그러나 설문 조사에 따르면, 윤리에 있어서는 관대한 비즈니스 캐주얼이 일상적으로 적용된다.

© Leo Cullum/ The New Yorker Collection/The Cartoon Bank

는 그렇게 생각하지 않는다. 한 조직에서 가장 높은 자리에 있는 사람들은 명백히 실재하는 위험들을 무시하면서 그런 중요한 직위에 오를 수 없다. 여기에는 보다 단순한 이유가 있다. 즉 그들은 발각될 것이라고 예상하지 못한다. 자신들로 인해 불이익을 당할 소비자와 고객, 그리고 규제 기관에 발각되리라고 생각한다면 그들은 범법 행위에 가담하지 않을 것이다. 이 설명은 사람들이 심각한 부정적 결과를 낳는 범법 행위를 저지르는 이유가 자신들은 잡히지 않으리라고 믿기 때문이라는 범죄 예방 분야의 연구 결과들과 맞아떨어진다. 그렇지 않다면 애초부터 처벌을 받을 법한 행동을 하지 않을 것이다.[32]

이런 딜레마는 쉽게 찾아볼 수 있다. 한편으로는 경제적인 문제를 경고해서 많은 경영 리더가 비윤리적인 행위를 하지 않도록 설득할 수 있다. 다른 한편으로는 비윤리적인 행위에 반대하는 경고성의 경제적 주장들이 부정행위를 줄이는 데 실패하기도 하는데, 발각 가능성이 포함되기 때문이다. 이는 대부분의 범법자가 행동을 결정할 때 확실히 인식하지 않는 가능성이다. 우리는 어떻게 하면 이런 딜레마에서 벗어날 수 있을까? 한 가지 가능한 방법은 사업에 대해 결정할 때 경제적인 요소들을 신중하게 고려하는 비즈니스 리더들의 당연한 경향을 인정하고, 비록 **대중에게 발각되지 않더라도** 비윤리적인 행위에서 비롯될 수 있는 몇 가지 부담스러운 재정적 불이익을 입증하는 것이다. 최근에 나는 동료인 제시카 리Jessica Li, 아드리아나 샘퍼Adriana Samper와 함께 조직의 외부인들이 아닌 내부인들의 응답에서 이런 손실 비용의 증거를 제공할 조사를 진행했다. 또한 우리는 그런 손실 비용들이 어떻게 발생하며, 비즈니스 조직 체계의 감시망 아래에서 어떻게 발각되지 않고 새어 나갈 수 있는지를 자세히 알아보고자 했다.

— 부정직한 조직에서 나타나는 세 가지 특징

> 부정직한 이익을 탐하지 마라. 그것은 손해를 더할 뿐이다.
>
> — 헤시오도스Hesiodos

우리가 보여주려고 했던 것은 다음과 같다. 외부 거래(소비자, 의뢰인, 주주, 공급업체, 유통업체, 규제 기관 등)에서 자주 기만적인 전술을 승인하거나 장려하거나 허용해온 조직은 결과적으로 종양과 같은 심각한 내부 문제를 겪을 수 있다는 것이다. 그런 문제들은 점점 더 커지고 퍼져 나가면서 조직의 건강과 활력을 갉아먹는 악성종양으로 변할 뿐만 아니라 수익률 저하의 근본 원인이 되지만 일반적인 회계 방식으로는 추적하고 찾아내기가 어려워질 것이다. 그래서 문제들의 진짜 범인을 찾지 못한 채 값비싼 대가를 치르게 될 잘못된 방향으로 쉽게 유도된다.

상업적인 조직의 건강을 해치는 것으로 알려진 세 가지 특성에는 직원들의 부진한 성과와 높은 이직률, 그리고 직원들 사이에 만연한 부정행위와 불법 행위가 있다. 이로 인해 발생하는 손실 비용은 엄청날 수 있다. 따라서 우리의 주장은 비윤리적인 업무 문화를 가진, 즉 직원들이 범법 행위에 가담하거나 그런 행위를 자주 목격하게 되는 조직들은 위의 세 가지 특성이 초래하는 문제들에 시달리게 된다는 것이다. 우리는 이런 결과들의 원인이 이따금 부분적으로 발생하는 비윤리적 위반 행위 때문이 아니라 부정직한 비즈니스 관행을 묵인하거나 장려하는 일이 다반사인 조직 문화 때문이라고 본다. 그중에서 저조한 업무 성과가 아마도 수익성을 저해하는 가장 큰 요인일 것이다. 이 문제부터 알아보기로 하자.

직원들의 저조한 업무 성과

우리 모두는 직장이 스트레스가 많은 곳이라는 사실을 알고 있다. 하지만 우리가 제대로 인식하지 못하는 것은 그 스트레스가 얼마나 많은 손실일 수 있느냐는 점이다. 최근의 한 분석은 복합적인 직무 스트레스로 인해 미국에서만 매년 12여만 명의 사망자와 2,000억 달러가량의 추가적인 의료비 지출이 발생하므로 개인적·경제적 차원 모두에서 큰 타격을 입는 것으로 보고했다. 이는 곧 고용주들이 재정적인 부담을 더 많이 짊어져야 한다는 뜻이다. 하지만 이 분석에서 조사되지 않은, 조직의 부정행위와 직접적으로 관련되어 손실을 유발하는 또 다른 유형의 직무 스트레스가 있다. 우리는 이를 '도덕적 스트레스'라고 부르는데 직원들의 윤리적 가치와 조직의 윤리적 가치가 충돌할 때 발생한다. 직원들의 성과 면에서 볼 때 이런 종류의 스트레스는 매우 유해하다고 알려진 다른 어떤 스트레스보다 훨씬 많은 손해를 끼칠 수 있다.

예를 들어 한 연구는 금융기관 콜센터의 고객 서비스 담당자들이 겪는 도덕적 스트레스를 까다로운 고객 응대, 상사나 동료의 지원 부족, 상충되는 직무 요구들, 장래성 없는 직무 등 다른 형태의 스트레스들과 비교했다. 여기서 도덕적 스트레스에서만 업무 성과를 저하시키는 두 가지 결과가 모두 예측됐다. 바로 근로자의 피로(낮은 정신적·신체적 에너지)와 직업적인 탈진(일에 대한 열정과 흥미 상실)이다. 이 두 가지 결과는 연구자들이 즉석에서 선택한 것이 아니다. 이것들은 각각 그 자체로 심각한 경영상 문제일 뿐만 아니라 복합적으로 나타날 때는 직무 수행을 잘하기 위해 필요한 직원들의 활력, 열정, 능력을 앗아 가는 악몽과도 같은 결과를 불러온다. 어쩌면 조직들은 비윤리적인 업무 환경을 만들면서 의식하지 못하는 채로 이런 악몽을 스스로 만들고 있는 것은 아닐까? 어쩌면 비윤리적인 업무 환경이 스스로 비윤리적이지는 않더라도 동료들 사이에서 그런 행동을 목격해야 하는 근로자들의 성과를 낮추는 것은 아닐까?

우리는 이를 알아보기 위해 직장에서의 부정직한 행위들이 업무 성과뿐만 아니라 다른 조직 문제들에 어떤 영향을 미치는지 검사해볼 실험 상황을 설계했다. 실험에서 우리는 경영학과 대학생들을 네트워크로 다른 여러 대학의 학생들과 연결되어 있는 컴퓨터 앞에 앉게 했다. 그들은 모두 팀을 이루어 문제 풀이 과제를 수행하면서 다른 지역의 팀들과 경쟁하도록 지시받았다. 팀이 첫 번째 과제를 잘 수행하면 다음 그룹 과제에서 다른 팀들보다 경쟁 우위를 점하는 방식이었다. 마지막으로 팀원들은 그들의 컴퓨터에만 약간의 기술적인 문제가 발생하여 다른 팀원들의 온라인 상호작용을 볼 수는 있어도 그들에게 어떤 정보를 보내는 것은 불가능하다고 전달받았다.

팀원들은 첫 번째 문제 해결 과제를 수행한 후에 팀 리더를 통해 자신의 팀이 겨우 67퍼센트의 정답률을 기록했다는 사실을 알았다. 또한 팀 리더가 팀의 성과 평가를 높이기 위해 정답률을 80퍼센트로 보고할 작정이라는 것도 알게 되었다. 팀 리더가 비밀을 털어놓았기 때문에 조사자들이 부정행위를 발견할 방법은 없었다. 다른 팀원 중 어느 누구도 이의를 제기하지 않았다.

물론 이런 순서는 연구 참가자들을 위해 우리가 설정한 것이다. 참가자들이 자신의 팀 리더와 팀원들에게 받은 정보는 우리가 설정하여 컴퓨터 화면에 띄운 내용이었다. 그리고 두 번째 참가자 그룹은 첫 번째 그룹과 동일하지만 결정적인 차이가 있었다. 두 번째 참가자들에게는 팀 리더가 67퍼센트의 정답률을 연구원들에게 **정직하게** 보고하려고 하며, 역시나 다른 어떤 팀원도 반대하지 않는 상황을 목격하게 한 것이다. 이로써 우리는 참가자 중 절반은 경쟁 우위를 점하기 위해 속임수를 묵인하고 가담하게 되는 상황에 처하도록 하고, 나머지 절반은 그러지 않게 했다. 따라서 두 경험이 우리가 예상한 손실 결과에 어떻게 영향을 미치는지 알아볼 수 있게 되었다.

먼저 이후에 관련 업무 성과를 조사했다. 모든 참가자에게 다음 과제는 개인 과제이며, 비즈니스 상황에 대한 지문들을 읽고 그것과 관련된 비판적 추론 질문에 답하면 된다고 설명했다. 우리는 지문의 비즈니스 상황 및 관련 질문들을 비즈니스 인텔리전스business intelligence(기업의 의사 결정을 위해 데이터를 수집하고 분석하여 효율적인 의사 결정을 돕는 기술 분야-옮긴이)의 검증된 테스트 양식에서 가져왔다. 개인 과제의 성과가 비즈니스 성공에 영향을 미치는 판단들과 관련되어 있다는 사실을 보장할 수 있도록 말이다. 이에 뒤이은 데이터는 극적인 차이를 보여줬다. 앞서 속임수를 저지른 팀에 속했던 참가자들은 그렇지 않았던 참가자들보다 테스트에서 20퍼센트 낮은 점수를 받았다. 우리는 첫 번째 그룹의 성과가 낮은 이유를 보여주는 발견을 한 가지 더 했다. 그들은 얼마간 문제를 푼 후 다른 참가자들에 비해 문제 풀이를 상당히 빨리 멈췄다. 이는 지속할 에너지나 동기를 가지지 못했다는 것을 의미했다.

비록 이러한 결과들이 우리 주장에서 적어도 한 가지 측면을 설명해주기는 하지만, 불만스러워하는 반대론자들에게 '그게 아니다'라는 말을 듣는 상황도 생각할 수 있다. 그들은 직장 문제와 관련한 증거가 (1) 실험실 환경에서, (2) 대학생들을 대상으로, (3) 비윤리성을 인위적으로 구성한 환경에서 나왔기 때문에 그 부정확한 결과를 신뢰할 수 없다고 주장할 것이다. 사실 우리를 가장 좌절시킨 점은 그러한 상상 속 비평가들의 지적에 일리가 있다는 사실이었다. 우리는 우리의 데이터 패턴이 실제 고용 상황에도 적용된다는 것을 확인하기 위해 실제 근로자들을 통해 직장 내에서 윤리성과 관련한 요인들이 그들에게 어떻게 작용하는지를 알아낼 필요가 있었다. 이를 위해 우리는 현재 또는 가장 최근의 직장에서 평균 3년 이상 근무한 성인을 대상으로 전국적인 설문 조사를 실시했다.

설문 조사에는 개인적인 부분을 포함해 그들이 일하는 직장에 관한 많은 질문이 있었다. 하지만 우리의 현재 주제에 맞춰서 다음의 세 가지 항목에 주안점을 두었다. 즉 관리자와 지도자들이 설정한 조직의 윤리적인 분위기, 그곳에서 느끼는 스트레스 지수, 자기 업무 성과의 질을 평가하라는 질문이었다. 그에 대한 응답들을 분석하면서 우리는 이전에 진행했던 대학 실험실 결과들에 부합하거나, 심지어 그 정도가 더 심각한 결과들을 발견했다. 그들이 응답한 바에 따르면 첫째, 분위기가 비윤리적일수록 근로자의 업무 성과가 떨어졌다. 둘째, 분위기가 비윤리적일수록 직장에서 느끼는 스트레스가 더 많았다. 셋째, 이런 독특한 유형의 스트레스가 저조한 성과의 원인이었다. 이러한 증거들을 바탕으로, 우리에게는 비윤리적인 행위를 묵인하며 경제적인 요소에만 집중한 비즈니스 리더들에게 던질 '첫 번째 스트라이크'가 생겼다.[33]

높은 이직률

비즈니스 리더들의 입장에서 직원들의 이직에 따른 비용에 한 가지 장점이 있다면 이를 꽤 정확하게 계산할 수 있다는 것이다. 하지만 장점은 그걸로 끝이다. 그 과정에서 어떤 유형의 직원을 잃었는지에 따라서 아주 적은 정도부터 눈물 날 정도로 많은 정도까지 다양한 손실 비용을 부담하게 된다. 이직과 관련된 직접 비용(퇴직금, 신규 모집, 채용, 대체 교육 훈련)은 낮은 직급의 직원인 경우에는 연봉의 50퍼센트, 임원인 경우에는 연봉의 200퍼센트 이상까지 달할 수 있다. 여기에 간접 비용(조직에 축적된 기억의 소멸, 매출과 생산성 단절, 잔류한 팀원들의 사기 저하)까지 계산하면 그 비용은 훨씬 높아진다. 하지만 여기서 직원의 자발적인 이직에 따르는 비용들을 보수적으로 추정하기 위해, 평균적으로 직접 비용과 간접 비용을 합치면 한 직원의 1년 치 연봉과 같다고 가정해보자. 미국에서 자발적 이직률은 현재 연간 15퍼센트 이상이다. 그러나 평균 1,000명의 직원이 있는 중소기업인 경우에 (연봉과 복지 혜택을 합쳐 평균 4만 달러를 받는) 직원의 10퍼센트가 그만둔다고 해도 매년 이직에 의해 발생하는 비용은 400만 달러가 된다.

이런 경제적 비용이 어떻게 비윤리적인 업무 관행과 연관된다는 것일까? 우리는 이런 현상이 개인의 가치관이 기업의 부정행위와 갈등하는 직원들이 겪는 도덕적 스트레스에서 나온다고 생각했다. 정직한 사람이 직장을 떠나고 싶어 하는 한 가지 이유는 남아 있는 것이 자신을 이중적으로 만든다고 생각하기 때문이다. 이러한 가능성을 확인하기 위해서 앞의 경영학과 대학생들을 대상으로 첫 번째 연구와 아주 비슷한 두 번째 실험을 했다. 참가자의 절반은 속임수를 써서 의제를 개선한 리더가 이끄는 팀에, 나머지 절반은 기만적인 행동을 하지 않은 팀에 속했다. 그 후에 그들은 두 번째 그룹 과제를 시작하기 전에 팀과 함께 머물 수도, 다른 팀으로 옮길 수도 있다고 전달받았다. 우리가 표를 집계했을 때 윤리적인 팀에 속했던 구성원은 51퍼센트가 팀을 떠나기로 결정했지만 비윤리적인 팀의 구성원은 80퍼센트가 팀을 떠나겠다고 선택했다.

이 결과가 실험실 밖에서도 적용될 수 있다는 것을 확인하기 위해 우리는 이직과 관련해 명확한 패턴을 보여주는, 전국 근로자를 대상으로 한 설문 조사를 참고했다. 여기서 비윤리적으로 평가된 조직의 직원들은 스트레스를 더 많이 느끼고 퇴사를 원하는 경향이 더 높았을 뿐만 아니라 퇴사 이유도 바로 스트레스였다. 그 결과, 고용주에게 재정적으로 이직에 따른 손해를 입힌 채 떠날 가능성이 높았다. 이는 우리가 생각하는 비즈니스 리더들에게 보내는 '두 번째 스트라이크'다.[34]

직원들의 부정행위와 위법행위

우리 주장에 따르면 윤리적으로 타협한 기업의 인력 이탈 현상이 모든 사람에게 해당하는 것은 아니라는 사실에 주목하자. 정확히 말하면 인력 이탈은 **갈등하는** 도덕적 가치로 인한 스트레스에서 촉발되므로 높은 윤리 기준을 가진 직원들에게만 해당할 것이다. 재정적인 이득을 위해 속임수를 사용하는 데 익숙한 사람들은 기꺼이 회사에 남을 것이다. 여기에 부정직한 조직에서 자라는 악성종양의 세 번째 원인이 있다. 조직의 윤리적인 분위기를 형성할 책임이 있는 지도자들에게 경고하자면 다음과 같다. 당신을 위해 속임수를 썼던 사람들이 당신을 속이게 될 것이다. 당신이 처음에 속임수를 장려했다면 값비싼 대가를 치러야 하는 두 번째 속임수가 당신에게 돌아올 것이다.

직원들이 윤리적인 가치가 맞지 않은 조직을 이탈하는 경향 때문에 부정행위를 묵인하는 문화를 가진 회사는 많은 정직한 직원을 몰아내게 될 것이며, 이는 기회가 있을 때마다 회사를 위해 위법행위를 하는 직원들만을 끌어 모으게 될 것이다. 그렇게 되면 그런 기업은 우리 주장대로 마치 한번 물리면 재정 면에서 독성이 퍼지게 되어 직원의 부정행위와 불법 행위로 인해 치르는 비용이 전 세계적으로 수조 달러에 이르는 독사를 기르는 것과 같다. 게다가 이런 손실 비용(횡령, 재고품과 장비 절도, 경비 부풀리기, 허위 구매 보고, 공급업체나 거래처와의 불법 거래)은 거의 회수되지 않는다.

이 주장은 분명한 논리, 중대한 재정적 영향, 독사에 빗댄 화려한 은유 등 모든 면에서 좋아 보이지만 그 증거는 어디에 있을까? 이를 위해 우리는 앞의 실험으로 돌아가 마지막 단계를 하나 더 설정했다. 우리의 두 번째 연구에서, 참가자들은 부정직한 팀이나 그렇지 않은 팀에 속해 있다가 자기 팀에 남거나 떠날 기회를 주면 비윤리적으로 행동한 팀에 속했던 사람들이 더 많이 떠나는 편을 선택했다. 여기서 우리는 모든 참가자에게 예상치 못한 관리 문제로 팀을 옮길 수 없으므로 원래 팀원들과 함께 다음 과제를 수행해야 한다고 통보했다. 사실 그 과제는 누가 단어 문제를 빨리 해결하는지 알아보는 것으로 팀원들과 **경쟁해야** 할 필요가 있었다. 누구든지 1분 내에 문제를 풀면 상금 100달러를 받을 확률이 높았다. 우리는 참가자들이 정답을 내놓기 전에 '우연히' 정답을 참가자 각자에게 슬쩍 유출하면서 그 사실을 다른 사람들은 모른다고 생각하게 만들었다. 사전 연구를 통해 우리는 일반 대학생들이 1분 안에 평균 3.17개의 문제를 풀 수 있다는 것을 알게 되었다. 그러므로 참가자들이 푼 문제 수를 평균인 3.17개와 비교하면 어떤 유형의 참가자들이 그들의 경제적 이득을 위해 동료를 속였는지 알 수 있었다.

결과는 분명했다. 정직한 팀의 일원**이자** 그 팀에 머무르기로 선택한 참가자들 사이에서는 무시해도 좋을 정도로 속임수가 없었다. 이 결과

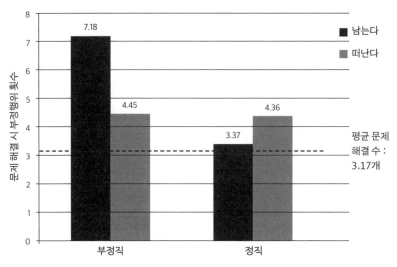

악마의 흥정
부정행위를 하기가 편해서 부정직한 직장에 남아 있는 사람들은 동료들에게도 부정행위를 서슴지 않는다.
자료 제공: *Robert Cialdini*

는 윤리적인 문화를 정착시키고자 정직성과 조직적인 현명함을 추구하는 많은 리더에게 정말 좋은 소식이다. 팀이 정직하든 부정직하든 떠나는 쪽을 선택한 참가자는 약간의 속이는 행동을 했지만, 통계적으로 유의미한 차이는 아니었다. 그러나 팀을 바꿀 기회가 주어졌을 때 부정직한 팀에 남기로 선택했던 참가자들의 행동에서는 엄청난 차이가 나타났다. 그들은 다른 사람들의 평균보다 77퍼센트 더 높게 부정행위를 저질렀다. 속임수는 자신의 금전적인 이득에 도움이 되지 않을 뿐만 아니라 주위 사람들에게도 피해가 된다는 것을 기억하자. 이러한 부정행위를 악의적이라고 평가한다면 너무 가혹할 수도 있지만, 자연스럽게 발생하는 직장 경험에서 얻은 관련 증거를 사정하기 위해 우리가 실시한 설문 조사들을 면밀히 검토해봐도 이 행위는 충분히 해로운 것으로 나타났다.

우리는 리더들이 설정한 직장 윤리에 대한 직원들의 평가와 그들의 퇴사 의지, 그리고 직장에서 불법 행위(비용 청구서 위조, 작업 회피를 위한 장비 파손, 사적인 목적으로 회사 자원 사용 등 고용주에게 경제적으로 피해를 입히는 행위)를 용인하는 정도를 측정하고 그 결과들의 상관관계를 분석했다. 여기서 핵심적인 발견은 비윤리적인 조직에 남아 있기를 원했던 직원들은 직장에 피해를 입히는, 기만적이고 재정적으로 많은 비용이 드는 부정행위에 가담할 가능성이 비정상적으로 높았다는 것이다. 실험실에서의 실험과 마찬가지로 비윤리적인 직장에 다니는 것을 좋아한 사람들은 그 직장을 더럽히는 일도 즐기는 것으로 나타났다.

이 책을 시작하면서 나는 집필을 위해 잠시 머물렀던 대학의 관계자가 초전 설득 전략을 사용해 MBA 과정의 강의를 맡기는 바람에 책의 완성이 몇 년 늦어졌다는 이야기를 언급했다. 그 결정은 그 학교에 머무는 동안의 내 집필 계획을 어긋나게 했다. 하지만 그 결정을 통해 초전 설득의 힘에 대한 좋은 사례들과 최신 연구들을 이 책에 담아내는 긍정적인 결과를 보았다는 점 역시 인정한다. 또 다른 긍정적인 점도 있다. 수년간 직장에서 일하다가 돌아온 학생들에게 자신이 경험한 윤리적 또는 비윤리적 근무 환경을 에세이로 작성하도록 할 기회가 있었다는 점이다. 그 학생들은 대부분 비윤리적인 문화를 보고 느낀 바를 작성했는데 아마도 그런 기억이 더 강렬하기 때문일 것이다. 한 학생은 시작은 매우 건전했지만 결국에는 10억 달러의 손실을 입은 자신의 예전 직장에 대해 인상적인 설명을 제공했다.

그 회사의 CEO는 설득의 원칙들을 일상적으로 악용했다. 풍족한 상황에서도 희소성을 강조했고, 자기 권위를 이용해 사람들이 더 나은 판단에 반하는 행위를 하게 했으며, 존재하지도 않는 사회적 증거들을 만들어내기도 했다. 사람들은 단기적으로는 그를 신뢰했지만, 이내 진실이 알려지면서 회사의 평판이 떨어졌다. 이제는 그와 함께 사업을 하고 싶어 하는 기업은 거의 없으며, 혹시 있더라도 아주 부담스러운 조건을 제시할 것이다.

부정직한 문화는 조직 전반에 스며들었다. 마케팅 부서는 진실을 과장하도록 강요받았고, 홍보 부서는 대부분이 거짓인 보도 자료를 작성했으며, 영업사원들은 고객들을 강압했다. 직무 불만족도와 이직률은 엄청나게 높았다. 사람들은 처음에 회사의 높은 임금(CEO는 직원들에 대한 부당한 대우를 이로써 정당화했다)에 끌렸지만 다른 일자리를 찾는 즉시 회사를 떠났다. 직원들은 임원들이 하는 것을 보고서, 가능한 상황에서는 언제든 출장과 경비 보고서를 통해 회사 돈을 유용했다. 일부는 공급업체와 비밀 거래를 하기도 했다. 내가 몇 달 전에 그 기업을 방문했을 때는 직원들의 절반 가까이가 퇴사한 후였으며 어느 때보다 의욕이 저하되어 있었다.

"세 번째 스트라이크가 끝일까?"

그렇게 되기를 강력히 희망한다. 물론 내 희망의 실현 여부는 리더들이 이중적인 표리부동으로 인한 재정 손실을 인정하고 그에 따라 얼마나 윤리적으로 행동하느냐에 전적으로 달려 있다. '팅커벨 시나리오'는 여기에 적용되지 않을 것이다. 리더들이 적절한 조직 분위기를 만들어내지 않는 한, 이 주장은 그저 우리가 **진심으로, 진심으로** 믿는다고 해서 이루어지지는 않을 것이다. 그래서 상부의 동의가 필요하다. 다행히도 그들은 원하기만 하면 윤리적으로 부당한 문화를 만드는 것만큼이나 쉽게 윤리적으로 합당한 문화를 직장에 구축하고 유지할 수 있다. 그렇다면 높은 위치의 리더들이 윤리적인 방향으로 보다 열심히 나아가게 하려면 무엇을 해야 할까? 그들 중 다수에게는 방향 전환이 필요 없어 보인다. 그들은 이미 윤리적인 길을 걷기로 결정했고, 따라서 존경받아야 하는 사람들이다. 하지만 경제적인 이유가 부정직한 행동을 정당화한다고 생각하는 나머지 절반의 리더들에게는, 부정행위가 외부에 알려지지 않더라도 지출되는 특정한 손실 비용(직원들의 성과 하락, 이직률, 부정행위)을 제시해줄 필요가 있다.

　모든 영리 조직이 채택해야 할 일반적인 권고 사항들 중에서 다음 세 가지에는 노력을 기울일 가치가 있다. 소비자와 고객이 자신과 소통한 직원에 대해 평가한 정직도는 해당 직원의 인센티브에 반영돼야 한다. 여기에 더해서 회사 전체의 윤리적인 평판을 측정해 연간 보고서에 포함해야 한다. 마지막으로 회사의 윤리적인 방향에 대한 직원의 평가가 고위 경영진(특히 CEO)의 성과급에 반영돼야 한다. 이러한 절차는 윤리적인 행위를 장려할 뿐만 아니라 윤리 기준에 계속해서 관심을 기울이도록 하는 효과가 있다. 이런 문제들에 주목하면 조직의 업무에서 이러한 요인들의 중요성과 인과관계적 역할이 (공평하게) 높아질 것이다.[35]

14장

설득의 효과를 지속하는 법

Post-Suasion : Aftereffects

◆

◆

이 책의 전반에 걸쳐 상대방의 주의를, 내가 원하는 메시지에 긍정적으로 작용하는 심리 개념과 일시적으로 연결시키면 성공적인 초전 설득이 가능하다는 사실을 살펴봤다. 그러나 초전 설득이 일시적인 주의 집중에 기반한 것이라면, 상대방을 설득하려는 모든 사람이 반드시 직면해야 하는 중요한 질문이 하나 있다. 경쟁 관계에 있는 다른 의사전달자나 일상적인 사건이 청중의 주의를 다른 곳으로 돌렸을 때 앞서 제시한 개념의 호감도가 사라지는 상황을 어떻게 하면 막을 수 있을까? 이는 꽤 의미 있는 고민인데 변화를 주도하는 사람들은 보통 단기적인 움직임보다 그 효과가 오래 유지되기를 원하기 때문이다. 이전 장들에서 증명했듯이 일시적인 변화도 잘 관리한다면 매우 생산적일 수 있지만, 그럼에도 불구하고 최적의 설득을 위해서는 지속적인 효과를 만들어낼 필요가 있다. 이때 효과적인 두 가지 전략을 사용할 수 있는데 각각 사회적 영향력에 대한 다른 접근법에서 생겨났다. 하나는 이미 우리가 아는 것이고, 다른 하나는 새로운 것이다.

— 지속적인 변화를 위한 강력한 약속

전통적으로 행동과학자들은 초기의 긍정적인 반응을 지속시키는 방법에 대해 명확한 대답을 하나 제시해왔다. 바로 자신이 한 반응을 지키도록 노력하게 만드는 것인데 보통 능동적 행위의 형태로 이루어진다. 이러한 방법이 어떻게 사회적으로 비용이 많이 드는 문제를 줄일 수 있는지 생각해보자. 병원이나 치과 진료 예약일에 나타나지 않은 환자들은 단순한 불편 이상의 피해를 준다. 그들은 의료 복지 분야에 상당한 비용 손실을 초래하는 것이다. 병원은 이렇게 나타나지 않는 환자들을 줄이기 위한 일반적인 방법으로 환자들에게 약속을 상기시키도록 하루 전날 전화를 한다. 내 동료인 스티브 마틴Steve J. Martin이 영국의 의과대학에서 실시한 연구에서 이런 노력은 이른바 노쇼no-show 비율을 3.5퍼센트까지 줄였다. 그러나 전화 알림 서비스는 시간과 돈이 필요한 것은 물론이거니와 그마저도 언제나 예상 목표에 도달하는 것도 아니다. 이런 방법과 약속 절차를 이용하는 지혜로운 방법을 비교해보자. 병원 방문 후 다음 예약을 할 때 우리는 모두 어떤 순서로 진행되는지 알고 있다. 접수처에서 다음 약속 날짜와 시각을 카드에 적어 환자에게 준다. 이렇게 하는 대신에 **환자들에게** 카드를 채우도록 요청하면 이런 행동 단계로 인해 그들은 약속을 지키려고 더 노력하게 된다. 비용이 들지 않는 이 절차를 영국의 의과대학에서 시도하자 노쇼 비율이 18퍼센트까지 줄었다.

진료 예약을 하고 오지 않는 비율을 줄이는 효과도 결코 작지 않지만 (영국에서만 18퍼센트 감소해도 연간 1억 8,000만 달러의 손실을 막을 수 있다), 이러한 행동 몰입prompted behavioral commitments이 정치에 적용되어 선거에 영향을 주게 되면 훨씬 큰 사회적 영향을 미칠 수도 있다. 2008년, 버락 오바마 Barack Obama와 존 매케인John McCain이 다투었던 대통령 선거 직전에 각 주에 거주하는 미국인들의 정치적 태도와 신념에 대해 온라인 설문 조사를 실시했다. 응답자 절반에게는 그들이 답하기 시작할 설문 화면의 왼쪽 상단 모서리에 작은 미국 국기를 표시했고, 다른 절반에게는 표시하지 않았다. 미묘한 방식으로 미국 국기를 노출한 것은 설문 참가자들이 매케인과 공화당의 보수적인 정치 이데올로기를 더욱 선호하게 만들었다. 또한 대통령 선거 직후에 다시 설문 조사를 했을 때 이전 설문에서 미국 국기를 본 참가자들이 그렇지 않은 참가자들보다 매케인 후보에게 훨씬 더 높은 투표율을 보였다는 것이 관찰됐다. 마지막으로 가장 놀라운 사실은 선거를 치른 지 8개월 뒤에도 긴 설문 과정에서 미국 국기에 노출됐던 참가자들은 여전히 공화당을 지향하는 태도와 신념과 판단을 더 많이 수용하고 있었다는 점이다.

한 번의 국기 노출이 정말로 그렇게 오래도록 중대한 영향력을 발휘한 이유가 될 수 있을까? 이 결과에는 설명이, 정확하게는 복수의 설명이 필요하다. 왜냐하면 이 결과에 관여한 프로세스가 하나만이 아니기 때문이다. 첫 번째는 초전 설득 효과다. 배경에 등장한 미국 국기가 참가자들에게 공화당식 사고를 연상시켰던 것이다. 선행 연구에 따르면

2008년에는 어쨌거나 실제로 미국인들이 국기와 공화당의 이념 사이에 확실한 연결을 지니고 있었다. 앞에서 우리는 가게에서 프랑스 음악이 배경으로 흘러나오면 사람들의 주의가 일시적으로 (프랑스 와인과 같은) 프랑스 음식으로 향하고, 가구 회사 홈페이지에서 배경 화면에 솜털 구름 이미지를 두면 일시적으로 사람들의 주의가 (안락한 소파 같은) 부드러운 상품으로 향하도록 만들 수 있다는 것을 살펴봤다. 이와 마찬가지로 미국 국기를 봤다는 것이 사람들을 일시적으로 공화당 후보와 그 입장으로 더 기울어지게 했다.

깃발의 즉각적인 효과는 그렇다고 치자. 하지만 그 효과가 놀라우리만큼 오래 지속된 것은 어떻게 설명할 수 있을까? 설문 조사 연구자들은 자신들이 답을 안다고 생각한다. 즉 참가자들은 미국 국기를 우연히 발견했고, 일시적으로 공화당의 이념에 더 이끌리게 된 참가자들은 설문 조사에서 그 성향을 표명했으며, 그에 따라 행동하도록 요청받았다. 설문에 응답함으로써 행동적으로 관여한 것이다. 그들의 행동으로 표현된 약속은 실제 선거에서 투표하면서 훨씬 더 헌신적인 형태의 행동으로 나타났으며, 8개월 후에 또다시 측정했을 때 그 선택은 굳건한 공화당 선호도를 이끌었다. 이 결과는 초전 설득 경험(행복한 분위기)이 다른 유형의 (예술작품에 대한) 선호도에 영향을 미친다는 연구 결과를 떠올리게 한다. 사람들은 행복한 이야기를 읽고 난 후에 일시적으로 고양된 감정으로 인해 그림을 좋아하게 되었다. 하지만 5일이 지난 후에는 당시 행복한 상태에서 적극적으로 그림을 평가했던 사람들만이 여전히 그림에 대해 같은 기분을 느꼈다. 그림을 평가하지 않았던 사람들은 행복한 감정이 사라진 후에는 그런 평가에 '갇혀서' 행동하지 않았으며 특

별한 선호도도 전혀 보이지 않았다.[36]

효과적인 초전 설득에 대한 결과는 명백하다. 초전 설득 오프너는 사람들에게 극적이고 즉각적인 변화를 가져올 수 있지만, 그러한 변화를 지속적인 변화로 바꾸기 위해서 대개는 관련 행동을 통해 해당 변화에 전념하도록 만들 필요가 있다. 하지만 모든 형태의 약속이 이 점에서 동일한 것은 아니다. 가장 효과적인 약속은 개인의 정체성에 영향을 미치는 행동들을 통합하여 미래에도 그 영향력이 지속되게 하는 것이다. 이런 요소들은 깊은 개인적 선호도와 연결되므로 **적극적이고, 노력을 동반하며, 자발적인 방식으로** 약속을 수행하게 해야 한다. 예를 들어 누군가가 초전 설득 전략으로 사람들이 함께 서 있는 사진을 보여줘서 내가 일시적으로 모든 노동자를 대상으로 한 최저임금 인상과 같이 관대한 사회정책에 끌리게 되었다고 해보자. 그리고 그렇게 형성된 선호도에 따라 스스로 자발적인 행동(그 대의를 위한 기부금을 빠르게 내는 것)을 했다면 나는 그 지점부터 해당 개념에 더욱 전념하게 될 것이다. 더욱이 그 행동이 자유롭게(전적으로 내 선택이었다) 행해졌고 그 행동을 해내기가 어렵거나 비용이 많이 들었다면(기부금 액수가 상당했다), 나는 더욱더 나 자신이 그러한 성향을 진심으로 선호한다고 여기게 된다. 어떤 문제에 대해 내 반응을 고정하고 일관성 있게 만드는 것은 바로 행동으로 영향을 받은 자각이었다. 그리고 이는 순간적인 주의 전환을 통한 초전 설득으로 부추겨졌더라도 효과가 있었는데 이 경우에는 연대감이 그 대상이었다.[37]

━ 단서를 통해 지속적인 변화 만들기

설득 전문가들의 설득 관행으로부터 내가 할 수 있는 한 모든 것을 배우려고 노력하던 즈음, "당신의 꿈을 넘어서는 부, 번영, 재정적 독립을 이룰 수 있는 놀라운 기회"라는 제목의 메일을 하나 받았다. 나는 일종의 다단계라고 확신했고, 평소대로라면 조금도 관심을 두지 않았을 것이다. 하지만 당시에는 이벤트 기획자들이 어떻게 판매 계획을 짜는지 궁금했기 때문에 나는 전화를 걸어서 한 자리를 예약했다. 그 행사에서 가장 흥미로운 부분은 장소였다. 토요일 아침, 단순히 경제적인 이익에 흥미가 있는 사람부터 절실한 사람에 이르기까지 나를 포함해 50명 정도의 다양한 개인이 애리조나 피닉스의 한 식당에 모였지만 그곳에 오래 머무르지는 않았다. 우리는 특유의 노랗고 파랗게 도색된 고물 버스를 타고 2시간 동안 고속도로를 달려 투손에 도착했다. 교육 행사가 진행될 것이라고 들은 장소였다. 하지만 투손에 도착해서도 새로운 교육 프로그램은 없었다. 단지 점심시간에 인솔자가 우리가 버스를 타고 오면서 들었던 이야기를 짧게 정리해줬을 뿐이다.

왜 행사의 주최자는 이런 당황스러운 여정에 많은 돈을 썼을까? 그때 나는 프로그램 정보가 결코 투손을 염두에 두고 계획된 것이 아니라는 사실을 깨달았다. 이는 어디까지나 **버스를** 위해 계획된 것이었다. 투손으로 가는 길에 창밖을 봤을 때 또 다른 낡고 독특한, 노랗고 파랗게 색칠된 버스가 승객들을 태우고 투손에서 피닉스로 가는 것을 보고서는 내 생각에 확신을 가졌다. 그 광경은 즉각적으로 확실한 통찰을 제공했다. 처음부터 주최자들은 두 도시 사이의 도로를 달리는 덜컹거리는 버스에서 (내 생각에는 다단계로 의심되는) 그들의 부자 되기 프로그램의 세부 사항을 전하려는 의도였다. 나는 여기에 심리적인 근거를 가진 두 가지 이유가 있다고 생각한다. 첫째, 덜컹거리고 시끄럽고 울퉁불퉁한 길을 지나면서 많은 사람과 함께 있는 정서적으로 불안한 환경에서는 **깊게 생각하기가 어려운데** 바로 그 깊은 생각이 다단계 판매 시스템 최대의 적이다.

둘째, 신중하게 생각할 수 없거나 완전히 집중할 수 없는 상황에서 어떤 의사 결정 단서가 제시되면 사람들은 그 단서에 자동적으로 반응할 가능성이 훨씬 커진다. 프로그램 주최자는 버스에서 이러한 단서들을 잘 조절했다. 그들은 우리가 어디를 보든 자신들의 메시지를 받아들이도록 환경을 조성할 수 있었다. 벽과 천장은 성취와 관련된 포스터들로 꾸며졌고, 부와 연관된 구호들이 의자 뒤에 붙어 있었으며, 새로운 연사가 등장할 때마다 성공을 주제로 한 음악이 흘러나왔다(주로 영화 〈록키〉의 배경음악이었는데 '아이 오브 더 타이거Eye of the Tiger'가 가장 많이 나왔다). 연사의 기본 메시지는 언제나 "당신은 할 수 있다. 당신은 할 수 있다. 당신은 할 수 있다. 당신은 할 수 있다. 당신이 이 시스템을 이용하기만 한다면 말이다"였다. 이러한 일반적인 주장에는 그 주장을 지원하는 일련의 다른 단서들이 동반됐다. 멋지게 재단한 고가의 의상을 입은 연사, '이번 달에만' 1만 1,000달러의 수익을 올렸다는 연사, 이 프로그램에 참여하기 전에는 "나도 당신과 같았다"라고 이야기하는 열렬한 추천 편지를 읽어주는 연사 등이 그 단서였다. 그리고 피닉스로 돌아갈 무렵, 우리 중 3분의 2가 계약서에 서명했다.

현대 생활은 고속도로를 질주하는 버스처럼 점점 더 빨라지고, 격동하고, 자극적이고, 유동적이 되어간다. 그 결과, 우리는 대부분의 상황에서 최선의 방법에 대해 심사숙고하기가 점점 더 힘들어지고 있다. 따라서 매우 조심스럽게 생각하는 사람들조차 그 같은 환경에서 행동에 대한 단서들에 자동적으로 반응할 가능성이 점점 더 커지고 있다. 그렇다면 오늘날 세계의 빠른 속도와 집중을 저해하는 특성을 감안할 때 우리는 이 버스에서처럼 바보가 될 수밖에 없는 운명에 처한 걸까? 그렇지 않다면, 자동적으로 반응하게 되는 것에 분노하기보다는 그 자동적인 반응을 수용하고 그것이 우리에게 작용하는 방식을 체계적으로 조절해보자. 즉 스스로가 일상적인 공간의 설계자가 되어야 하며, 그 공간에는 우리가 가장 가고 싶은 방향으로 우리 자신을 무의식적으로 이끌 수 있는 가구들을 갖춰야 한다. 이러한 접근법은 초기에 형성된 우리의 선호도를 조정하여 우리의 미래 행동을 이끄는 (즉각적이고 확실한 약속을 만드는 것 외에) 또 다른 방법을 제공한다. 우리가 선호하는 것과 자동적으로 연결되어 활성화시키는 단서들에 주기적으로 직면한다는 사실을 인정함으로써 우리를 위한 시스템 하나를 가질 수 있게 된다.

이전 장들에서 이를 위해 어떻게 해야 할지 몇 가지 예를 제시했다. 보고서나 프레젠테이션을 준비할 때와 같이 특정 청중과 연결하는 방식으로 무언가를 쓰고 싶다면 그 집단과 연결되어 있는 단서들, 예를 들어 전형적인 청중의 얼굴 사진들로 주변을 채워보자. 직장에서 자기 직무에서 높은 성과를 거두고 싶다면 달리기 경주에서 이기는 선수와 같이 성공, 노력, 달성과 같은 이미지들을 계속 접해야 한다. 예산 책정처럼 분석 지향의 다른 어려운 업무를 진행하고 싶다면 명상, 심사숙고, 검토와 관련된 이미지들을 보아야 한다. 로댕의 〈생각하는 사람〉이 그 예다. 이 밖에도 많은 예가 있다. 당신이 특정 업무에 적용하고 싶은 방향성이 무엇이든 그에 적절한 이미지를 컴퓨터 바탕화면으로 설정해놓는다면 똑같은 장소에서 똑같은 컴퓨터로 일하더라도 각각의 업무 성과를 최적화할 수 있을 것이다.

'이프/웬-덴 전략'은 장기적인 효과를 볼 수 있도록 연상의 결합력을 활용하는 또 다른 방법을 제공한다. 이는 자신이 바라는 목표와 행동을 그것들이 성취된 미래에서 자주 경험할 단서들과 결합시키는 것이다. "**만약** 사업을 겸한 점심 식사 후에는 웨이터가 디저트를 고르라고 **하면** 민트차를 주문하겠어." 혹은 "아침 8시가 **되어** 양치질을 **끝내면** 처방받은 약을 먹을 거야." 등과 같이 말이다. 여기에 제시된 전략들은 이 책의 초반부에서 이야기한 연구 결과들과 일치하는데, 아직 살펴보지 않은 연구들에서 나온, 단순한 신호의 역할에 대한 또 다른 가치 있는 전략이 하나 더 있다.[38]

─ 우리가 어디에 있는지가 우리의 선택을 결정한다

의료계를 대상으로 설득 과정에 관한 설명을 할 때면 나는 언제나 이런 질문을 한다. "이 시스템에서 어떤 사람을 설득하기가 가장 어렵습니까?" 이 질문에 대한 대답은 언제나 한결같다. "의사요!" 한편으로 이 상황은 마땅히 그래야 하는 것처럼 보인다. 의료계에서 높은 자리를 차지하기 위해 의사들은 의대, 인턴, 레지던트 과정을 포함해 수년간의 훈련과 실습을 견뎌낸다. 그 과정은 그들의 선택에 기반이 되어줄 수많은 정보와 경험을 선사하고, 그 결과 그들이 선택한 결정에 흔들림이 없게 되는 것이 당연하다. 다른 한편으로는 의사가 치료상 환자에게

의사들에게 손 씻기가 심각한 문제를 예방한다는 것을 알리다
1847년 빈 종합병원의 이그나즈 제멜바이스(Ignaz Semmelweis)는 환자들의 감염과 사망을 막기 위해 의료진이 손을 씻는 것이 얼마나 중요한가를 보여줬다. 하지만 오늘날까지도 많은 의사가 이 간단하고도 당연한 절차를 따르지 않는 것으로 보고되고 있다.
Portrait of Ignaz Semmelweis (1818-1865) (engraving) (b/w photo), Ernest Wenck, (20th century) / © Muse d'Histoire de la Médecine, Paris, France / Archives Charmet / Bridgeman Images.

이로운 변화를 수용하지 않을 때 이런 종류의 저항이 문제가 될 수 있다. 여기서 제기되는 커다란 이슈가 하나 있다. 왜 의사들은 애초에 의사가 되려고 했는가? 다른 사람을 위해서인가, 아니면 자기만족을 위해서인가? 환자의 고통을 완화하고 이롭게 하기 위한 것인가, 아니면 이 역할에 일반적으로 따라오는 상당한 권한, 존경, 지위, 소득 때문인가?

한 미국 병원에서 실시한 연구는 이러한 이슈들에 대해 중요한 통찰을 준다. 연구자인 애덤 그랜트Adam Grant와 데이비드 호프먼David Hofmann은 의사들에게 환자를 검사하기 전에 손을 씻을 것을 강력하게 권고했지만 의사들이 이 권고대로 손을 씻는 횟수는 절반에도 미치지 못한다는 사실을 주목했다. 더욱이 그 문제를 줄이기 위한 다양한 해결책이 별 효과가 없었으며, 따라서 환자와 의사 모두 높은 감염 위험에 노출됐다. 이에 그랜트와 호프먼은 진료실에 들어선 의사들의 주의를 강력한 두 가지 동기, 바로 자기 자신에 대한 걱정 혹은 환자에 대한 걱정 중 어느 하나에 집중하게 하면 그 문제를 한층 쉽게 해결할 수 있으리라고 생각했다. 자기중심적인 걱정에 주의를 기울이게 하기 위해 연구자들은 진료실의 비누나 세정제에 다음과 같은 표시를 붙였다. "손 위생은 질병으로부터 당신을 보호합니다." 환자 중심적인 걱정으로 주의를 돌리기 위해서는 다른 세정제들에 이런 표시를 붙였다. "손 위생은 질병으로부터 환자를 보호합니다." 단어 하나만 달라졌지만 두 문구의 효과는 극단적으로 한쪽에 치우쳤다. 의사 자신을 보호할 것이라고 쓰인 문구는 비누와 세정제 사용에 아무런 효과가 없었다. 하지만 환자를 보호할 것이라는 문구는 그 사용을 45퍼센트까지 증가시켰다.

이러한 결과는 우리에게 두 가지 연관된 문제에 대해 중요한 정보를 제공한다. 첫째, 많은 종류의 해결책이 문제를 줄이는 데 실패했지만, 단순히 의사에게 손 씻기와 환자 보호 사이의 관련성에 대해서만 초기에 주의를 집중시킨 방법은 매우 성공적이었다는 점이다. 당연히 예전에도 의사가 손을 씻지 **않으면** 환자의 건강 상태에 악영향을 미칠 수 있다는 우려가 분명히 있었으며, 손 씻기를 환자의 건강으로 연결시키는 연상에 대해서도 의사들은 인지해왔다. 그렇다면 이런 차이는 어떻게 설명할 수 있을까? 이전 사례들에서는 의사들의 주의를 그런 연상으로 유도한 이후 그들의 마음속에서 그 상황의 다른 무엇보다 손 씻기를 우선시하도록 할 만한 것이 아무것도 없었다. 환자의 상태, 동석한 간호사가 하는 말, 차트에 쓰여 있는 내용 등등보다 말이다. 그래서 의사들이 진료실에 들어갈 때 눈에 보이는 하나의 문구가 그 연상을 되새겨줌으로써 그들의 행동을 인상적으로 바꿀 수 있었던 것이다.[39]

게다가 이 연구 결과를 통해 우리는 대부분의 의사가 진정으로 깊게 생각하는 것에 대한 답을 구할 수 있다. (1) 그들은 다른 사람들, 즉 환자들의 건강을 증진하기 위해 강하게 동기부여가 되어 있고, (2) 우리가 걱정했던 것과 달리 환자들을 희생시켜 개인적인 이득을 우선시하지 않는다.

이러한 결론 중 첫 번째는 정확하지만, 카네기멜런 대학에서 실시한 연구는 두 번째 결론에 대해 의구심을 던진다. 의사들이 환자의 이익을 위태롭게 한다는 경고를 받은 사례가 있었다. 의사들은 주로 제약 회사나 의료장비업체 같은 의료 산업 회사들에서 병원 직원들을 위한 피자나 그들 자신의 점심과 저녁, 혹은 학회 참석 비용, 연구 및 컨설팅 계약, 회의에 들어가는 강의 또는 강연 비용, 제품과 관련한 콘퍼런스 참석 비용과 같이 다양한 형태의 지원을 받는다. 이러한 선물과 후원은 의사들에게 환자보다는 업체에 더 많은 혜택이 돌아가는 제품을 처방하거나 홍보하도록 영향을 미친다. 이러한 증거와 그에 따르는 경고에도 불구하고 많은 의사가 자기 지위를 이용해서 환자들을 위험에 빠뜨리는 관행을 계속한다. 이런 관행의 문제점을 인식하고 있는데도 말이다.

무엇이 문제일까? 손 씻기와 관련한 연구에서는 자신보다 환자의 이익을 위해 행동했던 의사들이 어째서 금품 수수의 경우에는 반대가 되는 것일까? 아마도 손 씻기는 업체의 후원으로 누리는 혜택을 거부하는 것과 비교하면 상대적으로 적은 비용이 들어가는 행동이기 때문에 그럴지도 모른다. 더 큰 이익을 위해 선택해야 하는 상황에서는 의사도 다른 집단에 속한 사람들과 마찬가지로 자기 이익을 생각할지 모른다. 어쩌면 이는 사실일지 모른다. 어쨌거나 의사들도 사람이기 때문이다. 그러나 먼저 무언가를 주면 보상을 받을 **자격이 생기는** 상호성 원칙에서 보자면 카네기멜런 대학의 연구 결과들은 덜 냉소적이고 더 짜임새 있는 관점을 제공한다.

미국 레지던트 의사 301명을 대상으로 한 연구는 다음과 같은 질문을 던지면서 시작됐다. 의사가 의료업체의 후원을 더 혹은 덜 받아들이게 만드는 요인은 무엇인가? 의사들을 표본으로 한 첫 번째 집단에는 온라인 설문 조사를 통해 의료업계로부터 선물과 돈을 받을 수 있는지, 그리고 어느 정도로 받을 수 있는지에 대해 질문했다. 연구자들의 분석에 따르면 그들의 약 5분의 1(21.7 퍼센트)만이 그런 관행을 받아들이겠다고 응답했다. 그러나 두 번째 집단에는 의학박사가 되기 위해 개인적으로나 재정적으로나 얼마나 많은 희생과 비용을 치렀느냐를 묻고 난 뒤에 같은 질문을 했더니 거의 절반(47.5 퍼센트)이 선물을 받을 수 있다고 대답했다. 끝으로 세 번째 집단에는 의사가 되기 위해 치른 희생과 비용에 대해 묻고 그것이 선물을 받는 것을 정당화할 수 있는지에 대해서도 물었더니 대다수(60.3퍼센트)가 그 관행을 받아들일 만하다고 보게 되었다.

이런 결과들에서 우리는 무엇을 알 수 있을까? 나는 개인적으로 복수의 결론을 이끌어냈다. 하나는 가슴이 따뜻해지는 결론으로, 상호성의 원칙상 금품 수수를 받아들일 수 있다고 생각하는 건강한(여기서는 건강하지 못한 것이 더 정확한 단어일 테지만) 의사들이 일부 존재함에도 불구하고 대부분의 의사가 그것을 가치 없는 선택이라고 여겼다는 점이다. 하지만 의사들에게 초전 설득으로 그들이 의료 시스템에 제공한 많은 것을 상기시킬수록 더 많은 대가를 기꺼이 취하게 만들었다. 이 결과는 상호 성의 원칙에 근거한 생각이 다수의 사람으로 하여금 금품 수수를 받아 들이게 한다는 사실에 더해 상호성 원칙이 일시적으로 핵심 문제로 떠 올랐다는 것을 시사한다. 마지막으로 이러한 발견은 의사들이 환자를 위해 일하는지, 자신을 위해 일하는지에 대해 묻는 질문의 대답으로 양 쪽 모두가…… 맞다는 것을 말해준다. 이는 질문을 받을 당시에 그들이 무엇에 집중하고 있었느냐에 달렸기 때문이다. 그리고 이런 결론이 굳 이 의사들에게만 적용되는 것은 당연히 아니다. 모든 사람에게 적용되 는 결론이 아니겠는가. 사람들의 마음 맨 꼭대기에 무엇이 있는지가 무 엇을 더 선호하고 가치로 삼는지를 좌우한다.

이는 이 책에 잘 맞는 끝을 제공하는 결론이기도 하다. 바로 어떤 선 택과 관련하여 우리가 **누구**인지는 그 선택을 하기 직전에 우리가 **어디 에** 주의를 두는지에 상당히 좌우된다는 것이다. 우리는 일상생활에서 우연히 마주하는, 선택과 관련된 단서들에 의해 특권의 순간으로 유도 될 수 있다. 우리는 그 과정을 눈치채지 못한다. 더 큰 문제는 이를 눈치 챘는데도 이에 대해 다 아는 의사전달자가 전술적으로 배치한 단서들 에 의해서 더 큰 관심을 가지게 될 수 있다는 것이다. 하지만 이를 역이 용해 우리의 일상생활에 그 같은 단서들을 군데군데 잘 심어놓음으로 써 우리 자신이 지속적으로 바람직하고 생산적인 방향을 지향하도록 만들 수도 있다. 이렇게 만들어진 모든 순간은 초전 설득을 통한 것이 다. 그 과정에 대해 근심하든지, 아니면 그 잠재력에 매력을 느끼든지,

혹은 둘 다든지 간에 초전 설득의 엄청난 힘을 인정하는 것이 옳으며 그 내부 작용을 이해하는 것이 현명하리라.[40]

주석

작가의 말

1. 위스턴 오든의 시 제목은 '리라를 타며: 시대에 보내는 반동적 송가(Under Which Lyre: A Reactionary Tract for the Times)'이다. 제임스 보일의 발언은 그의 저서 《퍼블릭 도메인: 마음의 공유(The Public Domain: Enclosing the Commons of the Mind)》에서 발췌했다. 손자와 데일 카네기의 주장은 그들의 대표작인 《손자병법(孫子兵法)》과 《인간관계론(How to Win Friends and Influence People)》에서 가져온 것이다.

   여기서 한 가지 의문이 생긴다. 의사결정권자들이 사회심리학을 인정하는 데 어떻게 행동경제학이 도움이 될 수 있었던 걸까? 나는 비즈니스와 정치 분야에서 경제학이 출발한 역사와 큰 관련이 있다고 생각한다. 이제는 하나의 학문으로 분류된 행동경제학의 학자들(조지 애커로프, 대니얼 카너먼, 로버트 실러, 허버트 사이먼, 버넌 스미스 그리고 상을 받아야 할 것으로 보이는 리처드 탈러 같은 학자도 여기에 포함되어야 한다)이 더 넓은 범주의 노벨상(노벨경제학상을 가리킨다-옮긴이)을 받았을 때, 그들의 연구에서 행동경제학과 사회심리학이 몇 가지 핵심 요소를 서로 공유하고 있는 것으로 나타났다. 덕분에 사회심리학 분야는 더 높은 평판을 얻게 됐다.

PART 1 설득의 순간을 설계하라

1장 메시지보다 먼저 설득하라

1. 식당 이름과 운동선수 등 번호 연구는 Critcher와 Thomas Gilovich(2007)가, 벨기에 초콜릿 연구는 Ariely, Loewenstein, Prelec(2003)가, 작업 수행 연구는 Switzer와 Sniezek(1991)가, 선 그리기 연구는 Oppenheimer, LeBoeuf, Brewer(2008), 와인 가게 연구는 North, Hargreaves, McKendrick(1997)가 수행했다.

   초반의 경험이 그다음에 오는 경험에 종종 특이한 방식으로 영향을 미친다는 결론은 의사소통에만 국한되지 않는다. 최근에는 인간의 다양한 판단 오류를 설명하기 위해 고전 확률 모델이 아닌 양자(quantum) 확률 모델을 적용하기 시작했다(Pothos and Busemeyer, 2013). 이러한 이론의 중심에는 의사결정이 사람의 심리 상태를 바꾸고, 결정하기 전에 성립했던 논리를 깨뜨린다는 논리가 자리 잡고 있다(Busemeyer et al., Trublood, 2011; Busemeyer and Wang, 2015; Shiffrin, 2010; and Weber and Johnson, 2009).

2. 성공이 장애물을 뚫고 지나갈 때가 아니라 장애물을 아예 제거할 때 시작된다는 논리는 힌두교의 신 가네샤의 "일을 시작하는 가장 좋은 길은 장애물을 제거하는 것이다."라는 말을 통해서도 알 수 있다. 짐이 사용한 방법 이외에도 여러 가지 오프너를 활용해 부족한 신뢰를 메꿀 수 있다. 먼저 듣는 사람과 비슷한 점을 찾아 공감을 형성함으로써 자랑이 심한 의사전달자도 신뢰를 쌓고 나아가 설득에 성공할 수 있다(Packard, Gershoff, and Wooten, in press).

3. 나를 제외한 많은 사람들이 이러한 신념을 가지고 있다. 예를 들어 성공하려면 건전한 생각에 집중하라는 '건전한 생각 전략'과 관련된 방대한 연구를 통해 마이클 모부신(Michael J. Mauboussin, 2009, 16)은 한걸음 뒤로 물러나 '가장 좋은 결정은 종종 동일성에서 비롯된 것'이라고 결론을 내린다. 사실, 어떤 상황에서 눈에 띄는 동일성은 가장 특징적인 '다른 점'이 될 수 있다. 가수 제이콥 딜런(Jakob Dylan)은 자신의 곡 '차이(The Difference)'에서 "내가 보는 유일한 차이는 당신은 예나 지금이나 똑같다는 거야."라고 노래하기도 했다.

4. 설득에 대한 과학적 연구는 제2차 세계대전 중에 제정된 정부의 커뮤니케이션 프로그램에서 본격적으로 시작되었다(Hovland, Lumsdaine, and Sheffield, 1949; Lewin, 1947; Stouffer et al., 1949). 아군이 운용할 때는 정보 프로그램이라고 불렸지만, 적군이 운용할 때는 선동 (propaganda) 프로그램이라고 불렀다.

5. "나에게 설 수 있는 땅과 충분히 긴 지레를 달라, 세상을 움직여보겠다."라고 말한 세계 최초의 위대한 수리물리학자 아르키메데스가 지레의 작동 원리를 발견한 이후 순간이라는 개념을 물리학적으로 표현하기 시작했다. '시간의 숙성 기간(ripe period of time)'이라는 개념은 더 오래되었는데, 시간과 주변 상황이 순조롭게 하나가 되는 시점을 가리키는 고대 그리스 단어인 카이로스(kairos, 알맞은 시간)와 '카이로스 모멘트(kairos moment)' 개념에서 이를 살펴볼 수 있다. 실제로 아리스토텔레스만큼이나 영향력 전문가였던 그는 연설가에게 올바른 순간을 포착하는 것이 중요하다고 충고했다. 다만 그동안 오역과 분류의 문제가 있었기에 최근 들어서야 학자들은 아리스토텔레스가 그의 미사여구에서 카이로스가 설득에 있어 매우 중요하다고 설명했음을 밝히게 됐다.

2장 나에게 유리한 순간을 포착하라

6. 초자연적인 힘을 바탕으로 사람을 판단하는 방법과 관련해 수많은 연구가 진행된 결과, 이를 증명할 수 있는 근거는 없는 것으로 밝혀졌다(Blackmore, 1987, 1996; Charpak and Broch, 2004; Hyman, 1989, 1996; Reichart, 2010; Shermer, 2002; 2003; Wiseman, 1997). 초자연적인 방법으로 미래를 내다보는 것과 관련해 다소 우스꽝스러운 동영상을 보려면 www.youtube.com/watch?v=aSR-uefPmME, 보다 분석적인 동영상을 보려면www.youtube.com/watch?v=ZAI2f3vnWW을 참고할 것.

7. 셜록 홈스와 런던 경찰청의 그레고리 경감은 체포된 용의자를 두고 수집 증거에 관해 다음과 같은 대화를 나눴다.

   그레고리: 내가 주목해야 하는 또 다른 점이 있나요?

   홈스: 밤에 개가 보인 이상한 점이요.

   그레고리: 하지만 개는 밤에 아무것도 하지 않았는데요.

   홈스: 바로 그게 이상한 점이죠.

   일어나지 않은 일보다 일어난 일에 더 큰 관심을 가지는 인간의 자발적인 성향을 보여주는 증거들은 매우 다양하다. 이런 편향적인 모습은 체스 고수의 복잡한 움직임에서도 나타난다(Bilalic, McLeod, and Gobet, 2010). 이러한 태도가 의사결정 과정을 어떻게 망치는지와 이를 극복하기 위해 수학자 아브라함 발트(Abraham Wald)가 수고한 노력에 대해 더욱 자세히 보려면 www.dangreller.com/the-dog-that-didnt-bark-2를 참고할 것. 실제로 홈스와 발트는 일부 똑똑한 사람들이 사용하는 정보 수집 방식을 활용한다. 예를 들어 페이스북의 최고 운영 책임자였던 셰릴 샌드버그는 페이스북의 설립자 마크 저크버그에 대해 자신이 관찰한 바를 이렇게 언급한 적도 있다. "마크는 상대방이 한 말만 듣지 않죠. 상대방이 하지 않은 말에도 귀를 기울입니다." 나도 마찬가지라고 말할 수 있는 사람은 몇 명 되지 않을 것이다. 어쩌면 그렇기 때문에 30세 이전에 300억 달러가 넘는 순자산을 모으는 사람이 거의 없는 것인지도 모르겠다.

8. 캐나다 대학생들을 대상으로 한 연구는 지바 쿤다(Ziva Kunda)와 동료들(1993)이 진행했다. 긍정적 테스트 전략의 효과와 반자동적으로 가설을 검증하는 인간의 성향에 대한 실험 자료를 보려면 Klayman와 Ha(1987), Lilienfeld와 Ammirati, Landfield(2009), Nickerson(1998), McKenzie(2005)를 참고할 것.

   한쪽으로 치우친 싱글-슈트 질문으로 구성된 설문 조사를 피하라는 내 조언은 이러한 질문들이 오해의 소지를 불러일으킬 수 있음을 증명하는 자료에 근거한 것이다. 예를 들어 Schuman과 Presser(1981)가 미국인을 대상으로 "이번 겨울에 심각한 연료 부족 현상이 발생한다면, 가정에서 온도를 낮추도록 강제하는 법안이 있어야 한다고 생각합니까?"라고 묻는 설문조사를 진행했는데, 38.3퍼센트가 그렇다고 대답했다. 하지만 뒤이어 "또는 이러한 법안에 반대합니까?"라고 덧붙였을 때는 29.4퍼센트만이 법안에 찬성한다고 대답했다.

9. 나는 대학원 연구실에 들어와서야 처음으로 설득과 사회적 영향력에 대한 체계적인 연구를 시작했다. 주로 특정한 종류의 메시지가 왜 수신자의 태도와 행동을 변화하는 데 효과적인지를 다뤘다. 물론 지금도 이러한 연구가 중요하다고 생각한다. 하지만 설득의 과정을 파악하는 데 있어 과학적 연구를 통해 얻은 정보가 다가 아니라는 점을 알기에 지금은 연구실 실험만 고집하지는 않는다. 1장에서 밝혔듯이, 나는 종종 설득 전문가가 실전에서 어떻게 하는지를 자세히 살펴보기 위해 광고 담당자, 영업사원, 마케터 등이 듣는 직업 훈련 프로그램에 참여하기도 했다. 하지만 사이비 종교의 신자 모집 방법을 알아보기 위해 직접 내부로 들어가보지는 않았다. 물론 사이비 종교를 경험한 후 성공적으로 탈출한 과학자들도 있지만(Galanti, 1993), 호기심 때문에 사이비 종교 문화에 발을 디뎠다가 다시 돌아오지 못한 사람들의 이야기를 너무 많이 들었기 때문이다. 따라서 이와 관련해 내가 제시한 증거 대부분은 개종한 신자와 신도 모집 담당을 했던 사람들의 인터뷰에서 발췌한 것이다(Hassan, 1990, 2000; Kent and Hall, 2000; Lalich, 2004; Singer and Lalich, 1995). 신도들을 모으고 유지하기 위해 사이비 종교 추종자들이 가장 선호하는 설득 전략에 대한 보고서와 정보는 lmendros와 Cialdini, Goldstein(준비 중)의 연구에서 찾을 수 있다. 이와 관련해 지속해서 업데이트되는 정보를 보려면 International Cultural Studies Association(www.icsahome.com)의 웹사이트와 학술지인 〈International Journal of Cultic Studies〉를 참고할 것.

10. 일부에서는 볼컨과 안데르센의 연구 결과를 다르게 해석할 수도 있다. 응답자들이 순간적으로 자신의 모험적인 성격에 대해 인지했기 때문이 아니라 연구자와 질의응답을 통해 언어적 상호작용이 일어났기 때문에 결과적으로 연구진의 후속 요청에 좀 더 호의적으로 이메일 주소를 제공했다는 설명이다. 실제로 어떤 요청을 하기 전에 간단한 대화를 나누면 상대방이 요청을 수락할 가능성이 크다는 근거도 있다(Dolinski, 2001). 그러나 볼컨과 안데르센의 세 번째 실험은 이들의 주장이 왜 합당한가를 잘 보여준다. 이 실험에서 그들은 커뮤니케이션 수업을 듣는 대학생들에게 전단지를 나누어주었다. 새로 나온 음료수 브랜드의 샘플을 무료로 얻는 방법에 대한 정보를 받고 싶다면 이메일 주소를 적으라고 안내하는 전단지였다. 학생들 중 일부가 받은 전단지에는 그들의 모험심을 묻는 질문이 없었다. 이 전단지를 받은 학생 중 단 30퍼센트만이 자신의 이메일 주소를 적었다. 하지만 "당신은 자신이 새로운 것을 시도하는 것을 좋아하는 모험심이 많은 사람이라고 생각합니까?"라는 싱글-슈트 질문이 상단에 인쇄된 전단지를 받은 학생들은 전혀 다른 반응이었다. 사전에 간단한 대화를 나누지 않았음에도 불구하고 학생들의 55퍼센트가 이메일 주소 제공에

동의했기 때문이다. 전체 연구에 대한 설명은 볼컨과 안데르센의 2009년 논문에 있다. 유권자 투표율 조사는 이러한 싱글-슈트 질문의 강력한 힘의 비밀을 밝혀냈다. 그것은 바로 목표 행동이 아니라 목표 대상에 대한 질문을 던져야 한다는 점이다. 미국 대통령 선거 전날 연구원들은 두 가지 다른 질문을 가지고 유권자에게 전화로 설문조사를 했다. 하나는 유권자로서의 정체성에 대한(예: "다가오는 선거에서 '유권자'가 되는 것이 얼마나 중요합니까?") 질문이었고 다른 하나는 투표 행동에 대한("다가오는 선거에서 투표하는 것이 얼마나 중요합니까?") 질문이었다. 두 가지 종류의 초전 설득 오프너는 모두 다음 날 실제 투표율을 증가시켰지만, 유권자로서의 바람직한 정체성을 부각하는 것이 투표율에 더 효과적이었다(Bryan et al., 2011).

11. 이와 관련된 문제가 급속하게 증가하고 있다. 한 예로 〈컨슈머 리포트〉는 2010년 6월호에 설문조사 결과를 발표하며 미국 내 대략 100만 가구가 매년 이메일로 인해 사기를 당하고 있다는 점을 밝히고 독자들에게 경계를 촉구했다. 3년 후, 그 추정치는 1,600만 가구로 증가했다(Kirchheimer, 2013). 불행히도 사기 사건은 여기서 멈추지 않았다. 퓨 리서치센터(Pew Research Center)의 한 보고서에 따르면 2013년 7월부터 2014년 4월까지 온라인에서 개인 정보를 도용당한 미국 성인의 수가 63퍼센트나 증가했다(Madden, 2014). 해커가 정보를 어떻게 빼내는지에 대한 자세한 내용은 Sagarin과 Mitnick(2011)의 연구와 Muscanell, Guadagno, Murphy(2014)의 연구를 참고하면 된다. 볼컨과 안데르센의 연구에서도 볼 수 있듯이 사기꾼들은 사전에 이런저런 핑계로 이메일 주소를 얻은 다음 바이러스 또는 악성 코드가 포함된 첨부 파일이나 웹 링크를 이메일로 보내는 방법을 사용한다(Acohido, 2013; Anderson, 2013).

12. 의식을 주도하는 하나의 개념이 다른 경쟁적 개념의 인식을 억제하는 현상(Coman et al., 2009; Hugenberg and Bodenhausen, 2004; Janiszewski, Kuo, and Tavassoli, 2013; and Macrae, Bodenhausen, and Milne, 1995)은 다양한 방식으로 일어난다. 예를 들어 특정한 목표를 강조할 경우 다른 목표를 인식할 확률은 정상 수준 이하로 떨어진다(Shah, Friedman, and Kruglanski, 2002). 따라서 특정한 방식으로만 직장을 찾게 되고, 이력서를 업데이트하거나 잠재적인 고용주에게 전화하는 것과 같은 다른 방법을 생각해내기 어렵게 된다(McCulloch et al., 2008). 또는 사람들에게 배운 특정 항목을 되풀이해 반복적으로 기억하도록 유도하면 더욱 빠른 속도로 동시에 배웠던 다른 단어를 잊어버린다(Bauml, 2002; Murayama et al., 2014). 단어의 한 가지 의미를 두드러지게 강조함으로써 단어의 다른 의미를 인식하는 것을 적극적으로 방해할 수도 있다. 예를 들어 사람들에게 'prune'이라는 단어가 과일(말린 자두)을 뜻한다고 상기시키면, '잘라낸다'는 뜻을 떠올릴 가능성은 크게 줄어든다(Johnson and Anderson, 2004).

13. '한 번에 하나의 의식적 경험만을 한다(one-conscious-experience-at-a-time)'는 규칙은 시각과 소리 외에 다른 감각 정보 채널에도 적용된다. 예를 들어, 음식의 어떤 특별한 맛을 음

미하기 위해 사람들은 눈을 감는다. 비슷한 원리로 TV 프로그램을 보면서 무언가를 먹는다면 그 맛을 제대로 느낄 수 없다. 동시에 유입되는 정보들을 한꺼번에 파악할 수 없다는 점을 보여주는 증거들을 살펴보려면, Levy 외(2006), Dijksterhuis(2004), Sergent와 Dehaene(2004), Sheppard 외(2002), Sunny와 von Mühlenen(2013), van der Wal와 van Dillen(2013)을 참고하면 된다. 실제로, 1890년대 미국의 모든 초기 심리학자 중 가장 뛰어나다고 평가받는 윌리엄 제임스(William James)는 이와 관련해 "여러 생각이 결코 가능하지 않은 마음의 상태가 있다."고 말하며 이는 인지적 결함 때문이라고 주장했다. 여기서 제임스가 언급한 '마음'이란 의식적인 마음을 뜻한다. 나중에 이 점에 대해서 좀 더 자세히 살펴볼 것이다.

한 번에 두 가지 일에 집중하지 못하는 인간의 특징은 운전 중 휴대전화 사용과 관련된 무시무시한 데이터를 설명하는 데 도움이 된다. 이와 관련된 Hyman 외(2009)의 연구를 보면, 휴대전화를 사용 중인 운전자가 단속 수치 이하로 술을 마신 운전자보다 더 위험하게 운전한다는 것을 알 수 있다. http://newsroom.aaa.com/2013/06/think-you-know-all-about-distracted-driving-think-again-says-aaa/를 보면 손을 쓰지 않고 문자를 보내는 것 역시 안전하지 않다는 사실 또한 알 수 있다. 그에 비해 운전자가 동승자와 대화하는 것은 덜 위험하다. 동승자는 도로 위의 교통 상황에 따라 자신이 말하는 순간과 내용을 조절해야 한다는 것을 알고 있기 때문이다(Gaspar et al., 2014).

14. 주의 과실에 관한 실험과 그 결과를 보려면 Adamo, Cain, Mitroff(2013), Barnard 외(2004), Shapiro(1994), Dux와 Marios(2009)의 연구를 참조할 수 있다. 주의 집중이 필요하다는 증거는 Olivers와 Niewenhuis(2005), Zylberberg, Oliva, Sigman(2012)의 연구에서 찾을 수 있다. 마지막으로 이 현상과 관련된 대뇌 피질의 메커니즘에 대한 증거는 Marti, Sigman, Dehaene의 연구(2012)에 잘 나타나 있다. 이와 같은 집중된 초점과 집중된 초점의 변화가 집중 대상의 중요도를 결정한다는 의견(Mason, Tatkow, and Macrae, 2005)은 유아와 성인의 시선 연구 분야로부터 지지를 받고 있다(Baron-Collins, 1995; Emery, 2000).

15. 에릭슨의 일화는 밀턴 에릭슨 재단(Milton H. Erickson Foundation)의 창립자 겸 책임자인 제프리 자이그(Jeffrey Zeig) 박사로부터 전해들은 것이다. 과자 연구는 Labroo, Nielsen(2010, 실험 1)이 진행했다. 사람들은 시각적으로 가까이에 있는 것에 더 많은 가치를 부여한다는 일반적인 증거는 Cacioppo 외(1993), Finkel와 Eastwick(2009), Neumann와 Strack(2000), Priester 외(1996), Slepian 외(2012)의 연구 결과에서 볼 수 있다. 비슷한 현상은 어떤 행동을 유지하는가에도 적용된다. 한 연구에서 참가자들에게 특정 다이어트(지중해식 다이어트)에 대한 긍정적이거나 부정적인 생각을 종이에 적게 한 다음 그 종이를 주머니나 지갑에 넣거나 혹은 버리게 했다. 종이를 버리지 않고 보관한 사람들은 다시 읽지 않았음에도 불구하고 종이를 버린 사람에 비해 오랫동안 다이어트를 지속했다(Brinol et al., 2013).

3장 주목하는 순간 중요한 것이 된다

16. 시티그룹과 합병한 E. F. 허턴사는 역사 속으로 사라졌다. 하지만 '허턴이 말할 때 (When E. F. Hutton talks)'광고는 지금도 유튜브에서 볼 수 있다. 예로 www.youtube.com/ watch?v=SX7ZEotoFh0를 참고할 것.

17. 카너먼이 초점 착시에 관한 연구로 노벨상을 받은 것은 아니다(그보다는 사람들이 잠재 이익보다 예상 손실에 더 민감하다는 사실을 보여주는 조망 이론을 개발한 업적이 더 유력하다). 초점 착시는 또한 카너먼이 집중적으로 연구한 주제도 아니다. 따라서 모든 사람이 반드시 초점 착시에 대해 알아야 한다는 그의 주장은 도리어 초점 착시의 영향의 정반대가 아닐까 싶다. 진열대의 가운데에 위치한 제품이 가장 잘 팔리는지를 살펴본 연구는 소비자 연구 분야에서 카너먼의 주장을 뒷받침하는 근거라고 할 수 있다. 한가운데에 있는 물건이 왼쪽이나 오른쪽에 있는 물건보다 시각적으로 더 큰 주의를 끈다. 또한 선택하는 직전에 집중하는 대상이 구매 결정과 깊이 연관되어 있다(Atalay,Bodur, and Rasolofoarison, 2012).

카너먼이 (다른 사람들과 대화한) 온라인 토론 사이트에서 내놓은 대답은 www.edge.org에서 찾을 수 있다. www.edge.org/q2011/q11_17.html#kahneman에서는 그의 논문 전체를 볼 수 있다. 관련 연구에 대한 설명은 Gilbert(2006), Krizan와 Suls(2008), Schkade와 Kahneman(1998), Wilson 외(2000), Wilson와 Gilbert(2008)를 보면 된다. 조망 이론에 관심 있다면 Kahneman과 Tversky(1979)의 중요한 논문을 참고할 것.

18. 어젠다 설정 이론을 뒷받침하는 놀라운 자료는 1968년 리처드 닉슨(Richard Nixon)이 대통령이 되기 전에 부동층 유권자들을 대상으로 한 Maxwell, McCombs, Donald Shaw(1972)의 연구에서 처음으로 제시되었다. 매컴스와 쇼는 다양한 정치적 문제의 중요성에 대한 유권자들의 순위가 언론에서 집중된 정도와 거의 완벽하게 일치한다는 것을 발견했다 (0.97의 상관관계). 사회과학 분야를 공부한 사람이라면 누구나 이 발견이 왜 학계를 놀라게 하는지를 잘 알고 있다. '0.97의 상관관계'는 놀라울 정도로 높은 수치이기 때문이다. 학문적인 실험 연구 결과도 이와 유사하다. 즉 언론 보도와 인지된 중요성의 관계가 성립하는 부분적인 이유는 보도가 인지된 중요성을 유발하기 때문이다. 예컨대 한 연구에서 참가자에게 각각 내용이 다른 뉴스를 보여주었다. 뉴스를 다 보고 난 후 참가자는 자신이 본 주제에 대한 중요도를 훨씬 더 높게 평가했다(Iyengar, Peters, and Kinder, 1982).

코언의 인용문은 프린스턴 대학 출판사(Princeton University Press)에서 1963년에 출판한 그의 대표 서적《언론과 외교정책(Press and Foreign Policy)》의 13쪽에 있다. 미국의 9 · 11 자료는 Corning과 Schuman(2013)에 의해 보고되었다. 그런데 최근 언론의 주목을 끌었던 주제의 중요성은 정치적 문제에만 국한되지 않는다. 단기적으로 보도되었던 금융 투자 옵션은 즉시 가격이 올라갔지만, 시간이 지나고 언론에서 사라지면서 그 가치 또한 떨어졌다(Engelberg, Sasseville, and Williams, 2011). 물론 언론이 관심을 보이는 주제는 우리의 인식 중 요도에도 큰 영향을 미친다. 예를 들어 시민참여 운동에 대한 언론의 관심은 관련된 문제 의 인식된 중요성을 높이는 데 특히 강력한 것으로 보인다(Smidt, 2012). 아마도 많은 사람 이 무엇인가가 중요하다고 생각하면 당연히 그럴 것이라고 믿는 인간의 본성 때문일 것 이다. 10장에서 이런 종류의 '사회적 증거'를 밑바탕으로 하는 원시적인 힘에 대해 더 살 펴볼 것이다. 언론에서 다루는 이야기와 이슈를 결정하는 요소에 대한 더 자세한 내용은 Boydstun(2013)을 참고할 것.

19. 원숭이 집단에서 이른바 '스타'에게 주의가 끌리는 현상은 Deaner, Khera, Platt(2005)에 의 해서 기록되었다.

유명 인사들은 현대 생활의 흥미로운 부분이다. 역사가 대니얼 부어스틴(Daniel J. Boorstin) 은 자신의 저서《이미지(The Image)》에서 유명 인사들을 '잘 알려진 것으로 알려진' 공인으로 묘사하고, 업적 때문에 유명해진 과거의 위인들과 구분한다. 현대 사회의 유명인들은 주요 이슈로 인해 유명세를 얻는다. 독기를 품은 주부, 난잡한 20대 풋내기들, 멋 부리는 데만 관심 있는 머리가 빈 멍청이 등 어디 하나 눈에 띄는 재능이 없는 최근의 리얼리티TV 스타들을 보면 부어스틴의 분석이 사실인 듯하다. 반면 이들의 일종의 '스타' 신분은 카너 먼의 분석을 입증하는 것으로 보인다. 달라진 유명 인사의 역할에 대한 논의는 Inglis(2010) 을 참고할 것.

초점 착각에 대한 일반적인 근거와 결과에 관해서, "중요한 것이 우리의 주의를 이끌고 우 리가 주의를 두는 것은 중요성을 부여받는다."는 주장을 지지하는 증거를 찾는 것은 어 렵지 않다. 예를 들어, 태도에 관해 연구하는 연구자들은 우리가 가장 쉽게 접근하는 태 도를 가장 중요하다고 여기도록 인지 체계가 설계되어 있다는 점을 보여주었다(Bizer and Krosnick, 2001). 또한 쉽게 접근할 수 있는 태도를 실제로도 더 중요하게 생각한다(Roese and Oleson, 1994). 제품에 집중된 시각적 주의가 지각된 가치를 지배하는 뇌의 영역에 영향을 끼쳐 제품을 더욱 좋게 판단한다는 증거도 있다(Lim et al., 2011; Krajbich et al., 2009).

20. 배경 화면 연구는 Mandel과 Johnson(2002)이 진행했다. 광고 배너에 대한 연구는 Fang, Singh, Ahluwalia(2007)가 진행했다. 광고의 효과가 떨어지는 데 대한 증거는 Reinhard 외 (2014)에서 찾아볼 수 있다. 이 연구들은 모든 집중이 의식적으로 일어나지 않는다는 점을 분명하게 보여주고 있다. 실제로 집중의 종류는 다양한데, 그중 일부는 우리가 의식하지 못한 상태에서 일어난다(Marchetti, 2012; Norman, Heywood, and Kentridge, 2013). www.facebook. com/photo.php?v=1020051322345310에서 관련된 재미있는 근거를 볼 수 있다.

열차 소음이 뉴욕 학생들에게 미치는 영향은 Bronzaft와 McCarthy(1974), Bronzaft(1981) 의 논문에 설명되어 있다. 뮌헨 공항 연구는 Hygge, Evans, Bullinger(2002)가 진행했다. 주 변 소음이 신체에 미치는 부정적인 영향과 그에 따른 몇 가지 설명을 포함한 관련 연구 요약은 Clark와 Sörqvist(2012), Steward(2011), Szalma와 Hancock(2011)의 논문을 참조할 것. 교실 벽 연구는 Fisher, Godwin, Seltman(2014)가 진행했다.

21. 좋아하지 않거나 부실한 생각에는 더 열심히 집중하더라도 긍정적인 효과가 없을 뿐만 아니라 오히려 역효과가 난다는 근거는 Houghton와 Kardes(1998), Laran와 Wilcox(2011), Millar와 Tesser(1986), Posavac 외(2002), Tesser(1978)의 연구에서 찾아볼 수 있다.

22. 소비자에게 경쟁이 치열한 시장에서 잘 팔리는 주요 제품 하나에 대해서만 의견을 물음으로써 기업이 이익을 얻는다는 자료는 Dhar와 Simonson(1992), Dhar 외(1999), Kardes 외(2002), Posavac 외(2002, 2004, 2005), Sanbonmatsu 외(1998)의 연구에서 나온 것이다. 세계 상위 10개 글로벌 은행 중 한 곳의 관리자 데이터를 포함해, 단일화된 경영 평가에서도 비슷한 결론을 낼 수 있다는 자료는 Posavac 외(2010)에서 가져온 것이다. 대부분의 소비자가 만족도에 따라 결정하며 시간과 흥미, 에너지가 부족할 때 이러한 현상이 훨씬 더 분명하게 나타난다는 근거는 Kardes(2013), Wang과 Wyer(2002)의 연구에서 찾아볼 수 있다. 마지막으로, 반대 전략 전술을 통해 편협함을 제거할 수 있다는 점은 Anderson(1982), Anderson와 Sechler(1986), Herzog와 Hertwig(2009), Hirt와 Markman(1995), Hoch(1985), Koriat 외(1980), Lord 외(1984)의 연구에서 찾을 수 있다.

Lovallo와 Sibony(2010)는 ROI 의사결정과 관련해 편협함을 없애는 전략의 효과에 대한 연구 보고서를 작성했다. 또한 Kahneman, Lovallo, Sibony(2011)는 가장 공통적인 의사결정 편향과 그것들을 방지하는 방법을 설명하는 논문을 작성했다.

23. 한 개인이 어떤 문제나 환경에 심리적으로 더 가까워지면 '왜'보다는 '어떻게'에 더 집중한다는 연구 결과는 언론 분석을 통해 할 수 있다(Liberman and Trope, 1998; Trope and Liberman, 2010). 종군기자 프로그램이 어떻게 개발되었고 이것이 신문과 방송 매체에 실린 기사에 어떠한 영향을 주었는지에 대한 설명은 Aday 외(2005), Cortell 외(2009), Lindner(2008, 2009), Pfau 외(2004, 2005, 2006)에서 찾을 수 있다. 미국 국방부 직원들이 예전에 썼던 기사들의 성격에 따라 일부 기자를 검열하거나 접근을 차단했다는 근거는 Reed(2009), Reed 외(2009)가 조사한 결과다.

개인적으로 보자면, 종군기자 프로그램이 시행되는 당시 그것이 나에게 어떤 의미였는가를 이제는 제대로 되돌아볼 수 있다. 침략의 정당성이 의심되는 상황에서도, 전쟁을 비난하는 것은 비겁한 일이라는 생각을 떨쳐낼 수 없었다. 나중에 알게 된 학문적 설명에서 그 이유를 찾을 수 있었다. 대다수의 언론이 멀리서 전쟁을 꾀했던 사람들이 아닌 현장에서 전쟁을 치르고 있는 사람들에게 초점을 맞추고 있었기 때문이다.

4장 중요성이 바뀌면 인과관계도 바뀐다

24. 줄서기 연구는 2006년 오베르홀저기 교수가 출판한 논문에 포함된 내용이다. 도와야 한다는 의무감, 도움을 주지 못해 느끼는 죄책감, 가난한 사람을 돕는 횟수와 관련된 근거는 Berkowitz(1972), de Waal(2008), Dijker(2010), Schroeder 외(1995), Stijnen와 Dijker(2011)를 참고할 것.

25. 이 주제에 관한 테일러 교수의 연구 요약은 Taylor와 Fiske(1978)에 나와 있다. 후속 연구에서는 목소리가 큰 사람들(Robinson and Zebrowitz-McArthur, 1982), 또는 줄무늬 셔츠와 같이 시선을 집중하는 옷을 입은 사람(Zebrowitz-McArthur and Ginsberg, 1981)에게 더 큰 인과관계를 부여한다는 점을 밝혀냈다. 심지어 운동경기 심판 역시 시합에서 독특한 색의 유니폼을 입는 선수들을 판정의 원인으로 삼는 경우가 많은 것으로 나타났다(Hagemann, Strauss, and Leissing, 2008; Rowe, Harris, and Roberts, 2005).

26. 허위 자백에 대한 증거를 여러 전문적인 자료에서 찾아볼 수 있지만(Davis, 2010; Kassin, 2008; Lassiter and Meissner, 2010; and Leo, 2008), 보다 자세하고 구체적인 자료를 찾아보고 싶다면 Drizin와 Leo(2004)의 연구를 참조할 것. 설득하려는 사람과 듣는 사람 모두에게 허위 자백이 얼마나 부정적인 영향을 미치는지를 보려면, www.thisamericanlife.org/radio-archives/episode/507/confessions?act=1#play를 참고할 것.

27. 나는 변호사를 선임하려면 큰 비용이 들고 과정이 지연되며 수사관의 의심이 더 강해질 수 있으므로 변호사 없이 조사에 임하는 편이 낫다고 생각한다. 예를 들어 1996년 당시 여섯 살이었던 존베넷 램지(JonBenet Ramsey)의 살인 사건이 벌어졌을 때, 경찰은 부모를 용의자로 간주했다. 그때 부모는 변호사 없이는 콜로라도 볼더 지역 경찰과 면담하지 않겠다고 밝혔다. 그 결과, 법 집행 기관뿐 아니라 언론과 대중은 법정 공방을 준비하는 듯한 램지 부모의 행위를 보고 유죄라고 확신했다. 당시 콜로라도 주지사마저 그들에게 '변호사 뒤에 숨는 것을 그만둘 것'을 촉구하는 성명을 발표하기도 했다. 사건에 연루되었다는 확실한 증거가 없음에도 불구하고, 부모는 20년 동안 미제 살인 사건의 용의자로 지목되었다. 그 후 DNA 검사를 통해 의혹이 완전히 풀렸다. 볼더 지방 검사는 존베넷 램지의 아버지에게 보낸 편지에서 "DNA 증거로 인해 램지 부모가 모든 유죄 혐의에서 벗어났음에도 불구하고, 여전히 그들이 유죄라고 믿는 사람들이 많다."고 인정했다.

28. 이러한 각 요인이 무고한 개인의 허위 자백 가능성을 어떻게 높이는지는 Blagrove(1996), Kassin 외(2010), Leding(2012), Loftus(2011), Mazzoni와 Memon(2003), Perillo와 Kassin(2011), Rajagopal와 Montgomery(2011), Shaw와 Porter(2015)의 연구에 설명되어 있다. 수사관이 미심쩍은 방법으로 자백을 얻고자 하는 이유는 범인을 잡고자 하는 정당한 욕구 외에 여러 가지가 있다. 그리고 이 중에는 불편한 이유도 있다. 자백을 이끌어낸 수사

관은 인정을 받는다. 가장 널리 쓰이는 수사관을 위한 핸드북(Inbau et al., 2001)의 저자는 수사관의 동기에 대해 "각 수사관은 자신의 능력을 보여 인사고과 점수를 높이거나, 부서 또는 사무실에서 자신의 가치를 입증하길 원한다. 또한 누구나 지역 사회에서 명성을 얻고자 한다."고 서술한다. 또한 저자는 "이 모든 것이 완벽하게 이해될 수 있으며, 정상적인 인간의 행동이다."고 덧붙인다.

29. 대니얼 웹스터의 말은 그가 쓴《캡틴 화이트(Captain White) 살인 사건에 관한 논거》(1830. 4. 6.)에 기록되어 있다. 브레넌 판사의 말은 1986년 콜로라도 주 검찰과 코넬리 간의 공방을 다룬 대법원의 판결문 183쪽에 나와 있다. 허위 자백이 자주 유죄 판결로 이어지는 것이 위험한 이유는 이러한 자백이 사건의 다른 증거를 찾는 것을 방해하기 때문이다. 자백 후에는 법의학 과학자(탄도, 모발 섬유, 필적 및 지문 분석), 목격자 및 경찰 정보원 등이 발견한 증거를 자백 내용에 맞추려고 하기 때문에 오류가 더욱 자주 발생한다. 자백(심지어 거짓된 것조차도)은 재판관과 배심원을 설득할 뿐만 아니라, 증인의 증언 역시 바꿀 수 있다 (Kassin, Bogart and Kerner, 2012). 법적 영향에 대한 논의는 Kassin(2012, 2014)을 참조할 것. 피터 라일리 사건에 대한 설명은 Donald Connery(1977)와 Joan Barthel(1976)의 저서에서 볼 수 있다. 라일리의 심문 기록 전체를 포함하는 바르텔의 책은 1978년 토니 리처드슨 (Tony Richardson)이 감독한 〈가나안의 죽음(Death in Canaan)〉이라는 TV 영화로 제작되었다. 이 사건에 대한 내 의견은 내가 쓴 사회심리학 교재 중 설득에 관한 장에서 발췌한 것이다(Kenrick, Neuberg, and Cialdini, 2015). 아서 밀러와 니엔 쳉의 만남에 대한 이야기는 코너리 (Connery)의 다른 책(1995) 89~90쪽에서 찾을 수 있다.

30. 대니얼 래시터는 자백에 미치는 영향을 판단할 때 관점이 가지고 있는 힘을 보여주는 여러 실험을 진행했다. 보다 자세한 연구 내용은 Lassiter(2002, 2010)에서 볼 수 있다. 이러한 연구는 뉴질랜드에서 실제로 적용돼 시행되고 있다. 뉴질랜드에서는 모든 경찰 심문 과정이 녹화된다.

31. 리더는 실제보다 훨씬 더 많이 결과에 기여한다고 평가받는다. 이는 기업에만 국한되는 것은 아니다(Flynn and Staw, 2004; Mendl, Ehrlich, and Dukerich, 1985; Pfeffer and Salancik, 1978; Salancik and Mendl, 1984; and Schyns, Felfe, and Blank, 2007). 정부 조직(Salancik and Pfeffer, 1977), 교육기관 (Birnbaum, 1989), 스포츠팀(Allen, Panian, and Lotz, 1979)에도 적용할 수 있다. CEO 보상과 근로자 보상에 관한 자료는 스탠더드앤드푸어스(Standard and Poor's)의 500대 기업 중 334개를 분석한 결과다(Beck, 2011). 최근에는 그 격차가 줄어들지 않고 오히려 커지고 있다. 경제정책연구소(Economic Policy Institute)의 2014년 연구에 따르면 상장 기업 상위 350곳의 평균 직원 급여는 CEO 급여의 0.33퍼센트였는데, 2015년에는 0.25퍼센트로 차이가 더 벌어졌다 (Krantz, 2015). 이러한 큰 격차는 사회적으로 시사하는 바가 있다(Stiglitz, 2012). 한 연구의 경우 1972~2008년의 자료를 사용해 저소득층 미국인들 사이의 불행이 커다란 소득 불균형

때문이라고 결론지었다. 놀랍게도 이 불행은 임금 불평등의 영향이 아니라 그들이 느끼는 불공정함과 불신에서 비롯된 것이었다. 국가의 소득 불평등이 높아지면 저소득층은 사회 공정성에 대한 신뢰를 잃게 되어 더욱 큰 불만을 느낀다(Oishi, Kesebir, and Diener, 2011; see Twenge, Campbell, and Carter, 2014, for similar findings). 경제적 불평등이 신뢰에 끼치는 해로운 영향은 학교에서 일어나는 부정행위를 초래한다. 소득 불평등이 큰 지역의 학생들은 과제물과 논문을 표절하거나 베끼는 방법을 알려주는 온라인 사이트를 방문할 가능성이 더 크다. 서로를 신뢰하지 못하고 다른 사람들도 전부 부정행위를 한다는 학생들의 믿음이 부정행위를 유발하는 것으로 나타났다(Neville, 2012).

5장 어떻게 주의를 이끌어낼 것인가

32. 프랑스에서 진행한 휴대폰 실험은 Lamy, Fischer-Lokou, Guéguen(2010)이 진행한 것이다. 성적인 이미지를 광고에서 자유롭게 사용하는 데 대한 증거는 스콧 암스트롱(J. Scott Armstrong)의 책《설득적 광고(Persuasive Advertising)》(2010) 235쪽과 Lull과 Bushman(2015)의 최근 리뷰에 나와 있다. 이성의 매력적인 사진을 보면서 시간을 보내는 행동에 대한 자료는 Maner 외(2003, 2007, 2009) 연구진이 이성애자인 남성과 여성을 관찰한 결과다. 이는 어떤 상황에서든 자신의 현재 목표가 집중 대상을 고르는 데 강력한 영향을 끼친다는 점을 확인시킨다(Dijksterhuis and Aarts, 2010; Vogt et al., 2011, 2012). 밀러(1997)는 집중과 이성 관계 사이의 연관성과 기존 이성 관계가 실패하는 이유에 관한 연구를 진행했다.
남성이 여성보다 성에 대한 생각을 자주 한다는 주장은 실제로 근거가 없는 것으로 나타났다(Brizendine, 2005). 젊은 남성이 한 시간에 한 번 이상 성관계를 생각하는 반면, 젊은 여성은 한 시간 반에 한 번씩 성관계에 대해 생각하는 것으로 밝혀졌다(Fisher, Moore, and Pittenger, 2012).

33. 유아가 잠재적으로 위협이 되는 자극에 대해 예외적으로 민감하게 반응한다는 점은 LoBue(2009, 2010), Leppanen와 Nelson(2012)의 연구에서 찾아볼 수 있다. 이 증거는 대개 나쁜 것이 좋은 것보다 강력하다는 것을 보여주는 성인을 대상으로 한 연구 결과와 일치한다. 일반적으로 부정적인 사실, 관계, 부모, 윤리, 성격, 단어, 사건, 주식 시장 변화 및 소비자 경험은 긍정적인 것보다 기억에도 오래 남고 영향력도 크다(Akhtar, Faff, and Oliver, 2011; Barlow et al., 2012; Baumeisteret al, 2001; Campbell and Warren, 2012; Dijsterhuis and Aarts, 2003; Risen and Gilovich, 2008; Rozin and Royzman, 2001; Trudel and Cotte, 2009; Vaish, Grossman and Woodward, 2008).
9·11 테러 이후 관찰된 드레드 리스크 관련 가장 좋은 분석을 보려면 Gigerenzer(2006), Gaissmaier와 Gigerenzer(2012)를 참고할 것. 9·11 테러 이후 1년 동안 미국에서 발생한 비행기 추락 사고는 2001년 11월에 일어난 단 한 건이었는데, 테러와의 연관성이 없는 것으

로 나타났다. 런던의 자전거 사고에 관한 연구는 Ayton, Murray, Hampton(2011)이 진행했다. 또 다른 형태의 드레드 리스크로는 의료 종사자 사이에서 볼 수 있다. 감기에 걸릴 위험을 줄이기 위해 손 소독제를 과다 사용하면 오히려 약물 내성 박테리아가 증가해 큰 건강 위험을 초래할 수 있다(http://healthychild.com/healthy-kids-blog/antibacterial-hand-sanitizers-unnecessary-and-risky를 참고할 것).

34. 두려움의 효과를 증명한 많은 연구들을 종합하면, 위협적인 메시지가 태도, 의도, 행동에 큰 영향을 미친다는 것을 알 수 있다(Tannenbaum et al., 2015; Witte and Allen, 2000). 지나치게 위협적인 메시지가 역효과를 내는 사례는 Nestler와 Egloff(2010)의 연구에서 볼 수 있다. 담배 포장에 건강과 직결되는 강력한 경고 문구를 넣었을 때 행동 변화를 이끌어낼 수 있다는 증거는 Hammond(2010), Huang, Chaloupka, Fong(2013), Blanton 외(2014)의 연구들에서 찾을 수 있다. De Hoog, Stroebe, de Wit(2008)는 공포감을 유발함으로써 행동을 변화할 수 있다는 점을 네덜란드 저혈당 연구를 통해서 밝혔다. 관련해서 지구 온난화에 대한 의견을 주제로 한 연구에서 비슷한 결과가 관찰되기도 했다. 기후 변화에 대한 경고가 치명적이고 파멸의 결과를 자세히 다룰수록 기후 변화가 실제로 일어날 것이라고 믿는 경향은 감소했다. 그러나 문제에 대한 잠재적인 해결책이 경고에 포함되었을 때에는 기후 변화로 인한 공포가 늘어났다(Feinberg and Willer, 2011).

35. 샌프란시스코 현대미술관 광고를 활용한 실험을 끝낸 후, 우리는 이 효과가 박물관에만 적용되는 것은 아니라는 점을 확인하고자 했다. 따라서 식당 광고와 라스베이거스 휴가 광고를 주제로 두 번 이상 실험을 실시했고, 동일한 결과를 얻었다(Griskevicius et al. 2009). 후속 연구에서 개념을 비교할 수 있는 결과를 얻었고 이를 바탕으로 최종 결론을 내렸다(Deval et al. 2013; Zhu and Argo, 2013).

36. 파블로프는 '탐색 반사'를 종종 '이게 뭐야?' 반응이라고 불렀다. 그가 탐색 반사의 성격과 힘을 어떻게 이해했는지에 대해 더 자세히 알아보려면, 파블로프(1927)의 책에서 〈조건 반사: 대뇌 피질의 생리적 활동에 대한 연구(Conditioned Reflexes: An Investigation of the Physiological Activity of the Cerebral Cortex(Lecture Ⅲ).)〉 장을 참고할 것. 고전적 조건 형성에 대한 재미있는 예는 www.youtube.com/watch?v=nE8pFWP5QDM에서 볼 수 있다. Margaret Bradley(2009)의 요약 논문은 정향 반사를 이해하는 데 큰 도움이 된다. 문을 지나면서 본래의 목적을 까먹는 현상은 라드반스키와 동료들이 증명했다(Radvansky and Copeland, 2006; Radvansky, Krawietz, and Tramplin, 2011). 최근 발표된 연구를 보면 출입구를 통과하는 장면을 상상하는 것만으로도 원래의 목적을 잊어버릴 수 있음을 알 수 있다.

37. 비강제적 오류는 기발한 캐릭터와 화려한 용어, 유머, 그리고 시각적 자극과 같이 과도하게 생생한 자극을 주입해 관심을 끌려고 하는 광고주의 경향을 통해 살펴볼 수 있다. 컷과 마찬가지로 이 같은 접근 방식은 일반적으로 광고에 더 큰 관심을 불러일으킨다(Hanson and

Wanke, 2010; Fennis, Das, and Fransen, 2012 and Herr, Kardes, and Kim, 1991). 그러나 광고 분야를 넘어 더 크게 본다면 생생한 요소를 활용한 접근 방법은 커뮤니케이션의 효율성을 오히려 약화시킨다. 예를 들어 1,000개의 광고를 대상으로 한 연구 결과를 보면, 배경에 여러 개의 캐릭터가 등장하는 광고는 시청자의 이해도와 기억력에 도움이 되지 않았고 나아가 설득력도 떨어졌다(Stewart and Furse, 1986). 반면 메시지의 요지와 직접적으로 관련된 정보(만)를 선택적으로 보여주는 광고는 매우 설득력이 있는 것으로 나타났다(Fennis et al., 2011; Guadagno, Rhoads, and Sagarin, 2011). 스콧 암스트롱(2010, 276~277)은 장면이 여러 번 바뀌고 카메라 각도도 다양한 TV 광고가 사람들의 관심을 끄는 데는 효과적이지만, 설득력이 떨어진다는 점을 여러 연구를 통해 확인했다. 그러나 광고의 한 가지 매력적인 요소에만 주의를 집중시키려면 다양한 장면을 사용하는 것이 설득력을 향상시킨다. 보다 최근의 연구는 어떤 상품의 한 가지 장점을 여러 번 다양한 각도에서 비추면 시청자의 집중을 거의 자동적으로 유도할 수 있으며 라이벌 상품보다 경쟁력을 높이는 데 도움이 된다는 사실을 입증했다. 이 결과는 우연이라고 생각하기에는 너무 자주 일어났으며, 시청자는 다양한 각도에서 같은 장점을 본 것이 매번 자신의 주의를 끌었다는 것을 눈치채지 못했다(Shapiro and Nielson, 2013).

38. 나는 노스웨스턴 대학의 연구진과 함께 연구 결과를 재검토했다(Hamilton, Hong, and Chernev, 2007). 연구진은 연구 결과가 상업적으로 쓰이는 것을 본 적이 없다고 말했다.

제품, 서비스 또는 아이디어의 차별화를 추구함으로써 보다 큰 인기를 얻을 수 있다는 점을 보여주는 연구 사례는 노스웨스턴 대학 연구 외에도 많다(Boland, Brucks, and Nielsen, 2012; Chambers, 2011; Kim, Novemsky, and Dhar, 2013; and Yang et al., 2014). 때에 따라 차별화 전략은 엄청난 상업적 성공을 가져올 수 있다. 문영미는 그녀의 사려 깊고 자극적인 책《디퍼런트: 넘버원을 넘어 온리원으로(Different: Escaping the Competitive Herd)》(2010)에서 이에 해당하는 사례들을 자세히 설명한다. 보다 일반적으로, 새로운 것에 관심을 기울이는 경향의 근본적인 이유는 Yantis(1993), Bradley(2009)의 연구에서 찾아볼 수 있다.

39. 문화적 요인은 관찰자가 어떤 대상에 집중하느냐에 큰 영향을 미친다. 서양인은 정면과 중심에 주의를 기울이는 반면, 동양인은 주로 배경적 특징에 영향을 많이 받는다(Masuda and Nisbett, 2001; Masuda et al., 2008; and Nisbett, 2003). 결과적으로 서양인을 설득하려면 가장 중요한 논점을 배경보다 앞에 놓아야 하고, 동양인을 설득하려면 보다 큰 맥락 내에서 포인트를 제시해야 한다.

6장 어떻게 주의를 유지할 것인가

40. 관련하여 보건의료계 종사자가 참고하면 좋을 정보가 있는데, 환자가 더 건강한 생활 방식을 지키도록 유도할 수 있다. 바로 생일이다. 생일이 지나고 몇 달 동안 사람들은 건강을 지키기 위해 다이어트나 운동에 전념한다. 따라서 다가오는 생일에 운동 목표를 설정하도록 '생일 축하' 메시지를 보내는 것도 좋은 방법이다. 그런데 이때 설득자는 상대방이 특정 목표(4파운드를 빼겠다)를 정하도록 유도하기보다는 범위 기반 목표(3~5파운드를 빼는 것)를 설정하도록 권장해야 한다. 범위 기반 목표에는 현실적으로 달성 가능한 기준과 좀 더 어려운 기준이 모두 포함되므로 동기부여에 더욱 도움이 된다(Scott and Nowlis, 2013). 이러한 생일 연구는 Dai, Milkman과 Riis(2014, 2015)가 수행했다. 이들은 생일이 무언가를 이상적인 방식으로 새롭게 시작하는 일종의 출발점 역할을 톡톡히 한다는 점에 주목했다. 마치 똑같은 하루인데도 한 주, 한 달, 혹은 한 해의 첫날에 특별한 의미를 부여하는 것처럼 말이다.

    광고 문구에서 볼 수 있는 자기 참조 단서의 효과를 입증하는 증거는 Burnkrant와 Unnava(1989)의 유명한 실험과 92개의 기존 광고에 대한 후속 분석을 통해 살펴볼 수 있다(Armstrong, 2010, 193~194). 사람들이 주로 자기중심주의적인 방법으로 주의를 기울인다는 점은 다양한 조사를 통해 증명되었다(Burrus and Mattern, 2010; Humphreys and Sui, 2016; Kruger and Savitsky, 2009; Moore and Small, 2007; and Ross and Sicoly, 1979). 건강 관련 활동에 대한 맞춤 메시지의 긍정적 효과는 Martin, Haskard-Zolnierek, DiMatteo(2010), Noar, Benac, Harris(2007), Rimer, Kreuter(2006)의 연구를 참고할 것. 듣는 이의 이름을 언급하는 전략이 효과가 없다는 점을 보려면 http://targetx.com/when-personalization-backfires를 참고할 것.

41. 내가 놓친 것은 빌렐라의 공연만이 아니다. 내 발표 이후의 강연도 기억나지 않는다. 이듬해에도 나는 같은 학술회의에 초대받았는데, 내가 겪었던 곤경을 안타까워하며 내 순서를 예술 공연과 멀리 떨어뜨려준 조직위원장 개리와 앨런에게 감사를 표하고 싶다. 차선 효과 연구는 본인이 준비한 발표의 직전과 직후의 기억이 거의 없다는 것을 밝혀냈을 뿐만 아니라(이 효과를 처음으로 실증한 연구를 보려면 Brenner, 1973을 참조할 것), 그 원인이 본인의 발표 전후에 제시된 정보를 제대로 처리하지 못하기 때문이라는 점도 밝혀냈다(Bond, 1985).

42. 자이가르닉 효과가 어떻게 처음 관찰됐는가에 대해서는 여러 가지 설이 있다. 예를 들면, 술집이 아니라 빈의 한 카페가 배경이었다는 것이다. 그러나 쿠르트 레빈의 학생으로 그에게 직접 이야기를 들은 내 대학원 은사 존 티보트(John Thibaut) 교수에게 들은 설명이니 정확할 것이다.

    제이가르닉 효과에 관한 첫 번째 논문은 90년 전으로 거슬러 올라간다(Zeigarnik, 1927). 기본 가정은 현재까지도 상당히 안정적이면서도 지속적으로 지지를 받고 있다 (Ovsiankina, 1928; Lewin, 1935, 1946; McGraw and Fiala, 1982; Kruglanski and Webster, 1996; Marsh, Hicks, and Bink, 1998; Shah, Friedman, and Kruglanski, 2002; Forster, Liberman, and Higgins, 2005; Fiedler and Bluemke, 2009; Leroy, 2009; Walton, Cohen, Cwir, and Spencer, 2012; Carlson, Meloy, and Miller, 2013; Kupor, Reich, and Shiv, 2015). 이 효과를 확인하지 못한 연구들도 있다(Van Bergen, 1968). 이러한 실패는 현상의 근본적인 특징을 감안하면 대부분 설명할 수 있다. 자이가르닉 효과는 개인이 성취하고자 하는 과제, 활동 또는 목표에 주로 적용된다. 예를 들어, 자이가르닉(1927)의 연구는 과제를 받은 사람이 이 효과의 영향을 더 깊게 받았다는 것을 보여주었는데, 다른 연구자들도 이 점을 확인했다(Jhang and Lynch, 2015). Mehrabian과 Weiner(1968)는 미완성한 과제에 대한 더 뚜렷한 기억은 성취하고자 하는 욕구가 강한 사람들이 무엇인가를 시도할 때 특히 강하게 나타난다는 점을 밝혀냈다.

Whitchurch, Wilson, Gilbert(2011)는 페이스북 프로필을 평가한 남성에 대한 여성의 반응을 조사하는 연구를 했다. 여성들은 평가를 누가 그리고 왜 했는지 확실하지 않을 때 더 오랜 시간 동안 행복해한다는 이전 연구와 일치하는 결과를 얻었다(Wilson et al., 2005). 중단된 TV 광고에 대한 기억력을 기록한 연구는 완전히 잊혔던 Heimbach와 Jacoby(1972)의 논문에 실려 있다. 그들의 논문이 좀 더 주목받으려면 그들의 관찰 결과가 주는 의미를 마지막 논의 부분에서 좀 더 강하게 다룰 필요가 있다는 것이 사람들의 중론이다.

43. 도로시 파커(Dorothy Parker)의 시는 거의 비슷한 단어로 같은 감정을 표현한다. "나는 글쓰기를 싫어한다. 이미 쓰인 글은 좋아한다." 다른 주목할 만한 저자들은 그들이 지닌 기술을 습득하는 것이 얼마나 어려운가를 더욱 특색 있게 묘사한다. 커트 보니거트(Kurt Vonnegut)는 "글을 쓸 때, 나는 입에 크레용을 물고 있는 팔다리가 없는 남자와 같다."고 말했다. 그리고 어니스트 헤밍웨이(Ernest Hemingway)는 "글쓰기에는 아무것도 없습니다. 당신이 하는 일은 타자기 앞에 앉아 코피를 흘리는 것뿐입니다."라고 말했다.

44. 대학에서 강의하는 대부분의 사람들과 마찬가지로 나 역시 최신 유행 스타일과는 거리가 멀다. 한 예로, 1년간의 안식년을 마치고 캠퍼스로 돌아와 근처 미용에 갔는데, 단골 미용사의 스타일이 최신 유행인 아방가르드로 바뀌어 있었다. 나는 이 미용사가 나에게 맞는 스타일을 제공할 수 있는지 염려가 되어 (몇 년 전부터 알고 있던 여성인) 매니저에게 머리를 맡기기로 했다. 기다리는 동안 파격적인 옷과 머리 스타일의 모델로 가득한 잡지를 뒤적이면서 내 불안은 눈덩이처럼 불어났다. 더구나 미용실의 여성 고객들은 유난스러운 색으로 염색을 하는 듯했고 남성 고객들은 내가 대학에 다니던 시절에 '술 먹은 다음 날 아침'이라고 불렸던 '자고 일어난 머리'를 하고 있었다. 매니저가 도착했을 때, 나는 잡지의 프라다 광고를 가리키며, "이 광고 안에 있는 누구와도 같아 보이고 싶지 않습니다."라고 말했다. 매니저는 대학 교수 특유의 패션을 선호하는 내 취향을 고려해 이렇게 말했다. "괜찮아요.

교수님들 머리만 전문으로 자르는 미용사를 불러드릴게요. 걱정 마세요, 그는 인디애나 주 출신이거든요."

45. 원격 제어로 쉽게 TV 채널을 바꾸는 오늘날, 꽤 많은 TV 프로듀서와 방송작가가 광고가 나가는 동안 채널이 돌아가지 않도록 미완성 전략을 활용해야 한다고 주장한다. 광고가 나가기 전 도발적인 질문을 던진 후 다시 프로그램이 시작되면 대답하는 형식이다(Child, 2012). 이를 입증하는 증거는 충분하다. 초기의 리뷰는 Koehler(1991)의 논문을, 최근 증거와 참고 자료는 Moore(2012)를 참조하면 된다.

46. 마치 종교인이 일종의 강령들을 설교하는 것마냥 상대방에게 무작정 전달해서는 안 된다. 적절한 간격을 두고 각각의 발견 과정에 청중을 초대하듯 내용을 전달해야 한다. 최적의 효과를 위해서는, 사람들에게 스스로 추측하고 설명할 기회를 주어야 한다. 스스로 설명할 수 있을 때까지 밝혀진 모든 증거들을 다양하게 고려하도록 유도해야 하며, 제안하는 새로운 증거를 명확히 이해하고 있는지 확인해야 한다. 이 모든 과정이 끝나면, 증거를 토대로 스스로 설명을 할 수 있는지도 물어야 한다. 특별한 공식은 필요 없다. 성인을 위한 좋은 교육 실습일 뿐이다. 비판적 사고를 장려하고 참여를 유도하는 이러한 교육 실습은 미스터리를 도구로 사용할 때도 마찬가지로 적용된다.

엔터테인먼트와 브랜딩 분야에서 미스터리가 어떻게 응용되었는지 보려면 www.ign. com/articles/2008/01/15/cloverfield-a-viral-guide, www.innovationexcellence.com/blog/2012/11/12/the-power-of-mystery-in-branding을 참고할 것.

상대방의 주장을 무력하게 만드는 반론의 역할에 대해 수많은 증거가 제시되어왔다 (Blankenship, Wegener, and Murray, 2012; Eagly et al., 2000; Killeya and Johnson, 1998; Maaravi, Ganzach, and Pazy, 2011; Petty and Brinol, 2010; Romero, Agnew, and Insko, 1996; and Wood and Quinn, 2001). 특히 이 역할은 반론이 상반된 주장을 직접적으로 논박할 때 두드러지며(McGuire, 1961; Pfau and Burgoon, 1988; Petrova and Cialdini, 2011; and Szybillo and Heslin, 1973), 설득을 시도하는 사람들의 책략이 드러날 때 그 사람의 신뢰성을 약화시킨다(Eagly, Wood, and Chaiken, 1978; Sagarin et al., 2002). 예를 들어 설득자의 과도한 조작 의도를 지적하면 그 메시지를 효과적으로 무력화할 수 있다(Fein, McCloskey, and Tomlinson, 1997). 마찬가지로 마케팅 업무에서 영향력을 행사하는 사람이 속임수를 사용하는 것으로 인식되면 설득의 효과가 심각하게 훼손된다는 연구 결과가 있다(Campbell, 1995; Darke, Ashworth, and Ritchie, 2008; Darke and Ritchie, 2007; Ellen, Mohr, and Webb, 2000; and MacKenzie and Lutz, 1989).

47. 1960년대 중반, 미국 연방 통신위원회(USC)가 담배 광고에 '공정성 원칙'을 적용한 후 미국 암협회의 주장을 받아들여 담배 광고를 세 번 할 때마다 금연 광고 및 관련 풍자 광고를 한 번씩 할 수 있게 하는 조례를 만든 과정을 기록한 자료들이 있다. 1967년, 금연 광고가 처음 등장하자 담배 판매량이 줄기 시작했다. 25년간 증가하던 1인당 담배 소비량은 금

연 광고가 전파를 타기 시작한 직후 1년 동안 급격히 줄었고, 이후 3년 동안 계속해서 떨어졌던 것으로 나타났다. 대다수의 감소는 금연 광고의 영향이었다. 광고가 사라진 후에도 한동안은 담배 소비가 줄었다(Fritschler, 1975; McAlister, Ramirez, Galavotti, and Gallion, 1989; Simonich, 1991; and Warner, 1981).

자기 관련성과 미완성 외에도 주의를 고정하는 요소들이 있는데 그중 하나가 보상이다 (Anderson, Laurent, and Yantis, 2013). 매우 유익한 베스트셀러《스틱(Made to Stick: Why Some Ideas Survive and Others Die)》에서 칩 히스(Chip Heath)와 댄 히스(Dan Heath) 형제는 다른 방법들을 자세하게 서술한다. 단순한 방법, 예상치 못한 방법, 구체적인 방법, 믿을 수 있는 방법, 감정적인 방법, 그리고 이야기를 기반으로 한 방법 등이다. 기억 연구를 기반으로 한 접근 방식은 카르멘 사이먼(Carmen Simon)의 책《간과 불가능: 결정에 영향을 미치는 기억할 만한 내용 만들어내기(Impossible to ignore: Creating Memorable Content to Influence Decisions)》(2016)를 참고할 것.

PART 2 설득을 위한 최적의 상황을 만들어라

7장 연상의 힘: 모두 연결되어 있다

1. 연구자들은 연상(때로 연결주의라고도 함) 과정이 인간을 포함한 모든 동물의 심적 활동의 핵심이라고 규정했다(Tyron, 2012). 유인원의 경우 심적 활동을 기반으로 하는 연상의 종류로 조건화, 범주화, 조정(coordination), 개념 형성, 물체 인식 등이 있다(Donahoe and Vegas, 2004; Soto and Wasserman, 2010; Stocco, Lebiere, and Anderson, 2010; and Wasserman, DeVolder, and Coppage, 1992). 인간의 경우에는 선택, 학습, 기억, 추론, 일반화, 창의성, 독해, 점화, 그리고 태도 변화 등이 있다(Bhatia, 2013; Helie and Sun, 2010; Hummel and Holyoak, 2003; McClelland et al., 2010; Monroe and Read, 2008; Schroder and Thagard, 2013; Seidenberg, 2005; and Yermolayeva and Rakison, 2014). 사물을 경험함으로써 생긴 연상을 바탕으로 개인적인 의미가 만들어진다는 점을 입증하는 연구도 있다(Heintzelman and King, 2014).

2. Semin과 Fiedler(1988)의 연구에서 언어의 재구성은 전략적 목적을 가진다는 권 세민의 초기 개념을 바탕으로 하고 있다. 관련 이론과 증거에 대한 최근에 발표된 개요는 Semin(2012)에서 확인할 수 있다. 이를 지지하는 관련 연구를 보려면 Cavicchio, Melcher, Poesio(2014)를 참고할 것. 다른 연구에 따르면 연관성을 통해 변화를 일으킬 수 있는 것은 언어적 요소만이 아니다. 사용하는 언어의 유형도 변화시킬 수 있다. 아랍어와 히브리어를 구사하는 사람에게 아랍어와 히브리어 중 하나로 아랍인 또는 유대인을 평가하도록 요

청했더니, 아랍어로 응답할 때에는 아랍인에게, 히브리어로 응답할 때에는 유대인에게 호의적인 태도를 보이는 것을 관찰할 수 있었다(Danziger and Ward, 2010).

SSM의 비폭력 언어 정책의 기원은 이 체계의 창립자인 세인트메리수녀회의 가톨릭 신도들(the Catholic congregation of Sisters of St. Mary, 이니셜을 따서 SSM)에서 찾을 수 있다. 그들은 1872년 독일에서 미국으로 건너가 치유의 사명을 수행해왔다. 현재 프란체스코회 메리수녀회를 구성하는 신도들은 SSM 헬스의 업무에 큰 영향력을 행사하는데, 특히 모든 형태의 폭력에 강하게 반대하는 회사의 지침을 적극적으로 지지한다.

3. 적대적인 용어에 노출되면 그로 인한 충격의 강도가 높아진다는 연구는 Carver 외(1983)에 의해 진행되었다. 다른 연구들에서도 유사한 관련성이 관찰되었는데, 한 연구에서는 매우 미묘한 방법으로 욕설을 제시해 실험 참가자가 이를 인지하지 못했음에도 불구하고 결과적으로는 높은 공격성을 보였다(Subra et al., 2010). 앞서 살펴본 성취 관련 단어(Bargh et al., 2001)나 그림 자극(Shantz and Latham, 2009, 2011) 등 자극이 행동에 영향을 끼친다는 점을 보여준 연구들 이외에도, 잘 구성된 다른 실험 연구들도 도움(Macrae and Johnston, 1998), 무례함(Bargh, Chen, and Burrows, 1996), 협동(Bargh et al., 2001), 충성도(Fishbach, Ratner, and Zhang, 2011; Hertel and Kerr, 2001), 통찰(Slepian et al., 2010), 자기 개방(Grecco et al., 2013), 평등(Ganegoda, Latham, and Folger, in press)과 관련된 자극을 제시함으로써 같은 패턴의 결과들을 이끌어냈다. 자극을 받은 실험 참가자들은 기꺼이 돕거나 무례한 행동을 보이고 협력하거나 높은 충성도를 나타냈으며 통찰력을 습득하거나 자기 개방적이고 공평한 태도를 보였다. 하지만 이러한 자극이 얼마나 지속될 수 있는지 또는 관찰자가 해당 자극을 보는 것에 익숙해져서 더 이상 자극이 일어나지 않을 때는 이러한 효과가 사라지는지에 대한 해답을 아직 찾지 못했다. 콜센터에서 이루어진 후속 연구에서 효과가 지속된다는 증거를 발견할 수 있는데, 성취와 관련된 사진에 계속해서 노출된 나흘 동안 콜센터 직원들의 업무 실적(성공)이 평소보다 뛰어났던 것으로 나타났다. 이후 연구들은 이 점을 매우 효과적으로 보여준다. 한 연구에서는 문제 해결을 심사숙고해야 하는 과제에서 로댕의 〈생각하는 사람〉을 찍은 사진에 노출된 사람이 48퍼센트 더 정확한 결정을 내렸다(Chen and Latham, 2014).

적절한 주장보다는 적절한 용어가 설득에 더 유리하다는 조지프 콘래드의 자기 계시적인 인용문은 몇 가지 요소에 기초한다. 그는 적절한 용어를 끊임없이 찾고자 하는 전문적인 모임의 일원이자 작가였다. 더욱이 콘래드의 모국어는 폴란드어였고 그 이후에는 프랑스어를 썼지만 그가 전문적으로 사용한 언어는 영어였다. 이는 그의 미묘한 감성을 강화했고, 그에 따라 최적의 의사소통을 위해 절묘하고 아름다운 용어를 사용할 수 있었다. 그는 추론에 초점을 맞춘 철학자나 과학자가 아니라 논증보다는 예시나 신선한 언어를 통해 말하고자 하는 소설가였다.

4. 만지는 것만으로도 은유의 강력한 힘을 유도할 수 있다는 증거는 다국적 연구팀이 발견했

다(Yang et al., 2013). 이들은 돈이 긍정적이거나 부정적인 은유의 의미를 가질 수 있다는 점을 바탕으로 이같이 주장했다. 7가지 개별 실험을 통해 더러운 돈을 만졌던 참가자는 이어지는 상업적 혹은 사회적 상호작용에서 속임수를 더 많이 사용했다. 예를 들어 중국 남부의 농산물 직판장에서 노점상이 첫 거래를 할 때 흙이 묻은 더러운 지폐를 손으로 만지면, 다음 거래에서 채소를 저울질할 때 속임수를 사용할 가능성이 높아졌다. 이제 여러분은 아마도 더러운 지폐로 지불한 뒤에 거스름돈을 덜 받는 불상사를 줄이기 위해서 농산물 시장에서 깨끗한 지폐만을 가지고 다니는 것을 고려해야 할지도 모른다.

짐승과 바이러스 은유를 사용한 연구는 Thibodeau와 Boroditsky(2011)가 수행했다. 인식된 지적인 측면의 깊이(무게), 주제의 중요성, 소모되는 노력이 물리적 무게 경험의 영향을 받는다는 연구는 Ackerman, Nocera, Bargh(2010), Jostman, Lakens와 Schubert(2009), Schneider 외(2015), 그리고 Zhang과 Li(2012)가 수행했다. 신체의 온기가 환경적 온기로 의미가 전달되는 현상에 대한 증거는 Ijzerman과 Semin(2009, 2010), Inagaki와 Eisenberger,(2013), Kang 외(2011), 그리고 Williams와 Bargh(2008)의 연구에서 찾을 수 있다.

종합하면, 은유적 설득에 관한 최근의 연구 결과와 리뷰는 두 가지 결론을 시사한다. 첫째, 강력하고 은유를 잘 배치해 사용한 의사소통은 막강한 설득력을 가진다. 둘째, 이 효과는 놀라우리만큼 기본적이고 가장 자동적인 과정을 통해 이루어지는데, 하나의 개념을 전형화해 간단하게 다른 개념에 적용시키는 연관성 작업이 그것이다(Chernev and Blair, 2015; Gu, Botti, and Faro, 2013; Kim, Zauberman, and Bettman, 2012; Landau, Meier, and Keefer, 2010; Landau, Robinson, and Meier, 2014; Lee and Schwartz, 2012; Morris et al., 2007; Ottati and Renstrom, 2010; Sopory and Dillard, 2002; Zhang and Li, 2012; and Zhong and DeVoe, 2010).

5. 미디어가 가장 선호하는 암묵적 에고이즘과 관련한 연구 결과가 타당한지를 둘러싼 논쟁이 계속되고 있다. 예를 들어, 데니스라는 이름의 사람들 중에는 치과의사(Dentist)가 되는 사람들이 더 많다든지, 루이스라는 이름을 가진 사람들이 루이지애나(Louisiana)로 많이 이사한다든지 하는 것들이다(Pelham and Carvallo, 2011; Simonsohn, 2011). 하지만 생일, 고향, 이름, 이니셜이 똑같은 사람을 온라인상에서(Galak, Small, and Stephen, 2011; Martin, Jacob, and Guéguen, 2013) 혹은 실제로(Burger et al., 2004; Brendl et al., 2005; Finch and Cialdini, 1989; Jianget al., 2009; Jones et al., 2002; 2004; and Miller, Downs, and Prentice, 1998) 만나면 그에 대한 선호, 협력, 규칙 이행, 도움, 후원이 증가한다는 점에는 이견이 없다. 연상과 마찬가지로 암묵적 에고이즘의 효과는 스스로 많은 가치를 부여하지 않는 자존감 낮은 개인에게서는 덜 뚜렷하게 나타난다(Perkins and Forehand, 2012; Prestwich et al, 2010).

나와 다른 실체 사이에 형성된 연결고리가 시간이 지나면서 더욱 강해진다는 점은 그리 놀라운 일이 아니다. 일반적으로 혈연관계, 교육 수준, 가치관과 같은 단서를 바탕으로 하는 자신과의 중요한 연결고리는 행동에 엄청난 영향력을 행사하기 때문이다. 혈연관계와 관련한 연구에서 프랑스 대학생들에게 40문항의 온라인 설문을 작성한 뒤 회신을 달라고 요청했는데, 요청자가 작성자와 성이 같을 때에는 96퍼센트의 회신율을 보였다(Guéguen, Pichot, and Le Dreff, 2005). 두 번째로 교육 수준 차원과 관련해 면접자가 자신과 동일한 교육 수준을 가진 참가자에 대해 대면 면접을 거부할 확률이 절반으로 줄어들었다(Durrant et al., 2010). 가치관과 관련해 청소 도구를 판매하는 영업사원이 자신과 고객의 음악 취향이 같다고 묘사했을 때 판매량이 세 배로 증가했다(Woodside and Davenport, 1974). 비슷한 음악적 선호도가 비슷한 가치관을 반영한 결과라고 생각했기 때문이다(Boer et al., 2011).

6. 서양과 동양 문화권에서 개인주의와 공동체 개념을 보여주는 자료들은 굉장히 많다 (Cialdini et al., 1999; Cohen, and Gunz, 2002; Hoshino-Browne et al., 2005; Markus and Kitayama, 1991; Morling and Lamoreaux, 2008; and Sedikides, Gaertner, and Vevea, 2005). 1994년에 Han과 Shavitt는 한국과 미국의 잡지 광고 연구를 발표했다. 개인의 이익보다는 공동의 이익을 더 중요시하는 동양 문화권의 특징은 비단 한국에 국한되지 않는다. 2013년 7월, 중국은 성인 자녀가 자주 부모를 방문하지 않으면 부모가 자식을 고소할 수 있도록 법률을 제정했다 (Lawson, 2013).

아이러니하지만 이보다 더 중요한 점은 김만복 원장이 성공적으로 인질을 구출한 후 고국에서 심하게 비판을 받았다는 것이다. 이 같은 비난은 성공적인 인질 구출이 그가 속한 사회적 집단인 한국을 위한 것이 아니라 개인적인 명예와 야망 충족 때문이었다는 언론 보도에서 비롯되었다.

7. 인지적 시(詩) 이론과 연구에 대한 리뷰는 Obermeier 외(2013)를 참고할 것. 운율에 관한 연구는 McGlone과 Tofighbakhsh(2000)에 의해 이루어졌으며, 이는 대니얼 핑크(Daniel Pink)가 제작한 유익하고 재미있는 비디오 영상을 통해 볼 수 있다(http://vimeo.com/69775579).

처리하기 쉬운 얼굴이나 이름이 매력을 증가시키고, 이러한 처리의 용이함이 근육(큰 광대근)에 영향을 준다는 증거는 Winkielman 외(2006), Laham, Koval, Alter(2012), 그리고 Winkielman과 Cacioppo(2001)의 연구에서 각각 찾아볼 수 있다. 반면 어려운 처리 과정의 부정적 효과를 보여주는 연구는 법률 회사 발전(Laham, Koval, and Alter, 2012), 식품과 식품 수급 묘사(Petrova and Cialdini, 2005 Song and Schwarz, 2009), 전반적인 불만 사항(Greifeneder et al., 2010; Reber and Schwarz, 1999), 주식시장 성과(Alter and Oppenheimer, 2006) 등의 연구들을 통해 확인할 수 있다.

물론 이러한 처리의 어려움이 항상 부정적 효과만을 보이는 것은 아니다. 사람들이 하던 일을 멈추고 메시지를 깊이 생각하도록 유도할 때는 읽기 어려운 서체나 형식을 활용할 수 있다. 내용을 찬찬히 봄으로써 어려운 자료를 더 잘 이해하고 기억하게 만들 수 있다 (Alter, 2013; Alter et al., 2007; and Diemand-Yaurman, Oppenheimer, and Vaughan, 2011). 이는 아마도 시

(詩) 잡지의 편집자가 운율이 맞지 않는 운문을 선호하는 이유 중 하나일 것이다. 편집자는 독자들이 시간적으로 그리고 정신적으로 시를 받아들일 수 있을 때까지 계속 그 내용을 되뇔 것이라고 가정한다. 처리의 쉬움과 어려움이 판단과 사회적 영향력에 미치는 영향에 대한 리뷰는 Alter와 Oppenheimer(2009), Lick과 Johnson(2015), Petrova, Schwarz, Song(2012)을 참고할 것.

8장 설득의 지리학: 물리적·심리적 공간이 감정을 좌우한다

8. 이 점에 대해 약간의 설명이 필요하다. 일반적인 대중을 위해 자료를 개발할 때 저자가 학술적으로 도출된 증거를 부정하라고 제안하는 것은 아니다. 다만 학술적 내용들(예를 들어 학술지 기사 또는 컨퍼런스 발표의 구문 및 구조를 관리하는)을 통째로 전달할 때 종종 부적합한 형태가 되고 마는 경우를 지적하는 것이다. 학술 공동체 외부의 청중들을 대상으로 글을 쓸 때 두 그룹 모두 실망시키지 않기 위해 내가 직접 사용하는 트릭이 있다. 나는 글을 쓸 때 어깨너머에 두 사람이 있다고 상상한다. 하나는 다루고 있는 문제에 대해 학술적 권위를 가진 학자이며, 다른 하나는 이 주제에 흥미를 보이는 이웃이다. 그러면 두 사람을 모두 만족시켰다고 생각할 때까지 완성된 문단에서 나아가지 않는다. 어느 어깨든 버릴 수 없기에 나는 두 어깨 모두를 결국 염두에 둘 수밖에 없다.

9. 일반적으로 나는 하나 혹은 두 가지 사례에만 기반하는 증거들은 잘 믿지 않는다. 직무환경에서 배경 그림이 생산적인 방식으로 일하게끔 생각을 바꾼다는 결론이 그러하다. 하지만 다행히도 이를 지지하는 연구 결과들이 다수 존재한다. 예를 들어, 환자의 사진을 옆에 두고 방사선사에게 그 환자의 엑스레이를 분석하게 하면, 임상적으로 중요한 모든 측면을 열과 성을 다해 발견하고 꼼꼼히 기록할 정도로 판독 결과 보고서가 길어졌다(Turner and Hadas-Halpern, 2008; Wendling, 2009).

10. 기침의 전염성에 대한 과학적 증거는 일련의 연구들을 통해 훌륭하게 밝혀졌다. 관련 연구진은 진행 중인 발표에 완전히 몰두한 청중이 다른 청중의 기침에 덜 반응하는데 이는 그들이 발표에 주의를 집중했기 때문이라고 설명했다. 이러한 발견은 공연자들에게 청중 사이에서 퍼져나가는 기침 소리를 싫어할 만한 이유를 제공한다. 청중들 사이에 기침 소리가 퍼진다는 것은 공연자가 자신의 할 일을 제대로 하지 못해 청중들의 주의가 산만해졌다는 뜻이 되기 때문이다.

통찰력 있는 로버트 아드리의 인용문은 그의 기념비적인 저서 《아프리카의 기원(African Genesis)》에 담겨 있다. 마찬가지로 (하지만 다르게) 통찰력 있는 조지 월턴의 인용문은 거의 잊힌 그의 책 《걱정이 나를 힘들게 한다(Why Worry?)》에 들어 있다. 아래의 문서들은 이 장에서 언급된 다른 내용들에 해당한다. 편집자의 저녁(Coughing Fits Overcome 200 1993), 오스트리아의 거미 물린 상처(Eight Legged Invasion, 2006), 테네시 가스 유출(Jones et al., 2000), 캐나다의 암 위험(Guidotti and Jacobs, 1993), 독일의 피부 상태 강의(Niemeier, Kupfer, and Gieler, 2000), 그리고 의대생 증후군의 빈도(Howes, 2004). 이 예시들 모두 심리적 원인 때문만이라고 가정하는 것은 큰 실수다. 가장 최근 자료에 따르면 6건 중 1건 정도가 사실상 심인성임이 밝혀졌다(Page et al., 2010). 그런데 기술의 발달로 인해 의대생 증후군이 '대중화'되는 문제를 흥미롭게 고민해볼 필요가 있다. 왜냐하면 이제는 누구나 인터넷을 통해 특정 질병과 장애, 그리고 다른 건강 관련 문제들을 설명하고 있는 웹사이트에 접속할 수 있기 때문이다. 따라서 이 증후군은 누구에게나 적용될 수 있는 것 아니겠는가.

11. 건강과 부의 여러 지표에 대한 행복의 인과관계 연구는 Diener와 Biswas-Diener(2009), Lyubomirsky(2013), Lyubomirsky와 Layous(2013), Lyubomirsky, King과 Diener(2005), 그리고 Ong(2010)의 연구들에서 찾을 수 있다. 물론 만사가 그렇듯, 행복의 긍정적인 효과가 변하지 않는 것은 아니다. 예를 들어 행복감이 부적절한 상황에서(장례식이 명백한 예일 것이다) 나타나거나 혹은 행복감이 어떤 사람의 행동에 반영되지 않으면 좋지 않은 결과를 초래할 수 있다(Gruber, Mauss, and Tamir, 2011; Mauss et al., 2011).

12. 행복한 노인들이라고 해서 불쾌감이 존재한다는 사실을 맹목적으로 부인하지는 않는다는 사실은 알아둘 만한 가치가 있다(Shallcross, Ford, Floerke, and Mauss, 2013). 그들은 나쁜 것을 받아들인다. 그러나 그것에 머물지 않고 좋은 것들에 집중하는 것이다. 예를 들어, 결혼 생활에서 젊은 부부들과 가장 구분되는 점은 갈등 상황에서의 접근 방법인데, 나이든 부부들은 보다 즐거운 주제로 관심을 돌리려는 경향을 나타낸다(Holley, Haase, and Levenson, 2013). 이렇게 부정적인 것을 인정하지만 긍정적인 방향을 지향하는 것은 외상을 겪은 모든 연령대의 사람들이 심리적인 건강을 되찾을 수 있도록 해준다(Kalisch, Müller, and Tüscher, 2015; Pennebaker, Mayne, and Francis, 1997). 부정적으로 빠져드는 일부 개인의 선택에 대한 냉소적인 논평을 한 원맨쇼(stand-up comic) 희극인인 마크 마론(Marc Maron)의 말을 되새겨볼 필요가 있다. "대다수의 경우에 실망과 우울의 차이는 우리가 그것에 얼마나 몰입했는가에서 비롯된다고 생각합니다."

카스텐센 교수는 '노화의 긍정적 역설'을 풀어낸 연구진을 이끌었는데(Carstensen et al., 2011을 참고할 것. 연구 결과의 요약으로는 Reed and Carstensen, 2012, 외적 검증은 Livingstone and Isaacowitz, 2015를 참고할 것), 이 분야에 중요한 기여를 한 다른 연구자들도 있다(Gross and Thompson, 2007; Isaacowitz, Toner, and Neupert, 2009; Shiota and Levenson, 2009; and Urry and Gross, 2010). 주의 조절이 노년층의 행복을 증가시킨다는 연구는 Isaacowitz 외(2009), Mather와 Knight(2005), Noh 외(2011)에 의해 이루어졌다. 이 기질을 지님으로써 혜택을 보는 사람은 주의를 훌륭하게 조절한 노인들뿐이 아니었다. 주의의 유연성으로 가장 혜택을 볼 것으로 생각되는 창의적인 예술가들도 단지 작업이나 프로젝트 초기 단계에서만 그러한 유연성의 혜택을 보는 것 같다. 오히려 작업에 대한 강한 의지로 주의를 유지하는 사람들이 실제적인 예술적 업적으로 연결을 시킬 수 있는 것으로 나타난다(Zabelina and Beeman, 2013). 이러한 발견을 염두에 두면서 학술적 리뷰를 광범위하게 살펴보면, 단기간 및 장기간의 행복을 가장 성공적으로 증가시킨 개입 유형이 전략적으로 효과적인 '주의의 배치'와 연관된다는 사실은 그리 놀랄 만한 것이 아니다(Quoidbach, Mikolajczak, and Gross, 2015).

긍정성의 역설은 대개 삶의 마지막 단계까지 확장되지는 않는다. 적어도 부분적으로는 노인들이 그들의 내면적·환경적 지형을 잘 관리할 수 없기 때문이다. 내면적 지형의 관리가 무너지는 이유는 주의의 자기 조절이 삶의 마지막 단계에서 급격한 인지적 감퇴와 뇌를 망가뜨리는 약물에 의해 손상될 수 있는 복잡한 정신 능력이기 때문이다(Langner and Eickhoff, 2013; Mather and Knight, 2005). 환경적 지형의 관리와 관련해, 상대적으로 젊은 노인들이 전형적으로 어떻게 자신의 주의를 조절하는지를 살펴보라. 그들은 가족의 사진(손자가 빠지지 않음), 따뜻하게 기억되는 여행에서의 기념품, 부드러운 소리를 들려주는 라디오 음악 등 행복하게 만들어주는 단서들로 삶을 장식한다. 이는 어둡고 엄숙한 가정집 침실이나 병원 침실의 멸균된 흰 벽 앞에서 더 이상 조절력이 없는 노인들이 사용할 수 있는 단서들과는 대조적이다. 다시 한 번 말하지만, 이러한 현상과 관련이 있는 사람들이 노인들만은 아니다. 대학생들은 부분적으로는 환경적 지형을 잘 정리함으로써 자기 통제를 통해 내면적 지형을 잘 정리한다. 즉 이들은 전략적으로 자기 통제를 향상시킬 수 있을 만한 사람들을 사회적 상황에서 만나는 데에 시간을 할애한다(vanDellen et al., 2015).

13. 비노년층에서도 주의의 전환이 '냉담한 현실에 갇히는 것을 깨뜨릴' 수 있다는 실험적 증거로, 슬픔과 관련 없는 주제로 그림을 그리도록 하면 슬픔에 빠진 어린이의 기분을 나아지게 할 수 있다는 사실을 생각해볼 필요가 있다. 이 방법은 6~12세 아동의 주의를 돌릴 수 있는 방법일 뿐 아니라, 모든 연령대에서도 효과적인 것으로 나타났다. 관련된 사항들을 류보머스키의 눈부신 인기를 얻은 단행본에서 연구 결과들을 통해 살펴볼 수 있다(Lyubomirsky 2008, 2013).

보다 학술적으로는 류보머스키가 공동 저술한 리뷰 논문이 있다(Lyubomirsky and Layous, 2013). 라이브 해피 아이폰 애플리케이션의 사용과 행복 간의 관련성은 Parks 외(2012)가 연구했다. 류보머스키의 행복을 유도하는 12가지 활동 목록은 다음 웹사이트에서 다운로드할 수 있다. http://thehowofhappiness.com/

14. 평생 낭포성 섬유종과 싸우다가 이른 죽음을 맞이했기에 앨런을 언급할 때 과거 시제를 사용할 수밖에 없었다. 노스캐롤라이나 채플힐에서 함께 수련하면서 나는 그의 사투를 가까이에서 목격했다. 앨런이 질병과 투쟁에서 보여준 모습은 용감했으며 그는 자신에게 닥친 운명을 불평하지 않았다. 하지만 멋진 남자이자 친구를 잃었을 때는 좀처럼 불평이 가라앉지 않았다. 가장 최근의 불평을 적어보자면 이렇다. "그 남자가 '적성 검사 전에 미리

강점과 성취에 대해 초점을 맞추면 잘할 수 있다.'고 내게 충고하면서 과학적 검증을 하지 않았다." 더 정확히 말해서, 한 연구에 따르면 특히 그러한 시험에서 잘하지 못하는 사람들 (예를 들면, 저소득층) 중에서 자부심과 성공을 느꼈던 개인적 경험에 대해 먼저 말한 사람들은 지능 검사 항목에서 유의미하게 더 좋은 점수를 나타낸다(Hall, Zhao, and Shafir, 2014). 따라서 강점과 성취에 초점을 맞추는 것 외에 타고난 지능의 요인도 분명히 있는 듯하다.

15. 여성이 수학 시험을 치를 때 수학과 성별에 대한 고정관념이 어떠한 영향을 미치는가에 관한 훌륭한 리뷰로는 Rydell, McConnell, Beilock(2009), Schmader, Johns, Forbes(2008), 그리고 Shapiro와 Neuberg(2007)를 참고할 것. 내가 언급한 4가지 구체적인 권고사항을 뒷받침하는 연구로는, 1번 Inzlicht와 Ben-Zeev(2000), 그리고 Sekaquaptewa와 Thompson(2003), 2번 Marx와 Roman(2002), McIntyre, Paulson, Lord(2003), Latu 외 (2013), 그리고 이와 관련해 McCormick과 Morris(2015), 3번 Cervone(1989) 그리고 Miyake 외(2010), 4번 Danaher와 Crandall(2008), Rydell 외(2009), 그리고 Shih, Pittinsky, Ambady(1999)를 참고할 것.

수학과 성별 간의 고정관념과 관련한 연구들을 통해 2가지 추가적인 결과들에 주목할 만하다. 첫째, 이러한 고정관념과 관련된 기본적인 심리적 과정은 특정 고정관념의 활성화에만 국한되는 것은 아니다. 예를 들어 운동선수는 그렇게 지능적이지는 않다는 속설이 있다. 이에 명문대학인 프린스턴 대학의 운동선수들에게 자신이 운동선수임을 상기시키자, 그들의 수학 점수가 크게 떨어졌다(Yopyk and Prentice, 2005). 마찬가지로 시험 직전에 아프리카계 미국인 학생들에게 자신의 인종에 대해 상기시켜주면 시험에 대한 수행 능력이 낮아졌다(Nguyen and Ryan, 2008; Steele, Spencer, and Aronson, 2002; and Walton and Spencer, 2009). 다행인 것은 자기 확신이나 성공적인 롤모델을 제시하는 등 여학생들에 대한 고정관념을 완충시키는 방법들이 아프리카계 미국인 학생들에게도 동일하게 작동한다는 점이다(Cohen et al, 2006; and Taylor and Walton, 2011).

둘째, 여성이 남성에 비해 수학 시험에서 평균적으로 낮은 점수를 받는다는 고정관념은 객관적인 근거가 거의, 혹은 아예 없다(Ceci et al., 2014). 성별에 초점을 맞추게 하는 경우를 제외하고는 대부분의 상황에서 수학 시험에서 성별 점수 차는 거의 나타나지 않는다 (Lindberg et al., 2010). 그렇다면 과학, 기술, 공학, 수학 관련 분야에서 왜 여성들은 약한 것으로 나타날까(Ceci, Williams, and Barnett, 2009)? 대부분의 경우 이는 선호도의 문제인 듯하다 (Ceci and Williams, 2010; Robertson et al., 2010; and Wang, Eccles, and Kenny, 2013). 천문학, 화학, 컴퓨터 과학, 공학, 수학, 그리고 물리학 등 관련 분야를 잘하기 위해서는 무기적 수, 기계, 물리적 체계의 요소들 사이의 관련성을 이해하는 것이 필수다. 이를 위한 능력은 여성과 남성 모두 동일하게 가지고 있지만, 같은 정도의 의욕을 가지고 있지 않은 것이다. 여성들은 사회적 체계의 작동에 더욱 관심이 있으며, 사물 간의 관계보다는 사람 사이의 상호작용을 포함하는 공동체적 목표와 강력한 연관을 갖기 때문이다(Diekman et al., 2010; Lubinski, Benbow, and Kell, 2014; Meyers-Levy and Loken, 2015; Schmidt, 2014; Su and Rounds, 2015; Su, Rounds, and Armstrong, 2009; and Zell, Krizan, and Teeter, 2015). 실제로 이러한 향상된 수준의 주의는 영아에게서도 나타나는데, 남자아이에 비해서 여자아이들은 사람의 얼굴을 주의깊게 더 오랫동안 응시한다(Gluckman and Johnson, 2013). 인용한 연구를 살펴볼 수 없다고 하더라도 소녀들이 복잡한 체계 속의 요소들이 어떤 관계를 가지고 있는지 정교하게 분석할 수 있다는 것은 누구나 알 수 있다. 간단히 소셜네트워크상의 사람들에 관한 십대 소녀들의 대화를 듣기만 하면 된다.

9장 설득의 메커니즘: 원인과 한계 그리고 대안

16. '설득을 위해서는 관련 없는 것들을 억제하면서 연관 있는 개념들을 준비해야 한다'는 일반적인 생각을 지지하는 다양한 출처를 찾아볼 수 있다(Buanomano, 2011; Bridwell and Srinivasan, 2012; Gayet, Paffin, and Van der Stigchel, 2013; Higgins, 1996; Kim and Blake, 2005; Klinger, Burton, and Pitts, 2000; Loersch and Payne, 2011; Maio et al., 2008; Tulving and Pearlstone, 1966; 그리고 Wentura, 1999).

개념의 접근 가능성(인지적 접속의 용이성)이 이어지는 주의와 관련 반응에서 중요한 역할을 한다는 것을 보여주는 강력하고 오래된 증거가 존재한다(예를 들어 Blankenship, Wegener, and Murray, 2012, 2015; Higgins and Bargh, 1987). 반사회적 행동과 공격적 사고에 대한 폭력적 비디오게임의 영향은 Anderson 외(2004), Anderson과 Dill(2000), Greitemeyer와 Mügge(2014), 그리고 Hasan 외(2013)의 연구를 보라. 친사회적 비디오 게임이 상대방을 돕는 것과 친사회적 사고에 미치는 영향에 대한 연구(이른바 거울상 연구)는 Gentile 외(2009), Greitemeyer와 Osswald(2010), 그리고 Greitemeyer와 Mügge(2014)를, 도움의 증가는 여러 문화권에서 나타나며 또한 여러 해 동안 지속된다는 증거는 Prot 외(2014)를 참고할 것. 폭력적 비디오 게임이 공격적 행동을 감소시키고 적을 멸하기 위해 같은 편과 협동하도록 한다는 연구는 Jerabeck과 Ferguson(2013)을, 공격적 사고에 대한 인지적 접속의 감소 효과를 설명하는 연구는 Granic, Lobel과 Engels(2014), Schmierbach(2010)의 연구를 참고할 것.

17. 아동의 연대감(togetherness)에 대한 사전 노출을 연구한 연구자들은 유아들이 친사회적 행동을 얼마나 쉽고 극적으로 증가시키는가에 대해 놀라움을 금하지 못한다(Over and Carpenter, 2009). 실험에서 유아들이 보고 있는 사진 속 인물들은 전경이 아니라 배경에 서 있었다. 또한 진짜 사람이 아닌 인형이었다. 유아들이 도움을 주었던 연구자는 사실상 거의 모르는 사람이었고 도움을 주기 전에 함께 시간을 보낸 사람도 아니었다. 그럼에도 불구하고 일반적인 조건에서 20퍼센트의 아이들이 도움을 준 것과 비교했을 때, 60퍼센트

의 유아가 자발적으로 도움을 주었다는 사실은, 연대감을 묘사한 사진을 바라본 효과가 극적으로 나타났다는 것을 의미한다. 성인의 과제 수행에서 연대감 단서의 효과를 살펴본 연구는 Car와 Walton(2014)에서 실시되었다.

쓰레기 투기 연구는 Raymond Reno와 Carl Kallgren(1991)에 의해 진행되었고 여기에는 정교하게 목표한 사회적 반감의 영향력을 보여준 연구가 포함된다. 주차장에서 전단지를 손에 들었을 때 33퍼센트의 사람들이 전단지를 바닥에 버렸다. 하지만 한 남자가 버려진 전단지를 못마땅하게 줍고 있는 것을 보았을 때에는 누구도 주차장에 전단지를 버리지 않았으며, 그 남자가 시야에서 사라진 후에도 마찬가지였다. 따라서 쓰레기 투기를 억제하기 위해 쓰레기 투기에 대한 사회적 반감의 개념이 밀접하게 연결된 것을 깨닫게 하고 또한 보여주는 것은 대단히 효과적인 방법이다.

18. 벨기에 맥주의 결과는 Sweldens, van Osselear와 Janiszewski(2010), 구강 청결제 결과는 Till과 Priluck(2000), 청량음료 소비와 가치는 Winkielman, Berridge와 Wilbarger(2005)의 연구에 나와 있다. 의식적인 통제나 지각이 없이도 매력도의 변화가 발생할 수 있다는 최근의 증거는 Gawronski, Balas와 Creighton(2014), Hofmann 외(2010), Hütter 외(2012), 그리고 Hütter, Kutzner와 Fiedler(2014)에서 찾아볼 수 있다. 광고주가 사용하는 메커니즘의 뛰어난 속임수는 아래 사이트를 참고할 것.

www.fastcocreate.com/3028162/this-generic-brand-ad-is-the-greatestthing-about-the-absolute-worst-in-advertising?partner=newsletter.

19. '이프/웬-덴 전략'의 효과를 보고하는 문헌에 대한 광범위한 리뷰들은 많다(Gollwitzer and Sheeran, 2006, 2009). 간질 환자에 대한 약물 치료와 식이요법 지속 연구, 마약 중독자들의 이력서 작성 연구는 각각 Brandstätter, Lengfelder와 Gollwitzer(2001), 그리고 Brown, Sheeran과 Reuber(2009)에 의해 진행되었다. 일반적인 방법에 비해 '이프/웬-덴 전략' 요법이 가지는 이점은 학생들로 하여금 어려운 논리적 추론 문제를 끈기 있게 풀어보도록 독려한 연구에서 드러난다. 어떤 학생들은 "나는 가능한 한 많은 문제를 정확하게 풀겠습니다. 그리고 스스로에게 나는 할 수 있다고 말할 것입니다." 하고 말하며 스스로의 의지가 어느 정도인지 응답했다. 다른 학생들은 "나는 가능한 한 많은 문제를 정확하게 풀겠습니다. 그리고 만약 새로운 문제를 풀기 시작하면 스스로에게 나는 할 수 있다고 말할 것입니다."라고 말했다. 두 진술이 매우 유사함에도 불구하고, '이프/웬-덴' 형식의 진술문을 사용한 학생들은 약 15퍼센트 더 많은 문제를 정확히 풀었다(Bayer and Gollwitzer, 2007, study 2; for additional, comparable findings, see Oettinger, Hönig, and Gollwitzer, 2000; Gollwitzer and Sheeran, 2006; and Hudson and Fraley, 2015). '이프/웬-덴 전략'의 자동적 조작에 대한 지지 증거는 Bayer 외 (2009)에 있다. 인용한 일련의 연구에서 분명히 나타나듯이, 행동과학자 페터 골비처(Peter Gollwitzer)와 그의 동료들은 '이프/웬-덴 전략'과 관련한 대부분의 주요 연구들을 담당

했다.

20. 주요 목표들(Dijksterhuis, Chartrand, and Arts, 2007; Klinger, 2013) 외에도 성향적으로 가지고 태어난 정보로서 사회적 역할, 문화적 틀, 자기 정체성, 성격적 지향성 등이 있다. 각각에 대한 연구들을 살펴보면 이러한 특성들이 개인에게서 지속적으로 나타난다고 하더라도 정보의 출처들이 늘 일정한 힘을 유지하지는 않는다는 것이 확인된다. 전형적으로 준비-대기 모드에서 완전-실행 모드로 전환하려면 (때로는 설득적 의사소통에서 전달되는) 이 개념들을 상기시킬 필요가 있다. 초기에 이러한 진행 과정이 묘사된 영역은 성별이었다. 광범위한 분석을 통해 밝혀진 바에 의하면 남성과 여성은 자주 동일하게 행동하는데, 단 성별과 관련된 단서가 (아마도 TV쇼나 광고 메시지를 통해) 제공될 때에만 예외이며 이 경우에는 사람들의 응답이 남성적이거나 여성적인 성 역할에 일치하는 방향으로 바뀐다(Deaux and Major, 1987). 이전 장에서 우리는 그러한 예시들을 살펴보았다. 남성과 여성은 수학 시험에서 유사한 점수를 보이지만 성별을 상기시킨 경우에는 눈여겨볼 만한 차이가 드러났다(Lindberg et al., 2010). 문화적 행동에 대한 영향력(Oyserman and Lee, 2008; Weber and Morris, 2010), 자기 정체성(Brown and McConnell, 2009; Oyserman, 2009), 목표(Van Yperen and Leander, 2014), 성격 특성(Halvorson and Higgins, 2013)과 관련해 비슷한 증거들이 제기되었으며 각각의 특성은 주로 주의가 현저히 주어졌을 때 행동을 유도한다. '이프/웬-덴 전략'이 체중감량 목표에 적용된 연구는 Stroebe 외(2013)에서 찾아볼 수 있다.

21. 물론 교묘한 질문이 설득력을 갖는다는 생각은 새롭지 않은 것이다. 소크라테스는 의견을 바꾸도록 만드는 그의 특징적인 접근법을 인정받아 '위대한 질문 마스터(the Great Question Master)'라는 칭호까지 받게 되었다(Johnson, 2011). 하지만 그 개념이 고대에 뿌리를 두고 있다고 해서 현시대의 선택 과정에 적용할 수 없다고 생각해서는 안 된다. 예를 들어, 좋은 기분의 효과에서처럼, 배가 고플 때 식료품을 구매하러 가지 말아야 하듯이, 행복한 기분일 때는 큰 지출을 해서는 안 될까? 이는 결코 연구 결과들이 내포하는 바가 아니다. 다만 우리는 왜 기분이 좋은지 스스로에게 질문해야 한다. 그리고 그 이유가 구매의 장점과 관련이 없다면, 아마도 날씨가 화창하거나 영업사원이 재미있는 농담이나 칭찬을 했기 때문이라면, 그 질문에 대한 우리의 대답은 편향을 바로잡는 데 충분할 것이다(DeSteno et al., 2000). 우리가 스포츠 팬이고, 응원하는 팀이 최근에 큰 경기에서 승리했을 때도 마찬가지다. 그러한 승리는 현재 정부 대표에 대한 호의적인 태도를 증가시킨다(그리고 선거에서 그들에게 표를 주도록 만든다). 하지만 스포츠 팬에게 게임 결과에 대해 먼저 질문해 즐거운 기분의 원인이 정치인의 직무 수행과는 관련이 없다는 것을 상기시킨다면 이렇게 근거 없이 증가한 호감도는 다시금 줄어든다(Healy, Malhotra, and Mo, 2010). 언제 그리고 어떻게 우리가 판단을 수정하는가에 관한 가장 포괄적이고 탄탄한 개념화는 오하이오 주립대학의 심리학자 두에인 베게너(Duane Wegener)와 리처드 페티(Richard Petty)의 유연한 수정 모델(the Flexible

Correction Model)에서 잘 드러난다(Chien et al., 2014; Wegener and Petty, 1997). 이 모델에서 연구자들은 사람들이 원치 않는 편향에 취약하다는 것을 스스로 알아챘으며 수정하려는 동기와 이에 대한 조치를 취할 능력이 있을 때 수정이 잘 일어난다는 점을 역설했다. 이를 통한 일반적인 시사점으로는 근본적인 연합 과정이 우리를 특정 방향으로 이끈다고 말하는 것이 정확하겠지만, 우리가 그 과정을 알아채고 이를 바꾸고자 하는 욕구가 있다면 그 결과가 반드시 일어나지는 않는다는 점이다(Baumeister, Masicampo, and Vohs, 2011; Cameron, Brown-Iannuzzi, and Payne, 2012; Dasgupta, 2004; Davis and Herr, 2014; Fiske, 2004; Pocheptsova and Novemsky, 2009; Strack, Werth, and Deutsch, 2006; Thompson et al., 1994; 그리고 Trampe et al., 2010).

소유물에 대한 평가에 대한 기분의 영향을 살펴본 연구는 Isen 외(1978)에서, 여성이 전화번호를 주려는 의도에 대한 날씨의 효과는 Guéguen(2013)에서, 삶의 만족도에 햇살 좋은 날이 끼치는 영향에 대해서는 Schwarz와 Strack(1991)의 연구에서 살펴볼 수 있다. 좋은 기분은 상태는 때때로 과도하게 긍정적으로 응답하게 하는데, 이는 유머 작가인 캘빈 트릴린(Calvin Trillin)의 이야기에 잘 묘사되어 있다.

한 친구가 기분이 매우 좋은 채로 카페에서 나와, 문 옆에서 종이컵을 들고 구걸하는 듯한 나이 든 여성의 컵에 잔돈을 넣었더니 여성이 이렇게 말했다. "내 커피에 대체 무슨 짓을 한 거야?"

22. 상품 배치와 관련한 연구는 Law와 Braun(2000)에 의해 수행되었다. 최근 급격히 증가하는 제품 배치와 관련된 연구 결과들은 Patricia Homer(2009)가 진행했으며 이들은 관련 영역에서 자신의 손(배치 방법)을 과신한 광고주들에게 일침을 놓는 결과를 보여줬다. 영화나 TV에서 눈에 띄게 배치된 브랜드에 대한 고객들의 긍정적 태도는 노골적인 배치가 두 번, 세 번 반복됨에 따라 감소했다. 하지만 미묘하게 배치된 브랜드에 대해서는 노출이 반복되었더라도 잠재적인 편향의 대상이 되는 것을 피할 수 있었던 것이다. 실제로 영상을 시청하던 사람들은 그 브랜드를 미묘한 방식으로 더 자주 경험할수록 브랜드에 대해 더욱 호감을 갖게 되었다. 이러한 발견은 우리가 읽고 있을 내용 주변에서 무의식적으로 드러나는 온라인 배너 광고 효과에 관한 연구(제3장에서 살펴본 바 있다)를 떠올리게 한다. 이러한 상황에서 사용자는 광고를 더 많이 접할수록 그 제품을 더 좋아하게 되며, 이러한 현상은 그들이 광고를 보았던 것을 기억하지 못할 때에도 마찬가지다(Fang, Singh, and Ahluwalia, 2007). 영화(www.youtube.com/watch?v=wACBAu9coUU)와 TV(www.ebaumsworld.com/video/watch/83572701/)에서의 제품 배치 예시와 간단한 시기적 흐름을 살펴보려면 각각의 링크를 참고하라. 물론 눈에 잘 띄는 제품 배치도 이야기의 흐름에 부드럽게 통합된다면 효과를 가질 수 있다. 이와 관련한 성공적인 사례는 아래 사이트를 참고할 것. http://mentalfloss.com/article/18383/stories-behind-10-famous-product-placements.

23. 눈에 띄지 않게 설득하려는 목적으로 은밀히 무엇인가를 상기시키거나 신호를 주는 방

법 외에도 다른 두 가지 단서들을 통해, 생각을 헤매게 하는 요인들을 파악해 그 영향력을 축소시킬 수 있다. 그러한 첫 번째 단서는 입력의 완전한 극단성이다(Glazer and Banaji, 1999; Herr, Sherman, and Fazio, 1983; Nelson and Norton, 2005; and Shu and Carlson, 2014). 예를 들어 변호사는 배심원들로부터 자신의 의뢰인에게 유리한 합의를 이끌어내기 위해 '지나치다'는 말이 나올 정도로 합의금을 높게 부를 수 있다. 특정 시점에서 사람들은 너무 큰 수라 할지라도 그 지점으로부터 출발해 자신들의 판단을 조정하기 때문이다(Marti and Wissler, 2000). 극단성 단서 외에도, 우리에게 큰 영향을 끼치고 있는 요인과 반대 방향의 강력한 목적을 가진 단서 때문에 판단을 조정할 수도 있다(Macrae and Johnston, 1998; McCaslin, Petty, and Wegener, 2010; Monteith et al., 2002; and Thompson et al., 1994). 한 연구에서, 백인 피험자들은 흑인에 대한 고정관념적 반응을 나타내도록 자극하는 흑인의 사진을 응시하도록 했다. 그러자 실험 참가자들은 인종에 대한 편견을 통제하겠다는 강력한 동기로 인해 태도를 바꿈으로써 고정관념에 대응하려는 반응을 나타냈다(Olsen and Fazio, 2004).

24. 인간의 정보처리에 수정 메커니즘이 존재한다는 주장은(예를 들어, Hayes, 2011; Klein et al., 2002) 뇌 영상 연구를 통해 지지되었는데, 어떤 정보가 특정 방향으로 잘못 유도한다는 것을 인지하는 것과 관련 있는 뇌 영역(Asp et al., 2012)과 이를 수정하려는 뇌 영역(Cunningham et al., 2004; Klucharev et al., 2011)이 있는 것으로 보인다. 많은 학자들은 이러한 수정 메커니즘 중 하나가 마치 이성 대 감정, 분석 대 경험, 심사숙고 대 자발성, 사려 대 충동, 통제 대 자동 처리에서처럼, 보다 원시적인 시스템으로부터 차별화되는 추론 시스템이라고 결론을 내렸다. 이 점에 관해서도 훌륭하고 포괄적인 리뷰어들이 있는데, 대니얼 카너먼의 권위 있는 저서인《생각에 관한 생각(Thinking, Fast and Slow)》(2011)과 Sherman, Gawronski, Trope(2014)의 편저 등이 여기에 해당한다. 굳이 추가적인 설명을 하지 않아도 되는 저명한 연구자들이다. 늦은 밤 느끼는 피로감이 인포머셜 광고 제작자가 노리는 점이라는 사실은 Remy Stern(2009)의 매력적인 저서에 잘 설명되어 있다. 그는 업계의 선조 중 한 명인 앨빈 아이코프(Alvin Eicoff)의 말을 인용하면서 이렇게 설명했다. "사람들은 그 시간에 덜 저항적이다. 매우 피곤하며 의식적 저항 없이 잠재의식적으로 받아들인다." 포병이 옳지 않은 명령에 저항하지 못하도록 하는 수면 박탈의 연구 출처는 두 가지로, 유명한 것(Schulte, 1998), 그리고 학술적인 것(Banderet et al., 1981)이 있다. Drizin과 Leo(2004)는 거짓 진술을 유발하는 심문의 평균적 길이에 대한 자료를 제공했다. 카메라를 평가하는 데 제한된 시간이 영향을 끼친 것은 Alba와 Marmorstein(1987, 실험 2)을, 보다 개념적인 최근의 연구를 보려면 Parker와 Lehmann(2015, 실험 3)을 참고할 것. 우리는 글에 비해 TV에서와 같은 방송 자료들에서 시청자들이 의사소통 그 자체의 특성보다 의사소통을 제공하는 전달자의 특성(예를 들면, 호감이 가고 매력적인가)에 더 주의를 기울인다는 것을 오랜 시간 동안 알고 있다(Chaiken and Eagly, 1983).

PART 3 설득을 위한 최고의 방법을 선택하라

10장 최고의 결과를 내는 여섯 가지 변화의 길

1. 물론 메시지를 전달하기 전에 권위의 개념으로 주의를 끄는 초전 설득 오프너를 사용하는 의사전달자는 강한 권위가 있어야 한다. 많은 연구가 보여주듯이, 어떤 형태의 증거에 주의를 집중시키는 것은 그 증거가 설득력 있을 때만 현명한 방법이다. 약한 형태의 증거에 주의를 기울이는 전술은 성공하지 못할 것이며 역효과를 낼 수도 있다(Armstrong, 2010, 193-94; Burnkrant and Unnava, 1989; Houghton and Kardes, 1998; Hsee and LeClerc, 1998; Laran and Wilcox, 2011; Petty and Cacioppo, 1984; Petty and Brinol, 2012; and Posavac et al., 2002). 이 패턴은 설득을 위한 여섯 가지 주요 원칙 중 다른 하나인 일관성의 원칙에 반응하는 경향을 평가한 연구에서 발현된다. 이는 사람들이 자신이 이미 말했거나 행동했던 것과 일치하는 방향으로 동기가 부여된다는 뜻의 원칙이다. 관련 연구들을 살펴보면, 첫째, 일반적으로 증거가 적다고 느끼는 사람들보다 일관성이 현명한 행동방식이라고 여기는 사람들이 더 일관성의 원칙을 따른다. 이는 당연한 말이다. 둘째는 더 흥미롭다. 만약 초전 설득 오프너가 일관성의 개념을 유지하기 위해 사용된다면, 일관성을 강력하게 선호하는 사람들은 더 일관되게 반응한 반면에, 선호하지 않는 사람들은 오히려 덜 일관되게 반응한다는 것을 알 수 있다(Bator and Cialdini, 2006).

2. 어린아이들의 상호성과 관련해 어떤 행동을 하는가는 Dunfield와 Kuhl-meier(2010)가 연구했으며, 시탕 가게 연구는 Lammers(1991)가 수행했다. 코스트코 무료 샘플 데이터는 미국의 유명 시사지 〈애틀랜틱(The Atlantic)〉의 기사에서 찾아볼 수 있다(www.theatlantic.com/business/archive/2014/10/the-psychology-behind-costcos-free-samples/380969). 무료 샘플의 몇 가지 큰 영향력은 의심할 여지 없이 소비자가 자신이 무엇을 좋아해야 하는가를 결정하는 데 개입한다는 것이다. 그러나 어떤 연구는 표본 추출된 제품을 구매할 가능성이 가장 높은 구매자들이 정보나 즐거움이 아닌, 상황의 사회적 측면에 제일 민감하다고 설명함으로써 대인 관계 요소의 중요한 역할을 보여준다(Heilman, Lakishyk and Radas, 2011). 또한 상점에서 상품을 시험해볼 기회를 얻지 못했지만 깜짝 할인 쿠폰을 받았을 때도 방문하는 동안 쇼핑객의 '전반적인 슈퍼마켓 지출'은 크게 증가한다(Heilman, Nakamoto, and Rao, 2002).
무언가를 받았을 때 보답해야 한다는 의무감과 관련된 재미있는 예는 www.youtube.com/watch?v=H7xw-oDjwXQ에서 볼 수 있다. 이렇게 상호성과 관련한 행동 양상들이 발견되면서 캠페인 기부금을 받은 선출된 판사들이 그들에게 지원한 사람들을 판결하는 경우 자신들이 여전히 공정할 수 있다고 믿고 있음에도 법률적으로 지켜보는 다른 사람들의 시선은 따가워졌다(Susman, 2011, and the American Consitution Society, at www.acslaw.org/

ACSpercent20Justice percent20at percent20Risk percent20 percent28FINAL percent29 percent206_10_13.pdf).

비록 입법자, 판사와 같은 의사결정자는 자신들이 선물을 받았다고 편향되기에는 매우 도
적적으로 깨끗하다고 주장하겠지만, 자신들의 주장이 근거가 없다고 말해주는 성서의 준
엄한 명령에 주의를 기울이는 편이 좋을 것이다. "너는 뇌물을 받지 말라. 뇌물은 밝은 자
의 눈을 어둡게 하고 의로운 자의 말을 굽게 하느니라(출애굽기 23장 8절, 개역개정)."

3. Scherenzeel과 Toepoel(2012)은 다른 많은 설문조사의 결과와 일맥상통하는(Mercer et al.,
2015) 설문 참여 행태를 연구해 결과를 발표했다. 다른 연구들(Belmi and Pfeffer, 2015; Pillutia,
Malhotra and Murnighan, 2003)과 함께 Goldstein, Griskevicius, Cialdini(2011)의 논문에 실린
미국 호텔 실험은 받는 사람이 돌려주어야 할 의무감을 느끼게 하는 이유를 잘 설명하고
있다. 상호성과 가깝게 관련된 요인 중에서 의무감과 비슷한 정도의 힘을 가지고 있지만
좀 더 달콤한 편에 속하는 요인이 바로 감사다. 감사는 무언가를 보답하거나 돌려줘야 한
다는 생각을 강하게 건드리지는 않으면서도 의무감을 지니게 만들기 때문이다. 비록 두
감정 모두 긍정적인 상호성을 확실하게 촉진하지만, 감사는 그것들의 시작과 유지보다는
관계를 강화하는 데 더 큰 관련성이 있는 것으로 나타난다. 이와 관련해 매우 설득력 있는
증거 중 하나로 Sara Algoe와 그녀의 동료들이 수행한 연구를 들 수 있다(Algoe, 2012; Algoe,
Gable, and Maisel, 2010). 강력하게 추천하고 싶은 애덤 그랜트(Adam Grant)의 저서《기브앤테
이크: 주는 사람이 성공한다(Give and Take: A Revolutionary Approach to Success)》에서 자세히 밝
히고 있듯이, 비즈니스와 인생에 있어서 먼저 주면 얻는 이점과 혜택이 실로 대단하다.

4. 뉴저지 주 레스토랑의 팁에 관한 연구는 Strohmetz 외(2002)가 진행했고, Friedman과
Rahman(2011)은 패스트푸드 식당 구매액을 연구했다. 좀 더 재미있는 예를 들자면, 코미
디 시리즈 〈사인필드(Seinfeld)〉의 초기 에피소드 중 하나를 들 수 있다. 여기서는 의미 있
고, 예상치 못하고, 맞춤한 선물을 감사의 뜻으로 제공하거나 제공하지 않았을 때 각각 어
떤 일이 벌어지는가를 잘 보여주고 있다(www.youtube.com/watch?v=aQlhrrqTQmU). 감사하는
아프가니스탄 부족장의 경우는 퓰리처상 수상자인 조비 워릭(Joby Warrick)의 보고에서 나
왔다(Warrick, 2008). 아부 잔달이 설탕 없는 쿠키로 어떻게 '변했는지'에 대한 설명은 상호성
유도와 같은 심리적으로 '부드러운' 방법이 심문과 같은 강압적인 방법보다 더 효과적임
을 보여주는 Bobby Ghosh(2009)의 논문에서 자세히 살펴볼 수 있다. 그리고 후속 연구들
(Goodman-Delahunty, Martschuk, and Dhami, 2014)은 이와 관련한 과학적 증거를 제시한다. 추가
증거에 대한 링크는 다음과 같다. www.psychologicalscience.org/index.php/news/were-
only-human/the-science-of-interrogation-rapport-not-torture.html.

상호성의 매력은 평생 지속되고 인명을 구할 수도 있다. 1938년 어린 소년이었던 아서 조
지 바이든펠트(Arthur George Weidenfeld)는 유대인 아이들을 유럽에서 나치의 박해로부터 안
전하게 데려오는 킨더트랜스포트(Kindertransport) 열차를 타고 영국에 도착했다. 그 기차 여

행뿐만 아니라 영국에 도착한 이후 아서를 보살펴주었던 주체는 이런 식으로 수천 명의 유대인 아동을 구출한 기독교 인도주의 사회 연합의 조직화된 노력이었다. 이후 장성한 아서는 영국 귀족의 작위를 받았고 영국의 한 주요 출판사의 이사도 되었다. 2015년, 94세가 된 아서 조지 바이든펠트 경은 그 은혜에 보답할 방법 하나를 찾았다. 그는 시리아와 이라크의 기독교 가정을, 이슬람국가(ISIS) 무장 세력이 생명을 위협하는 지역으로부터 이송하는 구호 재단 오퍼레이션 세이프 헤이븐스(Operation Safe Havens)를 조직하고 자금을 지원했다. 드루즈파, 알라위파, 야디지교 그리고 시아파 무슬림처럼 같은 위험에 처한 다른 종교 그룹은 포함하지 않는 데에 비판이 일자 그는 이렇게 설명했다. "나는 세상을 구할 수는 없지만 (중략) 유대교와 기독교에 (중략) 내가 갚아야 할 빚이 있다." 바이든펠트 경과 오퍼레이션 세이프 헤이븐스에 관한 더 자세한 이야기는 Coghlan(2015)에서 볼 수 있다.

5. Andrew Meltzoff(2007)는 미소 짓는 유아에 관한 자료를 수집했다. 비슷한 언어 방식의 효과에 대한 발견은 여러 출처가 있다. 낭만적인 매력과 관계 안정성에 대한 증거는 Ireland 외(2011)의 연구에 있다. 인질 협상, 웨이터의 팁, 협상 결과와 전자 제품 판매에 관한 증거는 각각 Taylor와 Thomas(2008), Van Baaren 외(2003), Maddux, Mullen과 Galinsky(2008), Jacob 외(2011)에서 찾을 수 있다. 긴급 상황에서 도와주는 행동의 유사성 향상은 Kogut, Ritov(2007)와 Levine 외(2005)가 설명한 반면, 멘토링 프로그램의 효과성 향상은 DuBois 외(2011)가 보여줬다.

6. 트웨인은 칭찬이 주는 영양가를 잘 인식하고 있었지만 조너선 스위프트(Jonathan Swift)는 150년 전에 칭찬이라는 음식에는 칼로리가 없을 수 있다고 경고했다. "이것은 학교에서 오래된 격언이다. 아첨은 바보 같은 음식이다."라면서 말이다. 하지만 설득의 효과를 논할 때 1930년대 관능적 영화배우의 대명사였던 매 웨스트(Mae West)는 가장 열정적인 한 마디를 남기며 그녀의 구혼자들에게 이렇게 말했다. "아첨은 어디로든지 당신을 데려갈 것이다." 존 세이터는 미용학계의 선도적인 연구원이었다(Seiter and Dutson, 2007). 그는 고객이 저녁 메뉴를 선택했을 때 칭찬하는 웨이터가 더 많은 팁을 받는다는 것을 보여주는 연구를 실제로 식당에서 반복해서 실시했다(Seiter, 2007). 내가 누군가를 칭찬함으로써 나를 좋아하게 만들 뿐 아니라 나를 기꺼이 돕고 싶은 마음까지도 이끌어낸다는 사실을 Gordon(1996), Grant, Fabrigar와 Lim(2010)의 연구에서 볼 수 있다. 진짜 아첨보다 약한 효과는 Chan과 Sengupta(2010), Fogg와 Nass(1997)의 연구에서 나온 것이다.

7. 우리를 칭찬하는 사람이 우리를 좋아한다고 생각하는 이유를 이해하기란 쉽다. 이에 비해 덜 분명한 점은 우리와 비슷해 보이는 사람이 우리를 좋아하리라고 생각하는 이유다. 그러나 이 현상이 정확하게 나타난다는 증거는 명백하게 존재한다. 실제로, 비슷한 다른 사람들이 왜 우리를 좋아하게 될지 그 이유를 설명하는 것은 우리를 좋아하리라는 믿음이 있기 때문이다(Condon and Crano, 1988; Singh et al., 2007). 친구와 같이 우리를 좋아하는 사람들

이 우리에게 올바르게 조언하려고 한다는 생각을 Bukowski, Hoza, Bolvin(1994), Davis, Todd(1985)가 지지했다.

8. 도덕적인 평가에서 사회적 증거와 관련된 정보의 영향력을 보여주는 실험은 Aramovich, Lytle과 Skitka(2012), Duguid와 Thomas-Hunt(2015), Eriksson, Strimling과 Coultas(2015) 가 진행했다. 이러한 주장의 타당성을 입증하는 연구가 세계 도처에서 진행됐으니 근거 는 더욱 명확해 보인다. 중국 연구진은 식당 메뉴 실험(Cai, Chen, and Fang, 2009)을, 네덜란 드 연구진은 과일 소비 연구(Stok et al., 2014)를, 인도네시아와 인도 연구자들은 오염 절감 연구(García, Sterner, and Afsah, 2007: Powers et al., 2011)를 했다. 인지된 타당성에서 사회적 증거 의 효과는 이베이와 같은 온라인 경매에서 판매 시작 가격을 높거나 낮게 설정해야 하는 가와 같은 질문에 판매자에게 명확한 답을 제시한다. 분석에 따르면 초기 가격이 낮을수 록 구매 가격은 높아진다. 이유 중 하나는 시작 가격이 낮으면 관심이 있는 사람 모두의 주 의를 끌 수 있기 때문이다. 이렇게 많은 사람이 관심을 보이는 모습을 보면서 사람들은 그 물건이 상당한 내재적 가치가 있다고 잘못된 추론을 하게 된다(Ku, Galinsky, and Murningham, 2006). 이 경우도 본질은 마찬가지다. 사람들은 사회적 증거라는 논리를 적용하고 생각한 다. "와, 이 물건에 굉장히 많은 입찰자가 있네? 그렇다면 이건 좋은 물건일 거야."라는 식 이다.

9. 에너지 보존 연구(Nolan et al., 2008)는 캘리포니아 주의 산마르코스(San Marcos)의 중산층 지 역에서 진행했다. 이곳에서 우리의 연구 보조원들이 가정의 외부 전력 계량기를 읽고 실 제 에너지 사용량을 기록하느라 뒤뜰에 있는 개와 잔디 급수 체계의 위협을 이겨내야만 했다. 이 연구는 사회적 증명이 환경적 행동의 영역에서 어떻게 작동하는지를 조사한 것 이지만, 실행 가능성이 주요 요인인 다른 분야에서도 같은 과정이 적용된다(Lockwood, and Kunda, 1997: Mandel, Petrova, and Cialdini, 2006: and Schmiege, Klein, and Bryan, 2010). 예를 들어, 사 람들이 건강한 행동을 취할지 여부를 결정짓는 가장 큰 요인 중 하나는 그것이 얼마나 가 능해 보이느냐의 정도이며(Armitage and Connor, 2001), 사회적 비교를 통해 그 행동이 누구 든 할 수 있는 것인지 여부를 좀 더 용이하게 결정하기도 한다(Martin, Haskard-Zolnierek, and DiMatteo, 2010의 연구 27쪽을 보면 관련 증거의 개관을 살펴볼 수 있다).

10. 미디어가 메시지라는 마셜 매클루언의 말은 1967년에 출판한 (거의 같은 제목인)《미디어는 마사지다(The Medium Is the Massage)》라는 그의 책에서 인용한 것이다. 그의 아들 에릭 매클 루언(Eric McLuhan) 박사에 따르면, 마사지라는 말은 프린터 오류로 인해 나온 단어였지만, 저자인 마셜은 오히려 그 말이 미디어가 수신자의 경험을 조작한다는 자신의 주장에 더 적합하다고 생각해 "그냥 두세요! 훌륭하네요. 제대로 책의 목적을 설명하고 있습니다!" 라고 말했다고 한다. 금융 전문가의 조언을 받은 뒤 뇌 활동을 조사한 연구는 Engelman 외(2009)가 실시했다. 권위가 유용하게 영향력 있는 도구가 될 수 있다는 것은 놀라운 일

이 아니지만, 제때 사용되는 경우가 거의 없다는 것은 놀랄 만한 일이다. 예를 들어, 아이들이 금연하도록 하게 하는 프로그램은 의사가 아이들에게 권장하는 경우 훨씬 효과적이다(Moyer, 2013). 다른 예로, 부동산 회사의 상담을 들 수 있다. 나의 동료인 스티브 J. 마틴(Steve J. Martin)은 부동산 회사의 상담원들에게 재미있는 충고를 한다. 새로운 고객으로부터 전화를 받으면 매우 솔직하게 이렇게 말하라는 것이다. "귀하가 관심을 두는 분야에 저희 전문가 에이전트를 연결해드리겠습니다."라고 말이다. 이렇게 말했더니 전화를 해온 사람들이 실제 고객이 되는 비율이 16퍼센트나 증가했다. 다시 말해 '전문가'라는 이 한마디를 덧붙이지 않았던 예전에 비해 상당한 차이가 나더라는 것이다.

11. 전문성과 신뢰성이 신용을 이끌어내고 영향력을 극적으로 높일 수 있다는 것을 제대로 보여주는 연구는 De Houwer와 Nosek(2013)을 참조하면 된다. 다양한 종류의 관계에서 신뢰성은 전반적으로 매우 선호되는 요인이라는 점을 보여주는 증거는 Cottrell, Neuberg와 Li(2007), Goodwin(2015), Wood(2015)의 연구에서 찾아볼 수 있다. '약점을 공개하는 한 사람이 되라'는 전략의 법적 맥락에서의 효과는 반복적으로 입증되었다(Dolnik., Case, and Williams, 2003: Stanchi, 2008; and Williams, Bourgeois, and Croyle, 1993). 같은 전략이 자신들의 부정적 정보를 스스로 공개한 기업에 효과적이라는 것도 증명됐다(Fennis and Stroebe, 2014). 겉보기에 자기 이익에 반하는 것을 주장해 정치인이 자신의 신뢰성과 표를 모을 수 있다는 사실 역시 Combs와 Keller(2010)의 연구로 밝혀졌다. 광고 대행사인 도일 댄 번바흐(Doyle Dane Bernbach)(현재 DDB)는 약점을 먼저 실토하고 다시 이를 강점으로 변화시키는 광고들을 제작해 굉장한 성공을 거둔 거의 최초의 회사다. 이들은 폭스바겐의 초기 광고에서 "못생긴 건 기죽일 뿐이다"라면서 "그 못생긴 것이 우리를 거기(달)에 데려다줬다."라는 카피를 내보냈으며, 에이비스(Avis) 렌터카 광고에서는 "우리는 2등입니다. (그래서) 우리는 더 열심히 노력합니다."라는 말로 게임의 룰을 바꿔나갔다. 이후, 캐나다 버클리 사의 기침약 광고 문구 "맛은 안 좋습니다. 효과는 확실합니다."라든가 미국의 도미노 피자 광고도 매우 효과적이었다. 사실, 도미노가 2009년에 진행한 '너무 정직한' 캠페인이 저조한 품질을 인정한 이후, 회사의 주가와 함께 판매량이 급증했다. 어떤 긍정적인 정보를 부정적인 정보 이후에 제시할 때는, 무관한 형태로 무작정 내밀면서 균형을 맞추려 하기보다는 앞서 나왔던 그 부정적 측면을 오히려 뒤집는 형태로 제시해야 가장 효과적이다. 이 점을 Mann과 Ferguson(2015), Petrova와 Cialdini(2011)의 연구에서 잘 찾아볼 수 있다.

12. 손실을 피하려는 타인의 욕구(여기서는 미래의 손실)를 통해 무언가를 얻으려 했던 한 사람은 이 동영상에서 제시된다(www.usatoday.com/story/tech/gaming/2014/02/10/flappy-bird-auction/5358289). 손실 회피와는 별개로(Boyce et al., 2013; Kahneman and Tversky, 1979), 어떤 물건이 지니고 있는 희소성이 우리로 하여금 그 물건을 더 원하도록 만드는 데는 다른 이유도 있다. 예를 들어, 사람들은 거의 자동으로 희귀한 제품은 경제적 가치가 높다고 생각한

다(Dai, Wertenbroch, and Brendel, 2008). 또한, 사람들은 희소해서 한정된 제품은 어떻게든 손에 넣으려고 한다. 선택의 자유라는 건 개의치 않고 말이다(Burgoon et al., 2002). 특정 모델을 한정 생산하는 자동차 산업 관련 데이터는 Balachander, Liu와 Stock(2009)에 의해 분석된 반면, 식료품점 프로모션에서 나온 데이터는 Inman, Peter와 Raghubir(1997)가 분석했다. 내가 목격한 것과 비슷한 아이폰 사건의 뉴스 동영상은 다음에 나와 있다. www.live5news. com/story/23483193/iphone-5-releasedraws-crowd-on-king-street.

13. 기도가 상대방의 성적인 배신이나 부정을 드러내거나 세상에 알리는 경향을 줄인다는 것을 보여주는 연구는 Fincham, Lambert와 Beach(2010)가 행했는데, 이 연구에서 가장 효과적 기도 형태는 상대방의 행복을 기원하는 것임을 보여주었다. 이렇게 특정한 형태 없이 그저 단순히 매일 기도하는 것만으로는 같은 효과를 얻지 못했으며, 상대방을 긍정적으로 생각하지도 못했다. 따라서 기도는 그저 폭넓은 영적 행위나 상대방의 안녕을 바라는 기원 행위가 아니다. 그보다는 상대방의 행복을 위한 능동적이고도 구체적인 개입에 가깝다. 정직 서약, 사전 투표 행동, 제품 추천, 취지 승인에 대한 일관성 형성 효과의 데이터는 각각 Shu 외(2012), Gerber, Green과 Shachar(2003), Kuester와 Benkenstein(2014), Lipsitz 외(1989)가 수행했다.

14.《봄을 열기: 결혼 평등을 위한 싸움의 내면(Forcing the Spring: Inside the Fight for Marriage Equality)》(2014)에서, 퓰리처상 수상자인 조 벡커(Jo Becker)는 결혼 평등에 유리한 '2013 미연방 대법원' 판결을 둘러싼 성격, 활동성, 사건에 대한 세심한 조사 보고서를 내놓았다. 내가 제공한 증거 대부분은 그녀의 설명에 기초했다. 특히 뒷이야기에 관심 있는 사람은 그녀의 책을 읽어보길 강력하게 추천한다. 그럼에도 이 책은 관련 저널리즘이 얼마나 정당했냐와 상관없이 케네디 판사가 그러한 결정을 내린 원인과 관련된 이야기를 다룰 때에 과학적 설명을 결여하기는 했다. 다행히도, 과학적 테스트가 어떤 사람이든 자신이 과거에 했던 약속을 상기시키는 것만으로도 미래에 일관되게 반응하도록 자극하기에 충분하다는 사실을 확인해주었다. 예를 들어, 온라인 설문 참여자에게 과거에 자신이 누군가를 도왔던 경험을 되돌아보도록 요청하면 새로운 지진 희생자를 위한 기금 모집에 참여할 가능성이 3.5배나 상승한다(Grant and Dutton, 2012). 때로는 누군가를 돕는 도덕적 행동을 반영하거나 실행한 후에, 그들이 다음에 얻은 기회를 좀 더 이기적인 방식으로 바라보는 경우도 있다는 데에 주목할 필요가 있다. 공익을 위한 어떤 행동을 한 후, 마치 자신에게 그 보답으로 이른바 '나를 위한 시간'이 있는 듯이 느끼는 현상이다. '도덕적 허가(moral licensing)'라고 불리는 이 현상은 정상적인 헌신/일관성 효과와 반대 방향으로 나타난다(Monin and Miller, 2001). 종합하면 이렇다. 실천한 도덕적 행동이 도덕적인 인물로서의 정체성을 뒷받침할 때, 즉 도덕적인 자기 정의에 중요한 활동을 포함(Miller and Effron, 2010)한 도덕적 행동의 역사를 보여주거나(Conway and Peetz, 2012) 실천에 의미 있는 비용을 요구할 때

(Gneezy et al., 2012), 도덕성이 계속 유지된다는 뜻이다. 반대로, '좋은' 행동이 도덕에 대한 지속적인 헌신을 의미하지 않고, 도덕적 정체성의 중심도 아닐뿐더러 실천하기에 별로 비용이 늘지 않을 때, 도덕적 허가 현상이 더 강하게 일어난다.

11장 연대감 1: 함께 존재하기

15. 내집단 편애의 다각적인 긍정적 효과를 보여주는 증거 중, 동의에 대한 것은 Guadagno 와 Cialdini(2007), Stallen, Smidts와 Sanfey(2013)에, 신뢰에 대한 것은 Foddy, Platow와 Yamagishi(2009), Yuki 외(2005)에, 도움과 좋아하는 것에 대한 연구는 Cialdini 외(1997), De Dreu, Dussel과 Ten Velden(2015), Greenwald와 Pettigrew(2014)에, 협력에 대한 연구는 Balliet, Wu와 De Dreu(2014), Buchan 외(2011)에, 정서적 지지에 대한 연구는 Westmaas 와 Silver(2006)에, 용서에 대한 연구는 Karremans와 Aarts(2007), Noor 외(2008)에, 판단된 창의성에 대한 연구는 Adarves-Yorno, Haslam과 Postmes(2008)에, 올바른 도덕성에 대한 연구는 Gino와 Galinsky(2012), Leach, Ellemers와 Barreto(2007)에, 올바른 인간성에 대한 연구는 Brant와 Reyna(2011), Haslam(2006)에 있다. 이러한 편애는 인간의 행동에 미치는 영향에서 광범위할 뿐만 아니라, 다른 영장류에서 나타나는 것처럼 본능적이고, 어린 시절부터 자발적으로 나타난다(Buttleman and Bohm, 2014; Mahajan et al., 2011). 명절에 안부를 묻는 카드 교환에서 상호성의 원칙이 어떻게 작동하는지 보여주는 설명은 Kunz(2000)와 Kunz, Wolcott(1976)에서 찾을 수 있다.

16. 내집단 구성원의 정체성에서 발생하는 인지적 혼동은 (1) 그룹 구성원에게 자신의 기질을 투사하려 하고(Cadinu and Rothbart, 1996; DiDonato, Ulrich, and Krueger, 2011), (2) 이전에 평가한 기질이 자신과 내집단 구성원들 중 누구의 것이었는지에 대한 기억이 엉망일 경우(Mashek, Aron, and Boncimino, 2003), (3) 자신과 내집단 구성원 간을 구분하는 기질 요인이 무엇인가를 알아내는 데 상당히 긴 시간이 걸린다(Aron et al., 1991; Otten and Epstude, 2006; and Smith, Coats, and Walling, 1999)는 경향에 기인한다. 실제로 신경과학적 증거도 존재한다. 자기와 가까운 지인 간의 구분이 모호한 것은 전두엽 피질에서 두 사람에 대한 생각이 같은 위치의 영역과 회로에서 발생하기 때문이다(Ames et al., 2008; Kang, Hirsh, and Chasteen, 2010; Mitchell, Banaji, and Macrae, 2005; Pfaff, 2007, 2015; and Volz, Kessler, and von Cramon, 2009). 다른 종류의 인지적 혼동은 별개의 일인데도 뇌에서는 동일한 구조와 메커니즘이 작용하는 경우다(Anderson, 2014). 예를 들어, 반복적으로 무언가를 한다고 상상하면 이후 자신이 실제로도 그것을 했다고 믿는 사람들의 경향이 여기에 해당한다. 이런 경우는 직접 그 행동을 하는 것과 단지 그 행동을 한다고 상상만 해도 동일한 뇌 구성 요소의 일부를 포함한다는 것을 보여주는 연구에 의해 어느 정도 설명된다(Jabbi, Bastiaansen, and Keysers, 2008; Oosterhof, Tipper, and Downing,

2012). 또 다른 예에서, 사회적 거부 반응의 상처는 신체적 통증과 같은 뇌 영역에서 경험되고, 타이레놀과 같은 진통제를 사용해 두 종류의 통증을 모두 줄일 수 있다(DeWall et al., 2010).

17. 포괄 적응도의 개념은 1964년 W. D. 해밀턴(W. D. Hamilton)이 처음 지정했으며, 이후 진화적 생각의 중심으로 남아 있다. 특히 사활을 건 상황에서 혈연적 관계에 강한 매력을 느낀다는 점을 보여주는 증거를 Borgida, Conneer와 Mamteufal(1992), Burnstein, Crandall과 Kitayama(1994), Chagnon과 Bugos(1979)의 연구에서 볼 수 있다. 추가 연구에 따르면 아랍인과 이스라엘인은 두 집단 간의 유전적 유사성이 어느 정도인가를 알림으로써 서로가 적대적이고 응징적이 될 수 있음이 밝혀졌다(Kimel et al., 2016). Telzer와 동료들(2010)은 가족을 돕고 난 후, 청소년들의 뇌 보상 체계가 활성화된다는 사실을 발견했다. 인상적인 '가상의 가족' 연구에 대한 리뷰는 Swann, Buhrmester(2015)와 Fredman 외(2015)가 했다. 추가 연구를 살펴보면 이러한 집단 진보 효과의 이유가 설명된다. 의식에서 두드러지는 집단 정체성을 만드는 것은 사람들에게 그 정체성에 맞는 정보에 주의를 집중시켜(Coleman and Williams, 2015), 결과적으로 그 정보를 더 중요하고 인과적으로 보이게 한다(이 책의 3, 4장에 설명했다). Elliot과 Thrash(2004)의 연구에 따르면, 수업에서 부모가 그들의 자녀를 거의 완벽하게 지원한 것은 우연이 아니었다. 이 연구자들은 부모가 47개 항목의 설문지에 답변하면 자녀의 심리학 수업에서 추가 점수를 부여했다. 96퍼센트의 부모가 설문지를 완성해서 가져왔다. Preston(2013)은 훨씬 더 넓은 형태의 도움을 위한 기초로서 자녀 양육에 대한 상세한 분석을 제공한다. 비록 생물학자, 경제학자, 인류학자, 사회학자, 심리학자 들이 이미 자신늘의 연구를 통해 이 점을 잘 알고 있었지만, 자녀가 부모에게 주는 엄청난 끌림을 인식하기 위해 굳이 과학자가 될 필요는 없을 것이다. 예를 들어, 소설가들은 종종 이 강한 끌림의 매우 강한 감정적 힘을 묘사하곤 한다. 이 이야기는 우리 시대의 가장 위대한 소설가 중 한 명이 우리에게 들려주는 실화다. 많은 단어나 문장을 쓰지 않고도 풍부한 정서적 힘을 글에 담아내는 것으로 유명한 어니스트 헤밍웨이(Ernest Hemingway)가 주인공이다. 헤밍웨이는 자신의 편집자와 술집에서 술을 마시며 일종의 내기를 했다. 내기에서 헤밍웨이가 해야 할 일은 단 여섯 단어만을 사용해서 어떤 극적인 이야기 전체를 완벽하게 아우르면서 누구나 이해할 수 있게 하는 것이다. 그 여섯 단어를 읽은 뒤 편집자가 동의하면 편집자가 술을 사고 만일 그가 동의하지 않으면 헤밍웨이가 사는 것이 규칙이었다. 조건이 정해지고 나자 헤밍웨이는 6개의 단어를 냅킨의 뒷면에 써서 편집자에게 보여주었다. 그러자 편집자는 조용히 잔을 비우고, 바를 나가면서 바의 모든 손님에게 술을 샀다. 그 단어들은 "한 번도 신지 않은 아기 신발 팝니다(For sale. Baby shoes. Never worn)."였다.

18. 버핏의 50주년 기념 편지의 사본은 버크셔 해서웨이의 2014년 연례 보고서의 일부였으며, www.berkshirehathaway.com/letters/2014ltr.pdf에서 볼 수 있고, 발표는 2015년 2월

에 이루어졌다. 가족 내외의 경계에서 사람들은 서로 얼마나 비슷한지를 두고 유전적 공통분모를 파악하며 이 판단에 기초해 얼마나 더 좋아할지를 결정한다(De Bruine, 2002, 2004; Heijkoop, Dubas, and vanAken, 2009; Kaminski et al., 2010; and Leek and Smith, 1989, 1991). 이러한 유사성이 투표에도 영향을 미친다는 증거는 Bailenson 외(2008)가 수집했다. 신체적·성격적 공통점 외에도 사람들은 유전적 연관성을 평가하기 위한 기초로서 태도의 유사성을 사용하며, 결과적으로 내집단을 구성하고 도움을 줄 사람을 결정하기 위한 근거로 사용한다(Gray et al., 2014; Park and Schaller, 2005). 그러나 이와 관련해 모든 태도가 동일하지는 않다. 성적 행동과 자유주의/보수 이데올로기와 같은 문제에 대한 기본적인 신앙과 정치적 태도는 내집단 정체성을 결정하는 데에 가장 강력하게 기능하는 것으로 나타난다. 여기에는 일종의 교훈적 이유가 있다. 이것들은 유전을 통해 전달될 가능성이 가장 높은 태도이며, 따라서 유전적 '우리'를 반영하기 위한 것이다(Bouchard et al., 2003; Chambers, Schlenker, and Collisson, 2014; Hatemi and McDermott, 2012; Kandler, Bleidorn, and Riemann, 2012; and Lewis and Bates, 2010). 게다가 이런 유형의 태도는 정의를 내릴 때 갖는 느낌이 오랜 시간과 세대를 거치면서 대물림되었기에 쉽게 변하지도 않는다(Bourgeois, 2002; Tesser, 1993).

19. 인간(그리고 비인간)이 혈연관계를 확인하는 데 사용하는 단서들을 Park, Schaller와 Van Vugt(2008)가 매우 잘 개관해놓았다. Lieberman, Tooby와 Cosmides(2007)에서는 아이들의 계속되는 이타주의에 대하여 부모와의 동거 여부와 보호 관찰이 미치는 영향이 어느 정도인지 강력한 증거를 찾을 수 있다. [한때 셈포(Sempo)라는 이름으로 불렸던] 스기하라 지우네와 관련해선, 한 가지 사례에서 광범위한 결론까지 일반화하려는 시도는 언제나 위험하다고 말할 수 있다. 그러나 스기하라가 어린 시절의 가정이 인종적 다양성을 쉽게 접할 수 있었던 탓에 이후 성인이 되어 이런 구조 활동을 한 유일한 사람이 아니라는 점에 주목해야 한다. Oliner와 Oliner(1988)는 유대인을 나치로부터 숨겨주었던 당시 유럽 내의 비유대인들의 상당히 큰 표본에서 그러한 역사를 발견했다. 이 연구자들의 표본을 보면 유대인들을 돕고 구한 사람은 그렇지 않은 사람들과 비교하면 확실한 차이점이 있었는데, 성장 과정에서 다양한 계층과 종류의 사람을 경험함으로써 더 넓은 공동체 의식을 느끼고 있었다는 점이 차이점이라고 한다. 반세기 후에 인터뷰해보니, 구조자들은 홀로코스트 기간 타인을 돕기 위한 후속 결정과 관련해 우리성이 확장된 감각이 있었을 뿐만 아니라, 여전히 다양한 사람을 돕고 있었다(Midlarsky and Nemeroff, 1995; Oliner and Oliner, 1988). 최근에 연구자들은 개인이 자발적으로 다른 사람과 자신을 동일시하는 것을 측정할 수 있는 성격 검사를 개발했다. '우리'라는 대명사 사용 빈도에 대한 척도, '가족'으로서의 타인 개념, 일반적으로 사람들과의 '자기-타인 중복' 정도를 포함하는 이 중요한 척도는 국제 인도적 구호 노력에 기여함으로써 타국의 어려운 사람들을 기꺼이 도우려 하는 것을 예측한다(McFarland, Webb, and Brown, 2012; McFarland, in press). 또한 다른 나라에서 온 이민자들이

처한 곤경에 보이는 자비로운 반응은 지각된 자기-타인 중복에 기초하는 듯하다(Sinclair et al., 2016). 제2차 세계대전 이전 환경에서 스기하라가 사람들을 돕게 했던 상황적 요인과 개인적 요인에 대한 정보는 당시 일본과 유럽의 역사적 환경(Kranzler, 1976; Levine, 1997; and Tokayer and Swartz, 1979)과 스기하라와의 인터뷰(Craig, 1985; Watanabe, 1994)에서 인용했다. Cohen(1972)의 강제 수용소 사건에 대한 설명은 한 특이한 협회에서 그가 이야기를 전달할 당시 코언의 룸메이트였던 나치의 전 경비원과의 대화가 그 출처다. 앙드레 트로크메와 그의 아내인 마그다(Magda)가 이끄는 르샹봉쉬르리뇽(Le Chambon-sur-Lignon)의 사람들은 3,500명의 목숨을 구했다고 추정된다. 그가 1940년 12월에 그의 집 밖에서 얼어붙은 유대인 여성을 도우려고 결심한 이유에 관해서는 확실하게 대답하기가 어렵다. 그러나 전쟁이 끝날 무렵 구금 상태가 되었고, 당시 프랑스의 괴뢰 정부인 비시(Vichy) 정부 당국자들이 그와 그의 동료 주민들이 도와준 유대인들의 이름을 요구했을 때, 그의 입에서는 너무나도 쉽게 하지만 근본적으로는 진심을 담은 세계관인 한마디가 나왔다. "우리는 유대인이 무엇인지 모른다. 우리는 인류에 대해서만 알고 있다(Trocmé, 2007, 1971)." 그의 친척이나 이웃이 트로크메가 도움을 요청했을 때 어느 정도 그 요청을 받아들였느냐에 관해서도 이후의 다른 기록들을 보면 분명한 차이가 나타난다. 친족적으로 더 가까울수록 트로크메의 요청을 잘 받아들여 유대인을 도왔다. 예를 들어, 1990년대 중반의 르완다 대학살 기간 동안 후투족이 투치족을 공격했을 때, 공격을 주저하는 사람들에게 던져진 메시지도 부족 공동체 의식을 자극하는 것이었다. '후투족의 힘'은 도살을 위해 부르짖는 외침과 정당성 양쪽을 만족시키는 말로 사용되었던 것이다.

20. 사람들이 지역의 목소리에 매우 취약하다는 점은 선거에서도 분명히 확인된다. 보통 사람들은 자신과 같은 지역 사람이 "나와서 투표하라."고 했을 때 그 요청을 따를 가능성이 더 높으며(Middleton and Green, 2008; and Rogers, Fox, and Gerber, 2012; Sinclair, McConnell, and Michelson, 2013), 이를 두고 '지역 우세 효과(local dominance effect)'(Zell and Alike, 2010)'라고 부른다. 특히, 지역 현장 사무실 자원봉사자의 집집마다 투표를 재촉하는 것은 대중매체 기반으로 한 노력보다 투표율에 더 큰 영향을 미친다(Enos and Fowler, in press). 따라서 성공적인 대선 캠페인을 위해, 오바마 쪽 스태프들은 자원봉사자의 지역 지위를 강조하는 설득력 있는 대본을 개발했다(Enos and Hersh, 2015). 오바마 전략가들이 캠페인 전반에 걸쳐 행동과학에서 어떻게 다른 통찰력 있는 방법도 적용했는지가 궁금하다면 Issenberg(2012)를 참조하라.

21. 설문에 기꺼이 대답하려는 의지, 아프가니스탄 전쟁 반대, 다른 지역 출신 전우를 버리고 후퇴하는 등의 행동과 관련된 내용은 Edwards, Dillman과 Smyth(2014), Kriner와 Shen(2012), Costa와 Kahn(2008)에서 각각 볼 수 있다. Levine(1997)에 따르면, 스기하라의 비자는 최대 1만 명의 유대인을 살렸으며, 대다수는 일본 영토로 망명했다. 그들을 대피시키기로 한 일본의 결정을 여러 역사가가 기록으로 남겼다(Kranzler, 1976, and Ross, 1994). 그

러나 가장 자세한 설명은 도쿄의 전 유대교 랍비장 Marvin Tokayer가 제공했다(Tokayer and Swarz, 1979). 내가 본문에 기술한 설명은 공동 집필된 교과서에 있는 좀 더 학술적인 형태로 쓰인 내용을 각색한 것이다(Kenrick, Neuberg, and Cialdini, 2015).

관찰력 있는 독자들은 홀로코스트라고 불리는 대학살 정책을 묘사할 때, 독일인이 아니라 나치라고 언급했다는 것을 알아차렸을 것이다. 이는 독일이라는 나라의 문화나 사람들을 나치 정권과 동일시하는 것은 정확하지 않을뿐더러 공정하지도 않다는 나의 관점 때문이다. 같은 이유로 우리는 폴 포트(Pol Pot) 지배하에 있는 크메르 루주(캄보디아의 공산주의 혁명 단체), 제2차 세계대전 이후 스탈린(Stalin), 문화혁명기 동안의 4인방(중국 문화대혁명을 주도한 과격파), 크리스토퍼 콜럼버스(Christopher Columbus) 이후의 정복자들 또는 초창기 미국 시절부터 등장한 '명백한 운명(Manifest Destiny)'(미국 역사에서 서쪽으로 태평양까지, 나아가 그 너머까지 미국 영토의 확장이 불가피하다는 이론)을 제정한 사람들의 잔혹한 프로그램을 캄보디아나 러시아, 중국, 이베리아, 미국의 문화와 사람들과 동일시하지 않기 때문이다. 일시적이고 강력한 상황에 따른 환경에서 종종 발생하는 정부 제도는 국민을 공정하게 나타내지 못한다. 그러므로 나는 독일 나치의 지배기를 이야기할 때 독일과 나치를 하나로 묶지 않는다.

12장 연대감 2: 함께 행동하기

22. 하나가 되기 위해 같은 행동을 동시에 하는 것의 역할을 뒷받침하는 다양한 유형의 행동 과학 자료는 Wheatley 외(2012)의 리뷰 논문에 잘 개관돼 있다. 추가 연구는 다른 사람들 사이에서 동시에 발생하는 움직임을 목격하게 되면 그들이 같은 사회적 단위의 구성원이리라고 추론한다는 점에서 착안됐다(Lakens, 2010). 집단적 연대를 조장하기 위해 고안된 사회적 메커니즘의 경우는 Kesebir(2012)와 Paez 외(2015)의 연구로 설득력을 얻는다. Able과 Stasser(2008)는 일치된 선택이 타인과의 지각된 차이에 미치는 영향을 연구했고, Paladino 외(2010)는 지각된 유사성과 자기-타인 구분의 혼란에 대해 동시에 발생하는 감각 경험의 영향을 알아보기 위한 실험을 했다. 따라서 영향력를 끼치고 싶은 사람이라면 같은 행위를 동시에 하는 것이 얼마나 중요한 힘을 발휘하는가를, 전 세계적으로 유명한 사학자 William H. McNeill(1995, 152)의 포괄적인 요약문을 통해 되새겨볼 필요가 있다. "함께 목소리를 내는 동안 리드미컬하게 움직이는 것은 우리 종족이 생각해낸, 의미 있는 공동체를 만들고 유지하는 데 가장 빠르고 효과적인 방법이라고 확신한다."

23. Howe와 Risen(2009), Cappella(1997), Bernieri(1988)는 각각 손가락 두드리기, 미소 짓기, 자세 바꾸기 등을 통한 조직화된 움직임의 통일된 효과를 연구했다. 물을 마시는 실험은 참가자들이 내집단의 다른 사람이 물을 마시는 행동을 모방해야 하는 절차를 사용해 Inzlict, Gutsell과 Legault(2012)가 수행했다. 그 절차는 다소 과장된 수준으로 흑인에 대한

백인의 전형적인 편견을 보였다. 홍미롭게도 추가 이득이 있는 동시적 행동의 형태가 하나 있다. 정보에 주의를 기울일 때, 사람들은 만약 타인들도 그 대상에 동시에 주의를 기울이고 있음을 알게 되면 더더욱 주의를 기울인다(즉 더 큰 인지적 자원을 할당한다). 그러나 이것은 상대방과 자신이 '우리'라는 관계에 있을 때에만 해당한다. 밀접하게 관련된 다른 사람들과 함께 무언가에 공동으로 주의를 기울이는 행위는 그 사건이 특별한 주의를 기울이라고 정당하게 요구하고 있다는 신호이기 때문이다(Shteynberg, 2015).

24. 사회적으로 영향력을 미치기 위해 가장 중요한 건 '지지 행위'라는 나의 주장은 다른 사람의 감정(또는 신념, 인식, 태도)을 바꾸는 것의 중요성과는 별개의 의미로 해석돼야 한다. 즉 두 측면 모두 중요하다는 말이다. 게다가 이 둘은 동시에 진행돼야 한다. 상대방을 돕는 과정에서 감정과 관련된 다양한 요인의 변화도 동시에 도모돼야 한다. 테이블 두드리기 연구는 Valdesolo와 DeSteno(2011)에 의해 수행되었고, 행진 연구는 Wiltermuth와 Heath(2009)가 수행했다. 일제히 행진하는 것은 전장 전술로서 오래전에 사라진 가치임에도 불구하고, 여전히 군사 훈련에서 관례적으로 사용된다는 점은 상당히 홍미롭다. 다수의 후속 실험을 통해 Wiltermuth는 한 가지 이유를 제시한다. 함께 행진한 후, 사람들은 외집단 구성원에게 피해를 주는 동료 행진자의 요청을 더 기꺼이 따르는 것으로 관찰됐다. 이것은 요청자가 권위자일 때뿐 아니라(Wiltermuth, 2012a) 단순한 동료인 경우(Wiltermuth, 2012b)에도 마찬가지였다.

25. 이 아이디어에 대한 증거가 늘어남에 따라, 집단적 연대감을 형성하고 자기-타인 융합을 통해 사회적으로 단결시키는 메커니즘으로서의 음악 개념을 점차로 더 많이 수용하고 있다(Ball, 2010; Bannan, 2012; Dunbar, 2012; Huron, 2001; Loersch and Arbuckle, 2013; Molnar-Szakacs and Overy, 2006; and Tarr, Launay, and Dunbar, 2014). 학자들은 음악의 단결 기능을 인식할 뿐 아니라 때로는 희극적 기능까지도 발견하고 있다. www.youtube.com/watch?v=etEQz7NYSLg 를 참고하라. 4세 아동들 사이에서의 도움 행동 연구는 Kirschner와 Tomasello(2010)가 수행했다. 개념적으로 비슷한 결과가 Cirelli와 동료들(2013)에 의해 14개월된 유아들에게서도 나타났다.

26. 커너먼의 《생각에 관한 생각》은 시스템 1과 2를 가장 완벽하게 설명하는 책이다. 두 시스템을 구분하는 것이 타당하다는 증거는 그 책에도 잘 나와 있지만 Epstein을 비롯한 공동 저자들(1992, 1999)의 리뷰 논문에 좀 더 축약적으로 정리돼 있다. 태도의 감정 대 이성적 기초와 설득의 메시지를 잘 조화시키는 것이 얼마나 중요한 지혜가 되는가는 Clarkson, Tormala와 Rucker(2011), Drolet과 Aaker(2002), Mayer와 Tormala(2010), Sinaceur, Heath와 Cole(2005)에서 볼 수 있다.

27. Bonneville-Roussy 외(2013)는 젊은 여성이 로맨스를 제외한 의류, 영화, 서적, 잡지, 컴퓨터 게임, TV 및 스포츠보다 음악이 자신에게 더 중요하다고 생각하는 자료를 포함한 리

뷰 논문을 발표했다. 음악과 리듬이 합리적 과정과는 전혀 다른 자기만의 독립적 방식으로 작동한다는 강력한 과학적 증거가 있다(de la Rosa et al., 2012; Gold et al., 2013). 그러나 음악가들이 주제에 대해 말한 것을 조사하는 것이 더 유익할 것이다. 예를 들어, 어떤 음악적 내용을 글로 표현하는 것이 얼마나 어려운지에 대해 엘비스 코스텔로(Elvis Costello)의 말을 빌어 살펴보자. "음악을 글로 표현하는 것은 건축물을 춤으로 나타내는 것과 같다." 또는 로맨스에서의 인지와 정서 사이의 불일치를 지지하는 빌 위더스(Bill Withers)의 노래의 한 소절을 살펴보자. 그 노래는 또다시 집을 떠난 젊은 여자에 때문에 괴로워하는 한 남자에 대한 1971년 곡 '햇빛은 없다네(Ain't No Sunshine)'이다. "그리고 나는 알고 있다, 알고 있다, 알고 있다. (스물세 번 더 반복)/ 이봐, 나는 그 여자를 이제 풀어줘야 해. / 하지만 그녀가 사라졌을 때 이제 더 이상 햇빛은 없다네." 위더스는 가장 순수한 시 형식으로 그의 요점을 만들 줄 아는데 이런 가사는 나도 전에 전혀 들어본 적이 없었다. 낭만적 사랑의 고통에서, 인지적으로 알 수 있는 바(스물여섯 번이나!)와 정서적으로 느끼는 것을 고치거나 건드리지 않는다. 코스텔로에 대한 인용문은 Elizabeth Hellmuth Margulis(2010)의 흥미로운 논문에서 나왔다. 그 논문에서 Elizabeth는 관객에게 어떤 음악의 일부의 구성(베토벤 현악 사중주에서 발췌한 것)이 어떻게 이루어지는 사전에 정보를 제공하면 청중이 그 음악을 들으면서 느끼는 즐거움이 반감된다는 증거를 추가했다. 최근 40년 동안 인기 있는 노래 내용을 연구한 결과, 80퍼센트가 낭만적이고, 성적인 주제를 다루는 것으로 나타났다(Madanika and Bartholomew, 2014). 프랑스 기타 케이스 실험(Guéguen, Meineri and Fischer-Lokou, 2014)은 성공적으로 전화번호를 받아낸 비율이 기타 케이스 31퍼센트, 스포츠 백 9퍼센트, 아무 선택도 안 한 사람 14퍼센트로 나왔다. 암스트롱의 광고 성공에서 음악 효과에 대한 설명은 2010년 책의 271~272쪽에 나와 있다.

28. 일레인 애론과의 인터뷰는 www.huffingtonpost.com/elaine-aron-phd/36-questions-for-intimacy_b_6472282.html에서 볼 수 있다. 캣런 기사의 기초가 된 과학적 논문들이 바로 애론 부부(1997)의 연구다. 36개 문항 절차의 상호 교환적 특징의 기능적 중요성에 대한 증거는 Sprecher 외(2013)의 연구에 나타나 있다. 이 절차는 다른 민족에 매우 강한 편견을 가지고 있는 사람들에게도 적용될 수 있도록, 다소 수정된 형태로 사용되고 있다(Page-Gould, Mendoza-Denton, and Tropp, 2008).

29. 1949년에 처음 출판된 이래 환경보호 관련자들에게 기본 필독 지침서가 된 알도 레오폴드의 성명서와도 같은 책《모래 군의 열두 달》에서, 나는 그가 자작나무와 소나무를 달리 대했던 에피소드를 발견했고 여기에 주목했다(1989년판 양장본의 68~70쪽을 보라.) 자연환경 보호과 인간 중심적 접근보다 생태 중심적 접근을 통해서 성취된다는 그의 강한 믿음은 자연환경에서 포식자의 개체 수를 조절하겠다는 정부 정책에 그가 왜 반대하는지를 잘 알려주는 대목이 된다. 그리고 매우 놀라운 증거가 육식 동물인 늑대를 통해 제시된다. 그 증거

에 대한 발표 자료는 www.distractify.com/wolves-change-rivers-1197626599.html에서 확인할 수 있다. 이 영상을 보고 나면 당신은 기뻐할 것이다.

30. 이케아 효과 연구는 Norton, Mochon과 Ariely(2012)가 수행했다. 동료와 공동 생산품에 대한 평가 연구는 내가 경험해본 사람 중에서 가장 학문적으로 깊이 사고하고, 특히 여러 수준의 문제 분석을 동시에 수행할 수 있는 탁월한 능력을 지닌 Jeffrey Pfeffer와 공동으로 수행했다(Pfeffer and Cialdini, 1998). 하지만 이 실험 연구 자체와 우리가 말하려는 논지(사람들이 자신과 함께 무언가를 공동으로 창작한 사람을 높게 평가하는 것)에 Pfeffer 교수에 대한 나의 높은 평가가 개입되었다고 생각하는 독자는 없길 바란다. 이 사람의 객관적 학문적 업적은 실제로 엄청나며 나의 이러한 평가를 받기에 마땅한 사람임을 누구도 부인할 수 없기 때문이다.

3세 아이들의 공유에 대한 협력의 효과는 Warneken와 동료들(2011)의 연구에 설명되어 있다. 협동 학습 기술의 긍정적인 결과는 Paluck과 Green(2009), Roseth, Johnson과 Johnson(2008)이 개관했다. 그러한 접근법을 실제로 적용하는 방법에 대한 정보를 찾고 있는 교육자는 Elliot Aronson 및 그의 동료들이 개발한 '조각 그림 맞추기 교실(Jigsaw Classroom, www.jigsaw.org)'에서 정보를 찾을 수 있다. 소비자 피드백의 다양한 유형에 대한 설문 조사 연구는 조언한 소비자에게 예기치 않게 많은 보수를 지급하면 오히려 해당 브랜드에 호의가 떨어진다는 것을 우연히 발견한 Liu와 Gal(2011)에 의해 수행되었다. 연구자들은 왜 이런 현상이 일어났는지 조사하지는 않았지만, 연구진의 추측은 이렇다. 자신의 충고를 통해 브랜드와 공동체적 측면에 관심을 두게 되었는데 예기지 못한 많은 금액의 보수가 지급되자 그 주의를 자기 개인으로 돌렸다는 것이다. 다양한 브랜드가 고객 참여를 향상시키기 위해 공동 작업을 어떻게 사용하는지에 대한 몇 가지 예를 보려면 다음 세 가지를 보라. www.visioncritical.com/5-examples-how-brands-are-using-co-creation, www.visioncritical.com/cocreation-101, www.greenbookblog.org/2013/10/01/co-creation-3-0.

31. 물론 이 마지막 줄은 절반은 농담이다. 그럼에도 불구하고 거대하게 얽혀 있는 복잡한 문제를 해결하는 데 하나의 간단한 해결책만을 사용하는 게 마땅하다는 내용은 가볍게 웃어넘길 사항이 아니다. 수많은 공로로 다양한 학술상을 수상한 생물학자 스티브 존스(Steve Jones)가 소위 말하는 과학자들을 관찰한 바를 들어보면 그 의미가 분명해진다. 특히 원로급에 해당하는 과학자들 말이다. 스티브 존스는 이 시대의 개별 전문적 영역에서 원로급 과학자들이 마치 자신들이 습득한 지식이 그 영역 밖에 있는 훨씬 더 큰 주제에 대해서도 매우 자신 있게 무언가를 말할 수 있게 해줄 수 있다는 일종의 착각을 하고 있는 점을 꼬집었다. 그리고 이를 전문 지식을 통한 '큰 문제에 돌진하기(boom about Big Issues)'를 시작한다고 표현했다. 존스의 경고 섞인 지적은 이 장의 마지막에서 내가 처할 상황과 상당한 관련

이 있는 듯하다. 왜냐하면, 첫째, 나는 이제 그가 말하는 그 원로급 나이가 되었다. 둘째, 더 광범위한 논의를 위해 나는 국제 외교, 종교적 · 민족적 갈등, 인종적 적대감과 관련된 결론을 내려야 하는 반면에, 어느 영역에 대해서도 전문 지식은 없다. 분명 나는 어둠 속에서 굉음을 내며 돌진을 하고 있는 셈이다.

13장 윤리적 설득

32. Bomey(2015), Karpoff, Lee와 Martin(2008), Karpoff, Lott과 Wehrly(2005), Lewis(2003), Trudel과 Cotte(2009)에서 평판으로 인해 재정적 손실 규모가 상당할 수 있음을 보여주는 자료들을 살펴볼 수 있다. Rothbart와 Park(1986), Herbig 외(1994), Nguyen과 Leblanc(2001)의 연구들은 부정직성이 들통나면 이후에는 신뢰를 회복하기가 어렵다는 것을 보여주고 있다. 이러한 과학적 연구들이 포함하는 많은 증거들은 결국 허니웰 사(Honeywell Inc.)의 전 회장인 에드슨 스펜서(Edson Spencer)가 비즈니스 집단에 전하는 충고 한마디로 요약된다. "무엇이 옳고, 무엇이 편리한지 사이에 좋은 경계를 긋는 사업가는 사업가로서 훌륭한 명성을 쌓는 데 몇 년이 걸리지만, 그 명성이 하루아침에 무너질 수 있다는 것을 명심해야 한다." 컨설팅 회사 언스트앤드영(Ernst&Young)(2013, 2014)은 많은 기업의 고위층을 대상으로 비윤리적 행동이 발각될 경우 치러야 하는 대가가 상당하다는 것은 알고 있지만 그럼에도 불구하고 기업에 이익이 된다면 그런 행동을 기꺼이 하거나 허락할지를 묻는 조사를 전 세계적으로 실시했다. 그 결과 여전히 불법행위는 무시할 수 없는 수로 존재한다는 것이 밝혀졌다. 그에 관한 증거들은 윤리 및 규정 준수(Ethics&Compliance Initiative, ECI) 국가 사업 윤리 조사(National Business Ethics Survey)(2012), 언스트앤드영 글로벌 부정 조사(Ernst&Young Global Fraud Surveys)(2013, 2014), 미국 로펌인 래버턴 서처로(Labaton Sucharow)의 금융 서비스 업계 조사(2013, 2015)에서 볼 수 있다. 그리고 굳이 이런 조사를 보지 않더라도 어떤 신문에서라도 거의 매일 이런 사실을 보여주는 기사들을 쉽게 찾아볼 수 있을 것이다.

현재 우리가 살고 있는 사회의 경제 시스템이 지니는 독특한 특성 때문에 많은 거래 담당자를 부정직하게 만들 수 있는 경우를 나보다 훨씬 잘, 완벽하게 설명하는 책이 있다. 노벨상 수상자인 조지 애커로프와 로버트 실러 교수의《피싱의 경제학: 인간 약점을 파고드는 시장 경제의 은밀한 조작과 속임수(Phishing for Phools: The Economics of Manipulation and Deception)》(2015)가 바로 그 책이다. 처벌받을 만한 행동을 막는 가장 좋은 방법 중 하나가 들킬 가능성을 상기시키는 것이라는 점을 잘 보여준 학술 연구들은 Becker(1968), Higgins 외(2005), Kagan(1989), Lab(2013), Nagin과 Pogarsky(2001), Paternoster(2010)를 들 수 있다.

33. 직무스트레스와 관련된 건강 관리 비용의 분석은 Goh, Pfeffer와 Zenios(2016)가 했으

며, 직무스트레스가 건강에 미치는 해로운 영향이 간접흡연과 정도가 비슷하다는 결론이 도출되었다. 결과적으로, 많은 기관이 간접흡연에 직원이 노출되지 않도록 조치를 취하는 것과 같은 방식으로 과도한 직무스트레스를 유발하는 관리 관행에 직원들이 노출되지 않도록 해야 한다고 연구진은 주장하고 있다. 이에 대한 요약은 다음 링크를 참고할 것. http://fortune.com/2015/04/13/is-your-employer-killing-you. Bischoff와 동료들(1999)은 금융 서비스 고객 접촉 직원들 사이의 피로와 직무 탈진에서 도덕적 스트레스의 영향에 대한 연구를 수행했다. 도덕적 스트레스의 감정을 가장 많이 낳은 활동의 종류는 직무 관련 의무를 수행하기 위해 고객에게 부정직하도록 요구한 활동이었다. 부정직한 조직의 삼중적 종양 구조를 분석한 우리의 연구는 Cialdini, Li와 Samper가 진행하는 중이다.

34. 이직률 관련 비용의 유형과 규모에 대한 추정치는 Borysenko(2015), Boushey와 Glynn(2012), Harter 외(2010)의 연구에서 볼 수 있다. Ambrose 외(2008), Burks와 Krupka(2012), De Tienne 외(2012), Herman 외(2007), Ulrich 외(2007)는 조직과 직원의 윤리적 가치 사이가 불일치하면 직원의 업무 불만족과 퇴사율이 증가한다는 것을 보여준다.

35. 직원의 불법행위로 조직이 치러야 하는 막대한 비용에 대한 설명은 국제공인부정조사관협회(Association of Certified Fraud Examiners, ACFE)가 발표한 〈업무상 부정과 권한 남용에 관한 보고서(Report to the Nations on Occupational Fraud and Abuse)〉(2014), Deyle(2015), 프라이스워터스하우스쿠퍼스(PricewaterhouseCoopers, PWC)의 〈세계경제범죄조사(Global Economic Crime Survey)〉(2014)에서 찾을 수 있다. 비윤리적 리더십과 그로 인한 사기 행위의 발생 사이의 판세는 Gino, Norton과 Ariely(2010), Peterson(2002)의 연구에 나타나 있다. 조직의 윤리적 또는 비윤리적인 분위기가 최고 권위자의 지위에 의해 가장 강하게 영향받는다는 것을 보여주는 연구도 있다. 160개의 기술, 보험, 유통, 금융, 식품 서비스, 제조, 의료, 정부 기관에 대한 연구를 분석한 Mayer 외(2009)의 자료를 보면 된다. 이를 통해 윤리적 리더십이 그 조직의 하부로 계속 흘러 들어간다는 것을 알 수 있다. 그래서 어린 시절에 주로 속하게 되는 조직인 학교나 가정의 역할이 중요하다. 어린이와 청소년을 가르치고 양육하는 교사와 부모 들은 이 시기에 도덕적 행동을 권장하고 촉진시킬 수 있는 있는 결정적 위치에 있기 때문이다(Pulfrey and Butera, 2013). 따라서 이분들이 듣고 싶어 하고, 또 들어야 하는 연구 결과를 몇 가지 소개하면 다음과 같다. 실제로 이 시기에 어떤 윤리적 가치를 키우느냐를 보면 이후 성인기의 삶의 만족도를 예측할 수 있다(James, 2011). 그리고 이 시기의 정직한 행동은 이후의 더 나은 육체적·정신적 건강을 예견할 수 있다(Kelly and Wang, 2012). 이 연구자들 중 한 팀인 Anita Kelly와 Lijuan Wang은 가정에 확고한 정직 문화를 만들어야 하는 이유에 대해서 다음과 같은 매우 중요한 조언을 남기면서 논문을 끝맺는다.

"우리가 벌인 10주간의 실험은 참가자들이 의도적·극적으로 자신의 거짓말을 줄일 수

있었을 뿐만 아니라, 이 감소가 건강을 크게 향상시켰음을 보여주었다. 어쩌면 언젠가는
부모가 아이들에게 건강을 위해 다음과 같이 말할 것이다. '과일과 채소를 먹어라.' '운동을
해라.' '되도록 거짓말을 하지 말아라.'

14장 설득의 효과를 지속하는 법

36. 영국 의료기관에서 실시된 노쇼에 관한 연구는 Martin, Bassi와 Dunbar-Rees(2012)가 수
행했다. 2008년 대선 기간 동안 미국 국기 효과는 Carter, Ferguson과 Hassin(2011)이 보고
했으며, Kalmoe와 Gross(출판 중)에 의해 2012년 대선에서도 같은 양상이 반복해서 관찰됐
다. 그러나 두 대선을 연구한 이들이 국기에 노출되면 사람들이 자동으로 정치적 보수 입
장으로 이동한다고 결론을 내린 만면, 국기가 보수당의 입장과 강하게 관련되어 있지 않
은 다른 국가에서는 국기를 보아도 보수주의로 이동하지 않는다는 것이 관찰됐다(Hassin et
al., 2007). 실제로, 심지어 미국에서도 국기가 공화당과 관련이 되는 맥락에서의 변화만 관
찰자의 태도에 영향을 미치는 것으로 나타났다.
Pocheptsova와 Novemsky(2010)는 예술 작품을 평가할 때 평가자가 적극적으로 자기의 평
가를 기록으로 남길 경우에만 최초에 자기가 느꼈던 긍정적 감정을 이후에도 계속 유지하
는 것으로 나타났다.

37. 자아의 개념이 지속적으로 변하기 위해서는 능동적이고, 많은 노력과 비용을 들여야 하
며, 자발적인 관여가 필요하다는 점은 나의 리뷰 논문(Cialdini, 2009, 3장)에 잘 개관돼 있다.
게다가 좀 더 최근 연구들은 이러한 관여가 자아 정체성을 암시하게 했을 때 가장 큰 효과
를 거둔다는 것을 보여주고 있다(Chugani et al., in press; Gneezy et al., 2012; Kettle and Haubel, 2011;
Sharot, 2010; and Schrift and Parker, 2014). 더욱이 이러한 관여는 이후 몇 년이 지나더라도 여전
히 일관되게 반응하도록 한다(Sharot et al., 2012). 앞서 언급한 나의 리뷰 논문에서, 나는 지속
적인 효과를 낼 수 있는 특정 목록에서 네 번째 요소인 공공성을 포함했다. (사적이라기보다
는) 공적인 관여를 어떤 명분하에 하면 그 효과가 미래에도 거의 같은 정도로 나타나게 한
다는 것을 보여주는 연구들이 있다(Dallande and Nyer, 2007). 그러나 좀 더 최근 연구를 살펴
보면 그렇게 관여한 명분이 강한 개인적 관련성을 느낄 때 주로 발생하는 것으로 관찰
됐다. 만일 그러한 개인적 관련성이 없다면, 사적인 관여보다 오히려 약한 효과를 지속적
변화에 대해 지니는 것으로 나타났다(Kristofferson et al., 2014).

38. 이 부분에서 내가 권장한 내용에는 일종의 모순적 요소가 있음을 잘 알고 있다. 나는 지속
적인 변화를 위해 우리의 캠페인에서, 우리의 정신없는 메커니즘을 정신 차리고 사용해야
한다는 점을 역설했다. 이런다고 해서 그 모순이 다 사라지지는 않겠지만 이를 입증하는
연구가 상당수 진행되었을 뿐만 아니라, 이 책의 기본 주제인 성공을 위한 초전 설득 과정

은 매우 계획적이어야 하기 때문에 이 주장과 충고를 단념할 생각은 전혀 없다(개판을 위해 서는 Wood and Neal, 2007을 참조하라). 결과로 생기는 계획은 정말로 중요하다. 왜냐하면 이 자동 응답 시스템이 어떻게 작동하는가에 대한 인식으로 제공받는 시간과 노력의 가치보다 그 계획이 더 중요하기 때문이다. 내가 거의 주장하다시피 하며 "우리가 시스템을 사용한다면 우리는 할 수 있다. 우리는 할 수 있다. 우리는 할 수 있다. 우리는 할 수 있다."라고 한다면, 나는 기꺼이 유죄를 인정할 의향이 있다. 그러나 나의 변론에서 다단계 판매 전략은 없었다는 것도 맹세할 것이다.

39. 의사들에게 손 씻기를 상기시키는 단서를 제시해 그 행동을 더 많이 하게 한다는 것을 보여주는, Grant와 Hofmann(2011)이 수행한 연구 결과는 나의 연구와는 다르게 해석될 수 있다. 그러한 증거가 의사의 환자 중심적 생각을 의미하는 것이 아니라, 검사하는 동안 손 위생 부주의로 발생한 감염 때문에 환자에게 고소될 수도 있다는 자기중심적 생각을 반영한 것이라는 주장도 가능하기 때문이다. 하지만 이러한 주장은 가능해도 그것을 입증하는 설명은 할 수 없을 듯하다. 첫째, 의사가 그러한 이유로 고소당하는 법적 근거는 거의 없다. 둘째, Grant와 Hofmann은 후속 연구를 통해 어떤 종류의 의료 실수로도 거의 고소당하지 않으며 손 씻기와 관련해서는 단 한 건도 없었다는 정보를 제공해주었으며, 손 위생이 불량일 때 환자에게 끼치는 악영향을 알리는 경고 문구를 사용해서 간호사들도 의사들 대상 연구와 같은 결과가 나왔다는 것을 보여줬다(이 법적 정보를 제공해준 그레이 패델(Gary Fadell)에게 감사를 표한다.). 따라서 의료 분야에 종사할 때 환자의 복지에 많은 선서를 한 의사와 간호사 모두에게 검사실에 들어갈 때 그 선서를 수년 후에도 단순히 상기시키는 것만으로도 많은 긍정적 변화를 만들어낼 수 있다는 이야기가 된다.

40. 카네기멜론 대학교의 Sah와 Loewenstein(2010)의 선물 관련 논문에는 의사와 헬스 케어 기업이 주고받는 선물과 그에 따른 부정적 영향에 관한 수많은 사례가 인용되어 있다. 좀 더 최근 보고서는 http://n.pr/1MmIZGk에서 볼 수 있다. 또한 Dana와 Loewenstein(2003)의 이전 논문을 보면 이해관계에서 상충하는 점이 있는 다양한 인간 판단과 행동에서 관련된 편향의 사례들을 살펴볼 수 있다. 더 최근의 연구 결과는 심지어 단 한 끼의 식사 접대라도 해당 제약회사 약의 처방률에 영향을 준다는 것을 보여준다. 식사 비용이 20달러 이상이 되면 처방률은 더욱 높아진다.

나의 최종 결론이 안정된 경향성, 선호도, 개인적 특성이 여러 가지 환경과 시점에 걸쳐 일관되게 인간의 행동에 영향을 미치지 않는다고 제안하는 것으로 해석되어서는 안 된다. 그러나 오랜 증거(Bargh, Lombardi, Higgins, 1988; Sedikides and Skowronski, 1990)와 더불어, 성격에 기반한 영향력도 순간적이며 상황에 기반한 영향력(의식상에서 매우 접근도가 높은 '반응-적절한 신호'의 작동)과 같은 방식으로 발생한다고 믿는다. 이 두 작동 방식은 의식상에서 매우 강하게 접근할 수 있어서 반응-적절한 신호가 높은 단서들에 기반하고 있기 때문이다. 둘 사이의 차이점은 이것이다. 성격에 기반한 영향력은 그러한 단서가 유전적 요인이나 인생사 같은 요인으로 의식에 아예 터를 잡고 있기 때문에 접근하기 쉽다. 반면, 상황에 기반한 영향은 최근에 봤던 이미지, 상호 작용, 사건에 의해 일시적으로 더 접근하기 쉽도록 의식에 배치된 반응 관련 단서들에 기인한다는 것이다.

참고문헌

2011 National Business Ethics Survey: Workplace Ethics in Transition. Washington, DC: Ethics Resources Center.

Able, S., and G. Stasser. 2008. "Coordination Success and Interpersonal Perceptions: Matching Versus Mismatching." Journal of Personality and Social Psychology 95: 576–92.

Ackerman, J. M., C. C. Nocera, and J. A. Bargh. 2010. "Incidental Haptic Sensations Influence Social Judgments and Decisions." Science 328: 1712–15.

Acohido, B. 2013. "Fraudsters Swamp Web with Bogus IRS Emails." Arizona Republic (Phoenix) (April 17), A13.

Adamo, S. H., M. S. Cain, and S. R. Mitroff. 2013. "Self-Induced Attentional Blink: A Cause of Errors in Multiple-Target Search." Psychological Science 24: 2569–74.

Adarves-Yorno, I., S. A. Haslam, and T. Postmes. 2008. "And Now for Something Completely Different? The Impact of Group Membership on Perceptions of Creativity." Social Influence 3: 248–66.

Aday, S., S. Livingston, and M. Hebert 2005. "Embedding the Truth: A Iraq War." Press/Politics 10: 3–21.

Ahktar, S., R. Faff, and B. Oliver. 2011. "The Asymmetric Impact of Consumer Sentiment Announcements on Australian Foreign Exchange Rates." Australian Journal of Management 36: 387–403.

Akerlof, G. A., and R. J. Shiller. 2015. Phishing for Phools: The Economics of Manipulation and Deception. Princeton, NJ: Princeton University Press.

Alba, J. W., and H. Marmorstein. 1987. "The Effects of Frequency Knowledge on Consumer Decision Making." Journal of Consumer Research 14: 14–25.

Algoe, S. B. 2012. "Find, Remind, and Bind: The Functions of Gratitude in Everyday Relationships." Social and Personality Psychology Compass 6: 455–69.

Algoe, S. B., S. L. Gable, and N. Maisel. 2010. "It's the Little Things: Everyday Gratitude as a Booster Shot for Romantic Relationships." Personal Relationships 17: 217–33.

Allen, M. P., S. K. Panian, and R. E. Lotz. 1979. "Managerial Succession and Organizational Performance: A Recalcitrant Problem Revisited." Administrative Science Quarterly 24: 167–80.

Alter, A. L. 2013. "The Benefits of Cognitive Disfluency." Current Directions in Psychological Science 22: 437–42.

Alter, A. L., and D. M. Oppenheimer. 2006. "Predicting Short-Term Stock Fluctuations by Using Processing Fluency." Proceedings of the National Academy of Sciences of the USA 103: 9369–72.

_____ . 2009. "Uniting the Tribes of Fluency to Form a

Metacog-nitive Nation." Personality and Social Psychology Review 13: 219–35.

Alter, A. L., D. M. Oppenheimer, N. Epley, and R. N. Eyre. 2007. Overcoming Intuition: Metacognitive Difficulty Activates Analytic Reasoning." Journal of Experimental Psychology: General 136: 569–76.

Ambrose, M. L., A. Arnaud, and M. Schminke. 2008. "Individual Moral Development and Ethical Climate." Journal of Business Ethics 77: 323–33.

Ames, D. L., A. C. Jenkins, M. R. Banaji, and J. P. Mitchell. 2008. "Taking Another Person's Perspective Increases Self-Referential Neural Processing." Psychological Science 19: 642–44.

Anderson, B. A., P. A. Laurent, and S. Yantis. 2013. "Reward Predictions Bias Attentional Selection." Frontiers in Human Neuroscience 7: 262. doi:10.3389/fnhum.2013.00262.

Anderson, C. A. 1982. "Inoculation and Counter-Explanation: Debiasing Techniques in the Perseverance of Social Theories." Social Cognition 7: 126–39.

Anderson, C. A., and K. E. Dill. 2000. "Video Games and Aggressive Thoughts, Feelings, and Behavior in the Laboratory and in Life." Journal of Personality and Social Psychology 78: 772–90.

Anderson, C. A., and E. S. Sechler. 1986. "Effects of Explanation and Counterexplanation on the Development and Use of Social Theories." Journal of Personality and Social Psychology 50: 24–34.

Anderson, C. A., N. L. Carnagey, M. Flannagan, A. J. Benjamin, J. Eubanks, and J. Valentine. 2004. "Violent Video Games: Specific Effects of Violent Content on Aggressive Thoughts and Behavior." Advances in Experimental Social Psychology 36: 199–249.

Anderson, J. C. 2013. "Experts Warn Against Giving Cybercriminals the Opening They Seek." Arizona Republic (Phoenix) (April 15), A1, A3.

Anderson, M. 2014. After Phrenology: Neural Reuse and the Interactive Brain. Cambridge, MA: MIT Press.

Aramovich, N. P., B. L. Lytle, and L. J. Skitka. 2012. "Opposing Torture: Moral Conviction and

Resistance to Majority Influence." Social Influence 7: 21–34.

Ardrey, R. 1961. African Genesis. New York: Atheneum Publishers.

Ariely, D., G. Loewenstein, and D. Prelec. 2003. "Coherent Arbitrariness: Stable Demand Curves Without Stable Preferences." Quarterly Journal of Economics 118: 73–105.

Armitage, C. J., and M. Connor. 2001. "Efficacy of the Theory of Planned Behaviour: A Meta-Analytic Review." British Journal of Social Psychology 40: 471–99.

Armstrong, J. S. 2010. Persuasive Advertising. London: Palgrave Macmillan.

Aron, A., E. N. Aron, M. Tudor, and G. Nelson. 1991. "Self-Relationships as Including Other in the Self." Journal of Personality and Social Psychology 60: 241–53.

Aron, A., E. Melinat, E. N. Aron, R. D. Vallone, and R. J. Bator. 1997. "The Experimental Generation of Interpersonal Closeness: A Procedure and Some Preliminary Findings." Personality and Social Psychology Bulletin 23: 363–77.

Asp, E., K. Manzel, B. Koestner, C. A. Cole, N. Denburg, and D. Tranel. 2012. "A Neuropsychological Test of Belief and Doubt: Damage to Ventromedial Prefrontal Cortex Increases Credulity for Misleading Advertising." Frontiers in Neuroscience 6 (July). doi:10.3389/fnins.2012.00100.

Atalay, A. S., Bodur, H. O., and D. Rasolofoarison. 2012. "Shining in the Center: Central Gaze Cascade Effect on Product Choice." Journal of Consumer Research 39: 848–56.

Ayton, P., S. Murray, and J. A. Hampton. 2011. "Terrorism, Dread Risks, and Bicycle Accidents. International Conference on Behavioral Decision Making," The Interdisciplinary Center, Herzliya, Israel, May 30–une 1, 2011.

Bailenson, J. N., S. Iyengar, N. Yee, and N. A. Collins. 2008. "Facial Similarity Between Voters and Candidates Causes Influence." Public Opinion Quarterly 72: 935–61.

Baimel, A., R. L. Severson, A. S. Baron, and S. A. J. Birch. 2015. "Enhancing 'Theory of Mind' Through Behavioral Synchrony." Frontiers in Psychology 6: 870. doi:10.3389/fpsyg.2015.00870.

Balancher, S., Y. Liu, and A. Stock. 2009. "An Empirical Analysis of Scarcity Strategies in the Automobile Industry." Management Science 10: 1623–37.

Ball, P. 2010. The Music Instinct: How Music Works and Why We Can't Do Without It. New York: Oxford University Press.

Balliet, D., J. Wu, and C. K. W. De Dreu. 2014. "Ingroup Favoritism in Cooperation: A Meta-Analysis." Psychological Bulletin 140: 1556–81.

Banderet, L. E., J. W. Stokes, R. Francesconi, D. M. Kowal, and P. Naitoh. 1981. "Artillery Teams in

Simulated Sustained Combat: Performance and Other Measures." In The Twenty-Four Hour Workday: Proceedings of a Symposium on Variations in Work-Sleep Schedules. Edited by L. C. Johnson, D. I. Tepas, W. P. Colquhon, and M. J. Colligan. DHHS publication no. 81–27) Washington, DC: US Government Printing Office, 81–127.

Bannan, N, ed. 2012. Music, Language, and Human Evolution. New York: Oxford University Press.

Bargh, J. A., M. Chen, and L. Burrows. 1998. "Automaticity of Social Behavior: Direct Effects of Trait Construct and Stereotype Activation on Action." Journal of Personality and Social Psychology 71: 230–44.

Bargh, J. A., P. M. Gollwitzer, A. Lee-Chai, K. Barndollar, and R. Trotschel. 2001. "The Automated Will: Nonconscious Activation and Pursuit of Behavioral Goals." Journal of Personality and Social Psychology 81: 1014–27.

Bargh, J. A., Lombardi, W. J., and E. T. Higgins. 1988. "Automaticity of Chronically Accessible Constructs in Person X Situation Effects on Person Perception: It's Just a Matter of Time." Journal of Personality and Social Psychology 55: 599–605.

Barlow, F. K., S. Paolini, A. Pedersen, M. J. Hornsey, H. R. M. Radke, J. Harwood, M. Rubin, and C. G. Sibley. 2012. "The Contact Caveat: Negative Contact Predicts Increased Prejudice More Than Positive Contact Predicts Reduced Prejudice." Personality and Social Psychology Bulletin 37: 1629–43.

Barnard, P. J., S. Scot, J. Taylor, J. May, and W, Knightley. 2004. "Paying Attention to Meaning." Psychological Science 15: 179–86.

Baron-Cohen, S. 1995. Mindblindness: An Essay on Autism and Theory of Mind. Cambridge, MA: MIT Press.

Barthel, J. 1976. A Death in Canaan. New York: Dutton.

Baumeister, R. F., E. Bratslavsky, C. Finkenauer, K. D. Vohs. 2001. "Bad Is Stronger Than Good." Review of General Psychology 5: 323–70.

Baumeister, R. J., E. J. Masicampo, K. D. Vohs. 2011. "Do Conscious Thoughts Cause Behavior?" Annual Review of Psychology 62: 331–61.

Bauml, K-H. 2002. "Semantic Generation Can Cause Episodic Forgetting." Psychological Science 13: 356–60.

Bayer, U. C, A. A. Achzinger, P. M. Gollwitzer, and G. B. Moskowitz. 2009. "Responding to Subliminal Cues: Do If-Then Plans Facilitate Action Preparation and Initiation Without Conscious Intent? Social Cognition 27: 183–201.

Bayer, U. C., and P. M. Gollwitzer. 2007. "Boosting cholastic Test Scores by Willpower: The Role of

Implementation Intentions." Self and Identity 6: 1–19.

Beck, R. 2011. "CEO Pay Tops Pre-Recession Levels." Arizona Republic (Phoenix) (May 7) D1, D4.

Becker, G. S. 1968. "Crime and Punishment: An Economic Approach." Journal of Political Economy 76: 169–217.

Becker, J. 2014. Forcing the Spring: Inside the Fight for Marriage Equality. New York: Penguin Press.

Belmi, P., and J. Pfeffer. 2015. "How 'Organization' Can Weaken the Norm of Reciprocity: The Effects of Attributions for Favors and a Calculative Mindset." Academy of Management Discoveries 1: 93–113.

Berkowitz, L. 1972. "Social Norms, Feelings and Other Factors Affecting Helping Behavior and Altruism." In Advances in Experimental Social Psychology. Vol. 6. Edited by L. Berkowitz. New York: Academic Press, 63–108.

Bernieri, F. J. 1988. "Coordinated Movement and Rapport in Teacher-Student Interactions." Journal of Nonverbal Behavior 12: 120–38.

Bhatia, S. 2013. "Associations and the Accumulation of Preference." Psychological Review 120: 522–43.

Bilalic, M., P. McLeod, and F. Gobet, 2010. "The Mechanism of the Einstellung (Set) Effect: A Pervasive Source of Cognitive Bias." Current Directions in Psychological Science 19: 111–15.

Birnbaum, R. 1989. "Presidential Succession and Institutional Functioning in Higher Education." Journal of Higher Education 60: 123–35.

Bischoff, S. J., K. B. DeTienne, and B. Quick. 1999. "Effects of Ethical Stress on Employee Burnout and Fatigue: An Empirical Investigation." Journal of Health and Human Services Administration 21: 512–32.

Blackmore, S. J. 1986. The Adventures of a Parapsychologist. Buffalo, NY: Prometheus Books.

_____ . 1997. "Probability Misjudgment and Belief in the Para

-normal: A Newspaper Survey." British Journal of Psychology 88: 683–89.

Blagrove, M. 1996. "Effects of Length of Sleep Deprivation on Interrogative Suggestibility." Journal of Experimental Psychology: Applied 2: 48–59.

Blankenship, K. L., D. T. Wegener, and R. A. Murray. 2012. "Circumventing Resistance: Using Values to Indirectly Change Attitudes." Journal of Personality and Social Psychology 103: 606–21.

Blankenship, K. L., D. T. Wegener, and R. A. Murray. 2015. "Values, Inter-Attitudinal Structure, and Attitude Change: Value Accessibility Can Increase a Related Attitude's Resistance to Change." Personality and Social Psychology Bulletin 4: 1739–50.

Blanton, H., L. B. Snyder, E. Strauts, J. G. Larson. 2014. "Effect of Graphic Cigarette Warnings on Smoking Intentions in Young Adults." PLoS ONE 9, no. 5: e96315. doi:10.1371/journal.pone.0096315.

Blanton, H., L. B. Snyder, E. Strauts, J. G. Larson. 2014. "Effect of Graphic Cigarette Warnings on Smoking Intentions in Young Adults." PLoS ONE 9, no. 5: e96315. doi:10.1371/journal.pone.0096315.

Bock, L. 2015. Work Rules! New York: Twelve. Hachette Book Group.

Boer, D., R. Fischer, M. R., Strack, M. H. Bond, E. Lo, and J. Lam. 2011. "How Shared Preferences in Music Create Bonds Between People: Values as the Missing Link." Personality and Social Psychology Bulletin 37: 1159–71.

Boland, W. A., M. Brucks, and J. H. Nielsen. 2012. "The Attribute Carryover Effect: What the 'Runner-Up' Option Tells Us About Consumer Choice Processes." Journal of Consumer Research 38: 872–85.

Bolkan, S. S., and P. A. Anderson. 2009. "Image Induction and Social Influence: Explication and Initial Tests. Basic and Applied Social Psychology 31: 317–24.

Bomey, N. 2015. "Volkswagen Sales Tepid as Scandal Affects Perception." Arizona Republic (Phoenix) (October 2), B3.

Bond, C. F., Jr. 1985. "The Next-In-Line Effect: Encoding or Retrieval Deficit?" Journal of Personality and Social Psychology 48: 853–62.

Bonneville-Roussy, A., P. J. Rentfrow, J. Potter, and M. K. Xu, 2013. Music through the Ages: Trends in Musical Engagement and Preferences from Adolescence through Middle Adulthood. Journal of Personality and Social Psychology 105: 703–17.

Boorstin, D. J. 1962. The Image: A Guide to Pseudo-Events in America. New York: Vintage Books.

Borgida, E., C. Conner, and L. Manteufal. 1992. "Understanding Living Kidney Donation: A Behavioral Decision-Making Perspective." In Helping and Being Helped, Edited by S. Spacapan and S. Oskamp. Newbury Park, CA: Sage, 183–212.

Borysenko, K. 2015. "What Was Management Thinking? The High Cost of Employee Turnover." TLNT (April 22). www.eremedia.com/tlnt/what-was-leadership-thinking-the-shockingly-high-cost-of-employee-turnover.

Bouchard, T. J., N. L. Segal, A. Tellegen, M. McGue, M. Keyes, and R. Krueger. 2003. "Evidence for the Construct Validity and Heritability of the Wilson-Paterson Conservatism Scale: A Reared-Apart Twins Study of Social Attitudes." Personality and Individual Differences 34: 959–69.

Bourgeois, M. J. 2002. "Heritability of Attitudes Constrains Dynamic Social Impact." Personality and Social Psychology Bulletin 28: 1063–72.

Boushey, H., and S. J. Glynn. 2012. There Are Significant Business Costs to Replacing Employees. Washington, DC: Center for American Progress (November 16). www.americanprogress.org/issues/labor/report/2012/11/16/44464/there-are-significant-business-costs-to-replacing-employees.

Boyce, C. J., A. M. Wood, J. Banks, A. E. Clark, and G. D. A. Brown. 2013. "Money, Well-Being, and Loss Aversion: Does an Income Loss Have a Greater Effect on Well-Being Than an Equivalent Income Gain?" Psychological Science 24: 2557–62.

Boydstun, A. E. 2013. Making the News: Politics, The Media, and Agenda Setting. Chicago: University of Chicago Press.

Boyle, J. 2008. The Public Domain: Enclosing the Commons of the Mind. New Haven, CT: Yale University Press.

Bradley, M. M. 2009. "Natural Selective Attention: Orienting and Emotion." Psychophysiology 46: 1–11.

Brandstätter, V., A. Lengfelder, and P. M. Gollwitzer. 2001. "Implementation Intentions and Efficient Action Initiation." Journal of Personality and Social Psychology 81: 946–60.

Brandt, M. J., and C. Reyna. 2011. "The Chain of Being: A Hierarchy of Morality." Perspectives on Psychological Science 6: 428–46.

Brendl, C. M., A. Chattopadhyay, B. W. Pelham, and M. R. Carvallo. 2005. "Name Letter Branding: Valence Transfers When Product Specific Needs Are Active." Journal of Consumer Research 32: 405–15.

Brenner, M. 1973. "The Next-In-Line Effect." Journal of Verbal Learning and Verbal Behavior 12: 320–23.

Bridwell, D. A., and R. Srinivasan. 2012. "Distinct Attention Networks for Feature Enhancement and Suppression in Vision." Psychological Science 23: 1151–58.

Brinol, P., M. Gasco, R. E. Petty, and J. Horcajo. 2013. "Treating Thoughts as Material Objects Can Increase or Decrease Their Impact on Evaluation. Psychological Science 24: 41–47.

Bronzaft, A. L. 1981. "The Effect of a Noise Abatement Program on Reading Ability." Journal of Environmental Psychology 1: 215–22.

Bronzaft, A. L., and McCarthy 1975. "The Effect of Elevated Train Noise on Reading Ability." Environment and Behavior 7: 517–28.

Brown, C. M., and A. R. McConnell. 2009. "When Chronic Isn't Chronic: The Moderating Role of

Active Self-Aspects." Personality and Social Psychology Bulletin 35: 3–15.

Brown, I., P. Sheeran, and M. Reuber. 2009. "Enhancing Antiepileptic Drug Adherence: A Randomized Controlled Trial." Epilepsy and Behavior 16: 634–39.

Brown, J. L., K. D. Drake, and L. Wellman. 2015. "The Benefits of a Relational Approach to Corporate Political Activity: Evidence From Political Contributions to Tax Policymakers." Journal of the American Taxation Association 37: 69–102.

Bryan, C. J., G. M. Walton, T. Rogers, and C. S. Dweck. 2001. "Motivating Voter Turnout by Invoking the Self." Proceedings of the National Academy of Sciences. doi:10.1073/pnas.1103343108.

Buchan, N. R., M. B. Brewer, G. Grimalda, R. K. Wilson, E. Fatas, and M. Foddy. 2011. "Global Social Identity and Global Cooperation." Psychological Science 22: 821–28.

Bukowski, W. M., B. Hoza, and M. Boivin. 1994. "Measuring Friendship Quality During Pre- and Early Adolescence: The Development and Psychometric Properties of the Friendship Qualities Scale." Journal of Social and Personal Relationships 11: 471–84.

Buonomano, D. 2011. Brain Bugs. New York: W. W. Norton.

Burger, J. M., N. Messian, S. Patel, A. del Prado, and C. Anderson. 2004. "What a Coincidence! The Effects of Incidental Similarity on Compliance." Personality and Social Psychology Bulletin 30: 35–43.

Burgoon, M., E. Alvaro, J. Grandpre, and M. Voulodakis. 2002. "Revisiting the Theory of Psychological Reactance." In The Persuasion Handbook: Theory and Practice. Edited by J. P. Dillard and M. Pfau. Thousand Oaks, CA: Sage, 213–32.

Burks, S. V., and E. L. Krupka. 2012. "A Multimethod Approach to Identifying Norms and Normative Expectations Within a Corporate Hierarchy: Evidence from the Financial Services Industry." Management Science 58: 203–17.

Burnkrant, R. E., and H. R. Unnava. 1989. "Self-Referencing: A Strategy for Increasing Processing of Message Content." Personality and Social Psychology Bulletin 15: 628–38.

Burnstein, E., C. Crandall, and S. Kitayama. 1994. "Some Neo-Darwinian Decision Rules for Altruism: Weighing Cues for Inclusive Fitness as a Function of the Biological Importance of the Decision." Journal of Personality and Social Psychology 67: 773–89.

Burrus, J., and K. D. Mattern. 2010. "Equity, Egoism and Egocentrism: The Formation of Distributive Justice Judgments." Basic and Applied Social Psychology 32: 155–64.

Busemeyer, J. R., and Z. Wang. 2015. "What Is Quantum Cognition, and How Is It Applied to Psychology?" Current Directions in Psychological Science 24: 163–69.

Busemeyer, J. R., E. M. Pothos, R. Franco, and J. S. Trueblood. 2001. "A Quantum Theoretical Explanation for Probability Judgment Errors." Psychological Review 118: 193–218.

Buttleman, D., and R. Bohm. 2014. "The Ontogeny of the Motivation That Underlies In-Group Bias." Psychological Science 25: 921–27.

Cacioppo, J. T., J. R. Priester, and G. G. Berntson. 1993. "Rudimentary Determinants of Attitudes: II. Arm Flexion and Extension Have Differential Effects on Attitudes." Journal of Personality and Social Psychology 65: 5–17.

Cadinu, M. R., and M. Rothbart. 1996. "Self-Anchoring and Differentiation Processes in the Minimal Group Setting." Journal of Personality and Social Psychology 70: 666–77.

Cai, H., Y. Chen, and H. Fang. 2009. "Observational Learning: Evidence from a Randomized Natural Field Experiment." American Economic Review 99: 864–82.

Cameron, C. D., J. L. Brown-Iannuzzi, and B. K. Payne. 2012. "Sequential Priming Measures of Implicit Social Cognition: A Meta-Analysis of Associations with Behavior and Explicit Attitudes." Personality and Social Psychology Review 16: 330–50.

Campbell, M. C. 1995. "When Attention-Getting Advertising Tactics Elicit Consumer Inferences of Manipulative Intent: The Importance of Balancing Benefits and Investments." Journal of Consumer Psychology 4: 225–54.

Campbell, M. C., and C. Warren. 2012. "A Risk of Meaning Transfer: Are Negative Associations More Likely to Transfer Than Positive Associations?" Social Influence 7: 172 92.

Cappella, J. N. 1997. "Behavioral and Judged Coordination in Adult Informal Social Interactions: Vocal and Kinesic Indicators." Journal of Personality and Social Psychology 72: 119–31.

Carnegie, D. 2009. How to Win Friends and Influence People. Reissue ed. New York: Simon & Schuster.

Carr, P. B., and G. M. Walton. 2014. "Cues of Working Together Fuel Intrinsic Motivation." Journal of Experimental Social Psychology 53: 169–84.

Carlson, K. A., M. G. Meloy, and E. G. Miller. 2013. "Goal Reversion in Consumer Choice." Journal of Consumer Research 39: 918–30.

Carstensen, L. L., B. Turan, S. Scheibe, N. Ram, H. Ersner-Hershfield, G. R. Samanez-Larkin, K. P. Brooks, and J. R. Nesselroade. 2011. "Emotional Experience Improves with Age: Evidence Based On over 10 Years of Experience Sampling." Psychology and Aging 26: 21–33.

Carter, T. J., M. J. Ferguson, and R. R. Hassin. 2011. "A Single Exposure to the American Flag Shifts Support Toward Republicanism Up to 8 Months Later." Psychological Science 22, no. 8: 1011–18.

Carver, C. S., R. J. Ganellen, W. J., Froming, and W. Chambers. 1983. "Modeling: An Analysis in Terms of Category Accessibility." Journal of Experimental Social Psychology 19: 403–21.

Cavicchio, F., D. Melcher, and M. Poesio. 2014. "The Effect of Linguistic and Visual Salience in Visual World Studies." Frontiers in Psychology 5: 176.

Ceci, S. J., D. K. Ginther, S. Kahn, and W. M. Williams, 2014. "Women in Academic Science: A Changing Landscape." Psychological Science in the Public Interest 15: 72–141.

Ceci, S. J., and W. M. Williams. 2010. "Sex Differences in Math-Intensive Fields." Current Directions in Psychological Science 19: 275–79.

Ceci, S. J., W. M. Williams, and S. M. Barnett. 2009. "Women's Underrepresentation in Science: Sociocultural and Biological Considerations." Psychological Bulletin 135: 218–61.

Cervone, D. 1989. "Effects of Envisioning Future Activities on Self-Efficacy Judgments and Motivation: An Availability Heuristic Interpretation." Cognitive Therapy and Research 13: 247–61.

Chagnon, N. A., and P. E. Bugos. 1979. "Kin Selection and Conflict: An Analysis of a Yanomamo Ax Fight." In Evolutionary Biology and Human Social Behavior. Edited by N. A. Chagnon and W. Irons. North Scituate, MA: Duxbury Press, 213–38.

Chaiken, S., and A. H. Eagly. 1983. "Communication Modality as a Determinant of Persuasion: The Role of Communicator Salience." Journal of Personality and Social Psychology 45: 241–56.

Chambers, J. R. 2011. "Why the Parts Are Better (or Worse) Than the Whole: The Unique-Attributes Hypothesis." Psychological Science 21: 68–275.

Chambers, J. R., R. B. Schlenker, and B. Collisson. 2013. "Ideology and Prejudice: The Role of Value Conflicts." Psychological Science 24: 140–49.

Chan, E., and J. Sengupta. 2010. "Insincere Flattery Actually Works: A Dual Attitudes Perspective." Journal of Marketing Research 47: 122–33.

Charpak, G., and H. Broch. 2004. Debunked! Baltimore: Johns Hopkins University Press.

Chein, Y-W., D. T. Wegener, R. E. Petty, and C-C Hsiao. 2014. "The Flexible Correction Model: Bias Correction Guided by Naive Theories of Bias." Social and Personality Psychology Compass 8/6: 275–86.

Chen, X., and Latham, G. P. 2014. "The Effect of Priming Learning vs. Performance Goals on a Complex Task." Organizational Development and Human Decision Processes 125: 88–79.

Chernev, A., and S. Blair. 2015. "Doing Well by Doing Good: The Benevolent Halo of Corporate Social Responsibility." Journal of Consumer Research 41, 1412–25.

Cheung, T. T. L., M. Gillebaart, F. Kroese, and D. De Ridder. 2014. "Why Are People with High Self-

Control Happier? The Effect of Trait Self-Control on Happiness as Mediated by Regulatory Focus." Frontiers in Psychology 5. doi:10.3389/fpsyg.2014.00722.

Child, L. 2012. "A Simple Way to Create Suspense." Opinionator (blog). New York Times (December 8), http://opinionator.blogs.nytimes.com/2012/12/08/a-simple-way-to-create-suspense/?_r=0.

Chugani, S., J. E. Irwin, and J. P. Redden. In press. "Happily Ever After: The Effect of Identity-Consistency on Product Satiation." Journal of Consumer Research.

Cialdini, R. B. 2009. Influence: Science and Practice. 5th ed. Boston: Allyn and Bacon.

Cialdini, R. B., C. A. Kallgren, and R. R. Reno. 1991. "A Focus Theory of Normative Conduct: A Theoretical Refinement and Reevaluation of the Role of Norms in Human Behavior." In Advances in Experimental Social Psychology. Vol. 24. Edited by M. Zanna. New York: Academic Press, 201–34.

Cialdini, R. B., Y. J. Li, and A. Samper. In preparation. "The Varied Internal Costs of Unethical Leadership: Performance Decrements, Turnover Intentions, and the Selective Attrition Effect."

Cialdini, R. B., S. L. Brown, B. P. Lewis, C. Luce, S. L. Neuberg. 1997. "Reinterpreting the Empathy-Altruism Relationship: When One into One Equals Oneness." Journal of Personality and Social Psychology 73: 481–94.

Cialdini, R.B., W. Wosinska, D. W. Barrett, J. Butner, and M. Gornik-Durose. 1999. "Compliance with a Request in Two Cultures: The Differential Influence of Social Proof and Commitment/Consistency on Collectivists and Individualists." Personality and Social Psychology Bulletin 25: 1242–53.

Cirelli, L. K., K. M Einarson, and L. J. Trainor. 2014, "Interpersonal Synchrony Increases Prosocial Behavior in Infants." Developmental Science 17: 1003–11.

Claessens, A., and C. Dowsett. 2014. "Growth and Changes in Attention Problems, Disruptive Behavior, and Achievement from Kindergarten to Fifth Grade." Psychological Science 25: 2241–51.

Clark, C., and P. Sorqvist. 2012. "A 3-Year Update on the Influence of Noise on Performance and Behavior." Noise Health 14: 292–96.

Clarkson, J. J., Z. L. Tormala, and D. D. Rucker. 2011. "Cognitive and Affective Matching Effects in Persuasion: An Amplification Perspective." Personality and Social Psychology Bulletin, 1415–27.

Coghlan, T. 2015. "Holocaust Survivor Lord Weidenfeld Rescues Syrian Christians." Times (London) (July 14). A30.

Cohen, B. 1963. The Press and Foreign Policy. Princeton, NJ: Princeton University Press.

Cohen, D., and A. Gunz. 2002. "As Seen by the Other… : Perceptions of the Self in the Memories and Emotional Perceptions of Easterners and Westerners." Psychological Science 13: 55–59.

Cohen, G. L., J. Garcia, N. Apfel, and A. Master. 2006. "Reducing the Racial Achievement Gap: A Social-Psychological Intervention." Science 313: 1307–10.

Cohen, R. 1972. "Altruism: Human, Cultural, or What?" Journal of Social Issues 28: 39–57.

Coleman, N. V., and P. Williams. 2015. "Looking for My Self: Identity-Driven Attention Allocation." Journal of Consumer Psychology 25: 504–11.

Coman, A., D. Manier, and W. Hirst. 2009. "Forgetting the Unforgettable through Conversation." Psychological Science 20: 627–33.

Combs, D. J. Y., and P. S. Keller. 2010. "Politicians and Trustworthiness: Acting Contrary to Self-Interest Enhances Trustworthiness." Basic and Applied Social Psychology 32: 328–39.

Condon, J. W., and W. D. Crano. 1988. "Inferred Evaluation and the Relation Between Attitude Similarity and Interpersonal Attraction." Journal of Personality and Social Psychology 54: 789–97.

Connell, P. M., M. Brucks, and J. H. Nielsen. 2014. "How Childhood Advertising Exposure Can Create Biased Product Evaluations That Persist into Adulthood." Journal of Consumer Research 41: 119–34.

Connery, D. S. 1977. Guilty until Proven Innocent. New York: Putnum.

Connery, D. S., ed. 1995. Convicting the Innocent. Cambridge, MA: Brookline Books.

Conway, P., and J. Peetz. 2012. "When Does Feeling Moral Actually Make You a Better Person? Conceptual Abstraction Moderates Whether Past Moral Deeds Motivate Consistency or Compensatory Behavior." Personality and Social Psychology Bulletin 38: 907–19.

Corning, A., and H. Schuman. 2013. "Commemoration Matters: The Anniversaries of 9/11 and Woodstock." Public Opinion Quarterly 77: 433–54.

Cortell, A. P., R. M. Eisinger, and S. L. Althaus. 2009. "Why Embed? Explaining the Bush Administration's Decision to Embed Reporters in the 2003 Invasion of Iraq." American Behavioral Scientist 52: 657–77.

Costa, D., and M. Kahn. 2008. Heroes and Cowards: The Social Face of War. Princeton, NJ: Princeton University Press.

Cottrell, C. A., S. L. Neuberg, and N. P. Li. 2007. "What Do People Desire in Others? A Sociofunctional Perspective on the Importance of Different Valued Characteristics." Journal of Personality and Social Psychology 92: 208–31.

"Coughing Fits Overcome 200 at Banquet." 1993. San Francisco Examiner and Chronicle (September 12). A16.

Craig, B. 1985. "A Story of Human Kindness." Pacific Stars and Stripes(July 30), 13–6.

Critcher, C. R., and T. Gilovich. 2007. "Incidental Environmental Anchors." Journal of Behavioral Decision Making 21: 241–51.

Cunningham, W. B., M. K. Johnson, C. L. Raye, J. C. Gatenby, J. C. Gore, and M. R. Banaji. 2004. "Separable Neural Components in the Processing of Black and White Faces." Psychological Science 15: 806–13.

Dai, H., K. L. Milkman, and J. Riis. 2014. "The Fresh Start Effect: Temporal Landmarks Motivate Aspirational Behavior." Management Science 10: 2563–82.

_____. 2015. "Put Your Imperfections Behind You: Temporal Landmarks Spur Goal Initiation When They Signal New Beginnings."

Psychological Science 26: 1927–36.

Dai, X., K. Wertenbroch, and C. M. Brendel. 2008. "The Value Heuristic in Judgments of Relative Frequency." Psychological Science 19: 18–19.

Dana, J., and G. Loewenstein. 2003. "A Social Science Perspective on Gifts to Physicians from Industry." Journal of the American Medical Association 290: 252–55.

Danziger, S., and R. Ward. 2010. "Language Changes Implicit Associations between Ethnic Groups and Evaluation in Bilinguals." Psychological Science 2: 799–800.

Darke, P. R., and R. B. Ritchie. 2007. "The Defensive Consumer: Advertising Deception, Defensive Processing, and Distrust." Journal of Marketing Research 44: 114–27.

Darke, P. R., L. T. A. Ashworth, and R. B. Ritchie. 2008. "Damage from Corrective Advertising: Causes and Cures." Journal of Marketing 72: 81–97.

Dasgupta, N. 2004. "Implicit Group Favoritism, Outgroup Favoritism, and Their Behavioral Manifestations." Social Justice Research 17: 143–69.

Davis, D. 2010. "Lies, Damned Lies, and the Path from Police Interrogation to Wrongful Conviction." In The scientist and the Humanist: A Festschrift in Honor of Elliot Aronson. Edited by M. H. Gonzales, C. Tavris, and J. Aronson. New York: Psychology Press, 211–47.

Davis, D. F., and P. M. Herr. 2014. "From Bye to Buy: Homophones as a Phonological Route to Priming." Journal of Consumer Research 40: 1063–77.

Davis, K. E., and M. J. Todd. 1985. "Assessing Friendship: Prototypes, Paradigm Cases and Relationship Description." In Understanding Personal Relationships: An Interdisciplinary Approach. Edited by S. Duck and D. Perlman. Beverly Hills, CA: Sage, 17–38.

De Dreu, C. K. W., D. B. Dussel, and F. S. Ten Velden. 2015. "In Intergroup Conflict, Self-Sacrifice Is Stronger among Pro-Social Individuals, and Parochial Altruism Emerges Especially among Cognitively Taxed Individuals." Frontiers in Psychology 6: 572.

De Hoog, N., W. Stroebe, and J. B. F. de Wit. 2008. "The Processing of Fear-Arousing Communications: How Biased Processing Leads to Persuasion." Social Influence 3: 84–113.

De la Rosa, M. D., D. Sanabria, M. Capizzi, and A. Correa. 2012. "Temporal Preparation Driven by Rhythms Is Resistant to Working Memory Interference." Frontiers in Psychology 3. doi:10.3389/psyg.2012.0308.

De Waal, F. B. M. 2008. "Putting the Altruism Back into Altruism: The Evolution of Empathy." Annual Review of Psychology 59: 279–300.

Deaner, R. O., A. V. Khera, and M. L. Platt. 2005. "Monkeys Pay Per View: Adaptive Valuation of Social Images by Rhesus Macaques." Current Biology 15: 543–48.

Deaux, K., and B. Major. 1987. "Putting Gender into Context: An Interactive Model of Gender-Related Behavior." Psychological Review 94: 369–89.

DeBruine, L. M. 2002. "Facial Resemblance Enhances Trust." Proceedings of the Royal Society, Series B, 269: 1307–12.

DeBruine, L. M. 2004. "Resemblance to Self Increases the Appeal of Child Faces to Both Men and Women." Evolution and Human Behavior 25: 142–54.

Dellande, S., and P. Nyer. 2007. "Using Public Commitments to Gain Customer Compliance." Advances in Consumer Research 34: 249–55.

DeSteno, D., R. E. Petty, D. T. Wegener, and D. D. Rucker. 2000. "Beyond Valence in the Perception of Likelihood: The Role of Emotion Specificity." Journal of Personality and Social Psychology 78: 397–416.

DeTienne, K. B., B. R. Agle, J. C. Phillips, M-C. Ingerson. 2012. "The Impact of Moral Stress Compared to Other Stressors on Employee Fatigue, Job Satisfaction, and Turnover: An Empirical Investigation." Journal of Business Ethics 110: 377–91.

Deval, H., S. P. Mantel, F. R. Kardes, and S. S. Posavac. 2013. "How Naive Theories Drive Opposing Inferences from the Same Information." Journal of Consumer Research 39: 1185–1201.

DeWall, C. N., G. MacDonald, G. D. Webster, C. L. Masten, R. F. Baumeister, C. Powell, D. Combs, D. R. Schurtz, T. F. Stillman, D. M. Tice, N. I. Eisenberger. 2010. "Acetaminophen Reduces Social Pain: Behavioral and Neural Evidence." Psychological Science 21: 931–37.

Deyle, E. 2015. "The Global Retail Theft Barometer." http://lpportal.com/feature-articles/item/3495-

the-global-retail-theft-barometer.html.

Dhar, R., and I. Simonson. 1992. "The Effect of the Focus of Comparison on Consumer Preferences." Journal of Marketing Research 29: 430–40.

Dhar, R., S. M. Nowlis, S. M., and S. J. Sherman. 1999. "Comparison Effects on Preference Construction." Journal of Consumer Research 26: 293–306.

DiDonato, T. E., J. Ulrich, and J. I. Krueger. 2011. "Social Perception as Induction and Inference: An Integrative Model of Intergroup Differentiation, Ingroup Favoritism, and Differential Accuracy." Journal of Personality and Social Psychology 100: 66–83.

Diekman, A. B., E. R. Brown, A. M. Johnston, and E. K. Clark. 2010. "Seeking Congruity Between Goals and Roles: A New Look at Why Women Opt Out of Science, Technology, Engineering, and Mathematics Careers." Psychological Science 21: 1051–57.

Diener, E., and R. Biswas-Diener. 2009. Happiness: Unlocking the Secret of Psychological Wealth. Malden, MA: Blackwell.

Dijker, A. M. J. 2010. "Perceived Vulnerability as a Common Basis of Moral Emotions." British Journal of Social Psychology 49: 415–23.

Dijksterhuis, A. 2004. "Think Different: The Merits of Unconscious Thought in Preference Development and Decision-Making." Journal of Personality and Social Psychology 87, 586–98.

Dijksterhuis, A., and H. Aarts. 2003. "On Wildebeests and Humans: The Preferential Detection of Negative Stimuli " Psychological Science 14: 14–18.

_____. 2010. "Goals, Attention, and (Un)Consciousness." An-nual Review of Psychology 61: 467–90.

Dijksterhuis, A., T. L. Chartrand, and H. Aarts. 2007. "Effects of Priming and Perception on Social Behavior and Goal Pursuit." In Social Psychology and the Unconscious: The Automaticity of Higher Mental Processes. Edited by J. A. Bargh. Philadelphia: Psychology Press, 51–132.

Dolinski D., M. Nawrat, and I. Rudak. 2001. "Dialogue Involvement as a Social Influence Technique." Personality and Social Psychology Bulletin 27: 1395–1406.

Dolnik, L., T. I. Case, and K. D. Williams. 2003. "Stealing Thunder as a Courtroom Tactic Revisited: Processes and Boundaries." Law and Human Behavior 27: 267–87.

Donahoe, J. W., and R. Vegas. 2004. "Pavlovian Conditioning: The CS-UR Relation." Journal of Experimental Psychology: Animal Behavior Processes 30: 17–33.

Drake, J. E., and E. Winner. 2013. "How Children Use Drawing to Regulate Their Emotions."

Cognition and Emotion 27: 512–20.

Drizin, S., and R. A. Leo. 2004. "The Problem of False Confessions in the Post-DNA World." North Carolina Law Review 82: 891–1007.

Drolet, A., and J. Aaker. 2002. "Off-Target? Changing Cognitive-Based Attitudes." Journal of Consumer Psychology 12: 59–68.

Duckworth, A.L., and L. Steinberg. 2015. "Understanding and Cultivating Self-Control in Children and Adolescents." Child Development Perspective, 9: 32–37.

Duguid, M. M., and M. C. Thomas-Hunt. 2015. "Condoning Stereotyping? How Awareness of Stereotyping Prevalence Impacts Expression of Stereotypes." Journal of Applied Psychology 100: 343–59.

Dunbar, R. I. M. 2012. "On the Evolutionary Function of Song and Dance." In Music, Language and Human Evolution. Edited by N. Bannan. NewYork: Oxford University Press, 201–14.

Dunfield, K. A., and V. A. Kuhlmeier. 2010. "Intention-Mediated Selective Helping in Infancy." Psychological Science 21: 523–27.

Durrant, G. B., R. M. Groves, L. Staetsky, and F. Steele. 2010. "Effects of Interviewer Attitudes and Behaviors on Refusal in Household Surveys." Public Opinion Quarterly 74: 1–36.

Dux, P. E., and R. Marois. 2009. "The Attentional Blink: A Review of Data and Theory." Attention, Perception, and Psychophysics: 71: 1683–1700.

Eagly, A. H., P. Kulesa, L. A. Brannon, K. Shaw, and S. Hutson-Comeaux. 2000. "Why Counterattitudinal Messages Are as Memorable as Proattitudinal Messages: The Importance of Active Defense Against Attack." Personality and Social Psychology Bulletin 26: 1392–1408.

Eagly, A. H., W. Wood, and S. Chaiken. 1978. "Causal Inferences About Communicators and Their Effect on Opinion Change." Journal of Personality and Social Psychology 36: 424–35.

Edwards, M. L., D. A. Dillman, and J. D. Smyth. 2014. "An Experimental Test of the Effects of Survey Sponsorship on Internet and Mail Survey Response." Public Opinion Quarterly 78: 734–50.

Associated Press. "Eight-Legged Invasion Has Austrians' Spider Sense Tingling." August 3, 2006. usatoday30.usatoday.com/news/offbeat/2006-08-03-spiders-austria_x.htm.

Ellen, P. S., L. A. Mohr, and D. J. Webb. 2000. "Charitable Programs and the Retailer: Do They Mix?" Journal of Retailing 76: 393–406.

Elliot, A. J., and T. M. Thrash. 2004. "The Intergenerational Transmission of Fear of Failure." Personality and Social Psychology Bulletin 30: 957–71.

Emery, N. J. 2000. "The Eyes Have It: The Neuroethology, Function, and Evolution of Social Gaze." Neuroscience and Biobehavioral Reviews 24: 581–604.

Engelberg, J., C. Sasseville, and J. Williams. 2012. "Market Madness? The Case of Mad Money." Management Science 58: 351–64.

Engelmann, J. B., C. M. Capra, C. Noussair, and G. S. Berns. 2009. "Expert Financial Advice Neurobiologically 'Offloads' Financial Decision-Making Under Risk." PLoS One 4, no. 3. e4957. doi:10.1371/journal.pone.0004957.

Enos, R. D., and E. D. Hersh. 2015. "Party Activists as Campaign Advertisers: The Ground Campaign as a Principal-Agent Problem." American Political Science Review 109: 252–78.

Enos, R. D., and A. Fowler. In press. "Aggregate Effects of Large-Scale Campaigns on Voter Turnout: Evidence from 400 Million Voter Contacts." Political Science Research and Methods.

Epstein, S., S. Donovan, and V. Denes-Raj. 1999. "The Missing Link in the Paradox of the Linda Conjunction Problem: Beyond Knowing and Thinking of the Conjunction Rule, The Intrinsic Appeal of Heuristic Processing." Personality and Social Psychology Bulletin 25: 204–14.

Epstein, S., A. Lipson, C. Holstein, and E. Huh. 1992. "Irrational Reactions to Negative Outcomes: Evidence for Two Conceptual Systems." Journal of Personality and Social Psychology 62: 328–39.

Eriksson, K, P. Strimling, and J. C. Coultas. 2015. "Bidirectional Associations Between Descriptive and Injunctive Norms." Organizational Behavior and Human Decision Processes 129: 59–69.

Ernst & Young. 2013. 12th Global Fraud Survey. Growing Beyond: A Place for Integrity.

www.ey.com/Publication/vwLUAssets/Global-Fraud-Survey-a-place-for-integrity-12th-Global-Fraud-Survey/$FILE/EY-12th-global-fraud-survey.pdf.

_____ . 2014. 13th Global Fraud Survey. Overcoming Compliance Fatigue: Reinforcing the Commitment to Ethical Growth. www.ey.com/Publication/vwLUAssets/EY-13th-Global-Fraud-Survey/$FILE/EY-13th-Global-Fraud-Survey.pdf.

Fabrigar, L. R., and R. E. Petty. 1999. "The Role of the Affective and Cognitive Bases of Attitudes in Susceptibility to Affectively and Cognitively Based Persuasion." Personality and Social Psychology Bulletin 25, no. 3: 363–81.

Fang, X., S. Singh, and R. Ahluwala. 2007. "An Examination of Different Explanations for the Mere Exposure Effect." Journal of Consumer Research 34: 98–103.

Fein, S., A. L. McCloskey, and T. M. Tomlinson 1997. "Can the Jury Disregard That Information? The Use of Suspicion to Reduce the Prejudicial Effects of Pretrial Publicity and Inadmissible Testimony." Personality and Social Psychology Bulletin 23: 1215–26.

Feinberg, M., and R. Willer. 2011. "Apocalypse Soon? Dire Messages Reduce Belief in Global Warming by Contradicting Just-World Beliefs." Psychological Science 22: 34–38.

Fennis, B. M., and W. Stroebe. 2014. "Softening the Blow: Company Self-Disclosure of Negative Information Lessens Damaging Effects on Consumer Judgment and Decision Making." Journal of Business Ethics 120: 109–20.

Fennis, B. M., M. A. Adriaanse, W. Stroebe, and B. Pol. 2011. "Bridging the Intention-Behavior Gap: Inducing Implementation Intentions through Persuasive Appeals." Journal of Consumer Research 21: 302–11.

Fennis, B. M., E. Das, and M. L. Fransen. 2012. "Print Advertising: Vivid Content." Journal of Business Research 65: 861–64.

Fiedler, K., and M. Bluemke. 2009. "Exerting Control over Allegedly Automatic Associative Processes." In The Psychology of Self-Regulation. Edited by J. Forgas, R. Baumeister, and D. Tice. New York: Psychology Press, 249–69.

Finch, J. F., and R. B. Cialdini. 1989. "Another Indirect Tactic of (Self-) Image Management: Boosting." Personality and Social Psychology Bulletin 15: 222–32.

Fincham, F. D., N. M. Lambert, and S. R. H. Beach. 2010. "Faith and Unfaithfulness: Can Praying for Your Partner Reduce Infidelity?" Journal of Personality and Social Psychology 99: 649–59.

Finkel, E. J., and P. W. Eastwick. 2009. "Arbitrary Social Norms Influence Sex Differences in Romantic Selectivity." Psychological Science 20: 1290–95.

Fishbach, A., R. K. Ratner, and Y. Zhang. 2011. "Inherently Loyal or Easily Bored? Nonconscious Activation of Consistency Versus Variety-Seeking Behavior." Journal of Consumer Psychology 21: 38–48.

Fisher, A. V., K. E. Godwin, and H. Seltman. 2014. "Visual Environment, Attention Allocation and Learning in Young Children: When Too Much of a Good Thing May Be Bad." Psychological Science 25: 1362–70.

Fiske, S. T. 2004. "Intent and Ordinary Bias: Unintended Thought and Social Motivation Create Casual Prejudice." Social Justice Research 17: 117–27.

Flynn, F. J., and B. M. Staw. 2004. "Lend Me Your Wallets: The Effect of Charismatic Leadership on External Support for an Organization." Strategic Management Journal 25: 309–33.

Foddy, M., M. J. Platow, and T. Yamagishi. 2009. "Group-Based Trust in Strangers." Psychological Science 20: 419–22.

Fogg, B. J., and C. Nass. 1997. "Silicon Sycophants: The Effects of Computers That Flatter."

International Journal of Human-Computer Studies 46: 551–61.

Forster, J., N. Liberman, and E. T. Higgins. 2005. "Accessibility from Active and Fulfilled Goals." Journal of Experimental Social Psychology 41: 220–39.

Fredman, L. A., M. D. Buhrmester, A. Gomez, W. T. Fraser, S. Talaifar, S. M. Brannon, and W. B. Swann Jr. 2015, "Identity Fusion, Extreme Pro-Group Behavior, and the Path to Defusion." Social and Personality Psychology Compass 9: 468–80.

Friedman, H. H., and A. Rahman. 2011. "Gifts-Upon-Entry and Appreciative Comments: Reciprocity Effects in Retailing." International Journal of Marketing Studies 3: 161–64.

Fritschler, A. L. 1975. Smoking and Politics. Englewood Cliffs, NJ: Prentice-Hall.

Gaissmaier, W., and G. Gigerenzer. 2012. "9/11, Act II: A Fine-Grained Analysis of the Regional Variations in Traffic Fatalities in the Aftermath of the Terrorist Attacks." Psychological Science 23: 1449–54.

Galak, J., D. Small, and A. T. Stephen. 2011. "Microfinance Decision Making: A Field Study of Prosocial Lending," Journal of Marketing Research 48: 130–37.

Ganegoda, D. B., G. P. Latham, and R. Folger. "The Effect of a Consciously Set and a Primed Goal on Fair Behavior." Human Resource Management. Article first published online: 4 August 2015. doi: 10.1002/hrm.21743.

Garcia, J. H., T. Sterner, and S. Afsah. 2007. "Public Disclosure of Industrial Pollution: The PROPER Approach in Indonesia." Environment and Development Economics 12: 739–56.

Garfinkel, Y. 2003. Dancing at the Dawn of Agriculture. Austin: University of Texas Press.

Gaspar, J. G., W. N. Street, M. B. Windsor, R. Carbonari, H. Kaczmarski, A. F. Kramer, and K. E. Mathewson. 2014. "Providing Views of the Driving Scene to Drivers' Conversation Partners Mitigates Cell Phone-Related Distraction." Psychological Science 25: 2136–46.

Gawronski, B., R. Balas, and L. A. Creighton. 2014. "Can the Formation of Conditioned Attitudes Be Intentionally Controlled?" Personality and Social Psychology Bulletin 40: 419–32.

Gayet, S., C. L. E. Paffen, and S. Van der Stigchel. 2013. "Information Matching the Content of Visual Working Memory Is Prioritized for Conscious Access." Psychological Science 24: 2472–80.

Geng, J. J. 2014. "Attentional Mechanisms of Distractor Suppression." Current Directions in Psychological Science 23: 147–53.

Gentile D. A., C. A. Anderson, S. Yukawa, N. Ihori, M. Saleem, L. K. Lim, A. Shibuya, A. Liau, A. Khoo, B. Bushman, L. R. Huesmann, and A. Sakamoto. 2009. "The Effects of Prosocial Video Games on Prosocial Behaviors: International Evidence from Correlational, Longitudinal, and Experimental Studies." Personality and Social Psychology Bulletin 35: 752–63.

Gerber, A. G., D. P. Green, and R. Shachar. 2003. "Voting May Be Habit-Forming: Evidence From a Randomized Field Experiment." American Journal of Political Science 47: 540–50.

Ghosh, B. June 8, 2009. "How to Make Terrorists Talk." Time, 40–43.

Gigerenzer, G. 2006. "Out of the Frying Pan into the Fire: Behavioral Reactions to Terrorist Attacks." Risk Analysis 26: 347–51.

Gilbert, D. T. 2006. Stumbling on Happiness. New York: Knopf.

Gino, F., and A. D. Galinsky. 2012. "Vicarious Dishonesty: When Psychological Closeness Creates Distance from One's Moral Compass." Organizational Behavior and Human Decision Processes 119: 15–26.

Gino, F., M. I. Norton, and D. Ariely. 2010. "The Counterfeit Self: The Deceptive Costs of Faking It." Psychological Science 21: 712–20.

Glaser, J., and M. R. Banaji. 1999. "When Fair Is Foul and Foul Is Fair: Reverse Priming in Automatic Evaluation." Journal of Personality and Social Psychology 77: 669–87.

Gluckman, M., and S. J. Johnson. 2013. "Attention Capture by Social Stimuli in Young Infants." Frontiers in Psychology. doi:10.3389/fpsyg.2013.00527.

Gneezy, A., A. Imas, A. Brown, L. D. Nelson, and M. I. Norton. 2012. "Paying to Be Nice: Consistency and Costly Prosocial Behavior." Management Science 58: 179–87.

Goh, J., J. Pfeffer, and S. A. Zenios. I2016. "The Relationship Between Workplace Stressors and Mortality and Health Costs in the United States." Management Science, 62, 608-628.

Gold, B. P., M. J. Frank, B. Bogert, and Ed Brattico. 2013. "Pleasurable Music Affects Reinforcement Learning According to the Listener." Frontiers in Psychology 4. doi:10.3389/psyg.2013.00541.

Goldstein, N. J., V. Griskevicius, and R. B. Cialdini. 2011. "Reciprocity by Proxy: A New Influence Strategy for Motivating Cooperation and Prosocial Behavior." Administrative Science Quarterly 56: 441–73.

Gollwitzer, P. M., and P. Sheeran. 2006. "Implementation Intentions and Goal Achievement: A Meta-Analysis of Effects and Processes." Advances of Experimental Social Psychology 38: 69–119.

_____ . 2009. "Self-Regulation of Consumer Decision Making and Behavior: The Role of Implementation Intentions." Journal of Con-sumer Research 19: 593–607.

Goodman-Delahunty, J., N. Martschuk, and M. K. Dhami. 2014. "Interviewing High Value Detainees:

Securing Cooperation and Disclosures." Applied Cognitive Psychology 28: 883–97.

Goodwin, G. P. 2015. "Moral Character in Person Perception." Current Directions in Psychological Science 24: 38–44.

Gordon, R. A. 1996. "Impact of Ingratiation on Judgments and Evaluations: A Meta-Analytic Investigation." Journal of Personality and Social Psychology 71: 54–70.

Granic, I., A. Lobel, and R. C. M. E. Engels. 2014. "The Benefits of Playing Video Games." American Psychologist 69, 66–78.

Grant, A. 2013. Give and Take: A Revolutionary Approach to Success. NewYork: Viking.

Grant, A. M., and D. A. Hofmann. 2011. "It's Not All About Me: Motivating Hand Hygiene among Health Care Professionals by Focusing on Patients." Psychological Science 22: 1494–99.

Grant, A., and J. Dutton. 2012. "Beneficiary or Benefactor: Are People More Prosocial When They Reflect on Receiving or Giving?" Psychological Science 23: 1033–39.

Grant, N. K., L. R. Fabrigar, and H. Lim. 2010. "Exploring the Efficacy of Compliments as a Tactic for Securing Compliance." Basic and Applied Social Psychology 32: 226–33.

Gray, K., D. G. Rand, E. Ert, K. Lewis, S. Hershman, and M. I. Norton. 2014. "The Emergence of 'Us' and 'Them' in 80 Lines of Code: Modeling Group Genesis in Homogeneous Populations." Psychological Science 25: 982–90.

Grecco, E., S. J. Robbins, E. Bartoli, and E. F. Wolff. 2013. "Use of Nonconscious Priming to Promote Self-Disclosure." Clinical Psychological Science 1: 311–15.

Greenwald, A. G., and T. F. Pettigrew. 2014. "With Malice Toward None and Charity for Some." American Psychologist 69: 669–84.

Greifeneder, R., A. Alt, K. Bottenberg, T. Seele, S. Zelt, and D. Wagener. 2010. "On Writing Legibly: Processing Fluency Systematically Biases Evaluations of Handwritten Material." Social and Personality Science 1: 230–37. 2010.

Greitemeyer, T., and D. O. Mugge. 2014. "Video Games Do Affect Social Outcomes: A Meta-Analytic Review of the Effects of Violent and Prosocial Video Game Play." Personality and Social Psychology Bulletin 40: 578–89.

Greitemeyer, T., and S. Osswald. 2010. "Effects of Prosocial Videogames on Prosocial Behavior." Journal of Personality and Social Psychology 98: 211–20.

Griskevicius, V., N. J. Goldstein, C. R. Mortensen, J. M. Sundie, R. B. Cialdini, and D. T. Kenrick. 2009. "Fear and Loving in Las Vegas: Evolution, Emotion, and Persuasion." Journal of Marketing

Research 46: 384–95.

Gross, J. J., and R. A. Thompson, 2007. "Emotion Regulation: Conceptual Foundations." In Handbook of Emotion Regulation. Edited by J. J. Gross. New York: Guilford Press, 3–24.

Gruber, J., I. B. Mauss, and M. Tamir. 2011. "A Dark Side of Happiness? How, When, and Why Happiness Is Not Always Good." Perspectives on Psychological Science 6: 222–33.

Gu, Y., S. Botti, and D. Faro. 2013. "Turning the Page: The Impact of Choice Closure on Satisfaction." Journal of Consumer Research 40: 268–83.

Guadagno, R. E., and R. B. Cialdini. 2007. "Persuade Him by Email, but See Her in Person: Online Persuasion Revisited." Computers in Human Behavior 23: 999–1015.

Guadagno, R. E., K. V. Rhoads, and B. J. Sagarin. 2011. "Figural Vividness and Persuasion: Capturing the 'Elusive' Vividness Effect." Personality and Social Psychology Bulletin 37: 626–38.

Gueguen, N. 2012. " 'Say It… Near the Flower Shop': Further Evidence of the Effect of Flowers on Mating." Journal of Social Psychology 152, no. 5: 529–32.

_____. 2013. "Weather and Courtship Behavior: A Quasi-Experiment with the Flirty Sunshine." Social Influence 8: 312–19.

Gueguen, N., S. Meineri, and J. Fischer-Lokou. 2014. "Men's Music Ability and Attractiveness to Women in a Real-Life Courtship Contest." Psychology of Music 42: 545–49.

Gueguen, N., N. Pichot, and G. Le Dreff. 2005. "Similarity and Helping Behavior on the Web: The Impact of the Convergence of Surnames between a Solicitor and a Subject in a Request Made by E-Mail." Journal of Applied Social Psychology 35: 423–29.

Guidotti, T. L., and P. Jacobs. 1993. "Implications of an Epidemiological Mistake: A Community's Response to a Perceived Excess of Cancer Risk." American Journal of Public Health 83: 233–39.

Guiteras, R., J. Levinsohn, and A. M. Mobarak. 2015. "Encouraging Sanitation Investment in the Developing World: A Cluster-Randomized Trial." Science 348 (May 22): 903–6.

Hagemann, N., B. Strauss, and J. Leissing. 2008. "When the Referee Sees Red." Psychological Science 19: 769–70.

Hagmann, C. E., and R. G. Cook. 2013. "Active Change Detection by Pigeons and Humans." Journal of Experimental Psychology: Animal Behavior Processes 39: 383–89.

Hall, C. C., J. Zhao, and E. Shafir. 2014. "Self-Affirmation Among the Poor: Cognitive and Behavioral Implications." Psychological Science 25: 619–25.

Halvorson, H. G., and E. T. Higgins. 2013. Focus: Use Different Ways of Seeing the World for Success and Influence. New York: Hudson Street Press.

Hamilton, R., J. Hong, and A. Chernev. 2007. "Perceptual Focus Effects in Choice." Journal of Consumer Research 34: 187–99.

Hamilton, W. D. 1964. "The Genetic Evolution of Social Behavior." Journal of Theoretical Biology 7: 1–52.

Hammond, D. 2010. "Health Warning Messages on Tobacco Products: A Review." Tobacco Control 20: 327–37.

Han, S-P., and S. Shavitt. 1994. "Persuasion and Culture: Advertising Appeals in Individualistic and Collectivistic Societies." Journal of Experimental Social Psychology 30: 326–50.

Hanson, J., and M. Wanke. 2010. "Truth from Language and Truth from Fit: The Impact of Linguistic Concreteness and Level of Construal on Subjective Truth. Personality and Social Psychology Bulletin 36: 1576–78.

Harman, W. S., T. W. Lee, T. R. Mitchell, W. Felps, and B. P. Owens. 2007. "The Psychology of Voluntary Employee Turnover." Current Directions in Psychological Science 16: 51–54.

Harter, J. K., F. L. Schmidt, J. W. Asplund, E. A. Killham, and S. Agrawal. 2010. "Causal Impact of Employee Work Perceptions on the Bottom Line of Organizations." Perspectives on Psychological Science 5: 378–89.

Hasan, Y., L. Bègue, M Scharkow, and B. J. Bushman. 2013. "The More You Play, The More Aggressive You Become: A Long-Term Experimental Study of Cumulative Violent Video Game Effects on Hostile Expectations and Aggressive Behavior." Journal of Experimental Social Psychology 49: 224–27.

Haslam, N. 2006. "Dehumanization: An Integrative Review." Personality and Social Psychology Review 10: 252–64.

Hassan, S. 1990. Combating Cult Mind Control. Rochester, VT: Park Street Press.

_____. 2000. Releasing the Bonds: Breaking the Chains of De structive Mind Control. Boston: Freedom of Mind Press.

Hassin, R. R., M. J. Ferguson, D. Shidlovski, and L. Gross. 2007. "Subliminal Exposure to National Flags Affects Political Thought and Behavior." Proceedings of the National Academy of Sciences 104: 19757–61.

Hatemi, P. K., and R. McDermott. 2012. "The Genetics of Politics: Discovery, Challenges, and Progress." Trends in Genetics 28: 525–33.

Healy, A., J., N. Malhotra, and C. H. Mo. 2010. "Irrelevant Events Affect Voters' Evaluations of Government Performance." Proceedings of the National Academy of Sciences of the USA 107: 12804–9.

Heath, C., and D. Heath. 2007. Made to Stick: Why Some Ideas Survive and Others Die. New York: Random House.

Heijkoop, M., J. S. Dubas, and M. A. G. van Aken. 2009. "Parent-Child Resemblance and Kin Investment: Physical Resemblance or Personality Similarity." European Journal of Developmental Psychology 6: 64–69.

Heilman, C. M., K. Nakamoto, and A. G. Rao. 2002. "Pleasant Surprises: Consumer Response to Unexpected In-Store Coupons." Journal of Marketing Research 39: 242–52.

Heilman, C., K. Lakishyk, and S. Radas. 2011. "An Empirical Investigation of In-Store Sampling Promotions." British Food Journal 113: 1252–66.

Heimbach, J. T., and J. Jacoby. 1972. "The Zeigarnik Effect in Advertising." In Proceedings of the Third Annual Conference of the Association for Consumer Research. Edited by M. Ventakesan. College Park, MD, 746–57.

Heintzelman, S., J., and L. A. King. 2014. "(The Feeling of) eaning-as-Information." Personality and Social Psychology Review 18: 153–67.

Helie, S., and R. Sun. 2010. "Incubation, Insight, and Creative Problem Solving: A Unified Theory and a Connectionist Model." Psychological Review 17: 994–1024.

Herbig, P., J. Milewicz, and J. Golden. 1994. "A Model of Reputation Building and Destruction." Journal of Business Research 31: 23–31.

Herr, P. M., F. R. Kardes, and J. Kim. 1991. "Effects of Word-of-Mouth and Product Attribute Information on Persuasion: An Accessibility-Diagnosticity Perspective." Journal of Consumer Research 17: 454–62.

Herr, P. M., S. J. Sherman, and R. H. Fazio. 1983. "On the Consequences of Priming: Assimilation and Contrast Effects." Journal of Experimental Social Psychology 19: 323–40.

Hertel, G. and N. L. Kerr. 2001. "Priming In-Group Favoritism: The Impact of Normative Scripts in the Minimal Group Paradigm." Journal of Experimental Social Psychology 37: 316–24.

Herzog, S. M., and R. Hertwig. 2009. "The Wisdom of Many in One Mind: Improving Individual Judgments with Dialectical Bootstrapping." Psychological Science 20: 231–37.

Heyes, C. 2011. "Automatic Imitation." Psychological Bulletin 137: 463–83.

Higgins, E. T. 1996. "Knowledge Activation: Accessibility, Applicability, and Salience." In Social

Psychology: Handbook of Basic Principles. Edited by E. T. Higgins and A. W. Kruglanski. New York: Guilford Press.

Higgins, E. T., and J. A. Bargh. 1987. "Social Cognition and Social Perception." Annual Review of Psychology 38: 369–425.

Higgins, G. E., A. L. Wilson, and B. D. Fell. 2005. "An Application of Deterrence Theory to Software Piracy." Journal of Criminal Justice and Popular Culture 12: 166–84.

Hirt, E. R., and K. D. Markman. 1995. "Multiple Explanation: A Consider-an-Alternative Strategy for Debiasing Judgments." Journal of Personality and Social Psychology 69: 1069–86.

Hoch, S. J. 1985. "Counterfactual Reasoning and Accuracy in Predicting Personal Events." Journal of Experimental Psychology: Learning, Memory, and Cognition 11: 719–31.

Hodges, B. 2004. "Medical Student Bodies and the Pedagogy of Self-Reflection, Self-Assessment, and Self-Regulation. Journal of Curriculum Theorizing 20: 41–51.

Hofmann, W., J. De Houwer, M. Perugini, F. Baeyens, and G. Crombez. 2010. "Evaluative Conditioning in Humans: A Meta-Analysis." Psychological Bulletin 136, no. 3: 390–421.

Holley, S. R., C. M. Haase, and R. W. Levenson. 2013, "Age-Related Changes in Demand-Withdraw Communication Behaviors." Journal of Marriage and Family 75: 822–36.

Homer, P. M. 2009. "Product Placements: The Impact of Placement Type and Repetition on Attitude." Journal of Advertising 58: 21–31.

Hoshino-Browne, E., A. S. Zanna, S. J. Spencer, M. P. Zanna, and S. Kitayama. 2005. "On the Cultural Guises of Cognitive Dissonance: The Case of Easterners and Westerners." Journal of Personality and Social Psychology 89: 294–310.

Houghton, D. C., and F. R. Kardes. 1998. "Market Share Overestimation and the Noncomplementarity Effect." Marketing Letters 9: 313–20.

Hove, M. J., and J. L. Risen. 2009. "It's All in the Timing: Interpersonal Synchrony Increases Affiliation." Social Cognition 27: 949–61.

Hovland, C. I., A. A. Lumsdaine, and F. D. Sheffield. 1949. "Experiments on Mass Communication." Princeton, NJ: Princeton University Press.

Hsee, C. K., and F. LeClerc. 1998. "Will Products Look More Attractive When Presented Separately or Together?" Journal of Consumer Research 25: 175–86.

Huang, J., F. J. Chaloupka, and G. T. Fong. 2013. "Cigarette Graphic Warning Labels and Smoking Prevalence in Canada: A Critical Examination and Reformulation of the FDA Regulatory Impact

Analysis." Tobacco Control. doi:10.1136/tobaccocontrol-2013-051170.

Hudson, N. W., and C. Fraley. 2015. "Volitional Personality Trait Change: Can People Choose to Change Their Personality Traits?" Journal of Personality and Social Psychology 109: 490–507.

Hugenberg, K., and G. V. Bodenhausen. 2004. "Category Membership Moderates the Inhibition of Social Identities." Journal of Experimental Social Psychology 40: 233–38.

Hummel, J. E., and K. J. Holyoak. 2003. "A Symbolic-Connectionist Theory of Relational Inference and Generalization." Psychological Review 110: 220–64.

Humphreys, G. W., and Sui, J. 2016. Attentional control and the self: The Self-Attention Network (SAN). Cognitive Neuroscience 7: 5-17

Huron, D. 2001. "Is Music an Evolutionary Adaptation?" Annals of the New York Academy of Sciences. 930: 43–61.

Hutter, M., F. Kutzner, and K. Fiedler. 2014. "What Is Learned from Repeated Pairings? On the Scope and Generalizability of Evaluative Conditioning." Journal of Experimental Psychology: General 143: 631–43.

Hutter, M., S. Sweldens, C. Stahl, C. Unkelbach, and K. C. Klauer. 2012. "Dissociating Contingency Awareness and Conditioned Attitudes: Evidence of Contingency-Unaware Evaluative Conditioning." Journal of Experimental Psychology: General 141, no. 3: 539–57.

Hygge, S., G. W. Evans, and M. Bullinger. 2002. "A Prospective Study of Some Effects of Aircraft Noise on Cognitive Performance in Schoolchildren." Psychological Science 13: 469–74.

Hyman, I. E., S. M. Boss, B. M. Wise, K. E. McKenzie, and J. M. Caggiano. 2009. "Did You See the Unicycling Clown? Inattentional Blindness While Walking and Talking on a Cell Phone." Applied Cognitive Psychology 24: 597–607.

Hyman, R. 1989. The Elusive Quarry: A Scientific Appraisal of Psychical Research. Buffalo: Prometheus Books.

_____. 1995. "Evaluation of Program on Anomalous Mental Phenomena." www.mceagle. com/remoteviewing/refs/science/air/hyman.html.

Ijzerman, H., and G. Semin. 2009. "The Thermometer of Social Relations." Psychological Science 20: 1214–20.

_____. 2010. "Temperature Perceptions as a Ground for Social Proximity." Journal of Experimental Social Psychology 46: 867–73.

Inagaki, T. K., and N. I. Eisenberger. 2013. "Shared Neural Mechanisms Underlying Social Warmth and Physical Warmth." Psychological Science 24: 2272–80.

Inbau, F. E., J. E. Reid, J. P. Buckley, and B. C. Jayne. 2001. Criminal Interrogation and Confessions. 4th ed.. Gaithersburg, MD: Aspen.

Inglis, F. 2010. A Short History of Celebrity. Princeton, NJ: Princeton University Press.

Inman, J. J., A. C. Peter, and P. Raghubir. 1997. "Framing the Deal: The Role of Restrictions in Accentuating Deal Value." Journal of Consumer Research 24: 68–79.

Inzlicht, M., and T. Ben-Zeev. 2000. "A Threatening Intellectual Environment: Why Females Are Susceptible to Experiencing Problem-Solving Deficits in the Presence of Males." Psychological Science 11, no. 5 (September): 365–71.

Inzlicht, M., J. N. Gutsell, and L. Legault. 2012. "Mimicry Reduces Racial Prejudice." Journal of Experimental Social Psychology 48: 361–65.

Ireland, M. E., R. B. Slatcher, P. W. Eastwick, L. E. Scissors, E. J. Finkel, and J. W. Pennebaker. 2011. "Language Style Matching Predicts Relationship Initiation and Stability." Psychological Science 22: 39–44.

Isaacowitz, D. M., K. Toner, and S. D. Neupert. 2009. "Use of Gaze for Real-Time Mood Regulation: Effects of Age and Attentional Functioning." Psychology and Aging 24: 989–94.

Isen, A. M., T. E. Shalker, M. Clark, and L. Karp. 1978. "Affect, Accessibility of Material in Memory, and Behavior." Journal of Personality and Social Psychology 36: 1–12.

Issenberg, S. 2012. The Victory Lab. New York: Crown.

Ito, T. A., N. P. Friedman, B. D. Bartholow, J. Correll, C. Loersch, L. J. Altamirono, and A. Miyake. 2015. "Toward a Comprehensive Understanding of Executive Cognition and Cognitive Function in Implicit Racial Bias." Journal of Personality and Social Psychology 108: 187–218.

Iyengar, S., M. D. Peters, and D. R. Kinder. 1982. "Experimental Demonstrations of the 'Not-So-Minimal' Consequences of Television News Programs." American Political Science Review 76: 848–58.

Jabbi, M., J. Bastiaansen, and C. Keysers. 2008. "A Common Anterior Insula Representation of Disgust Observation, Experience and Imagination Shows Divergent Functional Connectivity Pathways." PLoS ONE 3, no. 8: e2939. doi:10.1371/journal.pone.0002939.

Jacob, C., N. Gueguen, A, Martin, and G. Boulbry. 2011. "Retail Salespeople's Mimicry of Customers: Effects on Consumer Behavior." Journal of Retailing and Consumer Services 18: 381–88.

James Jr., H. S. 2011, "Is the Just Man a Happy Man? An Empirical Study of the Relationship Between Ethics and Subjective Well-Being." Kyklos 64: 193–212.

James, W. 1950/1890. The Principles of Psychology. New York: Dover.

Janiszewski, C., A. Kuo, and N. T. Tavassoli. 2013. "The Influence of Selective Attention and Inattention to Products on Subsequent Choice." Journal of Consumer Research 39: 1258–74.

Jerabeck, J. M., and C. J. Ferguson. 2013. "The Influence of Solitary and Cooperative Violent Video Game Play on Aggressive and Prosocial Behavior." Computers in Human Behavior 29: 2573–78.

Jhang, J. H., and J. G. Lynch Jr. 2015. "Pardon the Interuption: Goal Proximity, Perceived Spare Time, and Impatience." Journal of Consumer Research 41: 1267–83.

Jiang, L., J. Hoegg, D. W. Dahl, and A. Chattopadhyay. 2009. "The Persuasive Role of Incidental Similarity on Attitudes and Purchase Intensions in a Sales Context." Journal of Consumer Research 36: 778–91.

Jo, H-G., M. Wittmann, T. Hinterberger, and S. Schmidt. 2014. "The Readiness Potential Reflects Intentional Binding." Frontiers in Human Neuroscience 8: 421.

Johnson, P. 2011. Socrates. New York: Viking Press.

Johnson, P. B., A. Mehrabian, and B. Weiner. 1968. "Achievement Motivation and the Recall of Incompleted and Completed Exam Questions." Journal of Educational Psychology 59: 181–85.

Johnson, S. K., and M. C. Anderson. 2004. "The Role of Inhibitory Control in Forgetting Semantic Knowledge." Psychological Science 15: 448–53.

Jones, J. T., B. W. Pelham, M. R. Carvallo, and M. C. Mirenberg. 2004. "How Do I Love Thee? Let Me Count the Js. Implicit Egoism and Interpersonal Attraction." Journal of Personality and Social Psychology 87: 665–83.

Jones, J. T., B. Pelham, M. C. Mirenberg, and J. J. Hetts. 2002. "Name Letter Preferences Are Not Merely Mere Exposure: Implicit Egoism as Self-Regulation." Journal of Experimental Social Psychology 38: 170–77.

Jones, T. F., A. S. Craig, D. Hoy, E. W. Gunter, D. L. Ashley, D. Bar, J. W. Brock, and W. Schaffner. 2000. "Mass Psychogenic Illness Attributed to Toxic Exposure at a High School." New England Journal of Medicine 342:96–100.

Joorman, J., and W. M. Vanderlind. 2014. "Emotion Regulation in Depression: The Role of Biased Cognition and Reduced Cognitive Control." Clinical Psychological Science, 2, 402–21.

Jostmann, N. B., D. Lakens, and T. W. Schubert. 2009. "Weight as an Embodiment of Importance." Psychological Science 20: 1169–74.

Kahneman, D. 2011. Thinking, Fast and Slow. New York: Farrar, Straus and Giroux.

Kahneman, D., and A. Tversky. 1979. "Prospect Theory: An Analysis of Decision Under Risk." Econometrica 47: 263–91.

Kahneman, D., D. Lovallo, and O. Sibony. 2011. "The Big Idea: Before You Make That Big Decision." Harvard Business Review 89 (June): 50–61.

Kalisch, R., M. B. Muller, and O. Tuscher. 2015. "A Conceptual Framework for the Neurobiological Study of Resilience." Behavioral and Brain Sciences 38: 1–79.

Kalmoe, N., P., and K. Gross. In press. "Cuing Patriotism, Prejudice, and Partisanship in the Age of Obama." Political Psychology. Article first published online: 21 OCT 2015. doi: 10.1111/pops.12305.

Kaminski, G., F. Ravary, C. Graff, and E. Gentaz. 2010. "Firstborns' Disadvantage in Kinship Detection." Psychological Science 21: 1746–50.

Kandler, C., W. Bleidorn, and R. Riemann. 2012. "Left or Right? Sources of Political Orientation: The Roles of Genetic Factors, Cultural Transmission, Assortative Mating, and Personality." Journal of Personality and Social Psychology 102: 633–45.

Kang, S. K., J. B. Hirsh, and A. L. Chasteen. 2010. "Your Mistakes Are Mine: Self-Other Overlap Predicts Neural Response." Journal of Experimental Social Psychology 46: 229–32.

Kang, Y., L. E. Williams, M. S. Clark, J. R. Gray, and J. A. Bargh. 2010. "Physical Temperature Effects on Trust Behavior: The Role of the Insula." SCAN 6: 507–15.

Kardes, F. R. 2013. "Selective Versus Comparative Processing." Journal of Consumer Psychology 23: 150–53.

Kardes, F. R., D. M. Sanbonmatsu, M. L. Cronley, and D. C. Houghton. 2002. "Consideration Set Overvaluation: When Impossibly Favorable Ratings of a Set of Brands Are Observed." Journal of Consumer Psychology 12: 353–61.

Karpoff, J. M., D. S. Lee, and G. S. Martin. 2008. "The Cost to Firms of Cooking the Books." Journal Financial Quantitative Analysis 43: 581–612.

Karpoff, J. M., J. R. Lott, and E. W. Wehrly. 2005. "The Reputational Penalties for Environmental Violations: Empirical Evidence." Journal of Law and Economics 48: 653–75.

Karremans, J. C., and H. Aarts. 2007. "The Role of Automaticity in Determining the Inclination to Forgive Close Others." Journal of Experimental Social Psychology 43: 902–17.

Kassin, S. M. 2008. "False Confessions: Causes, Consequences and Implications for Reform." Current Directions in Psychological Science 17: 249–53.

_____. 2012. "Why Confessions Trump Innocence." American Psychologist 67: 431–45.

Kassin, S. M., D. Bogart, and J. Kerner. 2012. "Confessions That Corrupt: Evidence from the DNA Exoneration Case Files." Psychological Science 23:41–45.

Kassin, S. M., S. A. Drizin, T. Grisso, G. H. Gudjonsson, R. A. Leo, and A. D. Redlich. 2010. "Police-Induced Confessions: Risk Factors and Recommendations." Law and Human Behavior 34: 3–38.

Kelly, A. E., and L. Wang. 2012. "A Life Without Lies: Can Living More Honestly Improve Health?" Paper presented at the annual meeting of the American Psychological Association. Orlando, FL (August).

Kenrick, D. T., S. L. Neuberg, and R. B. Cialdini. 2015. Social Psychology: Goals in Interaction. Vol. 6. Boston: Pearson Education.

Kent, S. A., and D. Hall. 2000. "Brainwashing and Re-Indoctrination Programs in the Children of God/The Family." Cultic Studies Journal 17: 56–78.

Kesebir, S. 2012. "The Superorganism Account of Human Sociality: How and When Human Groups Are Like Beehives." Personality and Social Psychology Review 16: 233–61.

Kettle, K. I., and G. Haubl. 2011. "The Signature Effect: Signing Influences Consumption-Related Behavior by Priming Self-Identity." Journal of Consumer Research 38: 474–89.

Killeya, L. A., and B. T. Johnson. 1998. "Experimental Induction of Biased Systematic Processing: The Directed Thought Technique." Personality and Social Psychology Bulletin 24: 17–33.

Kim, B. K., G. Zauberman, and J. R. Bettman. 2012. "Space, Time and Intertemporal Preferences." Journal of Consumer Research 39: 867–80.

Kim, C. Y., and R. Blake. 2005. "Psychophysical Magic: Rendering the Visible 'Invisible.' Trends in Cognitive Sciences 9: 381–88.

Kim, J., N. Novemsky, and R. Dhar. 2013. "Adding Small Differences Can Increase Similarity and Choice." Psychological Science 24: 225–29.

Kimel, S. Y., R. Huesmann, J. R. Kunst, and E. Halprin, 2016. "Living in a Genetic World: How Learning about Interethnic Similarities and Differences affects Peace and Conflict." Personality and Social Psychology Bulletin 42: 688–700.

Kinneavy, J. L., and C. R. Eskin. 2000. "Kairos in Artistotle's Rhetoric." Written Communication 17: 432–44.

Kirchheimer, S. 2013. "12 Ways to Foil ID Thieves." AARP Bulletin (May), 26.

Kirschner, S., and M. Tomasello. 2010. "Joint Music Making Promotes Prosocial Behavior in 4-Year-Old Children." Evolution and Human Behavior 31: 354–64.

Klayman, J., and Y-M. Ha. 1987. "Confirmation, Disconfirmation, and Information in Hypothesis-

Testing." Psychological Review 94: 211–28.

Klein, S. B., L. Cosmedes, J. Tooby, and S. Chance. 2002. "Decisions and the Evolution of Memory: Multiple Systems, Multiple Functions." Psychological Review 109: 306–29.

Klinger, E. 2013. "Goal Commitments and the Content of Thoughts and Dreams: Basic Principles." Frontiers in Psychology 11 (July). doi:10.3389/fpsyg.2013.00415.

Klinger, M. R., P. C. Burton, and G. S. Pitts. 2000. "Mechanisms of Priming I: Response Completion, Not Spreading Activation." Journal of Experimental Psychology: Learning, Memory, and Cognition 26: 441–55.

Klucharev, V., M. A. M. Munneke, A. Smidts, and G. Fernandez. 2011. "Downregulation of the Posterior Medial Frontal Cortex Prevents Social Conformity." Journal of Neuroscience 31: 11934–40.

Koehler, D. J. 1991. "Explanation, Imagination and Confidence in Judgment." Psychological Bulletin 110: 499–519.

Koriat, A., S. Lichtenstein, and B. Fischhoff. 1980. "Reasons for Confidence." Journal of Experimental Psychology: Human Learning and Memory 6: 107–18.

Krajbich, I., C. Camerer, J. Ledyard, and A. Rangel. 2009. "Self-Control in Decision-Making Involves Modulation of the VmPFC Valuation System." Science 324: 12315–20.

Kranz, M. 2015. "CEO Pay on the Climb." Arizona Republic (Phoenix) (May 14), 4B.

Kranzler, D. 1976. Japanese, Nazis, and Jews: The Jewish Refugee Community of Shanghai, 1938–945. New York: Yeshiva University Press.

Kriner, D. L., and F. X. Shen. 2012. "How Citizens Respond to Combat Casualties: The Differential Impact of Local Casualties on Support for the War in Afghanistan." Public Opinion Quarterly 76: 761–70.

Kristofferson, K., K. White, and J. Peloza. 2014. "The Nature of Slacktivism: How the Social Observability of an Initial Act of Token Support Affects Subsequent Prosocial Action." Journal of Consumer Research 40: 1149–66.

Krizan, Z., and J. Suls. 2008. "Losing Sight of Oneself in the Above-Average Effect: When Egocentrism, Focalism, and Group Diffusiveness Collide." Journal of Experimental Social Psychology 44: 929–42.

Kruger, J., and K. Savitsky. 2009. "On the Genesis of Inflated (and Deflated) Judgments of Responsibility: Egocentrism Revisited." Organizational Behavior and Human Decision Processes 108: 143–52.

Kruglanski, A. W., and D. M. Webster. 1996. "Motivated Closing of the Mind: Seizing and Freezing."

Psychological Review 103: 263–83.

Ku, G., A. D. Galinsky, and J. K. Murnighan. 2006. "Starting Low but Ending High: A Reversal of the Anchoring Effect in Auctions." Journal of Personality and Social Psychology 90: 975–986.

Kuester, M., and M. Benkenstein. 2014. "Turning Dissatisfied into Satisfied Customers: How Referral Reward Programs Affect the Referrer's Attitude and Loyalty Toward the Recommended Service Provider." Journal of Retailing and Consumer Services 21: 897–904.

Kunda, Z., G. T. Fong, R. Sanitioso, and E. Reber. 1993. "Directional Questions Direct Self-Conceptions." Journal of Experimental Social Psychology 29: 63–86.

Kunz, J. 2000. Social Class Differences in Response to Christmas Cards. Perceptual and Motor Skills 90: 573–76.

Kunz, P. R., and M. Wolcott. 1976. "Season's Greetings: From My Status to Yours." Social Science Research 5: 269–78.

Kupor, D., T. Reich, and B. Shiv. 2015. "Can't Finish What You Started? The Effect of Climactic Interruption on Behavior." Journal of Consumer Psychology 25: 113–19.

Lab, S. P. 2013. Crime Prevention: Approaches, Practices, and Evaluations. 8th ed. Waltham, MA: Elsevier.

Labroo, A. A., and J. H. Nielsen. 2010. "Half the Thrill Is in the Chase: Twisted Inferences from Embodied Cognitions and Brand Evaluation." Journal of Consumer Research 37: 143–58.

Laham, S. M., P. Koval, and A. L. Alter. 2012. "The Name-Pronunciation Effect: Why People Like Mr. Smith More Than Mr. Colquhoun." Journal of Experimental Social Psychology 48: 752–56.

Lakens, D. 2010. "Movement Synchrony and Perceived Entitativity." Journal of Experimental Social Psychology 46: 701–8.

Lalich, J. 2004. Bounded Choice. Berkeley: University of California Press.

Lammers, H. B. 1991. "The Effect of Free Samples on Immediate Consumer Purchase." Journal of Consumer Marketing 8: 31–37.

Lamy, L., J. Fischer-Lokou, and N. Gueguen. 2010. "Valentine Street Promotes Chivalrous Helping." Swiss Journal of Psychology, 69: 169–72.

Landau, M. J., B. P. Meier, and L. A. Keefer. 2010. "A Metaphor-Enriched Cognition." Psychological Bulletin 136: 1045–67.

Landau, M. J., M. D. Robinson, and B. P. Meier. 2014. The Power of Metaphor: Examining Its Influence on Social Life. Washington, DC: American Psychological Association Press.

Langner, R., and S. B. Eickhoff. 2013. "Sustaining Attention to Simple Tasks: A Meta-Analytic Review of the Neural Mechanisms of Vigilant Attention." Psychological Bulletin 139: 870–900.

Laran, J., and K. Wilcox. 2011. "Choice, Rejection, and Elaboration on Preference Inconsistent Alternatives." Journal of Consumer Research 38: 229–41.

Lassiter, G. D. 2002. "Illusory Causation in the Courtroom." Current Directions in Psychological Science 11: 204–8.

——————. 2010. "Psychological Science and Sound Public Policy: Video Recording of Custodial Interrogations." American Psychologist 65: 768–79.

Lassiter, G. D., and C. A. Meissner, eds. 2010. Police Interrogations and False Confessions: Current Research, Practice, and Policy Recommendations. Washington, DC: American Psychological Association.

Latham, G., and R. F. Piccolo. 2012. "The Effect of Content-Specific versus Nonspecific Subconscious Goals on Employee Performance." Human Resource Management 51: 535–48.

Latu, I. M., M. S. Mast, J. Lammers, and D. Bombari. 2013. "Successful Female Leaders Empower Women's Behavior in Leadership Tasks." Journal of Experimental Social Psychology 49: 444–48.

Law, S., and K. A. Braun. 2000. "I'll Have What She's Having: Gauging the Impact of Product Placements on Viewers." Psychology and Marketing 17: 1059–75.

Lawrence, Z., and D. Peterson. 2014. "Mentally Walking Through Doorways Causes Forgetting: The Location Updating Effect and Imagination." Memory 24, no. 1 (January): 12–20.

Lawson, M. (2013). "Visit Your Folks (or Else!)." AARP Bulletin (May), 10.

Leach, W. C., N. Ellemers, and M. Barreto. 2007. "Group Virtue: The Impact of Morality (vs. Competence and Sociability) in the Positive Evaluation of In-Groups." Journal of Personality and Social Psychology 93: 234–49.

Leding, J. K. 2012. "False Memories and Persuasive Strategies." Review of General Psychology 16: 256–68.

Lee, S. W. S., and N. Schwarz. 2012. "Bidirectionality, Mediation, and Moderation of Metaphorical Effects." Journal of Personality and Social Psychology 103: 737–49.

Leek, M., and P. K. Smith. 1989. "Phenotypic Matching, Human Altruism, and Mate Selection." Behavioral and Brain Sciences 12: 534–35.

——————. 1991. "Cooperation and Conflict in Three-Generation Families." In The Psychology of Grandparenthood: An International Per-spective. Edited by P. K. Smith, London:

Routlege, 177–94.

Leo, R. A. 2008. Police Interrogation and American Justice. Cambridge, MA: Harvard University Press.

Leopold, A. 1989. A Sand County Almanac. New York: Oxford University Press.

Leppanen, J., and C. A. Nelson. 2012. "Early Development of Fear Processing." Current Directions in Psychological Science 13: 200–204.

Leroy, S. 2009. "Why Is It So Hard to Do My Work? The Challenge of Attention Residue When Switching between Work Tasks." Organizational Behavior and Human Decision Processes 109: 168–81.

Levine, H. 1997. In Search of Sugihara. New York: Free Press.

Levy, J., H. Pashler, and E. Boer. 2006. "Central Interference in Driving." Psychological Science 17: 228–35.

Lewin, K. 1935. A Dynamic Theory of Personality. New York: McGraw-Hill.

_____. 1946. "Behavior and Development as a Function of the Total Situation." In Manual of Child Psychology. Edited by L. Carmichael, New York: John Wiley.

_____. 1947. "Group Decision and Social Change," In Read ings in Social Psychology. Edited by T. M. Newcomb and E. L. Hartley. New York: Henry Holt.

Lewis, D. E. 2003. "Corporate Trust a Matter of Opinion." Boston Globe (November 23), G2.

Lewis, G. J., and T. C. Bates. 2010. "Genetic Evidence for Multiple Biological Mechanisms Underlying In-Group Favoritism." Psychological Science 21: 1623–28.

Liberman, N., and Y. Trope. 1998. "The Role of Feasibility and Desirability Considerations in Near and Distant Future Decisions: A Test of Temporal Construal Theory." Journal of Personality and Social Psychology 75: 5–18.

Lick, D. J., and K. L. Johnson. 2015. "Interpersonal Consequences of Processing Ease: Fluency as a Metacognitive Foundation for Prejudice." Current Directions in Psychological Science 24: 143–48.

Lilienfeld, S. O., R. Ammirati, and K. Landfield. 2009. "Giving Debiasing Away: Can Psychological Research on Correcting Cognitive Errors Promote Human Welfare?" Perspectives on Psychological Science 4: 390–98.

Lim, S., J. P. O'Doherty, and A. Rangel. 2011. "The Decision Value Computations in the VmPFC and Striatum Use a Relative Value Code That Is Guided by Visual Attention." Journal of Neuroscience 31: 13214–23.

Lindberg, S. M., J. S. Hyde, M. C. Linn, and J. L. Petersen. 2010. "Trends in Gender and Mathematics Performance: A Meta-Analysis." Psychological Bulletin 136: 1123–35.

Lindner, A. M. 2008. "Controlling the Media in Iraq." Contexts 7: 32–39.

_____ . 2009. "Among the Troops: Seeing the Iraq War Through Three Journalistic Vantages Points." Social Problems 56: 21–48.

Lipsitz, A., K. Kallmeyer, M. Ferguson, and A. Abas. 1989. "Counting On Blood Donors: Increasing the Impact of Reminder Calls." Journal of Applied Social Psychology 19: 1057–67.

Liu, W., and D. Gal. 2011. "Bringing Us Together or Driving Us Apart: The Effect of Soliciting Consumer Input on Consumers' Propensity to Transact with an Organization." Journal of Consumer Research 38: 242–59.

Livingstone, K. M., and D. M. Isaacowitz. 2015. "Situation Selection and Modification for Emotion Regulation in Younger and Older Adults." Social Psychological and Personality Science 6, no. 8 (November): 904–10.

LoBue, V. 2009. "More Than Just a Face in the Crowd: Detection of Emotional Facial Expressions in Young Children and Adults." Developmental Science 12: 305–13.

_____ . 2010. "And Along Came a Spider: Superior Detection of Spiders in Children and Adults." Journal of Experimental Child Psychology 107: 59–66.

Lockwood, P., and Z. Kunda. 1997. "Superstars and Me: Predicting the Impact of Role Models on the Self." Journal of Personality and Social Psychology 73: 91–103.

Loersch, C., and N. L. Arbuckle. 2013. "Unraveling the Mystery of Music: Music as an Evolved Group Process." Journal of Personality and Social Psychology 105: 777–98.

Loersch, C., and B. K. Payne. 2011. "A Situated Inference Model: An Integrative Account of the Effects of Primes on Perception, Behavior, and Motivation." Perspectives on Psychological Science 6: 234–52.

Loftus, E. F. 2011. "Intelligence Gathering Post-9/11." American Psychologist 66: 532–41.

Lord, C. G., M. R. Lepper, and E. Preston. 1984. "Considering the Opposite: A Corrective Strategy for Social Judgment." Journal of Personality and Social Psychology 47: 1231–43.

Lovello, D., and O. Sibony. 2010. "The Case for Behavioral Strategy." McKinsey Quarterly (March): 1–16.

Lubinski, D., C. P. Benbow, and H. J. Kell. 2014. "Life Paths and Accomplishments of Mathematically Precocious Males and Females Four Decades Later." Psychological Science 25: 2217–

32.

Lull, R. B., and B. J. Bushman. 2015. "Do Sex and Violence Sell? A Meta-Analytic Review of the Effects of Sexual and Violent Media and Ad Content on Memory, Attitudes and Buying Intentions." Psychological Bulletin 141: 1022–48.

Lyubomirsky, S. 2008. The How of Happiness: A Scientific Approach to Getting the Life You Want. New York: Penguin Press.

_____. 2013. The Myths of Happiness: What Should Make You Happy, but Doesn't. What Shouldn't Make You Happy, but Does. New York: Penguin Press.

Lyubomirsky, S., and K. Layous. 2013. "How Do Simple Positive Activities Increase Well-Being?" Current Directions in Psychological Science 22: 57–62.

Lyubomirsky, S., S. A. King, and E. Diener. 2005. "Pursuing Happiness: Does Happiness Lead to Success?" Psychological Bulletin 131: 803–55.

Maaravi, Y., Y. Ganzach, and A. Pazy. 2011. "Negotiation as a Form of Persuasion: Arguments in First Offers." Journal of Personality and Social Psychology 101: 245–55.

MacKenzie, S. B., and R. J. Lutz. 1989. "An Empirical Examination of the Structural Antecedents of Attitude Toward the Ad in an Advertising Pretesting Context." Journal of Marketing 53: 48–65.

Macrae, C. N., and L. Johnston. 1998. "Help, I Need Somebody: Automatic Action and Inaction." Social Cognition 16: 400–17.

Macrae, N. C., G. V. Bodenhausen, and A. B. Milne. 1995. "The Dissection of Selection in Person Perception: Inhibitory Processes in Social Stereotyping." Journal of Personality and Social Psychology 69: 397–407.

Madanika, Y, and K. Bartholomew. 2014. "Themes of Lust and Love in Popular Music from 1971 to 2011." SAGE Open 4, no. 3 (August). doi:10.1177/2158244014547179.

Madden, M. 2014. "More Online Americans Say They've Experienced a Personal Data Breach." Pew Research Center Fact Tank (April 14). www.pewresearch.org/fact-tank/2014/04/14/more-online-americanssay- theyve-experienced-a-personal-data-breach.

Maddux, W. W., E. E. Mullen, and A. D. Galinsky. 2008. "Chameleons Bake Bigger Pies and Take Bigger Pieces: Strategic Behavioral Mimicry Facilitates Negotiation Outcomes." Journal of Experimental Social Psychology 44: 461–68.

Mahajan, N., M. A. Martinez, N. L. Gutierrez, G. Diesendruck, M. R. Banaji, and L. R. Santos. 2011. "The Evolution of Intergroup Bias: Perceptions and Attitudes in Rhesus Macaques." Journal of Personality and Social Psychology 100, no. 3 (March): 387–405.

Maio, G. R., A. Pakizeh, W-Y. Cheung, and K. J. Rees. 2009. "Changing, Priming, and Acting on Values: Effects via Motivational Relations in a Circular Model." Journal of Personality and Social Psychology 97: 699–715.

Mandel, N., and E. J. Johnson. 2002. "When Web Pages Influence Choice: Effects of Visual Primes on Experts and Novices." Journal of Consumer Research 29: 235–45.

Mandel, N., P. K. Petrova, and R. B. Cialdini. 2006. "Images of Success and the Preference for Luxury Brands." Journal of Consumer Psychology 16: 57–69.

Maner, J. K., M. T. Gailliot, and S. L. Miller. 2009. "The Implicit Cognition of Relationship Maintenance: Inattention to Attractive Alternatives." Journal of Experimental Social Psychology 45: 174–79.

Maner, J. K., M. T. Gailliot, D. A. Rouby, D. A., and S. L. Miller. 2007. "Can't Take My Eyes Off You: Attentional Adhesion to Mates and Rivals." Journal of Personality and Social Psychology 93: 389–401.

Maner, J. K., D. T. Kenrick, D. V. Becker, A. W. Delton, B. Hofer, C. Wilbur, and S. I. Neuberg. 2003. "Sexually Selective Cognition: Beauty Captures the Mind of the Beholder." Journal of Personality and Social Psychology 85: 1107–20.

Mann, T. C., and M. J. Ferguson. 2015. "Can We Undo Our First Impressions? The Role of Reinterpretation in Reversing Implicit Evaluations." Journal of Personality and Social Psychology 108: 823–49.

Marchetti, G. 2012. "Against the View That Consciousness and Attention Are Fully Dissociable." Frontiers in Psychology 3: 36.

Margolis, E. H. 2010. "When Program Notes Don't Help: Music Descriptions and Enjoyment." Psychology of Music 38: 285–302.

Markus, H., and S. Kitayama. 1991. "Culture and the Self: Implications for Cognition, Emotion, and Motivation." Psychological Bulletin 98: 224–53.

Marsh, J. E., R. Ljung, A. Nostl, E. Threadgold, and T. A. Campbell. 2015. "Failing to Get the Gist of What's Being Said: Background Noise Impairs Higher-Order Cognitive Processing." Frontiers in Psychology 6: 548.

Marsh, R. L., J. L. Hicks, and M. L. Bink 1998. "Activation of Completed Uncompleted, and Partially Completed Intentions." Journal of Experimental Psychology: Learning, Memory, and Cognition 24: 350–61.

Marteau, T. M., G. J. Hollands, and P. C. Fletcher. 2012. "Changing Human Behavior to Prevent

Disease: The Importance of Targeting Automatic Processes." Science 337: 1492–95.

Marti, S., M. Sigman, and S. Dehaene. 2012. "A Shared Cortical Bottleneck Underlying Attentional Blink and Psychological Refractory Period." Neuroimage 59: 2883–98.

Martin, A., C. Jacob, and N. Gueguen. 2013. "Similarity Facilitates Relationships on Social Networks: A Field Experiment on Facebook." Psychological Reports 113: 217–20.

Martin, L. R., K. B. Haskard-Zolnierek, and M. R. DiMatteo. 2010. "Health Behavior Change and Treatment Adherence." New York: Oxford University Press.

Martin, S. J., S. Bassi, and R. Dunbar-Rees. 2012. Commitments, Norms and Custard Creams— Social Influence Approach to Reducing Did Not Attends (DNAs)." Journal of the Royal Society of Medicine 105: 101–4.

Marx, D. M., and J. S. Roman. 2002. "Female Role Models: Protecting Women's Math Test Performance." Personality and Social Psychology Bulletin 28: 1183–93.

Mashek, D. J., A. Aron, and M. Boncimino. 2003. "Confusions of Self with Close Others." Personality and Social Psychology Bulletin 29: 382–92.

Mason, M. F., E. P. Tatkow, and C. N. Macrae. 2005. "The Look of Love: Gaze Shifts and Person Perception." Psychological Science 16: 236–39.

Masuda, T., and R. Nisbett. 2001. "Attending Holistically versus Analytically: Comparing the Context Sensitivity of Japanese and Americans." Journal of Personality and Social Psychology 81: 922–34.

Masuda, T., R. Gonzalez, I. Kwan, and R. Nesbitt. 2008. "Culture and Aesthetic Preference: Comparing the Attention to Context of East Asians and Americans." Personality and Social Psychology Bulletin 34: 1260–75.

Mather, M., and M. Knight. 2005. "Goal-Directed Memory: The Role of Cognitive Control in Older Adults' Emotional Memory." Psychology and Aging 20: 554–70.

Mauboussin, M. J. 2009. Think Twice: Harnessing the Power of Counterintuition. Boston: Harvard Business Press.

Mauss, I. B., A. J. Shallcross, O. P. John, E. Ferrer, F. H. Wilhelm, and J. J. Gross. 2011. "Don't Hide Your Happiness!" Journal of Personality and Social Psychology 100: 738–48.

Mayer, D. M., M. Kuenzi, R. Greenbaum, M. Bardes, and R. Salvador. 2009. "How Does Ethical Leadership Flow? Test of a Trickle-Down Model." Organization and Human Decision Processes 108: 1–13.

Mazzoni, G., and A. Memon. 2003. "Imagination Can Create False Autobiographical Memories." Psychological Science 25: 266–81.

McAlister, A. L., A. G. Ramirez, C. Galavotti, and K. J. Gallion. 1989. "Anti-Smoking Campaigns: Progress in the Application of Social Learning Theory." Public Communication Campaigns. Edited by R. E. Rice and C. K. Atkin. Newbury Park, CA: Sage, 291–307.

McCaslin, M. J., R. E. Petty, and D. T. Wegener. 2010. "Self-Enhancement Processes and Theory-Based Correction Processes." Journal of Experimental Social Psychology 46: 830–35.

McClelland, J. L., M. M. Botvinick, D. C. Noelle, D. C. Plaut, T. T. Rogers, M. S. Seidenberg, and L. B. Smith. 2010. "Letting Structure Emerge: Connectionist and Dynamical Systems Approaches to Understanding Cognition." Trends in Cognitive Sciences 14: 348–56.

McCombs, M. E., and D. L. Shaw. 1972. "The Agenda-Setting Functions of Mass Media," Public Opinion Quarterly 36: 176–218.

McCormick, J., and W. L. Morris. 2015. "The Effects of Stereotype Threat and Power on Women's and Men's Outcomes in Face-to-Face and E-Mail Negotiations." Psi Chi Journal of Psychological Research 20: 114–24.

McCulloch, K. C., H. Arts, K. Fujita, and J. A. Bargh. 2008. "Inhibition in Goal Systems: A Retrieval-Induced Forgetting Account." Journal of Experimental Social Psychology 44: 857–65.

McFarland, S. In press. "Identification with All Humanity: The Antithesis of Prejudice, and More." In The Cambridge Handbook of the Psychology of Prejudice. Edited by C. G. Sibley and F. K. Barlow, Cambridge, UK: Cambridge University Press.

McFarland, S., M. Webb, and D. Brown. 2012. "All Humanity Is My In- Group. A Measure and Studies of Identification with All Humanity." Journal of Personality and Social Psychology 103: 830–53.

McGlone, M. S., and J. Tofighbakhsh. 2000. "Birds of a Feather Flock Conjointly (?): Rhyme as Reason in Aphorisms." Psychological Science 11: 424–28.

McGraw, K. O., and J. Fiala. 1982, "Undermining the Zeigarnik Effect: Another Hidden Cost of Reward." Journal of Personality 50: 58–66.

McGuire, W. J. 1961. "The Effectiveness of Supportive and Refutational Defenses in Immunizing and Restoring Beliefs against Persuasion." Sociometry 24: 184–97.

McIntyre, R. B., R. M. Paulson, and C. G. Lord. 2003. "Alleviating Women's Mathematics Stereotype Threat through Salience of Group Achievements." Journal of Experimental Social Psychology 39: 83–90.

McKenzie, C. R. M. 2005. "Judgement and Decision Making." In Handbook of Cognition. Edited by R. L. G. Koen Lamberts. Thousand Oaks, CA: Sage, 321–38.

McNeill, W. H. 1995. Keeping Together in Time: Dance and Drill in Human History. Cambridge, MA: Harvard University Press.

Meltzoff, A. 2007. "Like Me: A Foundation for Social Cognition." Developmental Science 10: 126–34.

Mendl, J. R., S. B. Ehrlich, and J. M. Dukerich. 1985. "The Romance of Leadership." Adminstrative Science Quarterly 30: 78–102.

Mercer, A., A. Caporaso, D. Cantor, and J. Townsend. 2015. "How Much Gets You How Much? Monetary Incentives and Response Rates in Household Surveys." Public Opinion Quarterly 79: 105–29.

Meyers-Levy, J., and B. Loken. 2015. "Revisiting Gender Differences: What We Know and What Lies Ahead." Journal of Consumer Psychology 25: 129–49.

Middleton, J. A., and D. P. Green. 2008. "Do Community-Based Voter Mobilization Campaigns Work Even in Battleground States? Evaluating the Effectiveness of MoveOn's 2004 Outreach Campaign." Quarterly Journal of Political Science 3: 63–82.

Midlarsky, E., and R. Nemeroff. 1995. "Heroes of the Holocaust: Predictors of Their Well-Being in Later Life." Paper presented at the American Psychological Society meetings. New York (July).

Millar, M. G., and A. Tesser. 1986. "Thought-Induced Attitude Change: The Effects of Schema Structure and Commitment." Journal of Personality and Social Psychology 51: 259–69.

Miller, D. T., and D. A. Effron. 2010. "Psychological License: When It Is Needed and How It Functions." Advances in Experimental Social Psychology 43: 115–55.

Miller, D. T., J. S. Downs, and D. A. Prentice. 1998. "Minimal Conditions for the Creation of a Unit Relationship: The Social Bond Between Birthday Mates." European Journal of Social Psychology 28: 475–81.

Miller, R. S. 1997. "Inattentive and Contented: Relationship Commitment and Attention to Alternatives." Journal of Personality and Social Psychology 73: 758–56.

Mitchell, J. P., M. Banaji, and C. N. Macrae. 2005. "The Link Between Social Cognition and Self-Referential Thought." Journal of Cognitive Neuroscience 17: 1306–15.

Miyake, A., L. E. Kost-Smith, N. D. Finkelstein, S. J. Pollock, G. L. Cohen, and T. A. Ito. 2010. "Reducing the Gender Achievement Gap in College Science: A Classroom Study of Values Affirmation." Science 330: 1234–37.

Molnar-Szakacs, I., and K. Overy. 2006. "Music and Mirror Neurons: From Motion to 'E'motion." Social Cognitive and Affective Neuroscience1: 235–41.

Monin, B., and D. T. Miller. 2001. "Moral Credentials and the Expression of Prejudice." Journal of Personality and Social Psychology 81: 33–43.

Monroe, B. M., and S. J. Read. 2008. "A General Connectionist Model of Attitude Structure and Change." Psychological Review 115: 773–59.

Monteith, M. J., L. Ashburn-Nardo, C. I. Voils, and A. M. Czopp. 2002. "Putting the Brakes on Prejudice: On the Development and Operation of Cues for Control." Journal of Personality and Social Psychology 83: 1029–50.

Moon, Y. 2010. Different. New York: Crown Business.

Moore, D. A., and D. Small. 2007. "Error and Bias in Comparative Social Judgment: On Being Both Better and Worse Than We Think We Are." Journal of Personality and Social Psychology 92: 972–89.

Moore, S. G. 2012. "Some Things Are Better Left Unsaid: How Word of Mouth Influences the Storyteller." Journal of Consumer Research 38: 1140–54.

Morling, D., and M. Lamoreaux. 2008. "Measuring Culture Outside the Head: A Meta-Analysis of Individualism-Collectivism in Cultural Products." Personality and Social Psychology Review 12, 199–221.

Morris, M. W., O. J. Sheldon, D. R. Ames, and M. J. Young. 2007. "Metaphors and the Market." Organizational Behavior and Human Decision Processes 102: 174–92.

Moyer, V. A. 2013. "Primary Care Interventions to Prevent Tobacco Use in Children and Adolescents: U.S. Preventive Service Task Force Recommendation Statement." Pediatrics 132: 560–65.

Murayama, K., T. Miyatsu, D. Buchli, and B. Storm. 2014. "Forgetting as a Consequence of Retrieval: A Meta-Analytic Review of Retrieval-Induced Forgetting." Psychological Bulletin 140: 1383–1409.

Muscanell, N. L., R. E. Guadagno, S. Murphy. 2014. "Weapons of Influence Misused: A Social Influence Analysis of Why People Fall Prey to Internet Scams." Social and Personality Compass, 8/7: 388–96.

Nagin, D., and G. Pogarsky. 2001. "Integrating Celerity, Impulsivity, and Extralegal Sanction Threats into a Model of General Deterrence Theory and Evidence." Criminology 39: 865–92.

Nelson, L. D., and M. I. Norton. 2005. "From Student to Superhero: Situational Primes Shape Future Helping." Journal of Experimental Social Psychology 41: 425–30.

Nestler, S., and B. Egloff. 2010. "When Scary Messages Backfire: Influence of Dispositional Cognitive Avoidance on the Effectiveness of Threat Communications." Journal of Research in Personality 44: 137–41.

Neumann, R., and F. Strack. 2000. "Approach and Avoidance: The Influence of Proprioceptive and Exteroceptive Cues on Encoding of Affective Information." Journal of Personality and Social Psychology 79: 39–48.

Neville, L. 2012. "Do Economic Equality and Generalized Trust Inhibit Academic Dishonesty? Search-Engine Queries." Psychological Science 23: 339–45.

Nguyen, H. D., and A. M. Ryan. 2008. "Does Stereotype Threat Affect Test Performance of Minorities and Women? A Meta-Analysis of Experimental Evidence." Journal of Applied Psychology 93: 1314–34.

Nguyen, N., and G. Lelanc. 2001. "Corporate Image and Corporate Reputation in Customers' Retention Decisions in Services." Journal of Retailing and Consumer Services 8: 227–36.

Nickerson, R. S. 1998. "Confirmation Bias: A Ubiquitous Phenomenon in Many Guises." Review of General Psychology 2: 175–220.

Niemeier, V., J. Kupfer, and U. Gieler. 2000. "Observations During an Itch-Inducing Lecture." Dermatology and Psychosomatics 1 (suppl. 1: 15–18.)

Nisbett, R. 2003. The Geography of Thought: How Asians and Westerners Think Differently . . . and Why. New York: Free Press.

Noar, S. M., C. N. Benac, and M. S. Harris. 2007. "Does Tailoring Matter? Meta-Analytic Review of Tailored Print Health Behavior Change Interventions." Psychological Bulletin 133: 673–93.

Noh, S. R., M. Lohani, and D. M. Isaacowitz. 2011. "Deliberate Real- Time Mood Regulation in Adulthood: The Importance of Age, Fixation, and Attentional Functioning." Cognition and Emotion 25: 998–1013.

Nolan, J. M., P. W. Schultz, R. B. Cialdini, N. J. Goldstein, and V. Griskevicius. 2008. "Normative Social Influence Is Underdetected." Personality and Social Psychology Bulletin 34: 913–23.

Noor, M., R. Brown, R. Gonzalez, J. Manzi, and C. A. Lewis. 2008. "On Positive Psychological Outcomes: What Helps Groups with a History of Conflict to Forgive and Reconcile with Each Other?" Personality and Social Psychology Bulletin 34: 819–32.

Norman, L. J., C. A. Heywood, and R. W. Kentridge. 2013. "Object-Based Attention without Awareness." Psychological Science 24: 836–43.

North, A. C., D. J. Hargreaves, and J. McKendrick. 1997. "In-Store Music Affects Product Choice." Nature 390 (November 13): 132.

Norton, M. I., D. Mochon, and D. Ariely. 2012. "The IKEA Effect: When Labor Leads to Love." Journal of Consumer Psychology 22: 453–0. doi:10.1016/j.jcps.2011.08.002.

Oberholzer-Gee, F. 2006. "A Market for Time: Fairness and Efficiency in Waiting Lines." Kyklos 59: 427–40.

Obermeier, C., W. Menninghaus, M. von Koppenfels, T. Raettig, M. Schmidt-Kassow, S. Otterbein, and S. A. Kotz. 2013. "Aesthetic and Emotional Effects of Meter and Rhyme in Poetry." Frontiers in Psychology 4: 10.

Oettingen, G., G. Honig, and P. M. Gollwitzer. 2000. "Effective Self-Regulation of Goal Attainment." International Journal of Educational Research 33: 705–32.

Oishi, S., S. Kesebir, and E. Diener. 2001. "Income Inequality and Happiness." Psychological Science 22: 1095–1100.

Oliner, S. P., and P. M. Oliner. 1988. The Altruistic Personality: Rescuers of Jews in Nazi Europe. New York: Free Press.

Olivers, C. N. L., and S. Niewenhuis. 2005. "The Beneficial Effect of Concurrent Task-Irrelevant Activity on Temporal Attention." Psychological Science 16: 265–69.

Olson, M. A., and R. H. Fazio. 2004. "Trait Inferences as a Function of Automatically Activated Racial Attitudes and Motivation to Control Prejudiced Reactions." Basic and Applied Social Psychology 26: 1–11.

Oosterhof, N. N., S. P. Tipper, and P. E. Downing. 2012. "Visuo-Motor Imagery of Specific Manual Actions: A Multi-Variate Pattern Analysis fMRI Study." Neuroimage 63: 262–71.

Oppenheimer, D. M., C. Diemand-Yauman, and E. B. Vaughan. 2011. "Fortune Favors the Bold (and the Italicized): Effects of Disfluency on Educational Outcomes." Cognition 118: 111–15.

Oppenheimer, D. M., R. E. LeBoeuf, and N. T. Brewer. 2008. "Anchors Aweigh: A Demonstration of Cross-Modality Anchoring and Magnitude Priming." Cognition 106: 13–26.

Ottati, V. C., and R. A. Renstrom. 2010. "Metaphor and Persuasive Communication: A Multifunctional Approach." Social and Personality Psychology Compass 49: 783–94.

Otten, S., and K. Epstude. 2006. "Overlapping Mental Representations of Self, Ingroup, and Outgroup: Unraveling Self-Stereotyping and Self-Anchoring." Personality and Social Psychology Bulletin 32: 957–69.

Over, H., and M. Carpenter. 2009. "Eighteen-Month-Old Infants Show Increased Helping Following Priming with Affiliation." Psychological Science 20: 1189–93.

Ovsiankina, M. 1928. "Die Wiederaufnahme von unterbrochener Handlungen." Psychologische Forschung 11: 302–79.

Oyserman, D. 2009. "Identity-Based Motivation: Implications for Action-Readiness, Procedural-Readiness, and Consumer Behavior." Journal of Consumer Psychology 19: 250–60.

Oyserman, D., and S. W. S. Lee. 2008. "Does Culture Influence What and How We Think? Effects of Priming Individualism and Collectivism." Psychological Bulletin 134: 311–42.

Packard, G., A. D. Gershoff, and D. B. Wooten, Impress. "When Boastful Word of Mouth Helps versus Hurts Social Perceptions and Persuasion." Journal of Consumer Research.

Paez, D., B. Rime, N. Basabe, A. Wlodarczyk, and L. Zumeta. 2015. "Psychosocial Effects of Perceived Emotional Synchrony in Collective Gatherings." Journal of Personality and Social Psychology 108: 711–29.

Page, L. A., C. Keshishian, G. Leonardi, V. Murray, G. J. Rubin, and S. Wessely. 2010. "Frequency and Predictors of Mass Psychogenic Illness." Epidemiology 21: 744–47.

Page-Gould, E., R. Mendoza-Denton, and L. R. Tropp. 2008. "With a Little Help from My Cross-Group Friend: Reducing Anxiety in Intergroup Contexts Through Cross-Group Friendship." Journal of Personality and Social Psychology 95: 1080–94.

Paladino, M-P., M. Mazzurega, F. Pavani, and T. W. Schubert. 2010. "Synchronous Multisensory Stimulation Blurs Self-Other Boundaries." Psychological Science 21: 1202–7.

Paluck, E. L., and D. P. Green. 2009. "Prejudice Reduction: What Works? A Review and Assessment of Research and Practice." Annual Review of Psychology 60: 339–67.

Park, J. H., and M. Schaller. 2005. "Does Attitude Similarity Serve as a Heuristic Cue for Kinship? Evidence of an Implicit Cognitive Association." Evolution and Human Behavior 26: 158–70.

Park, J. H., M. Schaller, and M. Van Vugt. 2008. "Psychology of Human Kin Recognition: Heuristic Cues, Erroneous Inferences, and Their Implications." Review of General Psychology 12: 215–35.

Parker, J. R., and D. R. Lehmann. 2015. "How and When Grouping Low-Calorie Options Reduces the Benefits of Providing Dish-Specific Calorie Information." Journal of Consumer Research 41: 213–35.

Parks, A. C., M. D. Della Porta, R. S. Pierce, R. Zilca, and S. Lyubomirsky. 2012. "Pursuing Happiness in Everyday Life: The Characteristics and Behaviors of Online Happiness Seekers." Emotion 12: 1222–34.

Paternoster, R. 2010. "How Much Do We Really Know About Criminal Deterrence?" Journal of Criminal Law and Criminology 100: 765–24.

Pavlov, I. P. 1927. "Conditioned reflexes." Translated by G. V. Anrep. Oxford, UK: Oxford University Press.

Payne, L., and R. Sekuler. 2014. "The Importance of Ignoring: Alpha Oscillations Protect Selectivity." Current Directions in Psychological Science 23: 171–77.

Pelham, B. W., and M. R. Carvallo. 2011. "The Surprising Potency of Implicit Egoism: A Reply to Simonsohn." Journal of Personality and Social Psychology 101: 25–30.

Pennebaker, J. W. 1980. "Perceptual and Environmental Determinants of Coughing." Basic and Applied Social Psychology 1: 83–91.

Pennebaker, J. W., T. J. Mayne, and M. E. Francis. 1997. "Linguistic Predictors of Adaptive Bereavement." Journal of Personality and Social Psychology 72: 863–71.

Perillo, J. T., and S. M. Kassin. 2011. "Inside Interrogation: The Lie, the Bluff, and False Confessions." Law and Human Behavior 35: 327–37.

Perkins, A. W., and M. R. Forehand. 2012. "Implicit Self-Referencing: The Effect of Nonvolitional Self-Association on Brand and Product Attitude." Journal of Consumer Research 39: 142–56.

Peterson, D. K. 2002. The Relationship Between Unethical Behavior and the Dimensions of the Ethical Climate Questionnaire." Journal of Business Ethics 41: 313–26.

Petras, R., and K. Petras. 1993. The 776 Stupidest Things Ever Said. New York: Broadway Books.

Petrova, P. K., and R. B. Cialdini. 2005. "Fluency of Consumption Imagery and the Backfire Effects of Imagery Appeals." Journal of Consumer Research 32: 442–52.

_____ _____. 2011. "New Approaches Toward Resistance to Persuasion." In The Sage Handbook of Social Marketing. Edited by G. Hastings, C. Bryant., and K. Angus. London: Sage, 107–22.

Petrova, P. K., N. Schwarz, and H. Song. 2012. "Fluency and Social Influence." In Six Degrees of Social Influence. Edited by D. T. Kenrick, N. J. Goldstein, and S. L. Braver. New York: Oxford University Press.

Petty R. E., and P. Brinol. 2012. "The Elaboration Likelihood Model." In Handbook of Theories of Social Psychology. Edited by P. A. M. Van Lange, A. W. Kruglanski, and E. T. Higgins. Thousand Oaks, CA: Sage, 224–45.

Petty, R. E., and P. Brinol. 2010. "Attitude Change." In Advanced Social Psychology: The State of the Science. Edited by R. F. Baumeister and E. J. Finkel. New York: Oxford University Press, 217–59.

Petty, R. E., and J. T. Cacioppo. 1984. "Source Factors and the Elaboration Likelihood Model of Persuasion." Advances in Consumer Research 11: 668–72.

Pfaff, D. W. 2007. The Neuroscience of Fair Play: Why We (Usually) Follow the Golden Rule.

Chicago: University of Chicago Press.

_____. 2015. The Altruistic Brain: How We Are Naturally Good.

Oxford, UK: Oxford University Press.

Pfau, M., and M. Burgoon. 1988. "Inoculation in Political Campaign Communication." Human Communication Research 15: 91–111.

Pfau, M., J. Danesi, R. Tallmon, T. Bunko, S. Nyberg, B. Thompson, C. Babin, S. Cardella, M. Mink, and B. Temple. 2006. "A Comparison of Embedded and Nonembedded Print Coverage of the U.S. Invasion and Occupation of Iraq." International Journal of Press/Politics 11: 139–53.

Pfau, M., M. M. Haigh, L. Logsdon, C. Perrine, J. P. Baldwin, R. E. Breitenfeldt, J. Cesar, D. Dearden, G. Kuntz, E. Montalvo, D. Roberts, and R. Romero." 2005. "Embedded Reporting During the Invasion and Occupation of Iraq: How the Embedding of Journalists Affects Television News Reports." Journal of Broadcasting and Electronic Media 49: 468–87.

Pfau, M., M. Haigh, M. Gettle, M. Donnelly, G. Scott, D. Warr, and E. Wittenberg. 2004. "Embedding Journalists in Military Combat Units: Impact on Newspaper Story Frames and Tone." Journalism and Mass Communication Quarterly 81: 74–88.

Pfeffer, J., and R. B. Cialdini. 1998. "Illusions of Influence." In Power and Influence in Organizations. Edited by R. M. Kramer and M. A. Neale. Thousand Oaks, CA: Sage, 1–20.

Pfeffer, J., and G. R. Salancik. 1978. The External Control of Organizations. A Resource Dependence Perspective. New York: Harper & Row.

Pillutia, M. M., D. Malhotra, and J. K. Murnighan. 2003. "Attributions of Trust and the Calculus of Reciprocity." Journal of Experimental Social Psychology 39: 448–55.

Pocheptsova, A., and N. Novemsky. 2010. "When Do Incidental Mood Effects Last? Lay Beliefs Versus Actual Effects." Journal of Consumer Research 36: 992–1001.

Posavac, S. S., F. R. Kardes, and J. Brakus. 2010. "Focus Induced Tunnel Vision in Managerial Judgment and Decision Making: The Peril and the Anecdote." Organizational Behavior and Human Decision Processes 113: 102–11.

Posavac, S. S., F. R. Kardes, D. M. Sanbonmatsu D. M., and Fitzsimons G. J. 2005. Blissful insularity: When brands are judged in isolation from competitors, Marketing Letters 16: 87–97.

Posavac, S. S., Sanbonmatsu, D. M., and E. A. Ho. 2002. "The Effects of Selective Consideration of Alternatives on Consumer Choice and Attitude- Decision Consistency." Journal of Consumer Psychology 12: 203–13.

Posavac, S. S., D. M. Sanbonmatsu, F. R. Kardes, and G. J. Fitzsimons. 2004. "The Brand Positivity Effect: When Evaluation Confers Preference." Journal of Consumer Research 31: 643–51.

Pothos, E. M., and J. R. Busemeyer. 2013. "Can Quantum Probability Provide a New Direction for Cognitive Modeling?" Behavior and Brain Sciences 36: 255–74.

Powers, N., A. Blackman, T. P. Lyon, and U. Narain. 2011. "Does Disclosure Reduce Pollution? Evidence from India's Green Rating Project." Environmental and Resource Economics 50: 131–55.

Preston, S. D. 2013. "The Origins of Altruism in Offspring Care." Psychological Bulletin 139: 1305–41.

Prestwich, A., M. Perugini, R. Hurling, and J. Richetin. 2010. "Using the Self to Change Implicit Attitudes." European Journal of Social Psychology 40: 61–71.

Priester, J. R., J. T. Cacioppo, and R. E. Petty. 1996. "The Influence of Motor Processes on Attitudes Toward Novel versus Familiar Semantic Stimuli." Personality and Social Psychology Bulletin 22: 442–47.

Prot, S., D. A. Gentile, C. A. Anderson, K. Suzuki, E. Swing, Y. Horiuchi, M. Jelic, B. Krahe, W. Liuqing, A. K. Liau, A. Khoo, P. D. Petrescu, A. Sakamoto, S. Tajima, R. A. Toma, W. Warburton, X. Zhang, and B. C. P. Lam. 2014. "Long-Term Relations Among Prosocial-Media Use, Empathy, and Prosocial Behavior." Psychological Science 25: 358–68.

Pulfrey, C. and F. Butera. 2013. "Why Neoliberal Values of Self-Enhancement Lead to Cheating in Higher Education: A Motivational Account." Psychological Science 24: 2153–62.

Global Economic Crime Survey 2014. Threat assessment and damage. www.pwc.com/gx/en/economic-crime-survey/damage.jhtml.

Quoidbach, J., M. Mikolajczak, and J. J. Gross. 2015. "Positive Interventions: An Emotion Perspective." Psychological Bulletin 141: 655–93.

Radvansky, G. A., and D. E. Copeland. 2006. "Walking Through Doorways Causes Forgetting: Situation Models and Experienced Space." Memory and Cognition 34: 1150–56.

Radvansky, G. A., S. A. Krawietz, and A. K. Tamplin. 2011. "Walking Through Doorways Causes Forgetting: Further Explorations." Quarterly Journal of Experimental Psychology 64: 1632–45.

Rajagopal, P., and N. V. Montgomery. 2011. "I Imagine, I Experience, I Like: The False Experience Effect." Journal of Consumer Research 38, no. 3 (October): 578–94.

Reber, R., and N. Schwarz. 1999. "Effects of Perceptual Fluency on Judgments of Truth." Consciousness and Cognition 8: 338–42.

Reed, A. E., and L. L. Carstensen. 2012. "The Theory Behind the Age-Related Positivity Effect." Frontiers in Psychology 27: 339.

Reed, C. 2009. "Journalists' Recent Work Examined Before Embeds" (electronic version). Stars and Stripes (August 24). www.stripes.com/article. asp?section=104andarticle=63348.

Reed, C., K. Baron, and L. Shane. 2009. "Files Prove Pentagon Is Profiling Reporters" (electronic version). Stars and Stripes (August 29). www.stripes.com/article.asp?section=104andarticle=64401.

Reichardt, C. S. 2010. "Testing Astrological Predictions About Sex, Marriage, and Selfishness." Skeptic 15: 40–45.

Reinhard, M-A., S. Schindler, V. Raabe, D. Stahlberg, and M. Messner. 2014. "Less Is Sometimes More: How Repetition of an Antismoking Advertisement Affects Attitudes Toward Smoking and Source Credibility." Social Influence 9: 116–32.

Rensink, R. A. 2002. "Change Detection." Annual Review of Psychology 53: 253–64.

Report to the Nations on Occupational Fraud and Abuse: 2014 Global Fraud Study. 2014. Austin, TX: Association of Certified Fraud Examiners. www.acfe.com/rttn.aspx.

Rimer, B. K., and Kreuter, M. W. 2006. "Advancing Tailored Health Communication: A Persuasion and Message Effects Perspective." Journal of Communication 56: S184–S201.

Risen, J. L., and T. Gilovich. 2008. "Why People Are Reluctant to Tempt Fate." Journal of Personality and Social Psychology 95: 293–307.

Robertson, K. F., S. Smeets, D. Lubinski, and C. P. Benbow. 2010. "Beyond the Threshold Hypothesis." Current Directions in Psychological Science 19: 346–51.

Robinson, J., and L. Zebrowitz-McArthur. 1982. "Impact of Salient Vocal Qualities on Causal Attribution for a Speaker's Behavior." Journal of Personality and Social Psychology 43: 236–47.

Rogers, T., C. R. Fox, and A. S. Gerber. 2012. Rethinking Why People Vote: Voting as Dynamic Social Expression. Princeton: Princeton University Press.

Romero, A. A., C. R. Agnew, and C. A. Insko. 1996. "The Cognitive Mediation Hypothesis Revisited." Personality and Social Psychology Bulletin 22: 651–65.

Roseth, C. J., D. W. Johnson, and R. T. Johnson. 2008. "Promoting Early Adolescent Achievement and Peer Relationships: The Effects of Cooperative, Competitive, and Individualistic Goal Structures." Psychological Bulletin 134: 223–46.

Ross, J. R. 1994. Escape to Shanghai: A Jewish Community in China. New York: Free Press.

Ross, M., and F. Sicoly. 1979. "Egocentric Biases in Availability and Attribution." Journal of

Personality and Social Psychology 37: 322–36.

Rothbart, M. and B. Park. 1986. "On the Confirmability and Disconfirmability of Trait Concepts." Personality and Social Psychology Bulletin 50: 131–42.

Rowe C., J. M. Harris, and S. C. Roberts. 2005. "Sporting Contests: Seeing Red? Putting Sportswear in Context." Nature 437: E10.

Rozin, P., and E. B. Royzman. 2001. "Negativity Bias, Negativity Dominance, and Contagion." Personality and Social Psychology Review 5, 296–321.

Rydell, R. J., A. R. McConnell, and S. L. Beilock. 2009. "Multiple Social Identities and Stereotype Threat: Imbalance, Accessibility, and Working Memory." Journal of Personality and Social Psychology 96: 949–66.

Sagarin, B. J., R. B. Cialdini, W. E. Rice, and S. B. Serna. 2002. "Dispelling the Illusion of Invulnerability: The Motivations and Mechanisms of Resistance to Persuasion." Journal of Personality and Social Psychology 83: 526–41.

Sagarin, B., and K. D. Mitnick. 2011. "The Path of Least Resistance." In Six Degrees of Social Influence. Edited by D. T. Kenrick, N. J. Goldstein, and S. L. Braver. New York: Oxford University Press.

Sah, S., and G. Loewenstein. 2010. "Effect of Reminders of Personal Sacrifice and Suggested Rationalizations on Residents' Self-Reported Willingness to Accept Gifts." Journal of the American Medical Association 304: 1204–11.

Salancik, G. R., and J. R. Mendl. 1984. "Corporate Attributions as Strategic Illusions of Management Control." Administrative Science Quarterly 29: 238–54.

Salancik, G. R., and J. Pfeffer. 1977. "Constraints on Administrative Discretion: The Limited Influence of Mayors on City Budgets." Urban Affairs Quarterly 12: 475–98.

Sanbonmatsu, D. M., S. S. Posavac, F. R. Kardes, and S. P. Mantel. 1989. "Selective Hypothesis Testing." Psychonomic Bulletin and Review 5: 197–220.

Scherpenzeel, A., and V. Toepol. 2012. "Recruiting a Probability Sample for an Online Panel." Public Opinion Quarterly 76: 470–90.

Schkade, D, A., and D. Kahneman. 1998. "Does Living in California Make People Happy? A Focusing Illusion in Judgments of Life Satisfaction." Psychological Science 9: 340–46.

Schmader, T., M. Johns, and C. Forbes. 2008. "An Integrated Process Model of Stereotype Threat on Performance." Psychological Review 115: 336–56.

Schmidt, F. L. 2014. "A General Theoretical Integrative Model of Individual Differences in Interests,

Abilities, Personality Traits, and Academic and Occupational Achievement: A Commentary on Four Recent Articles." Perspectives on Psychological Science 9: 211–18.

Schmiege, S. J., W. M. P. Klein, and A. D. Bryan. 2010. European Journal of Social Psychology 40: 746–59.

Schmierbach, M. 2010. " 'Killing Spree': Exploring the Connection Between Competitive Game Play and Aggressive Cognition." Communication Research 37: 256–74.

Schneider, I. K., M. Parzuchowski, B. Wojciszke, N. Schwarz, and S. L. Koole. 2015. "Weighty Data: Importance Information Influences Estimated Weight of Digital Information Storage Devices." Frontiers in Psychology 5: 1536.

Schrift, R. Y., and J. R. Parker, 2014. "Staying the Course: The Option of Doing Nothing and Its Impact on Postchoice Persistence." Psychological Science 25: 772–80.

Schroder, T., and P. Thagard. 2013. "The Affective Meanings of Automatic Social Behaviors: Three Mechanisms That Explain Priming." Psychological Review 120: 255–80.

Schroeder, D. A., L. A. Penner, J. F. Dovidio, and J. A. Piliavin. 1995. The Psychology of Helping and Altruism: Problems and Puzzles. New York: McGraw-Hill.

Schulte, B. 1998. "Sleep Research Focusing on Mind's Effectiveness." Arizona Republic (Phoenix) (March 8), A33.

Schuman, H., and S. Presser. 1981. Questions and Answers in Attitude Surveys: Experiments on Question Form, Wording, and Context. New York: Academic Press.

Schwarz, N., and F. Strack. 1991. "Evaluating One's Life: A Judgmental Model of Subjective Well-Being." In Subjective Well-Being: An Interdisciplinary Perspective. Edited by F. Strack, M. Argyle, and N. Schwarz. Oxford, UK: Pergamon Press, 27–48.

Schyns, B., J. Felfe, and H. Blank. 2007. "Is Charisma Hyper-Romanticism? Empirical Evidence From New Data and a Meta-Analysis." Applied Psychology: An International Review 56: 505–27.

Scott, M. L., and S. M. Nowlis. 2013. "The Effect of Goal Specificity on Consumer Reengagement." Journal of Consumer Research 40: 444–59.

Sedikides, C., and J. J. Skoronski. 1990. "Toward Reconciling Personality and Social Psychology: A Construct Accessibility Approach. Journal of Social Behavior and Personality 5: 531–46.

Sedikides, C., L. Gaertner, and J. L. Vevea. 2005. "Pancultural Self-Enhancement Reloaded: A Meta-Analytic Reply." Journal of Personality and Social Psychology 89: 539–51.

Seidenberg, M. S. 2005. "Connectionist Models of Word Reading." Current Directions in

Psychological Science 14: 238–42.

Seiter, J. S. 2007. "Ingratiation and Gratuity: The Effect of Complimenting Customers on Tipping Behavior in Restaurants." Journal of Applied Social Psychology 37: 478–85.

Seiter, J. S., and E. Dutson. 2007. "The Effect of Compliments on Tipping Behavior in Hairstyling Salons." Journal of Applied Social Psychology 37:1999–2007.

Sekaquaptewa, D., and M. Thompson. 2003. "Solo Status, Stereotypes, and Performance Expectancies: Their Effects on Women's Public Performance." Journal of Experimental Social Psychology 39: 68–74.

Semin, G. R. 2012. "The Linguistic Category Model." In Handbook of Theories of Social Psychology. Vol. 1. Edited by P. A. M. Van Lange, A. Kruglanski, and E. T. Higgins. London: Sage, 309–26.

Semin, G. R., and K. Fiedler. 1988. "The Cognitive Functions of Linguistic Categories in Describing Persons: Social Cognition and Language." Journal of Personality and Social Psychology 54: 558–68.

Sergent, C., and S. Dehaene. 2004. "Is Consciousness a Gradual Phenomenon?" Psychological Science 15: 720–28.

Shah, J. Y., R. Friedman, and A. W. Kruglanski. 2002. "Forgetting All Else: On the Antecedents and Consequences of Goal Shielding." Journal of Personality and Social Psychology 83: 1261–80.

Shallcross, A. J., B. Q. Ford, V. A. Floerke, and I. B. Mauss. 2013. "Getting Better with Age: The Relationship between Age, Acceptance, and Negative Affect." Journal of Personality and Social Psychology 104: 695–715.

Shantz, A., and G. Latham. 2009. "An Exploratory Field Experiment of the Effect of Subconscious and Conscious Goals on Employee Performance." Organizational Behavior and Human Decision Processes 109: 9–17.

Shantz, A., and G. Latham. 2011. "Effect of Primed Goals on Employee Performance: Implications for Human Resource Management." Human Resource Management 50: 289–99.

Shapiro, J. R., and S. L. Neuberg. 2007. "From Stereotype Threat to Stereotype Threats: Implications of a Multi-Threat Framework for Causes, Moderators, Mediators, Consequences, and Interventions." Personality and Social Psychology Review 11: 107–30.

Shapiro, K. L. 1994. "The Attentional Blink: The Brain's 'Eyeblink.'" Current Directions in Psychological Science 3: 86–89.

Shapiro, S. A., and J. H. Nielson. 2013. "What the Blind Eye Sees: Incidental Change Detection as a Source of Perceptual Fluency." Journal of Consumer Research 39: 1202–18.

Sharot, T., S. M. Fleming, X. Yu, R. Koster, and R. J. Dolan. 2012. "Is Choice-Induced Preference Change Long Lasting?" Psychological Science 23: 1123–29.

Sharot, T., C. M. Velasquez, and R. J. Dolan. 2010. "Do Decisions Shape Preference? Evidence from Blind Choice." Psychological Science 21: 1231–35.

Shaw, J., and S. Porter. 2015. "Constructing Rich False Memories of Committing a Crime." Psychological Science 26: 291–301.

Sheppard, D. M., J. Duncan, K. L. Shapiro, and A. P. Hillstrom. 2002. "Objects and Events in the Attentional Blink." Psychological Science 13: 410–15.

Sherman, J. W., B. Gawronski, and Y. Trope. 2014. Dual-Process Theories of the Social Mind. New York: Guilford Press.

Shermer, M. 2002. Why People Believe Weird Things. New York: Holt Paperbacks.

_____. 2003. "Psychic for a Day." Skeptic 10: 48–55.

Shiffrin, R. S. 2010. "Perspectives on Modeling in Cognitive Science." Topics in Cognitive Science 2: 736–50.

Shih, M., T. L. Pittinsky, and N. Ambady. 1999. "Stereotype Susceptibility: Identity Salience and Shifts in Quantitative Performance." Psychological Science 10: 80–83.

Shiota, M. N., and R. W. Levenson. 2009. "Effects of Aging on Experimentally Instructed Detached Reappraisal, Positive Reappraisal, and Emotional Behavior Suppression." Psychology and Aging 24, no. 4: 890–900.

Shteynberg, G. 2015. "Shared Attention." Perspectives on Psychological Science 10: 579–90.

Shu, L. L., N. Mazar, F. Gino, D. Ariely, and M. H. Bazerman. 2012. "Signing at the Beginning Makes Ethics Salient and Decreases Dishonest Self-Reports in Comparison to Signing at the End." Proceedings of the National Academy of Sciences 108: 15197–200.

Shu, S. B., and K. A. Carlson. 2014. "When Three Charms but Four Alarms: Identifying the Optimal Number of Claims in Persuasion Settings." Journal of Marketing 78: 127–39.

Simonich, W. L. 1991. Government Antismoking Policies. New York: Peter Lang.

Simonsohn, U. 2011. "Spurious? Name Similarity Effects (Implicit Egoism) in Marriage, Job, and Moving Decisions." Journal of Personality and Social Psychology 101: 1–24.

Sinaceur, M., and C. Heath, and S. Cole. 2005. "Emotional and Deliberative Reaction to a Public Crisis: Mad Cow Disease in France." Psychological Science 16: 247–54.

Sinclair, B., M. McConnell, and M. R. Michelson. 2013. "Local Canvassing: The Efficacy of Grassroots Voter Mobilization." Political Communications 30: 42–57.

Singer, M. T., and J. Lalich. 1995. Cults in Our Midst. San Francisco: Jossey-Bass.

Singh, R., S. E. Yeo, P. K. F. Lin, and L. Tan. 2007. "Multiple Mediators of the Attitude Similarity-Attraction Relationship: Dominance of Inferred Attraction and Subtlety of Affect." Basic and Applied Social Psychology 29: 61–74.

Slepian, M. L., M. Weisbuch, A. M. Rutchick, L. S. Newman, and N. Ambady. 2010. "Shedding Light on Insight: Priming Bright Ideas." Journal of Experimental Social Psychology 46: 696–700.

Slepian, M. L., S. G. Young, N. O. Rule, M. Weisbuch, and N. Ambady. 2012. "Embodied Impression Formation: Social Judgments and Motor Cues to Approach and Avoidance." Social Cognition 30: 232–40.

Smidt, C. T. 2012. "Not All News Is the Same: Protests, Presidents, and the Mass Public Agenda." Public Opinion Quarterly 76: 72–94.

Smith, C. T., J. De Houwer, and B. A. Nosek. 2013. "Consider the Source: Persuasion of Implicit Evaluations Is Moderated by Source Credibility." Personality and Social Psychology Bulletin 39: 193–205.

Smith, E. R., S. Coats, and D. Walling. 1999. "Overlapping Mental Representations of Self, In-Group, and Partner: Further Response Time Evidence for a Connectionist Model." Personality and Social Psychology Bulletin 25: 873–82.

Song, H., and N. Schwarz. 2009. "If It's Difficult to Pronounce, It Must Be Risky." Psychological Science 20: 135–38.

Sopory, P., and J. P. Dillard. 2002. "The Persuasive Effects of Metaphor." Human Communication Research 28: 382–419.

Soto, F. A., and E. A. Wasserman. 2010. "Error-Driven Learning in Visual Categorization and Object Recognition: A Common-Elements Model." Psychological Review 117: 349–81.

Sprecher, S., S. Treger, J. D. Wondra, N. Hilaire, and K. Wallpe. 2013. "Taking Turns: Reciprocal Self-Disclosure Promotes Liking in Initial Interactions." Journal of Experimental Social Psychology 49: 860–66.

Stallen, M., A. Smidts, and A. G. Sanfey. 2013. "Peer Influence: Neural Mechanisms Underlying In-Group Conformity." Frontiers in Human Neuroscience 7: 50.

Stanchi, K. M. 2008. "Playing with Fire: The Science of Confronting Adverse Material in Legal Advocacy." Rutgers Law Review 60: 381–434.

Steele, C. M., S. J. Spencer, and J. Aronson. 2002. "Contending with Group Image: The Psychology of Stereotype and Social Identity Threat." In Advances in Experimental Social Psychology. Vol. 34. Edited by M. P. Zanna. San Diego, CA: Academic Press, 379–440.

Stein, J. 2008. "The Swing Voter." Time (August 7), http://content.time. com/time/magazine/article/0,9171,1830395,00.html.

Stewart, D. W., and D. H. Furse. 1986. Effective Television Advertising: A Study of 1000 Commercials. Lexington, MA: Lexington Books.

Stewart, J. 2011. Why Noise Matters. Oxford, UK: Earthscan.

Stiglitz, J. E. 2012. The Price of Inequality. New York: W. W. Norton.

Stijnen, M. M. N., and A. M. J. Dijker. 2011. "Reciprocity and Need in Posthumous Organ Donations: The Mediating Role of Moral Emotions." Social Psychological and Personality Science 2: 387–94.

Stocco, A., C. Lebiere, and J. R. Anderson. 2010. "Conditional Routing of Information to the Cortex: A Model of the Basal Ganglia's Role in Cognitive Coordination." Psychological Review 117: 541–74.

Stok, F. M., D. T. de Ridder, E. de Vet, and J. F. de Wit. 2014. "Don't Tell Me What I Should Do, but What Others Do: The Influence of Descriptive and Injunctive Peer Norms on Fruit Consumption in Adolescents." British Journal of Health Psychology 19: 52–64.

Stouffer, S. A., E. Suchman, S. A. DeVinney, S. Star, and R. M. Williams, eds. 1949. The American Soldier: Adjustment during Army Life. Princeton, NJ: Princeton University Press.

Strack, F., L. Werth, R. Deutsch. 2006. "Reflective and Impulsive Determinants of Consumer Behavior." Journal of Consumer Psychology 16: 205–16.

Stroebe, W., G. M. van Koningsbruggen, E. K. Papies, and H. Aarts. 2013. "Why Most Dieters Fail but Some Succeed: A Goal Conflict Model of Eating Behavior." Psychological Review 120: 110–38.

Strohmetz, D. B., B. Rind, R. Fisher, and M. Lynn. 2002. "Sweetening the Till: The Use of Candy to Increase Restaurant Tipping." Journal of Applied Social Psychology 32: 300–309.

Su, R., and J. Rounds. 2015. "All STEM Fields Are Not Created Equal: People and Things Interests Explain Gender Disparities Across STEM Fields." Frontiers of Psychology 6: 189.

Su, R., J. Rounds, and P. I. Armstrong. 2009. "Men and Things, Women and People: A Meta-Analysis." Psychological Bulletin 135: 859–84.

Subra, B., D. Muller, L. Begue, B. Bushman, and F. Delmas. 2010. "Automatic Effects of Alcohol and Aggressive Cues on Aggressive Thoughts and Behaviors." Personality and Social Psychology Bulletin 36: 1052–57.

Sun Tzu. 2007. The Art of War. Bel Air, CA: Filiquarian.

Sunny, M. M., and A. von Muhlenen. 2013. "Attention Capture by Abrupt Onsets: Re-Visiting the Priority Tag Model." Frontiers in Psychology 4: 958.

Susman, T. M. 2011. Reciprocity, Denial, and the Appearance of Impropriety: Why Self-Recusal Cannot Remedy the Influence of Campaign Contributions on Judges' Decisions." Journal of Law and Politics 26: 359–84.

Swann, W. B., and M. D. Buhrmester. 2015. "Identity Fusion." Current Directions in Psychological Science 24: 52–57.

Sweldens, S., S. M. J. van Osselar, and C. Janiszewski. 2010. "Evaluative Conditioning Procedures and Resilience of Conditioned Brand Attitudes." Journal of Consumer Research 37: 473–89.

Switzer, F. S., and J. A. Sniezek. 1991. "Judgment Processes in Motion: Anchoring and Adjustment Effects on Judgment and Behavior." Organizational Behavior and Human Decision Processes 49: 208–29.

Szalma, J. L., and P. A. Hancock. 2001. "Noise Effects on Human Performance: A Meta-Analytic Synthesis." Psychological Bulletin 137: 682–707.

Szybillo, G. J., and R. Heslin. 1973. "Resistance to Persuasion: Inoculation Theory in a Marketing Context." Journal of Marketing Research 10: 396–403.

Tannenbaum, M. B., J. Hepler, R. S. Zimmerman, L. Saul, S. Jacobs, K. Wilson, and D. Albarracin. 2015. "Appealing to Fear: A Meta-Analysis of Fear Appeal Effectiveness and Theories." Psychological Bulletin 141: 1178–1204.

Tarr, B., J. Launay, and R. I. Dunbar. 2014. "Music and Social Bonding: 'Self-Other' Merging and Neurohormonal Mechanisms." Frontiers in Psychology 5: 1096.

Taylor, P. J., and S. Thomas. 2008. "Linguistic Style Matching and Negotiation Outcome." Negotiation and Conflict Management Research 1: 263–81.

Taylor, S. E., and S. T. Fiske. 1978. "Salience, Attention, and Attributions: Top of the Head Phenomena." In Advances in Experimental Social Psychology. Vol. 11. Edited by L. Berkowitz New York: Academic Press, 249–88.

Taylor, V. J., and G. M. Walton. 2011. "Stereotype Threat Undermines Academic Learning." Personality and Social Psychology Bulletin 37: 1055–67.

Telzer, E. H., C. L. Masten, E. T. Berkman, M. D. Lieberman, and A. J. Fuligni. 2010. "Gaining While Giving: An fMRI Study of the Rewards of Family Assistance Among White and Latino Youth." Social Neuroscience 5: 508–18.

Tesser, A. 1978. "Self-Generated Attitude Change." In Advances in Experimental Social Psychology. Vol. 11. Edited by L. Berkowitz. New York: Academic Press, 290–338.

_____ . 1993. "The Importance of Heritability in Psychological Research: The Case of Attitudes." Psychological Review 100: 129–42.

The Street, the Bull, and the Crisis: Survey of the US & UK Financial Services Industry. 2015. New York: Labaton Sucharow and University of Notre Dame (May). www.secwhistbleweradvocate.com/ LiteratureRetrieve. aspx?ID=224757.

Thibodeau, P. H., and L. Boroditsky. 2011. "Metaphors We Think With: The Role of Metaphor in Reasoning." PLoS ONE 6: e16782. doi:0.1371/ journal.pone.0016782.

Thompson, E. P., R. J. Roman, G. B. Moskowitz, S. Chaiken, and J. A. Bargh. 1994. "Accuracy Motivation Attenuates Covert Priming: The Systematic Reprocessing of Social Information." Journal of Personality and Social Psychology 66: 474–89.

Till, B. D., and R. L. Priluck. 2000. "Stimulus Generalization in Classical Conditioning: An Initial Investigation and Extension." Psychology and Marketing 17: 55–72.

Tokayer, M., and M. Swartz. 1979. The Fugu Plan: The Untold Story of the Japanese and the Jews During World War II. New York: Paddington Press.

Topolinski, S., M. Zurn, and I. K. Schneider. 2015. "What's In and What's Out in Branding? A Novel Articulation Effect for Brand Names." Frontiers in Psychology 6: 585.

Trampe, D., D. Stapel, F. Siero, and H. Mulder. 2010. "Beauty as a Tool: The Effect of Model Attractiveness, Product Relevance, and Elaboration Likelihood on Advertising Effectiveness." Psychology and Marketing 27: 1101–21.

Trocme, A. 2007/1971. Jesus and the Nonviolent Revolution. Walden, NY: Plough.

Trope, Y., and N. Liberman. 2010. "Construal-Level Theory of Psychological Distance." Psychological Review 117: 440–63.

Trudel, R., and J. Cotte. 2009. "Does It Pay to Be Good?" MIT Sloan Management Review 50: 61–68.

Tulving, E., and Z. Pearlstone. 1966. "Availability Versus Accessibility of Information in Memory for Words." Journal of Verbal Learning and Verbal Behavior 5: 381–91.

Turner, Y., and I. Hadas-Halpern. 2008. "The Effects of Including a Patient's Photograph to the Radiographic Examination." Paper presented at the Meetings of the Radiological Society of North America, Chicago (December).

Twenge, J. W., W. K. Campbell, and N. T. Carter. 2014. "Declines in Trust in Others and Confidence in Institutions among American Adults and Late Adolescents." Psychological Science 25: 1914–23.

Tyron, W. W. 2012. "A Connectionist Network Approach to Psychological Science: Core and Corollary Principles." Review of General Psychology 16:305–17.

Ulrich, C., P. O'Donnell, C. Taylor, A. Farrar, M. Danis, and C. Grady. 2007. "Ethical Climate, Ethics Stress, and the Job Satisfaction of Nurses and Social Workers in the United States." Social Science and Medicine 65:1708–19.

Urry, H. L., and J. J. Gross. 2010. "Emotion Regulation in Older Age." Current Directions in Psychological Science 19: 352–57.

Vaish, A., T. Grossmann, and A. Woodward. 2008. "Not All Emotions Are Created Equal: The Negativity Bias in Social-Emotional Development." Psychological Bulletin 134: 383–403.

Valdesolo, P, and D. DeSteno. 2011. "Synchrony and the Social Tuning of Compassion." Emotion 11: 262–66.

Van Baaren, R. B., R. W. Holland, B. Steenaert, and A. van Knippenberg. 2003. "Mimicry for Money: Behavioral Consequences of Imitation." Journal of Experimental Social Psychology 39: 393–98.

Van Bergen, A. 1968. Task Interruption. Amsterdam: North Holland.

Van der Wal, R. C. and L. F. van Dillen. 2013. "Leaving a Flat Taste in Your Mouth: Task Load Reduces Taste Perception." Psychological Science 24: 1277–84.

Van Kerckhove, A., M. Geuens, and L. Vermeir. 2012. "A Motivational Account of the Question-Behavior Effect." Journal of Consumer Research 39: 111–27.

Van Osselaer, S. M. J., and C. Janiszewski. 2012. "A Goal-Based Model of Product Evaluation and Choice." Journal of Consumer Research 39: 260–92.

Van Yperen, N. C., and N. P. Leander. 2014. "The Overpowering Effect of Social Comparison Information: On the Misalignment Between Mastery-Based Goals and Self-Evaluation Criteria." Personality and Social Psychology Bulletin 40: 676–88.

Van Dellen, M. R., J. Y. Shah, N. P. Leander, J. E. Delose, and J. X. Bornstein. 2015. "In Good Company: Managing Interpersonal Resources That Support Self-Regulation." Personality and Social Psychology Bulletin 41: 869–82.

Vogt, J., J. De Houwer, and G. Crombez. 2011. "Multiple Goal Management Starts with Attention: Goal Prioritizing Affects the Allocation of Spatial Attention to Goal-Relevant Events." Experimental Psychology 58:55–61.

Vogt, J., J. De Houwer, G. Crombez, and S. Van Damme. 2012. "Competing for Attentional Priority: Temporary Goals versus Threats." Emotion 13, no. 3 (June): 587–98.

Volz, K. G., T. Kessler, and D. Y. von Cramon. 2009. "In-Group as Part of the Self: In-Group Favoritism Is Mediated by Medial Prefrontal Cortex Activation." Social Neuroscience 4: 244–60.

Wall Street in Crisis: A Perfect Storm Looming (Labaton Sucharow's U.S. Financial Services Industry Survey). 2013. New York: Labaton Sucharow (July). www.secwhistlebloweradvocate.com.

Walton, G. L. 1908. Why Worry? Philadelphia: J. B. Lippincott.

Walton, G. M., and S. J. Spencer. 2009. "Latent Ability: Grades and Test Scores Systematically Underestimate the Intellectual Ability of Women and Ethnic Minority Students." Psychological Science 20: 1132–39.

Walton, G. W., G. L. Cohen, D. Cwir, and S. J. Spencer. 2012. "Mere Belonging: The Power of Social Connections." Journal of Personality and Social Psychology 102: 513–32.

Wang, J., and R. S. Wyer. 2002. "Comparative Judgment Processes: The Effects of Task Objectives and Time Delay on Product Evaluations." Journal of Consumer Psychology 12: 327–40.

Wang, M. T., J. S. Eccles, and S. Kenny. "Not Lack of Ability but More Choice." Psychological Science 24: 770–75.

Warneken, F., K. Lohse, P. A. Melis, and M. Tomasello. 2011. "Young Children Share the Spoils After Collaboration." Psychological Science 22: 267–73.

Warner, K. E. 1981. "Cigarette Smoking in the 1970's: The Impact of the Anti-Smoking Campaign on Consumption." Science 211, no. 4483: 729–31.

Warrick, J. 2008. "Afghan Influence Taxes CIA's Credibility." Washington Post (December 26), A17.

Wasserman, E. A., C. C. DeVolder, and D. J. Coppage. 1992. "Nonsimilarity-Based Conceptualization in Pigeons via Secondary or Mediated Generalization." Psychological Science 3: 374–79.

Watanabe, T. 1994. "An Unsung 'Schindler' from Japan." Los Angeles Times (March 20), 1.

Weber, E. U., and M. W. Morris. 2010. "Culture and Judgment and Decision Making: The Constructivist Turn." Perspectives on Psychological Science 5: 410–19.

Weber, E. U., and E. J. Johnson. 2009. "Mindful Judgment and Decision-Making." Annual Review of Psychology 60: 53–86.

Wegener, D. T., and R. E. Petty. 1997. "The Flexible Correction Model: The Role of Naive Theories of Bias in Bias Correction." In Advances in Experimental Social Psychology. Vol. 29. Edited by M. P.

Zanna. Mahwah, NJ: Erlbaum, 141–208.

Weingarten, E., Q. Chen, M. McAdams, J. Li, J. Helper, and D. Albarracin. 2016. "From Primed Concepts to Action: A Meta-Analysis of the Behavioral Effects of Incidentally Presented Words." Psychological Bulletin 142: 472–97.

Wendling, P. 2009. "Can a Photo Enhance a Radiologist's Report?" Clinical Endocrinology News 4: 6.

Wentura, D. 1999. "Activation and Inhibition of Affective Information: Evidence for Negative Priming in the Evaluation Task." Cognition and Emotion 13: 65–91.

Westmaas, J. L., and R. C. Silver. 2006. "The Role of Perceived Similarity in Supportive Responses to Victims of Negative Life Events." Personality and Social Psychology Bulletin 32: 1537–46.

Whitchurch, E. R., T. D. Wilson, and D. T. Gilbert. 2011. "'He Loves Me, He Loves Me Not . . .'": Uncertainty Can Increase Romantic Attraction." Psychological Science 22: 172–75.

Williams, K. D., M. J. Bourgeois, and R. T. Croyle. 1993. "The Effects of Stealing Thunder in Criminal and Civil Trials." Law and Human Behavior 17: 597–609.

Williams, L. E., and J. A. Bargh. 2008. "Experiencing Physical Warmth Promotes Interpersonal Warmth." Science 322: 606–7.

Wilson, T. D., D. B. Centerbar, D. A. Kermer, and D. T. Gilbert, D. T. 2005. "The Pleasures of Uncertainty: Prolonging Positive Moods in Ways People Do Not Anticipate." Journal of Personality and Social Psychology 88: 5–21.

Wilson, T. D., and D. T. Gilbert. 2008. "Affective Forecasting: Knowing What to Want." Current Directions in Psychological Science 14: 131–34.

Wilson, T. D., T. P. Wheatley, J. M. Meyers, D. T. Gilbert, and D. Axsom. 2000. "Focalism: A Source of Durability Bias in Affective Forecasting." Journal of Personality and Social Psychology 78: 821–36.

Wiltermuth, S. S. 2012a. "Synchronous Activity Boosts Compliance with Requests to Aggress." Journal of Experimental Social Psychology 48: 453–56.

——————————. 2012b. "Synchrony and Destructive Obedience." Social Influence 7: 78–89.

Wiltermuth, S. S., and C. Heath. 2009. "Synchrony and Cooperation." Psychological Science 20: 1–5.

Winkielman, P., K. C. Berridge, and J. L. Wilbarger. 2005. "Unconscious Affective Reactions to Masked Happy versus Angry Faces Influence Consumption Behavior and Judgments of Value." Personality and Social Psychology Bulletin 31: 121–35.

Winkielman, P., and J. T. Cacioppo. 2001. "Mind at Ease Puts a Smile on the Face." Journal of

Personality and Social Psychology 81: 989–1000.

Winkielman, P., J. Halberstadt, T. Fazendeiro, and S. Catty. 2006. "Prototypes Are Attractive Because They Are Easy on the Mind." Psychological Science 17: 799–806.

Wiseman, R. 1997. Deception and Self-Deception: Investigating Psychics. Amherst, MA: Prometheus Books.

Witte, K., and M. Allen. 2000. "A Meta-Analysis of Fear Appeals: Implications for Effective Public Health Campaigns." Health Education and Behavior 27: 591–615.

Wood, D. 2015. Testing the Lexical Hypothesis: Are Socially Important Traits More Densely Reflected in the English Lexicon?" Journal of Personality and Social Psychology 108: 317–39.

Wood, W., and J. M. Quinn. 2003. "Forewarned and Forearmed? Two Meta-Analysis Syntheses of Forewarnings of Influence Appeals." Psychological Bulletin 129: 119–38.

Wood, W., and D. T. Neal. 2007. "A New Look at Habits and the Habit-Goal Interface." Psychological Review 114: 843–63.

Woodside, A., G., and J. W. Davenport. 1974. "Effects of Salesman Similarity and Expertise on Consumer Purchasing Behavior." Journal of Marketing Research 11: 198–202.

Yang, L. W., K. M. Cutright, T. L. Chartrand, and G. Z. Fitzsimons. 2014. "Distinctively Different: Exposure to Multiple Brands in Low-Elaboration Settings." Journal of Consumer Research 40: 973–92.

Yang, Q., X. Wu, X. Zhou, N. L. Mead, K. D. Vohs, and R. F. Baumeister. 2013. "Diverging Effects of Clean versus Dirty Money on Attitudes, Values, and Interpersonal Behavior." Journal of Personality and Social Psychology 104: 473–89.

Yantis, S. 1993. "Stimulus-Driven Attentional Capture." Current Directions in Psychological Science 2: 156–61.

Yermolayeva, Y., and D. H. Rakison. 2014. "Connectionist Modeling of Developmental Changes in Infancy: Approaches, Challenges, and Contributions." Psychological Bulletin 140: 234–55.

Yopyk, D. J., A., and D. A. Prentice. 2005. "Am I an Athlete or a Student? Identity Salience and Stereotype Threat in Student-Athletes." Basic and Applied Social Psychology 27, no.4 (December): 329–36.

Yuki, M., W. M. Maddox, M. B. Brewer, and K. Takemura. 2005. "Cross-Cultural Differences in Relationship- and Group-Based Trust." Personality and Social Psychology Bulletin 31: 48–62.

Zabelina, D. L., and M. Beeman. 2013. "Short-Term Attentional Perseveration Associated with Real-Life Creative Achievement." Frontiers in Psychology 4: 191.

Zebrowitz-McArthur, L., and E. Ginsberg. 1981. "Causal Attribution to Salient Stimuli: An Investigation of Visual Fixation Mediators." Personality and Social Psychology Bulletin 7: 547–53.

Zeigarnik, B. 1927. "Das Behalten erledigter und unerledigter Handlungen." Psychologische Forschung 9: 1–85.

Zell, E., and M. D. Alicke. 2010. "The Local Dominance Effect in Self-Evaluations: Evidence and Explanations." Personality and Social Psychology Bulletin 14: 368–84.

Zell, E., Z. Krizan, and S. R. Teeter. 2015. "Evaluating Gender Similarities and Differences Using Metasynthesis." American Psychologist 70: 10–20.

Zhang, M., and X. Li. 2012. "From Physical Weight to Psychological Significance: The Contribution of Semantic Activations." Journal of Consumer Research 38: 1063–75.

Zhong, C-B., and S. E. DeVoe. 2012. "You Are How You Eat: Fast Food and Impatience." Psychological Science 21: 619–22.

Zhu, R., and J. J. Argo. 2013. "Exploring the Impact of Various Shaped Seating Arrangements on Persuasion." Journal of Consumer Research 40:336–49.

Zylberberg, A., M. Oliva, and M. Sigman. 2012. "Pupil Dilation: A Fingerprint of Temporal Selection During the 'Attentional Blink.'" Frontiers in Psychology 3: 316.

KI신서 10996

설득의 심리학 2

1판 1쇄 발행 2018년 12월 15일
2판 1쇄 발행 2023년 6월 28일
2판 4쇄 발행 2024년 6월 12일

지은이 로버트 치알디니
옮긴이 김경일
펴낸이 김영곤 **펴낸곳** ㈜북이십일 21세기북스

정보개발팀장 이리현 **정보개발팀** 이수정 강문형 박종수
디자인 THIS-COVER
출판마케팅영업본부장 한충희
마케팅1팀 남정한 한경화 김신우 강효원
해외기획실 최연순 소은선
출판영업팀 최명열 김다운 권채영 김도연
제작팀 이영민 권경민

출판등록 2000년 5월 6일 제406-2003-061호
주소 (10881) 경기도 파주시 회동길 201 (문발동)
대표전화 031-955-2100 **팩스** 031-955-2151 **이메일** book21@book21.co.kr

(주)북이십일 경계를 허무는 콘텐츠 리더

21세기북스 채널에서 도서 정보와 다양한 영상자료, 이벤트를 만나세요!
페이스북 facebook.com/jiinpill21   포스트 post.naver.com/21c_editors
인스타그램 instagram.com/jiinpill21   홈페이지 www.book21.com
유튜브 youtube.com/book21pub
서울대 가지 않아도 들을 수 있는 명강의! 〈서가명강〉
유튜브, 네이버, 팟캐스트에서 '서가명강'을 검색해보세요!

ⓒ 로버트 치알디니, 2023

ISBN 978-89-509-5234-1 03320